Kindheit und Gesellschaft in Indien

W0368661

Über den Autor:

Nachdem Sudhir Kakar zunächst Ingenieurwesen, Wirtschaftswissenschaft und Psychologie studiert hatte, wurde er Assistent bei Erik H. Erikson. Seine psychoanalytische Ausbildung bekam er am Sigmund–Freud–Institut in Frankfurt/Main. Er war Dozent an der Harvard–Universität, Professor am Indischen Institut für Mangement, Ahmedabad, und Professor am Indian Institut of Technology, Delhi. Als praktizierender Psychoanalytiker erhielt er Berufungen als Gastprofessor an die Universitäten von Frankfurt/Main, Wien und Montreal/Kanada.

Sudhir Kakar

Kindheit und Gesellschaft in Indien

Eine psychoanalytische Studie

Aus dem Englischen übersetzt von Norbert Geldner

Nexus

CIP-Titelaufnahme der Deutschen Bibliothek

Kakar, Sudhir
Kindheit und Gesellschaft in Indien: e. psychoanalyt. Studie / Sudhir Kakar. Aus dem Engl. übers. von Norbert Geldner. - Dt. Erstausg. — Frankfurt am Main: Nexus, 1988
(Psychologie : 6)
Einheitssacht.: The inner world <dt.>
ISBN 3-923301-23-5

DEUTSCHE ERSTAUSGABE

Copyright 1988 by Nexus Verlag
Fichardstr. 38, Frankfurt am Main 1

Titel der englischen Originalausgabe:
"The Inner World: A Psycho-analytic Study of Childhood and Society in India"
Erschienen bei Oxford University Press

Gesamtherstellung: Nexus Verlag
Umschlaggestaltung: Bernd Wendt
Übersetzung: Norbert Geldner
Printed in Germany

ISBN 3-923301-23-5

Inhaltsverzeichnis

Vorwort

Ich betrachte dieses Buch als einen Beitrag zur Sozialpsychologie im allgemeinen und zur Sozialpsychologie der hinduistischen Gesellschaft im besonderen. Der Leser wird schnell bemerken, daß für mich Sozialpsychologie das Studium der psychischen Repräsentation der Kultur einer Gesellschaft und ihrer sozialen Institutionen in Individuen bedeutet. Diese Betrachtungsweise unterscheidet sich ein wenig von der vorherrschenden akademischen Tradition, die verhältnismäßig akulturell und ahistorisch ist und sich mehr mit dem Studium der Reaktionen von Individuen auf soziale Einflüsse in Ad-hoc-Situationen beschäftigt.

Die ersten Umrisse dieses Buches zeichneten sich im Sommer 1972 ab, als ich am Sigmund-Freud-Institut, Ausbildungs- und Forschungsinstitut für Psychoanalyse, in Frankfurt das Seminar *Kindheit und Gesellschaft in Indien* abhielt. Ich danke Professor Clemens de Boor und dem Ausbildungsausschuß für ihre Ermutigung. Die Arbeit an dieser Studie wurde in den Jahren 1975 – 1976 mit Hilfe einer Senior Fellowship des Indian Council of Social Science Research fortgesetzt und vervollständigt. Ich bin dem Council und besonders seinem Personalsekretär, Mr. J. P. Naik, zu höchstem Dank verpflichtet, die es mir erlaubten, befreit von akademischen Verpflichtungen, nahezu achtzehn Monate lang ungestört an dem Manuskript zu arbeiten. Meine Kollegen am Centre for the Study of Social Systems an der Jawaharlal-Nehru-Universität garantierten während dieser Zeit meiner Fellowship stets ein angenehmes Arbeitsklima.

Diskussionen mit Kollegen sowohl in Deutschland als auch in Indien haben beträchtlich dazu beigetragen, dieser Arbeit ihren letzten Schliff zu geben. Die detaillierten Kommentare Erik Eriksons, meines verehrten Lehrers und geschätzten Freundes, waren von höchstem Wert. Vor allem aber bin ich Pamela Daniels zu höchstem Dank verpflichtet. Sie half dabei, vielen Gedanken dieses Buches Gestalt zu geben. Ohne ihr persönliches Engagement, ihren kritischen Scharfsinn und ihre verständnisvolle Unterstützung hätte das Buch nicht in der vorliegenden Form entstehen können.

Für Apeksha, Rahul und Shveta

1. Kapitel

Einleitung

Ziele und Methode

Dieses Buch beschäftigt sich mit den psychologischen Motiven, die die indische Kindheit durchziehen, und setzt diese Motive mit den Traditionen und Institutionen von Kultur und Gesellschaft in Indien in Beziehung. Allgemein gesagt, ich habe versucht zu beschreiben, wie diese psychologischen Motive aus dem Zusammenspiel von einerseits universellen Prozessen der menschlichen Entwicklung und andererseits des indischen Kulturmilieus entstehen. Dieses Milieu schließt die religiösen Ideale und historischen Traditionen ebenso ein wie die sozialen Institutionen, die für die indische Gesellschaft typisch sind, und das vielleicht sogar exklusiv.

Ich verwende in dieser Studie die strukturpsychologische Methode. Dabei bin ich mir völlig bewußt, daß, wollte ich jedem Strukturelement volle Gerechtigkeit widerfahren lassen, dies ein vielfältiges Fachwissen voraussetzen würde, das ich mir nicht anmaßen kann. Trotz aufmerksamster Bemühung, beim Nachdenken über die indische „Psyche" jede Dimension — die individuelle, soziale, kulturelle und historische — ständig im Auge zu behalten, ist die Struktur doch beständig in Gefahr, einseitig zu werden, weil der Beobachter dazu neigt, die Dimension zu betonen, über die er beruflich am meisten weiß und die ihn am meisten interessiert. Und obwohl diese unumgängliche Betonung einer Dimension — in meinem Falle der individuellen psychologischen Entwicklung — anfänglich als Organisationsmittel nützlich und sogar nötig sein mag, kann sie zur Folge haben, eine unabhängige Bedeutung zu bekommen, eine Existenz an sich. Vielleicht ist dies aber auch ein Nachteil, der mit einem „sekundären Gewinn" verbunden ist. Denn obwohl eine strukturpsychologische Methode nötig ist, um das „Indische" der Inder zu verstehen, kann die Behauptung, man habe allen Aspekten der Struktur die gleiche Bedeutung zugemessen, allzu leicht ein Ausdruck von Ignoranz oder Arroganz oder von beidem werden.

Die primäre Dimension dieser Arbeit, ihr Organisationsprinzip, ist die individuelle Entwicklung. Und doch muß sogar diese Dimension genauer umschrieben werden. Denn wie wir wissen und wie Anna Freud methodisch nachgewiesen hat, gibt es „Entwicklungslinien" für fast jeden Aspekt der Persönlichkeit.[1] So hat Sigmund Freud bei uns eine Folge von Libidophasen in der Entwicklung der Psychosexualität skizziert. Auf dem Gebiet der intellektuellen Funktionen und der Entwicklung komplexer Gedankenvorgänge beobachtete und beschrieb Piaget eine Folge von Phasen der kognitiven Entwicklung. Und es gibt Entwicklungslinien bei zahlreichen anderen Aspekten der Persönlichkeit: das Wachsen der Fähigkeit zu moralischen Entscheidungen, die Chronologie der Abwehraktivitäten bei der Integration der Persönlichkeit, die Entwicklung einer individuellen Bedeutung des Handelns – über das erste eigenständige Spielen, Spielzeug, Gesellschaftsspiele, Hobbys bis zur Arbeit des Erwachsenen.

Meine Diskussion der menschlichen Entwicklung in Indien basiert jedoch noch auf einer weiteren grundlegenden Entwicklungslinie oder -folge, nämlich auf der, die das Wachstum des Individuums in Abhängigkeit von seiner sozialen Umgebung beschreibt, in der für eine lange Zeit seine engeren Familienmitglieder die entscheidenden Gegenspieler sind. Erik Erikson hat uns mit seinem Konzept einer epigenetischen Stufenfolge des „psychosozialen Wachstums" das Modell geliefert; eine Stufenfolge, die von der totalen Abhängigkeit des Kleinkindes von der Fürsorge einer mütterlichen Person zum emotionalen Selbstvertrauen und Identitätsbewußtsein des jungen Erwachsenen führt. Der Begriff „Identität", wie er hier gebraucht ist, soll den Prozeß der Synthese zwischen Gefühlsleben und äußerer sozialer Identität und ebenso das Gefühl der persönlichen Kontinuität und der Konsistenz in sich selbst beschreiben. Er bezieht sich auf das Gefühl, gleichzeitig ein Interesse an sich selbst und an einer unterstützenden Gemeinschaft zu haben. „Identität" hat aber noch andere Begriffsinhalte, die über das Individuelle und Soziale hinausreichen und die Geschichte und die Kultur mit einschließen. Er ist, wie Eriksons zahlreiche Schriften zeigen,[2] ein subtiler Begriff, dessen letzte Bedeutung eher der Intuition als der systematischen Analyse zugänglich ist: Er entzieht sich sozusagen ständig dem Zugriff. Der Begriff eignet sich geradezu ideal dazu, die – kulturellen, historischen und psychosozialen – Daten zu integrieren, die in einer Beschreibung des „Indischen" der Inder enthalten sein müssen: das Netzwerk der sozialen Rollen, traditionellen Werte, Kastensitten und Verwandtschaftsverpflichtungen, mit denen die Fährnisse der persönlichen psychologischen Entwicklung verflochten sind. In diesem speziellen Sinne ist dieses Buch auch eine Erforschung der indischen Identität.

Ich habe die Daten für diese Arbeit den verschiedensten Bereichen entlehnt. Anthropologische Untersuchungen, soziologische Studien, Mythologie und Volkssagen, klinische Erfahrungen und historische Überlegungen sind gleichermaßen verarbeitet worden. Da all dies die allen gemeinsame Innenwelt ausmacht — sowohl ihre Entwicklung im individuellen Lebenszyklus als auch ihre Manifestation in der indischen Gesellschaft —, haben klinische Beobachtungen und die Analyse so symbolischer Schöpfungen wie Mythen, Rituale, Sagen und Kunstwerke einen besonderen Stellenwert. Die hohe Bedeutung, die ich diesen beiden Forschungsgegenständen — Analyse klinischen Materials und Interpretation von Mythen — zugemessen habe, spiegelt teils das Wesen meines Themas, teils das Wesen meiner psychoanalytischen Ausbildung wider. Ich möchte nun deutlich machen, welche Möglichkeiten und Grenzen ich bei dieser im wesentlichen psychoanalytischen Methode sehe.

Gefühle, Triebe, Wünsche und Phantasien — der dynamische Inhalt der Innenwelt — besetzen die geheimsten Winkel der Psyche. Für das Bewußtsein zu flüchtig, selten direkt wahrnehmbar, sind sie trotzdem sehr real. Und nur durch Introspektion und Empathie (stellvertretende Introspektion) wird die Innenwelt eines Individuums dem Bewußtsein zugänglich und können ihre Myriaden von Bedeutungen von einem äußeren Beobachter erfaßt werden.[3] Beständige und systematisch betriebene Introspektion und Empathie, die auch für die meisten Formen der Psychotherapie notwendig sind, sind die Grundlage des speziellen psychologischen Verständnisses, das ich in dieser Arbeit anstrebe. Diese Fähigkeit des empathischen Verstehens und Interpretierens ist bei Menschen wahrscheinlicher, die den gleichen kulturellen Hintergrund haben. Wenn die Worte, Träume und Verhaltensweisen, die Hemmungen, Wünsche und Empfindlichkeiten des Beobachteten bei denen des Beobachters eine Resonanz erzeugen, ist dieser in der Lage, den „Schlüssel" zu finden, der einem neutralen oder fremden Beobachter möglicherweise unwichtig oder unverständlich erscheinen würde. Das soll nicht heißen, daß ein ausgebildeter Beobachter keinen Zugang zu den psychologischen Vorgängen im Innern eines Individuums aus einer anderen Kultursphäre hätte, denn viele dieser Vorgänge sind in der Tat universell. Trotz kulturabhängiger Manifestationen des Unbewußten ist Kommunikation und Empathie zwischen Individuen, die verschiedenen Kulturen angehören, zweifellos möglich. Jedoch wenn auch manche Dinge allgemein sind, wie z.B. unbewußte Widerstände im Beobachter oder die Möglichkeit, zu falschen empathischen Ergebnissen zu kommen (weil der Beobachter seinen eigenen Projektionen aufsitzt), ist das Streben nach psychologischer Wahrheit weniger beeinträchtigt, wenn Beobachter und Subjekt derselben Kultur angehören.

Versuche, diese Art des psychologischen Verständnisses aus rein anthropologischem Material zu gewinnen – wie zum Beispiel aus Beschreibungen von Kindererziehungspraktiken –, haben zu problematischen Ergebnissen geführt. Denn obwohl bestimmte, vielen Individuen einer Gruppe gemeinsame Verhaltensweisen mit der allgemeinen Praxis der Kindererziehung und -sozialisation in Beziehung gesetzt werden können, sind diese frühen Erfahrungen nur die Anfangsglieder einer viel längeren Entwicklungskette; sie können nicht als kausal angesehen werden. Wie viele Autoren nachgewiesen haben, können von erwachsenen Individuen, deren frühe Erfahrungen völlig verschieden waren, ähnliche Verhaltensweisen gezeigt werden, wenn später gleiche Erfahrungen folgten, und umgekehrt.[4]

Die Bedeutung von anthropologischen Untersuchungen liegt darin, daß sie Verallgemeinerungen, die auf psychoanalytischen Deduktionen beruhen, eine Grundlage in den alltäglichen Realitäten einer gegebenen Kultur verschaffen. Sie beschreiben exakt, welche die kritischen allgemeinen frühkindlichen Erfahrungen in einer Kultur *sind*. Darüber hinaus erfordert die allein auf psychoanalytischen Beobachtungen beruhende Formulierung von Charaktertypen die modifizierende Perspektive der Anthropologie, um festzustellen und zu verifizieren, zu welchen sozialen Klassen oder kulturellen Gemeinschaften ein gegebener Typ mehr oder weniger häufig gehört. Dies ist für Indien – und natürlich auch für andere Länder – eine eminent wichtige Überlegung, denn Beobachtungen, die direkt aus der klinischen Psychotherapie gewonnen werden, spiegeln nur einen kleinen, elitären Ausschnitt aus einer großen, heterogenen Bevölkerung wider.

Diese durch psychologische Beobachtungen von Individuen, durch Extrapolation klinischen Materials gewonnenen Erkenntnisse können durch eine Analyse der symbolischen Produkte einer Kultur erheblich bereichert und erweitert werden. Populäre Spiele und Lieder verdichten und dramatisieren gemeinsame Phantasien; die psychologischen Konstellationen, die sie darstellen, enthalten den Schlüssel zu den Empfindlichkeiten und Abwehrmechanismen der von ihnen in Bann gehaltenen Zuschauer und Zuhörer. Unter den verschiedenen symbolischen Manifestationen jeder Kultur nehmen die Mythen, ob in ihrer klassischen Gestalt, ob in Sagen und Volksmärchen popularisiert und verballhornt, einen besonderen Ehrenplatz ein. Sie sind für einen psychologischen Sucher eine ertragreiche und leicht zugängliche Fundgrube psychologischer Informationen. In gewissem Sinne sind Mythen auf die Außenwelt projizierte individuelle Psychologie: Sie lassen das, was tatsächlich im Inneren vor sich geht, außerhalb stattfinden. Mythen enthalten nicht nur allen gemeinsame Formen verdrängter Wünsche und Phantasien der frühen Kindheit, indem sie wie eine Tiefkühltruhe für sozial nicht akzeptable Impulse wirken, sie spiegeln auch das Wesen der interpersonellen Bindungen eines Individuums innerhalb seiner Kultur wider. Sie können als eine Art von kollektivem historischen Bewußtsein interpretiert werden, als Anweisungen von verehrungswürdigen Vorfahren über das, was „richtig" und „falsch" ist, was dazu dient, die Mitglieder einer Gruppe fest aneinander zu binden und so eine kollektive Identität zu schmieden, die sich von den kollektiven Identitäten anderer Gruppen unterscheidet.[5]

Ich will damit keineswegs unterstellen, daß Mythen nur einem psychologischen Zweck dienten. Im Verlauf der Geschichte haben sie die Erinnerung an historische Ereignisse aufrecht erhalten, haben religiöse Rituale kodifiziert, soziale Konflikte dramatisiert und dem kreativen Geist der Kultur die ästhetische Form gegeben. Es gibt genausoviele Arten, einen Mythos zu interpretieren, wie es Bedeutungselemente in ihm gibt. Man könnte durch eine vergleichende Analyse der Mythen universelle Motive aufzeigen, wie das im Werk von James Frazer geschieht, oder man könnte mit einem traditionellen oder marxistischen Ansatz nach dem Beweis für historische Ereignisse forschen, die als Symbole für neue politische Verbindungen oder ökonomische Veränderungen dienen könnten. Oder man könnte die Strukturmethode von Propp und Lévi-Strauss anwenden oder die theologischen und ritualistischen Interpretationen der hinduistischen Gelehrten zur Grundlage nehmen oder gar die moralistische Buchstäblichkeit der deutschen Naturphilosophen des 19. Jahrhunderts übernehmen, für die ein Gott der Donner oder der Tod ist, während eine andere Göttin die Ernte oder das Leben ist. In dieser Arbeit jedoch will ich die indische Mythologie in einem psychosozialen (mit dem Schwerpunkt auf dem ersten Teil des Wortes) Rahmen interpretieren. Mein „Lesen" der Mythen und Legenden der hinduistischen Tradition, von denen ich viele bereits als Kind mit Faszination gehört habe, spiegelt ihren Einfluß auf mein Denken der letzten zehn Jahre über die psychoanalytische Theorie, besonders ihre Betonung des Unterbewußten und der infantilen Dimensionen des Gefühlslebens, wider. „Infantil" ist hier keineswegs in einem abwertenden Sinne gemeint, sondern bezieht sich auf die grundlegenden Erlebnisse aller Kinder: Geburt, Tod, Körperfunktionen und die mit ihnen verbundenen Lust- und Schuldgefühle, Geschlechtsorgane und sexuelle Gefühle und Familienbeziehungen. Bewußt oder unbewußt nehmen wir während unseres gesamten individuellen Lebens diese infantilen Motive immer wieder auf, und mit dem Dekor von Symbolik und Kunst versehen und legitimiert, sind sie das Grundmaterial der menschlichen Mythologie.

Jeder größere hinduistische Mythos hat viele (manche sagen: unzählbare) Varianten; auf diese Weise kann die Interpretation der hinduistischen Mythologie für praktisch jede Schule der Mythologieforschung eine lohnende Erfahrung sein. Jeder, der genug Entschlossenheit, Zeit und Geduld aufbringt, den dichten, widerborstigen Wildwuchs der in den indischen Epen und Puranas enthaltenen Mythen zu durchdringen, kann fast sicher sein, daß er auf eine Variante stoßen wird, die seinen speziellen theoretischen Standpunkt belegt. Obwohl es mir vielleicht nicht immer gelungen ist, der Versuchung zu widerstehen, die Versionen auszuwählen, die meine Thesen am besten untermauern, habe ich mich doch immer bewußt bemüht, mich auf die allgemeinen Elemente eines Mythos in allen seinen Varianten zu beschränken und die am besten bekannten, populärsten Versionen zu benutzen. Mit „populär" meine ich die vertrauten Fassungen, die am ehesten dem „durchschnittlichen" Inder bekannt sind, die von Familienangehörigen oder von professionellen *religiosi* bei festlichen oder sakralen Anlässen erzählt werden, die in Volksstücken und Tanzdramen aufgeführt oder in den leicht zugänglichen Paperbackausgaben der hinduistischen Göttersagen publiziert werden.

Die Rolle der Mythen, vor allem die religiösen Inhalts, bei der Definition und Integration der traditionellen Elemente und der allgemeingültigen Aspekte der Identität und Gesellschaft des hinduistischen Indiens kann nicht überschätzt werden – in der Vergangenheit sicherlich und in den meisten Bereichen der Gesellschaft bis heute. Aber gleichzeitig können wir uns des „Indischen" der Inder auch bewußt werden, indem wir intuitiv oder systematisch die wichtigsten psychologischen Gegebenheiten Indiens mit denen anderer Gesellschaften vergleichen. Wie die typische Individualität einer Person sich in einem Netzwerk (einem „Feld" im Lewinschen Sinne) der Beziehungen entfaltet und sichtbar wird, so wird dieses „Indische", der Unterschied zwischen den kulturell bedingten und den universellen Aspekten des Verhaltens, lebendig, wenn man es vor dem Hintergrund anderer kultureller Ausdrucksformen betrachtet.

Weil ich sowohl in Europa und den USA als auch in Indien gelebt, studiert und gearbeitet habe, sind diese „anderen" Kulturen, mit denen ich Indien vergleiche, hauptsächlich solche des Westens. Jedoch bin ich mir notwendigerweise immer der Autonomie jeder Gesellschaft bewußt gewesen. Es war nicht meine Absicht, eine Gesellschaft, ob westlich oder östlich, auf Kosten der anderen zu glorifizieren. Ich habe ein bestimmtes psychologisches Merkmal der Mitglieder der einen Gesellschaft nicht als neurotisches Symptom oder als unglückliche Abweichung von einer universellen Norm interpretiert, die ausschließlich von der anderen Gesellschaft befolgt wird. Ich habe vielmehr die Annahme zugrunde gelegt, daß beide Gesellschaften verschiedene Lösungen für universelle menschliche Konflikte bieten, daß beide (in populärer psychologischer Terminologie) spezifische normative Vorstellungen davon haben, was die „gesunde" Persönlichkeit ausmacht und wie die sozialen Beziehungen organisiert sein müssen, um dieses hehre Ideal zu erreichen.

Zum Beispiel postulieren die Grundthesen der Ich-Psychologie und der Psychotherapie im Westen eine hochkomplexe Persönlichkeit, die ständig damit beschäftigt ist, eine allgemeingültige Lösung für alle Bestrebungen seiner psychischen Substrukturen zu finden, ein Vorgang, der ein Maximum an Synthese- und Integrationsaktivität von seiten des Ich verlangt.[6] Andererseits ist in Indien das Ideal psychologischer Ganzheit oder „Reife", wie wir später sehen werden, durchaus mit einem Ich vereinbar, das relativ passiv und weniger differenziert ist. Ein Ideal psychologischer Reife, das sich anmaßt, Erfahrungen und Gewohnheiten einer Gesellschaft in universelle Normen für andere zu übersetzen, sollte uns stutzig machen. Das erinnert mich an die indische Fabel von den sechs Blinden und dem Elefanten, in der einer der Männer, der den Schwanz des Elefanten in der Hand gehalten hatte, die anderen zu seiner absoluten Überzeugung bekehren wollte, daß der Elefant eine Schlange sei.

Fragen nach dem „eigentlichen Wesen" der indischen Persönlichkeit sind nicht neu. Mit verschiedenen Schwerpunkten und mit verschiedenen Absichten sind diese Fragen oft genug gestellt und beantwortet worden. Schon im Jahre 300 v. Chr. bemerkte der Grieche Megasthenes, der Botschafter Seleukos' I. am Hofe des Tschandragupta, über die Inder:

„Der Tod ist bei ihnen ein ständiges Diskussionsthema. Sie sehen das Leben sozusagen als Reifezeit des Kindes im Mutterleib und den Tod als die Geburt in ein wahres und glückliches Leben für die treuen Anhänger der Philosophie. Aus diesem Grund unterwerfen sie sich als Vorbereitung auf den Tod der schärfsten Disziplin. Nichts, was dem Menschen widerfährt, ist für sie gut oder schlecht, sondern sie halten alles für eine traumähnliche Illusion, denn wie könnten die einen von denselben Dingen Leid erfahren, die anderen zur Freude gereichen, und wie könnten dieselben Dinge dieselben Personen zu verschiedener Zeit mit diesen gegensätzlichen Gefühlen erfüllen?" [7]

Unter anderem führen uns die Betrachtungen des Megasthenes über den indischen „Nationalcharakter" zu dem Problem der Verallgemeinerung, denn Megasthenes sprach mit intuitivem Feinsinn nicht von allen Indern, sondern beschränkte sich auf eine soziale Gruppe, die „Brachmanes" oder Brahmanen.

Wenn man von „anderen" spricht, seien diese anderen nun Inder, Amerikaner oder Chinesen, ist die Versuchung, zu verallgemeinern und unseren Schlüssen eine ästhetisch befriedigende, jedoch künstliche und oberflächliche Ordnung zu geben, nur allzu oft unwiderstehlich. Unterschiede zwischen sozialen, religiösen oder ökonomischen Gruppen innerhalb einer Kultur sind so unbequem wie kompliziert. Die Tendenz, andere Gruppen in monolithischen oder sogar stereotypen Begriffen zu fassen, um sie besser unseren Projektionen und Idealisierungen anpassen zu können, ist allzu verbreitet, eine Tendenz, die gewöhnlich gleichzeitig dem gesunden Menschenverstand und wissenschaftlicher Methodik widerspricht. Ob wir die gemeinsamen Charakteristika eines Volkes als „Grundcharakterstruktur" (Kardiner, Linton), als „Nationalcharakter" (Benedict) oder als „sozialen Charakter" (Fromm) bezeichnen, diese Bezeichnungen müssen mit aller Vorsicht gehandhabt werden, um einen Mißbrauch dieser Begriffe zu vermeiden und das Reiten vorurteilsbehafteter privater Steckenpferde zu verhindern. Im Jahre 1741 kritisierte David Hume diese Tendenz zur Übersimplifizierung bei der Interpretation des „Nationalcharakters" anderer in sehr deutlichen Worten: „

Der Pöbel ist bereit, alle Nationalcharaktere in ihrem Extrem zu sehen, und wenn es einmal ausgemacht ist, daß ein Volk ehrlos oder feige oder dumm ist, dann gibt es keine Ausnahme, sondern er betrachtet jedes Individuum nach diesem Maßstab. Männer von Geist verurteilen solche undifferenzierten Urteile, obwohl sie gleichzeitig einräumen, daß jede Nation bestimmte eigene Verhaltensmuster hat und daß bestimmte Qualitäten bei einem Volk häufiger zu finden sind als bei seinen Nachbarvölkern."[8]

Auf den ersten Blick könnte man daran verzweifeln, überhaupt irgendwelche gültigen, fruchtbaren Verallgemeinerungen für eine so komplexe und heterogene Gesellschaft wie die indische zu finden. Es erscheint als närrische oder verzweifelte Aufgabe, aus dem Wust der verschiedenen regionalen Sprach-, Kasten-, Klassen- und religiösen Subidentitäten, aus denen Indien besteht, gemeinsame psychologische Motive zu destillieren.

Viele Sozialwissenschaftler könnten argumentieren, daß man in einer solchen Situation überhaupt nicht versuchen sollte, zu Verallgemeinerungen zu kommen, ohne daß landesweite Erhebungen über Glauben, Verhaltensweisen und Handlungen gemacht worden sind, die als Zufallsstichproben ausgewiesen sind. Andere, sowohl Inder als Ausländer, die von dem, was der harte Kern der Einheit in der Vielfalt der indischen Kultur zu sein scheint, beeindruckt sind, argumentieren, daß nationale Statistiken bei einem solchen Versuch hilfreich sein könnten, aber nicht notwendig sind.

Dann muß ich schließlich auf die Grenzen dieser Arbeit kommen. Erstens beschäftigt sich dieses Buch in erster Linie mit dem hinduistischen Indien und mit den kulturellen Traditionen und der psychosozialen Identität der sogenannten „Hindukaste" als solcher. Darüber hinaus wollen meine Beobachtungen keine definitiven Aussagen über alle Hindus in ganz Indien sein; sie sind vielmehr als Beschreibung der vorherrschenden Verhaltensweisen der Hindus in einem weiten und variablen Spektrum gemeint. Der wechselnde Gebrauch der Wörter „Hindu" und „Inder" im Text spiegelt nicht falschen Gebrauch von Synonymen wider, sondern folgt einfach den Anforderungen der Lesbarkeit, obwohl andere religiöse Gruppen in Indien von der vorherrschenden hinduistischen Kultur tatsächlich zutiefst beeinflußt worden sind. Jedoch mag das Bemühen, die einigenden Motive aufzudecken und sich mehr auf die integrierenden Aspekte als auf die (zugegebenermaßen) große Zahl von Abweichungen und Varianten innerhalb der hinduistischen Kultur zu konzentrieren, von manchem für ein kaum durchführbares Unternehmen gehalten werden. Doch habe ich mich aus mindestens zwei Gründen dazu entschlossen, es zu versuchen: Erstens, Hypothesen müssen erst aufgestellt werden, wenn sie je getestet werden sollen,[9] und zweitens, ich glaube, daß die Verallgemeinerungen, die sich aus dieser Studie ergeben, eine innere Wahrheit besitzen, die mit der psychologischen und kulturellen Wirklichkeit von Kindheit und Gesellschaft der höheren hinduistischen Kasten übereinstimmt.

Kultur und Persönlichkeit

Wie auch immer wir „Kultur" definieren mögen,[10] ihre überragende Bedeutung für die Persönlichkeitsbildung wird heute von den meisten Entwicklungspsychologien anerkannt. Die alte Kontroverse Natur versus Erziehung, Erbgut versus Umwelt ist (wie das bei solchen Kontroversen häufig geschieht) in der allgemeinen Anerkennung eines doppelten Erbes jedes Individuums aufgegangen: einerseits unsere biologisch-physikalische Natur, die andererseits unverwechselbar von der Kultur einer bestimmten Gesellschaft geprägt wird, die uns vom Anfang unseres Lebens an umgibt, die uns einhüllt wie die Luft, die wir atmen, und ohne die wir nicht zu lebensfähigen Menschen heranwachsen können.[11]

Kultur ist so beherrschend, daß sogar dann, wenn ein Individuum aus ihr auszubrechen scheint, wie in Fällen von Geisteskrankheit, die „Verrücktheit" noch von ihren Normen und Ritualen beeinflußt wird. Zum Beispiel meinte George Devereaux, daß in den voraussagbaren und vorgeprägten Symptomen solcher ethnischen Psychosen wie *amok*, *latah* und *koro* die jeweilige Kultur die Anweisung zu geben scheint: „Du sollst nicht verrückt werden, aber wenn du es doch wirst, dann hast du dich so und so zu verhalten ..."[12] So übernimmt das Individuum selbst im Zustande höchster Belastung von seiner Kultur die Konventionen oder Traditionen, die einer charakteristischen Unordnung Maß und Form verleihen, und die Kultur liefert letztlich die Muster des Fehlverhaltens. Die grundlegenden innerpsychischen Prozesse, Abwehrmechanismen und Konflikte der menschlichen Entwicklung sind als universell erkannt worden; im Ablauf dieser Prozesse, in der relativen Wichtigkeit der Abwehrmechanismen und in der Intensität und der Form der Konflikte jedoch gibt es kulturelle Unterschiede. Darüber hinaus gestalten verschiedene Kulturen die Entwicklung ihrer Glieder auf verschiedene Weise, indem sie „wählen", ob Kindheit, Jugend oder Erwachsenenalter Perioden maximalen oder minimalen Stresses zu sein haben. In Indien zum

Beispiel ist, im Gegensatz zu Deutschland oder Frankreich, eher die frühe Kindheit als das Erwachsenenalter das „Goldene Zeitalter" der individuellen Lebensgeschichte. Solche Präferenzen beeinflussen die Perspektiven einer Kultur auf den verschiedenen Stufen des menschlichen Lebenszyklus ebenso wie die Intensität der individuellen Sehnsucht nach dem „verlorenen Paradies" der Kindheit.

Wir wollen uns nun einigen kontroversen Fragen zum Thema Persönlichkeit und Kultur zuwenden: Was ist das Wesen des kulturellen Einflusses auf das Individuum? Wie und wann wird dieser Einfluß auf den Ablauf der individuellen Entwicklung bestimmend?

Im psychoanalytischen Bereich stellte Freud bereits 1897 einen tiefgreifenden Widerspruch zwischen den triebbedingten Bedürfnissen eines Menschen und den sozialen Restriktionen seiner Kultur fest.[13] Er kam in späteren Jahren auf dieses Thema zurück und behandelte es mit beträchtlicher Detailgenauigkeit: *Das Unbehagen in der Kultur* und *Die Zukunft einer Illusion* sind Meisterwerke, die jenes bestimmte Maß an befreiender Wahrheit enthalten, das skeptische Zurückhaltung in begeisterte Anhängerschaft verwandelt. Freuds Hauptthema, die „Last der Kultur", wurde von späteren Autoren wieder aufgegriffen, die jedoch weder seine Einsichten wesentlich modifizieren noch seine brillanten Interpretationen erweitern konnten.[14] In der Ära nach Freud hat es im psychoanalytischen Denken eine allmähliche Verlagerung der Betrachtungsweise gegeben: weg von dem vermeintlich inhärenten Gegensatz zwischen Wünschen, Trieben und Impulsen der individuellen Persönlichkeit einerseits und den repressiven Zwängen der Kultur andererseits, und hin zu einer Erforschung und Deutung der Komplementarität dessen, was zuvor gegensätzlich war. Heute wird allgemein anerkannt, daß das neugeborene Kind eine natürliche Fähigkeit oder Bereitschaft mitbringt, sich an jede Kultur, in die es hineingeboren werden mag, anzupassen. Man kann normalerweise erwarten, daß sein angeborenes Potential, zu wachsen, zu lernen und Beziehungen zu entwickeln, sich auf kulturell angemessene Weise in Interaktion mit der Umwelt entfaltet.[15] Erikson hat diese Verlagerung prägnant formuliert: „Anstatt zu betonen, was die Zwänge der sozialen Organisation dem Kind versagen können, wollen wir hervorheben, was die soziale Ordnung dem Kind zunächst gewährt, indem sie es am Leben erhält und sich auf spezifische Weise seinen Bedürfnissen anpaßt und es in einen bestimmten kulturellen Lebensstil einführt."[16] Obwohl man den Forderungen nach „Funktionalismus" unterworfen ist, das heißt Forderungen danach, die bloße Existenz spezifischer kultureller Muster und sozialer Institutionen als Beweis für ihre „Unausweichlichkeit" zu nehmen, habe ich mich mehr auf die Anpassung als auf Konflikte konzentriert. Ich habe mich dazu entschlossen, das Verbindende zwischen psychologischen Motiven, kulturellem Stil und sozialen Institutionen herauszuarbeiten, anstatt die bedrückenden Ungereimtheiten zu behandeln, die sicher bestehen und immer bestanden haben, aber eben nicht nur in der indischen Gesellschaft, sondern ebenso in allen anderen komplexen Gesellschaften.

Die oben dargestellte adaptive Betrachtungsweise ist nach meiner Auffassung nicht nur im allgemeinen dazu nützlich, die evolutionären Aspekte der individuellen und kulturellen Entwicklung aufzuklären, sie hat auch gerade für diese Arbeit eine spezifische Relevanz. Seit Max Webers Analyse der indischen Gesellschaft haben viele westliche (und indische) Sozialwissenschaftler soziale Institutionen wie das Kastenwesen und die Großfamilie als repressiv in dem Sinne interpretiert, daß sie die Entwicklung von Persönlichkeitsmerkmalen wie „Unabhängigkeit", „Initiative", „Ausdauer" und „Motivierbarkeit" verhinderten. Solche Interpretationen sind jedoch eng mit einer historisch bestimmten, kulturell spezifischen *Weltanschauung* einer idealen „gesunden" Persönlichkeit, die sich in der Gestalt des Faust niedergeschlagen hat, verschmolzen, eine Weltanschauung, die zunehmend von bestimmten Klassen und Subkulturen der Jugend im Westen selbst in Frage gestellt, wenn nicht gar offen verworfen wird. Vorurteilsbeladen sahen viele Sozialwissenschaftler nur das, von dem sie meinten, daß die indische Gesellschaft es dem heranwachsenden Kinde verweigere, während sie die Qualitäten übersahen oder nur mit oberflächlichem Interesse wahrnahmen, die die kulturelle und soziale Ordnung Indiens dem Individuum gewährt. In einer Umkehrung des historischen Schicksals legen einerseits gewisse „moderne" Inder den Hauptwert auf Wandel, auf den Bruch mit Traditionen und auf die Erlangung eines bestimmten Lebensstils, von Idealen und Fertigkeiten, die mit den Werten der europäischen und amerikanischen Mittelklasse übereinstimmen, während andererseits die Werte von Kontinuität und Kooperation in der indischen Kultur, deren psychologische und soziale Dimensionen der Kern dieser Arbeit sind, von vielen jungen Männern und Frauen in der westlichen Welt als fundamental für den Prozeß eines radikalen Wandels betrachtet werden.

Wie Freud vor langer Zeit erkannt hat, werden kulturelle Traditionen während der Kindheit im Über-Ich des Individuums internalisiert, jenem kategorischen Gewissen, das Gut und Böse, die Verbote und Sitten eines gegebenen sozialen Milieus repräsentiert: „So wird das Über-Ich des Kindes eigentlich nicht nach dem Vorbild der Eltern, sondern des elterlichen Über-Ichs aufgebaut; es erfüllt sich mit dem gleichen Inhalt, es wird zum Träger der Tradition, all der zeitbeständigen Wertungen, die sich auf diesem Wege über Generationen fortgepflanzt haben ... in den Ideologien des Über-Ichs lebt die Vergangenheit, die Tradition der Rasse und des Volkes fort, die den Einflüssen der Gegenwart, neuen Veränderungen, nur langsam weicht, und solange sie durch das Über-Ich wirkt, eine mächtige, von den ökonomischen Verhältnissen unabhängige Rolle im Menschenleben spielt."[17]

Aber die Wurzeln der Kultur dringen in der Psyche tief durch die poröse Schicht des Über-Ichs hindurch. Vermittelt durch die Personen, die für die früheste Pflege des Kindes verantwortlich sind, sind kulturelle Werte von Anfang an ein intimer und fester Bestandteil des *Ichs*. Als das Organisationsprinzip der Persönlichkeit ist das Ich selbstverständlich die Institution, die zwischen „ich" und „du", zwischen dem, was „innen" und was „außen" ist, differenziert und vermittelt. Die Entwicklung des Ichs kann, wie viele psychoanalytischen Autoren nachgewiesen haben, nicht verstanden werden ohne seine Abhängigkeit von der Gesellschaft, in die das Kind geboren wurde, einer Gesellschaft, die anfänglich von der Mutter und anderen kulturell sanktionierten Pflegepersonen repräsentiert wird.[18]

Es sind die Reaktionen und „Stichworte" der Mutter, die am Anfang der brandneuen Individualität des Kindes dabei helfen, sich zu entfalten und seine Fähigkeit zu entwickeln, passive, rezeptive Erfahrung in aktives Wollen und Können umzusetzen. Die Art, wie die Mutter (und später andere Personen, die für das Wohl des aufwachsenden Kindes verantwortlich sind) auf ihr Kind eingeht, ist unlösbar mit den Traditionen der Kindererziehung in ihrer Kultur verknüpft. Das heißt, die Reaktionen einer Mutter auf ihr Kind hängen nicht nur ab von ihrer emotionalen Einstellung zur Mutterschaft, die tief in ihrer eigenen Lebensgeschichte verwurzelt ist, oder von der angeborenen Veranlagung des Kindes (ob es anschmiegsam oder abweisend, aktiv oder still ist), sondern auch von dem Bild, das ihre Kultur von der Rolle der Mutterschaft und der Natur des Kindes hat.

In Indien zum Beispiel ist den Müttern und den Familien, in

denen sie leben, die Vorstellung des „Zweimalgeborenwerdens" gemeinsam – nämlich der Glaube, daß ein Kind nicht als Glied der Gesellschaft geboren ist, bevor es nicht ein Alter von fünf bis zehn Jahren erreicht hat. Dieser Glaube spiegelt die scharfe Unterscheidung zwischen dem *individuellen* und dem *sozialen* menschlichen Wesen wider, eine Unterscheidung, die in dem alten Verhaltenskodex *Dharmasastras* wie folgt ausgedrückt wird: „Bis ein Junge acht Jahre alt ist, ist er wie ein Neugeborener und läßt nur die Kaste erkennen, in die er geboren ist. Solange seine *upanayana*-Zeremonie nicht vollzogen ist, kann er durch Erlaubtes und Verbotenes keine Schuld auf sich laden."[19] Ich will keineswegs behaupten, daß alle oder auch nur die meisten Menschen in Indien im vollen philosophischen Bewußtsein dieses Zweimalgeborenwerdens lebten oder von Daksha gehört hätten, jenem antiken göttlichen Weisen, von dem dieses Zitat stammen soll. Ich möchte lediglich hervorheben, daß diese Auffassung von der Natur des Kindes – ein völlig unschuldiges Wesen, das ein Geschenk der Götter ist, das man willkommen heißt, an dem man sich erfreut und dem man in den ersten Jahren seines Lebens freien Lauf läßt – so tief in das hinduistische Weltbild verwurzelt ist, daß sie jeden Aspekt der Beziehung zwischen Erwachsenen und Kindern beeinflußt. Andererseits formen die Myriaden von „Botschaften", die aus dieser Beziehung hervorgehen, das sich entwickelnde Ich des Kindes auf eine spezifische Weise, die für die Kultur charakteristisch ist. Man kann in der Tat von einem kulturellen Teil des Ichs sprechen und seine Rolle darin sehen, daß er der früheste und „primäre" Träger der Traditionen einer Kultur ist.

Ein persönliches Wort

Ich möchte diese Einleitung mit einem persönlichen Wort beschließen. Wie es bei vielen wissenschaftlichen und kreativen Unternehmungen ist, ist dieses Buch nicht nur aus beruflichem Interesse heraus entstanden, sondern entspricht auch einem persönlichen Bedürfnis. Die Reise in die indische Kindheit, zu den Ursprüngen der indischen Identität, ist auch eine Rückkehr in eine persönliche Vergangenheit, eine Erforschung meiner Herkunft. Eines der Motive, ein Reisender in meiner eigenen psychosozialen Heimat zu werden, ist fast sicher meine von vielen anderen Indern geteilte Erfahrung, lange Zeit in Europa und den

Vereinigten Staaten studiert, gearbeitet und gelehrt zu haben. Zu bestimmten Zeiten wird während dieses selbstgewählten Exils eine mehr oder weniger langwierige kulturelle Konfrontation, mit dem Selbst als Schlachtfeld, fast unvermeidlich. Ich habe bei mir selbst und bei anderen „modernen" Indern Phasen entschiedener Ablehnung und Phasen leidenschaftlicher Lobpreisung alles Indischen zu erkennen gelernt. Denn eine der Arten, wie sich diese Konfrontation manifestiert, ist der Versuch des Ichs, an bestimmten Punkten des Lebenslaufes irgendwie den indischen „Hintergrund" und den westlichen „Vordergrund" wie in einem Gemälde zu vereinen. So habe ich bei mir und bei anderen im Ausland lebenden Indern einen tiefen und andauernden Unterstrom fast sinnlicher Sehnsucht nach den Bildern, Gerüchen und Klängen des Landes unserer Kindheit festgestellt. Gefühle ohne Hemmungen auszudrücken, in den Emotionen zu *sein*, die ansteckende Lebensfreude inmitten des Elends – kurz, die volle Intensität des Lebens – ist für indische Intellektuelle ein zutiefst verführerischer Sirenengesang. Gleichzeitig aber ist diese Sehnsucht nicht „modern", sondern etwas, dessen man sich leise schämen oder das man gar mit aller Gewalt aus dem Bewußtsein verbannen muß.

Erkenntnisse über die indische Identität haben zusätzlich den Anspruch, das Wissen zu erweitern, und übten insofern eine therapeutische Wirkung aus, als sie die zutiefst indischen Teile meines Selbst erfaßt und verständlich gemacht und damit das Gefühl persönlicher und historischer Kontinuität gestärkt haben. Das ist eine wichtige Erwägung, da die schnellen historischen Veränderungen oder „Modernisierungen" und die damit verbundenen psychologischen Auseinandersetzungen mit anderen, anscheinend durchsetzungsfähigeren und „erfolgreicheren" Weltbildern in vielen Indern das ängstliche Gefühl erweckt haben, im Abseits zu stehen. Dieses Problem stellt sich besonders einschneidend bei jenen modernen Intellektuellen, die sich entschlossen haben, sich an die Spitze dieses Wandels zu stellen. Ich möchte dieses Buch als einen Teil einer mehr als hundertjährigen Tradition sehen, die mit Ram Mohan Roy (1774–1833) begann, eine Tradition, die dem Wandel der indischen Identität in modernen Zeiten gewidmet ist. So enthält es auch ein persönliches Bekenntnis, wie es in einer früheren Generation Nehru so eloquent abgelegt hat:

„Als ich heranwuchs und mich in der Bewegung engagierte, die die indische Freiheit zum Ziel hatte, erfüllte mich der Gedanke an Indien immer mehr. Was war dieses Indien, von dem ich besessen war und das mich immer weiter in seinen Bann zog und mich dazu zwang, so zu handeln, um einen vagen, aber tiefempfundenen Herzenswunsch zu verwirklichen? Der auslösende Antrieb war, glaube ich, Stolz, sowohl persönlicher als auch nationaler, und dann der allen Menschen gemeinsame Wunsch, der Fremdherrschaft zu widerstehen und frei zu sein, das Leben der eigenen Wahl zu leben ... Aber das reichte nicht aus, die in mir entstandenen Fragen zu beantworten. Was ist dieses Indien, abgesehen von seinen physikalischen und geographischen Aspekten? Was stellte es in der Vergangenheit dar, was gab ihm damals Kraft? Wie hat es diese alte Kraft verloren? Und hat es sie wirklich ganz verloren? Repräsentiert es noch irgend etwas Wichtiges, abgesehen davon, daß es die Heimat einer riesigen Zahl von Menschen ist? Wie paßt es in die moderne Welt?" [20]

Die Auseinandersetzung mit der Vergangenheit, um die Grenzen der Freiheit in der Gegenwart zu erweitern, die Einschätzung von Schwächen und Stärken und die Suche nach ihren Wurzeln: das ist ein therapeutischer Zugang zur Geschichte, und ich empfinde eine tiefe Seelenverwandtschaft und ein gemeinsames Ziel, wenn ich fortfahre zu lesen:

„Indien mit all seinem unendlichen Charme und seiner Vielfalt wuchs immer mehr in mir, und je mehr ich von ihm sah, desto mehr erkannte ich, wie schwierig es für mich oder jeden anderen ist, die Ideen zu erfassen, die es verkörpert ... Obwohl unser Volk nach außen hin uneinheitlich und unendlich vielfältig erschien, gab es doch überall diesen gewaltigen Stempel der Einheit, der uns alle in vergangenen Zeiten zusammengehalten hat, von welchen politischen Schicksalen und Katastrophen wir auch befallen wurden. Die Einheit Indiens war für mich nicht mehr nur ein politisches Programm, sie war eine emotionale Erfahrung, die mich überwältigte. Diese wesensmäßige Einheit war so mächtig gewesen, daß keine politische Teilung, kein Unglück und keine Katastrophe sie zu überwinden in der Lage gewesen war. Es war natürlich absurd, von Indien oder irgendeinem anderen Land als von einer Art anthropomorphem Wesen zu denken. Das tat ich auch nicht. Ich war mir auch all der Unterschiede und Spaltungen im indischen Leben bewußt, der Klassen, Kasten, Religionen, Rassen, verschiedenen kulturellen Entwicklungsstufen. Aber ich glaube, daß ein Land mit einer langen kulturellen Tradition und einer gemeinsamen Lebensanschauung einen Geist entwickelt, der ihm eigentümlich ist und der allen seinen Kindern gemein ist, so sehr sie sich auch untereinander unterscheiden mögen ..."[21]

Die Suche nach diesem „eigentümlichen Geist" – im modernen Sprachgebrauch die Identität – ist eine immer mehr zunehmende Beschäftigung der meisten indischen Intellektuellen. Was Nehru für sich selbst und seine Landsleute in der Geschichte suchte, habe ich versucht in der indischen Lebensgeschichte zu finden. *Kindheit und Gesellschaft in Indien* ist eine psychosoziale Entdeckung Indiens auf einer persönlichen Ebene.

2. Kapitel

Das hinduistische Weltbild

Eine Erforschung der Psychologie der indischen Innenwelt muß mit den historisch gewachsenen Vorstellungen beginnen, mit denen die hinduistische Kultur traditionell den Glauben und das Verhalten ihrer Mitglieder geformt hat. Im Kern dieser Gruppe von vorherrschenden Vorstellungen existiert ein geschlossenes, kohärentes Weltbild, durch das das Ziel der menschlichen Existenz, die Wege, dieses Ziel zu erreichen, die Irrtümer, die man vermeiden muß, und die zu erwartenden Hindernisse auf diesem Weg anschaulich übermittelt werden. Ich spreche hier nicht von hinduistischer Philosophie im Sinne von abstrakten, intellektualisierten Begriffen, die nur einem elitären Orden von Interpreten zugänglich sind, sondern von dem gewohnheitsbildenden Einfluß von Idealvorstellungen, Werten und Glaubensinhalten, die in das Alltagsleben der einfachen Leute einsickern und diesem so Sinn und Form geben.

Das Weltbild der traditionellen hinduistischen Kultur stattet seine Mitglieder, wie das auch in anderen Gesellschaften geschieht, mit einem sanktionierten Muster aus, einer Schablone, die sowohl auf die Außenwelt mit all ihren Unsicherheiten gelegt werden kann als auch auf die Flut der inneren Erfahrungen in all ihrer Turbulenz, und hilft so den Individuen, mit ihrem Leben fertig zu werden. Das hinduistische Weltbild, von den meisten Hindus geteilt und mit bemerkenswerter Kontinuität durch die Zeiten fortdauernd, hat sowohl die indischen Sprachen nachhaltig beeinflußt als auch die Methoden des Denkens, Empfindens und Wertens, ob es nun bewußt akzeptiert und in kunstvollen Ritualen kodifiziert ist oder ob es unmerklich das „Gemeinschaftsunterbewußtsein"[1] durchdringt. Dieses Weltbild steckt einem Hindu so in den Knochen, daß er sich dessen gar nicht bewußt sein muß. Die selbstbewußten Versuche verwestlichter Hindus, es zu verleugnen, sind im großen und ganzen vergeblich, weil diese Versuche auf

Selbstbetrug beruhen. „Denn solche Bilder", schreibt Erikson, „werden in sehr frühem Lebensalter gleichsam als eine Art Raumzeit absorbiert, die eine kohärente Absicherung gegen die abgründigen Entfremdungen bedeutet, die in jedem der abfolgenden Stadien auftreten und den Menschen sein Leben lang heimsuchen... Und selbst dort, wo solche expliziten Weltbilder aufgegangen sind in der Erwartung – bzw. entbehrlich geworden sind angesichts des wirklichen Sicheinstellens – von „Glück" oder „Erfolg", erscheinen sie wieder implizit in der Weise, in der Menschen sich ihrer selbst zu vergewissern trachten, wenn sie das Gefühl haben, die Richtung zu verlieren."[2]

Das Motiv der Vereinigung – Moksha

Das höchste Ziel in der hinduistischen Kultur, das wichtigste *purushartha* (Bestimmung des Menschen), ist *moksha* oder *mukti*. Der Begriff *moksha* ist verschiedentlich mit „Selbstverwirklichung", „Transzendenz", „Erlösung", „Befreiung von allem Irdischen, vom Kommen und Gehen" übersetzt worden. Aber in der hinduistischen Philosophie wird *moksha* auch als das Stadium, in dem alle Unterschiede zwischen Subjekt und Objekt transzendiert worden sind, beschrieben, als direkte Erfahrung der fundamentalen Einheit des Menschen mit dem Unendlichen. Die Upanishaden, die dieses Motiv der vollkommenen Vereinigung ausführlich behandeln, beschreiben diesen Zustand in metaphorischer, ja leidenschaftlicher Sprache: „Wie ein Mensch in der Umarmung seines Geliebten kein Bewußtsein von außen und innen hat, so bleibt in dieser Erfahrung nichts zurück als Hinweis auf innen und außen. Es ist der Eintritt ins *brahman*, ein Verschmelzen mit *brahman*, Verzehren des *brahman*, Atmen des *brahman*. Es ist die Einheit von Selbst und Welt."[3]

Die Schwierigkeit bei solchen Beschreibungen ist, daß sie nur für Eingeweihte Sinn ergeben und daß sie jedem etwas anderes vermitteln. Westliche Leser werden vielleicht eine ähnlich klingende Beschwörung eines *moksha*-ähnlichen Zustandes in der glitzernden Metasprache Blakes entdecken:

„Alle sind menschlich, & wenn du ihre Herzen betrittst, gehst du Durch Himmel & Höllen, denn in deinem Herzen trägst du Himmel und Hölle & alles, was du siehst; obwohl es außen zu sein scheint, ist es innen, in deiner Phantasie, von der diese Welt der Sterblichkeit nur ein Schatten ist."[4]

Für viele kann der Kern von *moksha* – wenn auch nur flüchtig – durch lebendige bildhafte Symbole gefaßt werden, wie etwa das hinduistische Bild von Shakti und Shakta – Energie und Trägheit, der Handelnde und die Welt –, die sich in ewiger Umarmung mit den Schenkeln umklammern, oder die taoistischen komplementären schwarzen und weißen Fische des Yin und Yang. Denn die Grenzen der Sprache werden nur allzu deutlich, wenn man versucht, eine Erfahrung zu übermitteln, die fast *per definitionem* jenseits der Sprache liegt. Aber ich bin kein Dichter, sondern Psychologe. Ich kann nicht damit zufrieden sein, mich dem Begriff *moksha* nur mit Hilfe von Bildern zu nähern, sondern ich muß auch versuchen, mit den mir zur Verfügung stehenden psychologischen Hilfsmitteln zu einem Verständnis zu kommen. Dies ist eine wichtige Aufgabe, obwohl ein Mystiker davon abraten würde, weil es das Ideal des *moksha* ist, das jedem Inder (und wenn auch nur vorbewußt) die Möglichkeit einer „mystischen" Erfahrung eröffnet. Im Westen ist dieser einzigartige Erfahrungsbereich nur einer Elite von Künstlern, Dichtern und „göttlichen Narren" vorbehalten. Entscheidend ist, daß in Indien die Idee des *moksha* nicht marginal, sondern zentral für das Erscheinungsbild der Kultur ist. Jede psychosoziale Studie über das hinduistische Indien muß sich notwendigerweise mit diesem Phänomen auseinandersetzen, wie schwierig und beruflich irritierend dieser Versuch auch sein mag.

Freud fühlte sich unbehaglich, wenn er versuchte, solche Gefühlszustände wie *moksha* zu beschreiben. „Ozeanische Gefühle" war seine Sammelbezeichnung für mystische, ekstatische, *zazen-* oder *samadhi*-Erfahrungen.[5] Bei einer großen Anzahl späterer Psychologen haben sich seine Vorsicht und Zurückhaltung in Mißtrauen und Unglauben den sogenannten „mystischen" Zuständen gegenüber verwandelt. Aber im Gegensatz zu Freuds Erwartungen können „ozeanische Gefühle" heute physiologisch differenziert werden, und *samadhi* (Erlangung von Einzigartigkeit), das zumindest von der Schule des Raja Yoga als die Voraussetzung für *moksha* angesehen wird, wurde von Roland Fischer als erhöhter Zustand „trophotropischer" Erregung erklärt, als qualitativ anders als andere Zustände erhöhter Selbstbewußtheit, die zur Kategorie der „ergotropischen" Erregungen gehören. Um die Beziehung zwischen *samadhi* und anderen Bewußtseinszuständen zu klären, wird es hilfreich sein, wenn wir Fischers Diagramm wiedergeben.[6] (Abb. 1) Ob Fischer mit der Gattungsbezeichnung „*samadhi*" eines der vier „unvollkommenen *samadhis* meint oder das vollkommene *asamprajnata samadhi* selbst, ist nicht klar. Doch sogar das vollkommene *samadhi* des Yoga wird in hinduistischen Texten als eine selige Trance vergänglicher Art beschrieben. *Moksha* andererseits ist keine kurzzeitige Woge ozeanischen Gefühls, sondern ein andauerndes und völlig bewußtes Im-Ozean-Leben. Ramana Maharshi, einer der größten Weisen Indiens, von dem man sagte, er habe diesen Zustand erreicht, verglich das als Voraussetzung notwendige *samadhi* mit einem Eimer voll Wasser, der in einen Brunnen hinabgelassen wird: Das „Selbst" taucht im „größeren Selbst" unter, aber das Seil und der Eimer (das Ich) bleiben vorhanden, um das individuelle Selbst wieder herauszuziehen.[7] *Moksha* aber verglich er mit den Wassern eines Stromes, die sich mit denen des Ozeans vermischen. Oder ein anderes Gleichnis wählend, schrieb er: „Im *moksha* ist dieses Ich harmlos, es ist wie das Skelett eines verbrannten Seiles; zwar hat es eine Form, aber man kann nichts damit binden."[8]

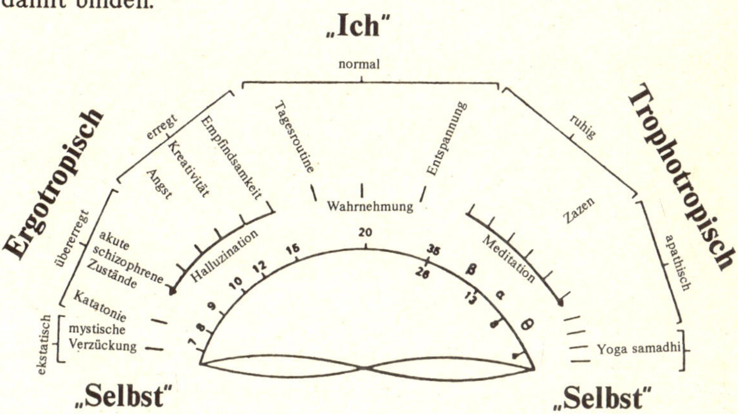

Abb. 1: Die verschiedenen Bewußtseinszustände, dargestellt in einem Wahrnehmung-Halluzination-Kontinuum anwachsender ergotropischer Erregung (links) und einem Wahrnehmung-Meditation-Kontinuum anwachsender trophotropischer Erregung (links). Diese Niveaus von erhöhter und erniedrigter Erregung werden vom Menschen als normale, kreative, psychotische und ekstatische Zustände (links) und als Zazen- und *samadhi*-Zustände (rechts) interpretiert. Die Schleife zwischen Ekstase und *samadhi* stellt den Rückfall von *samadhi* in die Ekstase dar, der als Folge von intensiver ergotropischer Erregung beobachtet wird. Die Zahlen 35 bis 7 im Wahrnehmung-Halluzination-Kontinuum sind Goldsteins Variationskoeffizient, der das Absinken der Varianz der EEG-Amplitude bei steigender ergotropischer Erregung mißt. Die Zahlen 26 bis 4 im Wahrnehmung-Meditation-Kontinuum beziehen sich auf jene Beta-, Alpha-, Theta-Wellen (in Hertz), die in diesen Zuständen vorherrschen, aber für diese nicht spezifisch sind.

Eine der Hauptschwierigkeiten bei dem Versuch, zu einem psychologischen Verständnis solcher Zustände wie *moksha* zu gelangen, ist terminologisch. Die Beschreibungen in hinduistischen Texten und die subjektiven Berichte jener Weisen, von denen man allgemein annimmt, daß sie dieses Ideal der „Nicht-Dualität", wie es manchmal genannt wird, erreicht haben, enthalten eine Vielzahl an synonym gebrauchten Wörtern. Das semantische Durcheinander von „Ich", „Selbst" und ihren Entsprechungen „andere", „Welt", „Makrokosmos" usw. wird bei der Übersetzung aus dem Sanskrit oder anderen indischen Sprachen in eine westliche Sprache noch erheblich gesteigert. Eine genaue Entsprechung zu Begriffen, die sogar in ihrem Originalgebrauch kaum mit einer genauen Definition festzulegen sind, gibt es einfach nicht. Aber wir sollten uns erinnern, daß derartige semantische Schwierigkeiten in anderen systematischen Psychologien, die die Prozesse des geistigen Lebens durch disziplinierte Introspektion zu verstehen suchen, nicht ungewöhnlich sind. Ich beziehe mich hier in erster Linie auf die psychoanalytische Psychologie und ihre umfangreiche Literatur, in der, wie Heinz Hartmann bemerkt hat, klare Grenzlinien zwischen den Begriffen „Ich", „Selbst" und "Persönlichkeit" keineswegs immer gezogen werden können. [9]

Da das vollkommene *samadhi* des Yoga erfahrungsgemäß und psychologisch die genaueste Annäherung an das ist, was *moksha* bedeutet, möchte ich mich mit dem Selbst und den Funktionen des psychischen Systems, speziell des Ichs, im *samadhi*-Zustand befassen. Ich ist hier im psychoanalytischen Sinne zu verstehen. Es ist kein Synonym für die individuelle Persönlichkeit, es bezieht sich nicht auf das Subjekt als im Gegensatz zum Erfahrungsobjekt stehend, und es steht nicht für jenen Narzißmus oder Hochmut, der in der Alltagssprache mit Bezeichnungen wie „egoistisch" belegt wird. Mit Ich meine ich die innere psychische Instanz, die die Impulse, Wünsche, Emotionen und Erinnerungen von innen und die Eindrücke, Ideen, Anforderungen und Möglichkeiten von außen, die beide Teil unseres Bewußtseins werden und nach Taten verlangen, registriert und verarbeitet. Nach Freuds Modell ist das Ich eine der drei grundlegenden psychischen Substrukturen, die beiden anderen sind das primitive Es und das kontrollierende Über-Ich. Das individuelle Ich befindet sich beständig in einem Zustand des Flusses, Vermittelns und Austausches zwischen innen und außen, Vergangenheit und Gegenwart, Unbewußtem und Bewußtem, Selbst und Gesellschaft, zwischen dem Triebhaften und dem Institutionellen im menschlichen Leben. Das

Ich ist unbewußt in dem Sinne, daß man zwar sein Wirken, aber nicht *es selbst* wahrnehmen kann. Andererseits ist das Selbst, wenn man Erikson folgt, vorbewußt in dem Sinne, daß es bewußt wird, wenn „Ich" über das Selbst reflektiert, oder besser über die verschiedenen Selbste — Körper, Persönlichkeit, soziale Rolle —, die zusammen das komplette Selbst bilden.[10] Die Gegenspieler des Selbst sind „andere" oder genauer die Selbste anderer. Das alles wirft natürlich die mehr metaphysische als psychologische Frage nach dem „Ich" auf. Denn „Ich" ist weder das Selbst, das das Objekt des „Ich" ist, noch das Ich, eine psychische Instanz. Hindus würden sagen, „Ich" ist das reine Bewußtsein, das *atman* des vedischen Denkens, dessen einziger Gegenspieler *brahman* ist.

Wie in den Texten und den Berichten der Religionslehrer beschrieben wird, kann *moksha* so verstanden werden, daß eine Person, die in diesem Zustand lebt, einen alles durchdringenden „Ich"-Strom besitzt. „Ich" ist das Zentrum des Bewußtseins und der Existenz in allen erlebten Situationen und in allen möglichen Selbsten. „Ich" ist eine konstante und beständige Gegenwart in all den vergänglichen Selbsten — im körperlichen Selbst als Spasmen sexueller Erregung oder als Qualen der Krankheit, im persönlichen Selbst beim Spielen, Träumen und Denken oder bei der Arbeit, beim Planen und Entwerfen, im sozialen Selbst als Eltern, Familienversorger, als Sohn oder Untergebener. Aber *moksha* ist nicht auf die Erlangung dieser Bewußtheit des „Ich" in einem komplexen Selbst beschränkt. Es scheint eher so zu sein, daß dieser höchste „Sinn des Menschen" nicht eher erreicht ist, bis jemand auch ein ähnliches Gefühl von „Ich" in den Selbsten anderer empfindet, eine Empathie, die bis zum Punkt der vollständigen Identifikation verstärkt wird. Wenn diese Bewußtheit des „Ich" in einem komplexen Selbst und im allgemeinen „anderen" noch nicht erreicht und stabilisiert ist, dann, würden die Hindus sagen, lebt der Mensch in der *avidya*, in Unwissenheit oder falschem Bewußtsein. Und die Sichtweise, die er von sich selbst, der Außenwelt und den anderen hat, bleibt *maya*: ein Fragment, eine scheinbare Wirklichkeit, die, auch wenn sie sozial verbreitet und als *matam* (Auffassung von der Wirklichkeit) sanktioniert ist, nicht *tatvam* ist, die höchste, wahre Wirklichkeit, die nur dem befreiten Menschen zugänglich ist.

Nach dem hinduistischen Ideal wird Wirklichkeit nicht in erster Linie durch bewußte und vorbewußte Wahrnehmungen, unbewußte Abwehrmechanismen und rationale Gedankenprozesse, die das Ich ausmachen, vermittelt; sie entspringt vielmehr einer tieferen und phylogenetisch viel älteren Schicht der Persönlichkeitsstruktur – dem Es, dem mentalen Repräsentanten der instinktiven Teile des Organismus. Nach hinduistischem Glauben kann Wirklichkeit nur begriffen oder gewußt werden durch diese archaischen, unbewußten, vorsprachlichen Vorgänge des Empfindens und Fühlens (wie etwa Intuition oder das, was man außersinnliche Wahrnehmung nennt), die man im Einklang mit den fundamentalen Rhythmen und Harmonien des Universums glaubt. Daß der Hinduismus eine ichorientierte Wirklichkeit für *maya* hält, ist mit eine Erklärung für die Faszination und den Respekt des durchschnittlichen Inders für alles Okkulte und seine Adepten. Astrologen, Wahrsager, Hellseher, Sadhus, Fakire und andere Schamanen, von denen es in Indien wimmelt, sind hochgeachtet, weil man von ihnen glaubt, daß sie begonnen hätten, die Grenzen der *maya* zu durchdringen.

Die Differenzierungen zwischen Wirklichkeit und *maya*, zwischen *vidya* und *avidya* (richtiges und falsches Bewußtsein) illustrieren einen derart fundamentalen Unterschied zwischen dem hinduistischen und dem westlichen Weltbild und eine Diskrepanz in der Art des Denkens und Sehens, die selbst die gutwilligsten Bestrebungen eines kulturellen Ökumenismus nicht zufriedenstellend zu überbrücken hoffen dürfen. Die Aufrechterhaltung der Ich-Grenzen – zwischen „innen" und „außen", zwischen Ich und „andere" – und die sinnlichen Erfahrungen und sozialen Beziehungen, die auf dieser Trennung beruhen, sind der Stoff, aus dem im westlichen Denken die Wirklichkeit besteht, für die Hindus aber nur *maya*. Die optimale Ausdifferenzierung dieser Wirklichkeit des Getrenntseins, die sich in der Erhöhung der Ich-Funktionen wie Realitätssinn, Realitätsprüfung und Anpassung an die Realität ausdrückt, ist das erklärte Ziel der meisten westlichen Psychotherapien, doch nur von völlig untergeordneter Bedeutung für die hinduistischen Wege der Befreiung. Der Psychoanalyse zufolge zeigt sich ein guter Realitätssinn im Fehlen einer bewußten Wahrnehmung des Selbst oder der verschiedenen Selbste. Dies ist jedoch genau das, was die hinduistischen Wege der Befreiung zu konterkarieren suchen. Und wenn im Laufe der Entwicklung das Kind lernt, zwischen sich selbst und dem, was nicht zu ihm gehört, zwischen „mir" und „nicht-mir", zu unterscheiden – ein Vorgang, während dem der Sinn des Individuums für Raum, Zeit, Kausalität und Individualität geformt wird und die Ich-Grenzen aufgebaut werden –, dann sucht der hinduistische

Weg der Befreiung, wie wir später sehen werden, in gewissem Sinne diesem Prozeß der Ich-Entwicklung entgegenzuwirken. In der hinduistischen Ordnung der Dinge ist dieses „Konterkarieren" aber nicht das, was Ernst Kris mit „Regression im Dienste des Ichs" gemeint hat, wobei eine Rückkehr zu den Anfängen dazu dient, die defensiven Ich-Funktionen neu zu ordnen, so daß das erwachsene Ich durch diese Erfahrung gestärkt und gefestigt wird. Vielmehr hat es die Aufgabe, in der psychischen Organisation des Menschen eine vollständige Revolution zu bewirken, indem neue Ziele und andere Wahrnehmungsweisen angeboten werden, die die subjektive Erfahrung von „Wirklichkeit" radikal verändern. Vielleicht können die Gegensätze (und die Ähnlichkeiten) zwischen der psychoanalytischen und der hinduistischen Methode, das individuelle Bewußtsein zu „befreien" oder zu engagieren, am besten an einer spezifischen Darstellung einer der bekanntesten hinduistischen Techniken, Raja Yoga, illustriert werden.

Yoga und Psychoanalyse

Die acht Stufen des Raja Yoga, von denen die letzte zum *samadhi* führt, sind im klassischen Schema in drei Phasen eingeteilt:

Drei Phasen	Raja Yoga	Acht Stufen
Phase I	Vorbereitung: (ethisch)	*1. yama*
		2. niyama
	(physiologisch)	*3. asana*
		4. pranayama
Phase II	Integration: erster Schritt zur Umformung des *chitta*	*5. pratyahara*
Phase III	Meditation: Samyana	*6. dharana*
		7. dhyana
		8. samadhi

Abb. 2

Man sagt, daß diese Phasen eine Reihe von Jahren an Übung benötigen, bevor *samadhi* auch nur denkbar sei. Die erste Phase ist die *Vorbereitung*, sowohl ethisch als auch physiologisch. Die ethische Vorbereitung besteht aus den ersten beiden Yoga-Stufen *yama* und *niyama*, Regeln für das alltägliche Leben, ohne deren Einhaltung niemand ein Yogi werden kann: Gewaltlosigkeit, Wahrhaftigkeit, Ehrlichkeit, Mäßigkeit, Sauberkeit, Armut, Studium und so weiter. Das Ziel der physiologischen Vorbereitung während der beiden nächsten Stufen, *asana* und *pranayana* – Körper- und Atemübungen –, ist ein gesunder Körper. Wie Vivekananda es ausdrückt „Jeder Mensch muß beginnen, wo er steht, muß lernen, die Dinge zu beherrschen, die ihm am nächsten sind. Dieser Körper ist uns sehr nahe, näher als alles andere in der äußeren Welt." [11]

Die Übung des eigentlichen Yoga beginnt mit der fünften Stufe, *pratyahara*, die die zweite Phase darstellt und die ich die Phase der Integration nennen möchte. Die Yogatexte und die Kommentare verschiedener Lehrer, die *pratyahara* zu erklären versuchten, stellen in vieler Hinsicht eine faszinierende Literatur dar, besonders in ihrer Darstellung der Beziehung zwischen bewußten und unbewußten geistigen Vorgängen. Für unsere Zwecke hier legt sie einige provokante Parallelen zwischen der hinduistischen und der psychoanalytischen Auffassung vom geistigen Leben nahe.

Das Objekt dieser Phase ist das *chitta*, „sogar noch näher als der Körper", der fundamentale Begriff im hinduistischen Modell der menschlichen Psyche. Das *chitta* ist dem Es des psychoanalytischen Modells sehr ähnlich, dem Teil der psychischen Organisation, der die elementaren, instinktiven Teile des Organismus repräsentiert. Hinduistische Texte benutzen *chitta* manchmal auch in einem dynamischen Sinne, um *alle* unbewußten geistigen Prozesse zu charakterisieren. So kann, wenn Freud das Es als „ein Chaos, einen Kessel voll brodelnder Erregungen" [12] beschrieb, der Begriff des *chitta* ähnlich umschrieben werden. Einige hinduistische Texte gebrauchen die Metapher eines Affen, der von Natur aus rastlos ist und dazu noch Wein trinkt und so noch rastloser wird. Als ob das nicht genug wäre, wird er von einem Skorpion gestochen und (um das Bild unkontrollierter Rastlosigkeit zu vervollständigen) von einem Dämon befallen. *Chitta*, in seinem Normalzustand, wird mit diesem Affen verglichen, trunken vom Wein, unter den Schmerzen des Skorpionenstichs leidend und von einem Dämon besessen. [13] Im Alltagsleben wird *chitta* mit den Körperorganen in Verbindung gebracht; es besteht in der „zersplitterten" Form von nach außen gerichteter Aktivität, die sich in der Erfahrung von Lust und Schmerz, und in der „dunklen" Form, die sich in menschlicher Aggression manifestiert.

Aber die „zersplitterte" und „dunkle" Form mit ihren Manifestationen der Lust, des Schmerzes und der Aggression sind nicht der natürliche Zustand des *chitta.* Diese Formen, sagen die hinduistischen Texte, entstehen mit der Geburt und werden während des Wachstums und der Entwicklung des Menschen immer ausgeprägter. *Chitta*s „natürlicher Zustand", seine wahre Natur, ist die „auf eines gerichtete" Form, in der sein fundamentales Ziel, das Ichbewußtsein und die Nicht-Dualität von Ich und anderen, verwirklicht werden kann. Das Ziel des *chitta* ist das Ziel des menschlichen Lebens; das ist der tiefste Sinn, der den verschiedenen Yoga-Übungen zugrunde liegt.

Auf den ersten Blick scheint die hinduistische Auffassung vom *chitta* in scharfem Widerspruch zu stehen zum vorherrschenden psychoanalytischen Begriff des Es als essentiell blinde und kaum anpassungsfähige Triebhaftigkeit, die immer auf Befriedigung um jeden Preis abzielt. Wie Bernhard Apfelbaum in einer tiefschürfenden Kritik nachgewiesen hat, postuliert diese Auffassung einen Gegensatz zwischen dem Ich und dem Es, in dem das Ich ständig wachsam und stark genug sein muß, die Eruptionen des „ständig brodelnden Kessels"[14] zu kontrollieren. Die hinduistischen Denker postulieren keinen derartigen ständigen Gegensatz zwischen den beiden psychischen Instanzen. Obwohl sie die Rastlosigkeit und den gehetzten Charakter des *chitta* sehen, schreiben sie ihm eine bestimmte Aufgabe zu, die mit dem Zweck des menschlichen Lebens identisch ist und nicht im Gegensatz dazu steht. Diese hinduistische Betrachtungsweise findet in einigen späteren Aussagen Freuds Parallelen: „Die Macht des Es drückt die eigentliche Lebensabsicht des Einzelwesens aus."[15] Und: „Die individuelle Entwicklung erscheint uns als ein Produkt der Interferenz zweier Strebungen, des Strebens nach Glück, das wir gewöhnlich ‚egoistisch', und des Strebens nach Vereinigung mit dem anderen in der Gemeinschaft, das wir ‚altruistisch' heißen."[16]

Chitta, sagen die Hindus weiter, strebt nach seiner eigenen Transformation. Die zersplitterten und dunklen Triebe sind in der Lage, so lange zu reifen, bis sie zur endgültigen „auf eines gerichteten" Form werden, in der ihr einziges Ziel „altruistisch" ist, die Vereinigung von Ich und Nicht-Ich. Wenn man den philosophischen Spekulationen, die sich aus den Entwicklungen in der modernen Biologie ergeben, Glauben schenkt, dann befindet sich die hinduistische Betonung von Interdependenz, Symbiose und Fusion im menschlichen Organismus geradezu im Zentrum der Lebenswissenschaften. Reaktionen wie Aggression werden nicht als primäre, sondern als sekundäre Entwicklungen der Evolution aufgefaßt: eher notwendig zur Steuerung der Symbiose als dazu geschaffen, den fundamentalen „Altruismus" lebender Organismen zu stören oder zu behindern.[17]

Was sind die zersplitterten und dunklen Triebe, die zu „sammeln", zu „konzentrieren" und zu transformieren hinduistische Religionslehrer seit Jahrhunderten ihre Schüler angehalten haben? Die wichtigsten Texte weisen durchweg auf die erstrangige Bedeutung der Sexualität hin. In der hinduistischen Mythologie ist die Sexualität eine nicht eindämmbare Flut polymorpher Lust und Beziehungen, die die heterosexuellen, genitalen Imperative des konventionellen Geschlechtslebens mißachtet und Inzesttabus hinwegfegt. Auch Shiva, der Gott der Asketen und Yogis, bleibt nicht immer von sexuellen Wünschen verschont, denn „als Shiva in der Umarmung seiner Frau Gauri keine Befriedigung fand, ging er nackt in den Kiefernwald, Wahnsinn vortäuschend, sein *linga* (Phallus) erigiert, sein Sinn voller Begierde, und wollte seine Wünsche mit den Frauen der Weisen befriedigen."[18] Wie ein mittelalterlicher bengalischer Text etwas wehmütig bemerkt, „wenn so hervorragende Persönlichkeiten wie Brahma (der Schöpfer), Maharudra (Shiva) und Parasara, der Vater des Weisen Vyasa, lüstern waren – tatsächlich so lüstern, daß sie ihren eigenen Töchtern nachstellten –, was kann man da schon vom unvollkommenen Menschen erwarten?"[19] Das Verständnis der menschlichen Sexualität und die Erkenntnis ihrer notwendigen Transformation ist daher die Hauptaufgabe des befreienden Yoga. Unter dieser Transformation stellt man sich jedoch eher Sublimierung vor als repressive Selbstbeherrschung, denn die hinduistischen Yogis haben der Kraft der Libido immer einen gesunden Respekt entgegengebracht: „Geschlechtsenergie hat eine gewaltige Potenz. Aber bloße Enthaltsamkeit, ohne in höhere geistige Energie (*ojas shakti*) transformiert zu sein, ist gefährlich. Bloße Enthaltsamkeit ... kann zu verschiedenen Arten geistiger und physischer Krankheit führen."[20] Der vermutete Sitz des *chitta* am *muladhara* (nach der mystischen Physiologie ein Punkt im gleichen Abstand von Anus und Urethra, der der Brennpunkt intensiver sexueller Erregung sein kann und der wahrscheinlich dem embryologisch wichtigen *Colliculus seminalis* entspricht) läßt keinen Zweifel am Primat der Sexualität im *chitta.*

Eine andere dieser Metaphern, in denen die hinduistischen Denker geschwelgt zu haben scheinen, vergleicht das *chitta* mit einem schlammigen und aufgewühlten See, der Wellen, *vrittis,* schlägt und so den Boden, das Ich, verbirgt, der nur zu sehen ist, wenn der See ruhig ist und die Wellen sich geglättet haben. Diese Wellen oder Kräuselungen sind die geistigen Funktionen – Wahrnehmung, logisches Denken, Wahnvorstellungen, Traum, Schlaf und Gedächtnis –, die alle ihren letzten Ursprung im *chitta* haben. Vivekananda, einen von Patanjalis Aphorismen über Erinnerung, Schlaf und Träume kommentierend, sagt: „Zum Beispiel man hört ein Wort. Dieses Wort ist wie ein Stein, der in den See des *chitta* geworfen wird: Es verursacht eine Kräuselung, und diese Kräuselung verursacht eine Serie von Kräuselungen. Das ist Erinnerung. Ebenso ist es im Schlaf. Wenn die bestimmte Art von Kräuselung, die Schlaf genannt wird, das *chitta* in eine Kräuselung der Erinnerung wirft, nennt man das einen Traum. Träumen ist eine andere Form der Kräuselung, die im Wachzustand Erinnerung genannt wird."[21] Um den hinduistischen Begriff des *chitta* und seine Bedeutung für den Prozeß der Erlangung des *moksha* zusammenzufassen: Alle geistigen Vorgänge sind im *chitta* begründet, dessen spezifisches Ziel Selbstbewußtheit und die Fusion mit dem „anderen" ist. Normalerweise wird dieses Ziel nicht erreicht, da das *chitta* an die Körperorgane gebunden ist und rastlos in seinen zersplitterten und dunklen Formen existiert. Aber das *chitta* (und die ihm zugrundeliegende Triebkonstellation) ist fähig zur Transformation, über „gesammelte" und „konzentrierte" Formen, in die endgültige „auf eines gerichtete" Form, die sein wahres Ziel ist. Nur durch radikale Anerkennung des *chitta,* durch tiefes Eintauchen in seine stillen Wasser kann der Mensch *moksha* erkennen und so die wahre „Wirklichkeit" verstehen.

Pratyahara (wörtlich: sich zu etwas sammeln) ist so der erste Schritt zur Transformation des *chitta.* Die Technik, die die Yogis in diesem Stadium anwenden, hat eine verblüffende Ähnlichkeit mit der der freien Assoziation in der psychoanalytischen Therapie. Um noch einmal Vivekananda zu zitieren:

„Die erste Lektion besteht dann darin, daß man einige Zeit dasitzt und dem Geist (*chitta*) freien Lauf läßt. Der Geist befindet sich in ständiger Aufwallung. Er ist wie jener Affe, der ständig herumspringt. Laß den Affen herumspringen, so viel er kann, du wartest einfach und beobachtest... Laß ihm die Zügel schießen. Viele scheußliche Gedanken können in ihm entstehen, und du wirst erstaunt sein, daß es möglich sein soll, daß du solche Gedanken in deinem Innern beherbergst; aber du wirst feststellen, daß von Tag zu Tag die Phantastereien des *chitta* nachlassen und weniger gewalttätig werden, daß es täglich ruhiger wird ... Es ist eine gewaltige Arbeit, die nicht an einem Tag geleistet werden kann. Nur durch einen geduldigen, beständigen Kampf über Jahre hin können wir zum Erfolg kommen."[22]

Die Yogis sahen in der Regression, die in dieser Phase stattfindet, eine Notwendigkeit im Dienste des *chitta*, nicht des rastlosen, dunklen und dämonischen *chitta*, sondern des Besänftigenden, strahlenden und wohltätigen, das altruistische Triebrepräsentationen enthält, durch die die Forderung der Upanishaden *atmanam viddhi* — „Erkenne das Ich" — erfüllt werden kann. Die Gegenwart eines Gurus, der diesen Prozeß leitet und überwacht, ist notwendig. Aber die Aufgabe des Gurus ist es nicht, dabei behilflich zu sein, die Autonomie des Ichs zu stärken oder sein Wirkungsfeld durch Einblicke in die verborgenen Bereiche des Geistes zu erweitern. Vielmehr besteht die Rolle des Gurus im *pratyahara* angesichts des vorgegebenen Endziels, das *chitta* zu beruhigen und nach und nach das Ich mit dem (transformierten) Es zu verschmelzen, darin, diesen Integrationsprozeß zu unterstützen und zu fördern, während er gleichzeitig die ganze Zeit ein wachsames Auge auf das Ich des „Patienten" haben muß, damit es nicht vorzeitig verschlungen wird. Die Gegenwart des Gurus gewährt die notwendige Unterstützung gegen die Gefahr eines psychotischen Zusammenbruchs. Anders als die eilfertige Unterstützung, die in den meisten westlichen Psychotherapien mit Worten gewährt wird, besteht die Hilfe des Gurus aus „Blick, Berührung und Schweigen" — der Sprache des *chitta*.

Die dritte und letzte Phase im Raya Yoga ist konzentrierte Meditation. Hier findet die endgültige Transformation des *chitta* von der „zersplitterten" zur „auf eines gerichteten" Form statt. Die drei Stufen dieser Phase sind *dharana*, *dhyana* und *samadhi*. Mit *samyama*, wie die drei Stufen manchmal insgesamt genannt werden, kommt der Yogi in eine Phase, in der ein Vergleich mit der Psychoanalyse nicht länger möglich ist. Die Aufgaben sind andere als die der klassischen Psychoanalyse; aber darüber hinaus ist die Sprache unserer psychologischen Begriffe mit ihrer Neigung zum Diagnostizieren nicht dazu geeignet, die Nuancen und die Bedeutung einer subjektiven Erfahrung wiederzugeben, die sich seit Jahrhunderten einer theoretischen Erfassung entzieht und die in Symbolsprache und Allegorien beschrieben wird. Die Anweisungen der Yogis in dieser Phase lesen sich wie Vorübungen zur Urschöpfung: Konzentriere das *chitta* auf Sonne, Wasser, Eis, Steine, sagen die Texte, bis das Bild scharf und stabil ist, „innen", unveränderlich, ob die Augen offen oder geschlossen sind, ob das Objekt vorhanden oder nicht vorhanden ist. Erschaffe die Außenwelt und die physische Welt in deinem Innern. Meditiere über die Realität eines Steines, bis der Stein durchsichtig wird. Forme die Wahrnehmung einer Lotosblume, die vierundachtzigtausend Blütenblätter hat, jedes Blütenblatt vierundachtzigtausend Hauptadern und jede Hauptader vierundachtzigtausend Nebenadern und jede Nebenader soll deutlich sichtbar sein. Forme das Bild Brahmas, der in der Mitte der Lotosblüte sitzt, und meditiere darüber und entdecke, daß „Ich" Brahma bin und daß „Ich" die Welt bin.[23]

Behutsam und vorsichtig können wir jedoch trotzdem versuchen, einige psychologische Fragen aufzuwerfen, die zu unserem Verständnis dieser totalen Erfahrung beitragen können. Verändert sich die Erkenntnis im Zustand des *samadhi* von einer autonomen Funktion des erwachsenen Ichs in einen Prozeß, der auf einer primären undifferenzierten „Ich-Es-Matrix" beruht? Ähneln einige der berichteten *samadhi*-Erfahrungen dem in der westlichen Psychologie als „Depersonalisation" bekannten Phänomen, bei dem sich die Person unwirklich vorkommt, indem sie die Beziehung zu ihrem Körper verliert, ihr subjektiver Zeitsinn gestört ist und die externe Welt einen unwahrscheinlichen Aspekt bekommt? Hat das starke Gefühl, die ganze Schöpfung zu lieben, von dem indische Weise berichten, Ähnlichkeit mit der ungezielten Erotik des primären Narzißmus eines Kindes? Gibt es eine Beziehung zwischen dem *samadhi* eines befreiten Menschen und den symbiotischen Formen infantiler Psychosen, die Mahler beschrieben hat?[24]

Aus allen Berichten, Biographien und Untersuchungen von professionellen Psychologen und Psychiatern geht hervor, daß die Erfahrung des *samadhi* nicht einfach in die Schublade psychopathologischer Begriffe gesteckt werden kann. Es scheint, daß in diesem Zustand zu leben *nicht* bedeutet, die Außenwelt als rein subjektives Phänomen zu erleben, als Halluzination oder Wahnvorstellung schizoider oder schizophrener Art. *Samadhi* scheint vielmehr eine extrem kreative Herangehensweise an die äußere Wirklichkeit und die Welt der Tatsachen zu sein, eine

Erfassungsweise, bei der alles, was außen geschieht, als eine kreative Erfahrung des ursprünglichen Künstlers in jedem von uns empfunden wird und mit *Freude* aufgenommen wird (wie Blake das nennen würde). Die meisten Menschen bergen in ihrem Inneren die Phantasie anregende „vergessene" Spuren dieser Art von Neugier, Originalität und Freude, die in den frühen Jahren der Kindheit Allgemeingut sind. Denn in einem bestimmten Stadium der Lebensentwicklung, im späten Babyalter, sehen wir die Welt nicht als etwas außerhalb von uns selbst Liegendes, das im Detail erkannt, uns angepaßt, dem nachgegeben und das schließlich in unsere eigene besondere Innenwelt integriert werden muß, sondern als eine unendliche Folge schöpferischer Akte. Das Ideal des *moksha* beinhaltet also die Wiederherstellung dieses kreativen Gefühls – nicht als vorübergehenden Rückzug in die Kindheit, nicht als schizoide Episode, sondern als völlig bewußtes Handeln eines reifen Erwachsenen. Wenn man klinische Syndrome wie die Depersonalisation zur Erklärung der *samadhi*-Erfahrung benutzt, kann das fälschlich zu der Überzeugung führen, man habe sie verstanden; aber dieses Verstehen gleicht dem, zu dem man kommt, wenn man vertrauensselig anderweitig bewährte und erprobte Mittel an einem Gegenstand anwendet, für den sie nicht angemessen sind. Medard Boss hat dies viel schärfer, fast polemisch ausgedrückt:

„... Wie albern ist die oft wiederholte westliche Behauptung, daß die Übungen, die die indischen heiligen Männer zur Einheit mit Brahma führen sollen, angeblich im Gegenteil zur Schwächung oder Auflösung ihres Bewußtseins und ihrer Persönlichkeit führen! ... Wenn man vom Menschen in so allgemeinen Begriffen reden kann, dann habe ich weder im Osten noch im Westen je bewußtere Persönlichkeiten getroffen, Männer, die bewußter, reifer, nüchterner und stärker waren als die besten der indischen heiligen Männer ..." [25]

Einige Psychologen haben das Streben nach *moksha* als eine Reaktion auf psychischen Streß interpretiert – d.h. als eine Regression in eine undifferenzierte Phase der Kindheit, in der Kind und Mutter in symbiotischer Intimität vereinigt sind, und als einen Rückzug in eine (möglicherweise kontrollierbare) Innenwelt persönlicher Erfahrung. Als Teilerklärung der psychologischen Grundlage eines solchen kulturellen Ideals und im Falle einiger bestimmter Hindus mag diese Interpretation richtig sein. Aber *moksha ausschließlich* als Ausdruck eines nostalgischen Wunsches nach kindlicher Allmacht zu sehen würde heißen, vom Regen des teleologischen Denkens, in dem die geplanten Lebensziele das gegenwärtige Handeln bestimmen, in die Traufe des „originologischen" Irrtums zu kommen, in dem die Anfänge die gegenwärtigen Bedürfnisse völlig zufriedenstellend erklären. Außerdem haben die hinduistischen Denker und Yogis das Element einer nostalgischen Verehrung der Kindheit in ihrem Ideal des befreiten Menschen keineswegs geleugnet. Das wird in Bemerkungen wie in der folgenden von Radhakrishnan völlig deutlich: „Das Kind ist dem Erkennen des Selbst viel näher. Wir müssen wie die kleinen Kinder werden, ehe wir das Reich der Wahrheit betreten können... Es ist notwendig, wiedergeboren zu werden. Man sagt, daß Babys weiser sind als Gelehrte."[26] Oder in den Worten Vivekanandas: „Ich bin fest davon überzeugt, daß ein Baby, dessen Sprache aus unverständlichen Lauten besteht, versucht, die höchste Philosophie auszudrücken."[27] Es stellt sich die Frage, ob man diese Hochschätzung der Kindheit und die Sehnsucht, auf der Suche nach einer ewigen Zukunft zu den Ursprüngen des Lebens zurückzukehren, „infantil" und „regressiv" mit all seinen negativen Implikationen nennen kann. Denn wenn, wie selbst Freud schließlich glaubte, die Macht des unbewußten Es den wahren Zweck des individuellen psychischen Lebens ausdrückt, dann transzendiert das Ziel des *samadhi* das nur Kindliche, und die Rivalität des Ichs hierbei und bei ähnlichen Zielen bedeutet etwas anderes als die Auflösung des Ichs oder seine Versklavung.

Ich glaube, daß viele der wechselseitigen Mißverständnisse zwischen der Psychoanalyse und den Yogis auf ihre verschiedenartigen „Sichtweisen der Realität" zurückzuführen sind, auf ihre verschiedenen Vorstellungen von der Natur des Menschen und der Welt, in der er lebt. Sichtweisen der Realität sind zusammengesetzt aus bestimmten verifizierbaren Tatsachen, theoretischen Überlegungen und Glaubenssätzen, die Gruppen von menschlichen Wesen in spezifischen kulturellen Gemeinwesen vereinen. Sie führen notwendigerweise dazu, daß die innere und äußere Wirklichkeit unter bestimmten Blickwinkeln betrachtet wird, wobei andere außer acht gelassen werden; und Verweise der Anhänger der einen oder der anderen Sichtweise auf ihre „Evidenz" führen kaum zur Entwicklung einer allgemeinen, „universelleren" Sichtweise, sondern belegen lediglich ihre naturgegebene Relativität.

Die psychoanalytische Sichtweise der Realität zum Beispiel wird primär von einer Mischung aus Tragik und Ironie beeinflußt.[28] Sie ist insofern tragisch, als sie die menschliche Erfahrung von Zweideutigkeiten, Unsicherheiten und Absurditäten durchsetzt sieht, wo dem Menschen kaum etwas anderes übrigbleibt, als seine Last an unbeantworteten Fragen, unlösbaren Konflikten und unverständlichen Schicksalsschlägen zu tragen. Das Leben ist in dieser Sichtweise eine lineare Bewegung, in der die Vergangenheit nicht ungeschehen gemacht werden kann und viele Wünsche unerfüllt bleiben. Ihre Helden sind, passend genug, Ödipus, Hamlet und Lear. Die psychoanalytische Sichtweise ist aber auch ironisch, und zwar insofern, als sie die Tragik unter einem selbstkritischen und objektiven Gesichtspunkt betrachtet: Die Wichtigkeit dieser Tragik wird geleugnet, und so entdeckt man, daß viele Götter auf tönernen Füßen stehen. Sie fördert eine reflektierende Kontrolle und überlegtes Akzeptieren. Die tragische Sichtweise und ihre ironische Ergänzung werden treffend auf den Punkt gebracht in Freuds Angebot an den Leidenden, seine unerträglichen neurotischen Qualen gegen gewöhnliches menschliches Unglücklichsein einzutauschen. Die hinduistische Sichtweise der Realität andererseits ist eine Kombination aus Tragik und Romantik. Auch hier wird der Mensch von einem unberechenbaren Schicksal herumgestoßen, und die verschlungenen Lebensbahnen sind noch immer eine Tragödie. Aber anstelle ironischen Akzeptierens bietet die hinduistische Sichtweise eine romantische Suche an. Der Sucher muß sich auf die Reise begeben, und wenn er allen Gefahren des Weges standhält, wird er durch ein Glück belohnt, das jenseits jeglicher normaler menschlicher Erfahrung liegt. Die Helden dieser Sichtweise sind nicht Ödipus und Hamlet, sondern Nachiketa und Meera.

Diese verschiedenen Sichtweisen der Realität verbinden, wie ich oben betont habe, das Objektive und das Subjektive. Ihr Ziel ist, der menschlichen Erfahrung einen Sinn zu geben, und nicht die Entdeckung einer absoluten Wahrheit. Notwendigerweise stellen sie Ideale auf und setzen Lebensziele, die in mancher Hinsicht übereinstimmen können, in anderer aber verschieden sind. Solche Abweichungen „pathologisch" oder „ignorant" zu nennen würde heißen, die Sichtweise der Realität mit der Realität selbst zu verwechseln und so sich ihrer Relativität nicht bewußt zu sein.

Die oben beschriebenen esoterischen Praktiken des Raja Yoga sind einer kleinen religiösen Elite vorbehalten — den „talentierten" wenigen, die ihr ganzes Leben der Verwirklichung des *moksha* durch systematische ununterbrochene Introspektion verschrieben haben. Für die überwältigende Mehrheit der Hindus, Männer und Frauen, jedoch gibt es andere traditionell sanktionierte „Wege", die ebenfalls zum idealen Zustand führen. Der einzelne kann unter ihnen nach Maßgabe seines Temperaments und seiner Lebensumstände wählen. Da gibt es zum Beispiel den Weg der *bhakti*, des intensiven andächtigen Tuns; den Weg des Karma Yoga, der selbstlosen Arbeit, der von Gandhi gewählte Pfad; und den Weg der *jnana*, die Entwicklung der Fähigkeit, zwischen dem Realen und dem Scheinbaren zu unterscheiden. Welchem Weg er auch folgt, jeder Hindu ist sich der Schwierigkeit, ja, der Unwahrscheinlichkeit bewußt, den Idealzustand während der Dauer eines einzigen Lebens zu erreichen. Das wird in der Geschichte von dem Yogi verdeutlicht, dem Navada, der weise Gott, sagte, er werde *moksha* erreichen, nachdem er so viele Male wiedergeboren sein würde, wie die Tamarinde Blätter hat, und der darauf vor Freude zu tanzen begann und ausrief: „Ach, ich werde *moksha* nach so kurzer Zeit erlangen!"

Vom Standpunkt des Themas dieser Arbeit aus – der hinduistischen Innenwelt – interessieren uns nicht so sehr die genauen Details und die tatsächlichen Möglichkeiten der „Vereinigungserfahrung", sondern eher der Beitrag des *moksha*-Ideals zu einer grundlegenden und spezifischen Form der hinduistischen Religiosität. Im Westen hat es Männer wie den heiligen Johannes vom Kreuz und Martin Buber gegeben, die etwas sehr Ähnliches als Ideal des menschlichen Lebens postuliert haben; aber diese und die anderen Verfechter der inneren Wahrheit mystischer Erfahrung sind eine kleine Minderheit, von den konventionellen Wegen der westlichen Kultur abweichende Fremde. Aber die „Urprozesse" und die „vorrationalen" Ziele der Innenwelt des Menschen sind seit jeher ein Hauptanliegen der hinduistischen Kultur insgesamt – ob sich das nun in leidenschaftlicher Anteilnahme, in systematischer Forschung und Übung oder einfach in einer allgemein verbreiteten Faszination niederschlägt. Dies Ideal gibt dem einzelnen Leben eines Hindus einen bleibenden Sinn, ein Ziel, nach dem man aktiv streben kann oder das man viele Lebenszyklen hindurch geduldig erwarten kann. Denn für einen Hindu ist *moksha* – und damit ebenso die mögliche Transformation des *chitta* – eine liebevoll gehegte Tatsache. Sogar wenn es angesichts der banalen Sorgen des Alltags vergessen oder in gewissen Lebenslagen aus dem Bewußtsein verbannt werden sollte, bleibt *moksha* als das Hauptelement in der „Ideologie des Über-Ichs" bestehen und übt einen unbewußten moralischen Einfluß auf die Lebensführung aus. Über diese „altruistische" Sehnsucht wird, sogar wenn sie bewußt ist, so gut wie nie gesprochen, und Fremden gegenüber wird sie nur in Augenblicken rückhaltloser Vertraulichkeit zugegeben.

Doch sie bleibt der universelle Leitstrahl eines „höheren Gefühls" im Leben der meisten Hindus, der Klassengegensätze und Kastenschranken durchbricht, die Unterschiede zwischen ländlicher und städtischer Bevölkerung, zwischen Analphabeten und Gebildeten überbrückt. Ohne diese alles bestimmende Perspektive des *moksha* sind Gandhis offensichtlich widersprüchlichen Überzeugungen dem Politologen ebenso unverständlich wie die täglichen Meditationen eines indischen Physikers im Gebetsraum seines Hauses seinen westlichen Kollegen.

Im alten Indien war die Betonung des *moksha* als Lebensziel höchst bewußt und wurde offen ausgesprochen. Jede kulturelle Unternehmung, ob sie nun künstlerisch oder wissenschaftlich war, bezeichnete es ausdrücklich als ihr Ziel, die Menschen diesem Zustand näherzubringen. Arbeiten über Politik, Wirtschaft, die schönen Künste, Jura, Gesellschaft oder Erotik wurden im Licht dieses Ideals interpretiert, denn *moksha* galt als *sarvavidyapratistha* – die Grundlage allen Wissens. Diese innige Beziehung zwischen dem Ziel des Lebens und den Sphären des kulturellen Ausdrucks wird vielleicht am besten an der hinduistischen Einstellung zur Kunst illustriert.

Von den Höhlenmalereien bis zu den Tempelskulpturen, vom Sanskritdrama bis zur klassischen Musik und zum klassischen Tanz war die indische Kunst traditionell davon beherrscht, *rasa* zu schaffen (vom Künstler), wahrzunehmen (vom Publikum) und aufzunehmen (von beiden). *Rasa* bedeutet wörtlich „Geschmack", „Aroma" oder „Wesen", es ist die ästhetische Entsprechung des *moksha*. *Rasa* besteht zunächst aus der Schaffung eines der acht emotionalen Zustände – Liebe, Lachen, Ärger, Trauer, Fröhlichkeit, Angst, Ekel und Erstaunen – im Thema oder Gegenstand eines Kunstwerks. Sodann besteht es darin, diesen gleichen emotionalen Zustand im Zuschauer, Zuhörer oder Leser hervorzurufen. Und schließlich vereint *rasa* die gegenseitige Absorption des Künstlers und des Publikums in dem so geschaffenen Gefühlszustand. *Rasa* ist kein objektives Kriterium der Schönheit oder Form, nach dem der Künstler als „gut" oder „schlecht" beurteilt werden könnte. In der Musik zum Beispiel ist die Klang- und Tonreinheit kein Kriterium für *rasa*, wie jeder bestätigen kann, der den Dhrupad-Gesang der älteren Dagar-Brüder gehört hat. *Rasa* schließt auch nicht jene künstlerische Neugier ein, die noch nicht dagewesene Probleme aufdeckt und neue Lösungen anbietet. *Rasa* ist in der Kunst wie *pratyahara* im Yoga ein Aufenthalt in der Innenwelt, eine Erforschung des Unbewußten, es ist die ästhetische Form der Transzendenz – der Besänftigung des chaotischen *chitta* und seiner Heranführung an einen Idealzustand völliger Ruhe.

Kunstschöpfungen werden traditionell als Produkt des *sadhana* des Künstlers gesehen, ähnlich der Meditation des Yogis. So ermahnten die alten Abhandlungen über Bildhauerei und Malerei den Künstler, sich nicht von seiner Umwelt, von der Vergänglichkeit der externen „Realität" ablenken zu lassen, sondern erst nach innen zu reisen, um die innere Landschaft kennenzulernen und lebendig zu machen, bevor er sein beobachtendes Auge auf das Äußere richtete. Die Subjekte der Außenwelt müssen dann mehr durch kreatives Empfinden als durch buchstäbliche Reproduktion der „klinischen" Realität in künstlerische Schöpfungen verwandelt werden. Man sagt, daß Valmiki, als er das *Ramayana* schrieb, sich, obwohl er vorher mit dieser alten Geschichte sehr wohl vertraut war, durch jahrelanges *sadhana* vorbereitete, bis er die Protagonisten „in sich selbst" handeln und sich bewegen sah wie im richtigen Leben. Nach hinduistischer Anschauung erreicht Kunst dann ihr Ziel, wenn das Unterbewußtsein des Künstlers, das sich in dem vollendeten Kunstwerk oder in der Grazie einer musikalischen Aufführung ausdrückt, mit dem Unterbewußten des Publikums „mitschwingt". Der Effekt und die subjektive Erfahrung eines völlig verwirklichten *rasa* in einem Kunstwerk ist, wie ich glaube, einem jener seltenen Momente der Zwiesprache in der westlichen Psychotherapie sehr ähnlich, wenn Schweigen weder der Ausdruck des Widerstandes des Patienten ist noch die Wiederbelebung eines vergangenen Ereignisses, bei dem Schweigen eine große Rolle spielte, sondern eine tiefe Resonanz zwischen dem Unterbewußtsein des Therapeuten und dem des Patienten ausdrückt.

Psychologisch verlangt und erzeugt die indische Kunst vom Künstler und vom Publikum eine Art von Ich-Bewußtsein, das weder hohe Konzentration noch besondere Aufmerksamkeit erfordert. Das Wesen eines indischen *rasa* in der Musik zum Beispiel läßt sich nur fassen, wenn das Ich sich im Zustande partieller Konzentration, diffuser Aufmerksamkeit oder Träumerei befindet, ein Zustand, der durch den sich entwickelnden *rasa* selbst begünstigt und sanft gesteuert wird. Der psychische Zustand sowohl des Künstlers als auch des Publikums wird auf ideale Weise durch das Bild des Maheshamurti in den Höhlen von Elephanta symbolisiert: Seine großen, offenen Augen ohne Pupillen zeigen genau den Ausdruck gleichzeitigen Wachens und Träumens, das notwendig ist, damit die Kunst ihren Zweck, die Schaffung des *rasa*, erfüllen kann.

Formal benutzte die alte indische Kunst eine Vielfalt technischer Hilfsmittel und eine geschickte Kombination sensorischer Erfahrungen, um im Zuschauer oder Zuhörer die oben beschriebene Art von Ich-Bewußtsein zu erzeugen. Wie Richard Lannoy beschrieben hat, verlangsamen Höhlenmalereien und das Sanskritdrama (ebenso wie klassische Musik) charakteristischerweise unseren Zeitsinn, benutzen Worte und Bilder (und Töne), um uns in einen Wirbel von vielfältigen Perspektiven zu ziehen, und betonen eher eine zyklische als eine lineare Erzählstruktur.[29] Das sind „psychedelische" Techniken — und sie erklären das ästhetische Schwindelgefühl, die Klagen über Monotonie und die Ablehnung durch viele ältere Europäer und ebenso die enthusiastische Aufnahmebereitschaft vieler junger Europäer bei der erstmaligen Konfrontierung mit indischer Kunst. Ajanta-Fresken, Vaisnava-Bilder und klassische *ragas*, die keinen Schwerpunkt, keine dramatische Krise und anscheinend keine Struktur haben, sind nichts für Menschen, die für eine Erfahrung etwas brauchen, an dem sie sich festhalten, an dem sie sich festbeißen können, und nichts für jene, für die das Nachlassen der Aufmerksamkeit des Ichs, die Kunst, sich gehen zu lassen, (unbewußt) bedeutet, die Schleusen der Persönlichkeit den Urkräften des Triebes zu öffnen und sich selbst dem Unbekannten im eigenen Innern auszusetzen.

Der Mensch, nicht als vereinzelte Erscheinung, sondern aufgehend in seiner Umwelt; das Ich, nicht im Gegensatz zum Es stehend, sondern mit ihm verschmolzen; das Individuum, nicht allein, sondern in seinen Myriaden von Beziehungen existierend: diese Erscheinungsformen der menschlichen Erfahrung sind der hauptsächliche thematische Inhalt der indischen Kunst. Im Sanskritdrama und -epos wird dies durch dezidierte Bevorzugung des Motivs der Vereinigung (und Trennung) zum Ausdruck gebracht. In Kalidas' *Meghaduta* („Der Wolkenbote") liegt die Tragödie im Verlorensein des Liebenden, der nicht nach Hause zurück kann und von seiner Frau getrennt ist; in Bhavabhutis *Uttararama-charita* („Ramas spätere Geschichte") liegt sie im Verlassenwerden Sitas, und im bekanntesten Schauspiel von allen, Kalidas' *Shakuntalami*, das voll vom Wiedervereinigungssymbolismus des Wassers ist — stille Teiche und reißende Ströme, eilige Flüsse und tiefe Seen —, erhält dieses zentrale Motiv der Vereinigung seinen höchsten poetischen Ausdruck. In der graphischen und plastischen Kunst ist es dasselbe: Die Figuren des Ajanta-Freskos scheinen zurückzutreten und dann „aus einem geheimnisvollen, undifferenzierten Kontinuum aufzutauchen", die Tempelfiguren sind ein „allumfassender labyrinthischer Strom von Tieren, Menschen und Göttern ... Bilder des Lebens im Fleisch, alles kunterbunt gemischt ... leidend und genießend auf tausend Arten, wimmelnd, sich gegenseitig verschlingend, das eine ins andere sich verkehrend".[30]

Diese einheitliche Sichtweise von Soma und Psyche, Individuum und Gemeinschaft, Selbst und Welt, Ich und Nicht-Ich ist auch heute noch in den meisten Formen der volkstümlichen Kultur Indiens gegenwärtig. Viele religiöse Riten und volkstümliche Feste – von der frommen Andacht der kommunalen *kirtans* in den Tempeln bis zu den orgiastischen Exzessen des *holi* – sind teilweise Versuche, aus der Schale der individuellen Existenz auszubrechen. Diese Vision einer Gemeinschaft schließt aber ihr Gegenteil, den Ausdruck des Verlustes und der Trennung und eine nostalgische Sehnsucht nach Wiedervereinigung mit einem geliebten „anderen", dem göttlichen oder sterblichen Liebhaber, nicht aus. Dieses Motiv charakterisiert die weltberühmte hinduistische Poesie wie die Tagores, aber auch die weithin volkstümlichen religiösen *bhajans.* Wenn es um die leichte klassische Musik Indiens geht, die *ghazals, thumris* und *dadras* aus Nordindien, dann ist Pathos alles, und das sentimentale Vergnügen der Zuhörer läßt keinen Zweifel daran, worin das Hauptkriterium ästhetischen Wertes besteht. Das Vorhandensein oder das Fehlen solcher Gefühle des Pathos und der Sehnsucht unterscheidet sogar bei den vielgescholtenen allgegenwärtigen Filmliedern zwischen geistig Erhebendem und nur Unterhaltendem.

Wenn wir uns nun von dem Reich der klassischen und populären Kunst entfernen, sehen wir, daß der Glaube an eine grundlegende Einheit von Kategorien, die im Westen strikt auseinandergehalten werden, wie etwa Geist und Körper, ein integraler Bestandteil der indischen Sprache, des Denkens und der Phänomenologie ist. Wie zum Beispiel Erna Hoch berichtet, ist es in der Praxis psychosomatischer Medizin „für indische Patienten nur natürlich, bestimmte physische Symptome mit einem entsprechenden geistigen oder emotionalen Phänomen zu assoziieren. Wenn man versucht herauszufinden, ob eine Person, die sagt: ‚Mit meinem Herz steht es nicht zum besten', oder: ‚Meine Leber will nicht richtig arbeiten', nun tatsächlich das Körperorgan meint oder aber eine emotionale Störung, entsteht oft große Verwirrung, weil es eine Unterscheidung zwischen beidem im Denken des Patienten nie gegeben hat. Nur der emanzipiertere, verwestlichte Inder macht seinen Körper zum Sündenbock und besteht darauf, daß ein bestimmtes Symptom rein physisch sei und keineswegs etwas mit seinen Gefühlen zu tun haben kann."[31] Hoch berichtet die Fallgeschichte eines indischen Bauern, der mit Beschwerden zum Arzt kommt, die ein Europäer mit den Begriffen körperlicher Symptome beschreiben würde, der aber auf die einleitende Frage des Arztes, was ihm fehle, nur einfach antworten kann: „Mein Geist ist schlecht." Das genaue Wort für Gesundheit in Hindi – *svastha*, aus der Wurzel *sva* (Ich) und *astha* (stabil) – schließt etwas ein, das im Ich wohnt, gegenwärtig und stabil ist: nicht im Körper, nicht im Geist, nicht in den verschiedenen Organen oder Selbsten, sondern im allem zugrundeliegenden *atman*.

In der bisherigen Darstellung habe ich einige Seitenaspekte der Hauptidee der traditionellen hinduistischen Kultur untersucht, habe ihren tiefgreifenden Einfluß auf alle Felder kulturellen Handelns betont, habe ihre weiterhin bestehende Bedeutung für das Weltbild der gegenwärtigen Hindus berührt und habe es gewagt, aus dieser Perspektive die hinduistische und die westliche (psychoanalytische) Sichtweise des geistigen Lebens zu vergleichen. Oft genug habe ich mich dabei ertappt, daß ich als Hindu mit einem persönlichen Anteil am vorbewußten Weltbild meiner Gesellschaft schrieb, und die Zitate aus hinduistischen Quellen tragen natürlich das implizite Siegel persönlicher Zustimmung. Ich kann nicht ganz einen heimlichen Enthusiasmus für eine Konzeption verbergen, die den zeitlosen Vereinfachungen des magischen und animistischen Denkens, das sich oft für das Kind in uns allen als unwiderstehlich erweist, ähnelt, ja geistig und intellektuell übertrifft. Denn es ist etwas Majestätisches – und ja, auch Donquichotteriehaftes und Anarchisches etwa im Zusammenhang mit indischer Politik und Wirtschaft – in einem kulturellen Ideal, das als Ziel den befreiten, und nicht den erfolgreichen oder den „leistungsfixierten" Menschen hat; das die Selbstverwirklichung des Menschen höher bewertet als seine Erlösung; das die Erforschung und Bereicherung der Innenwelt der Erfahrung als unerläßliche Lebensaufgabe ansieht; und das sich auf die Ausübung kultivierter Subjektivität und Introspektion verläßt, um Wissen über das Selbst und die Welt zu erlangen. Aber eine Studie wie diese verlangt auch „Objektivität", verlangt die Distanz, die nötig ist, dieses Ideal – die „Sehnsucht der indischen Seele" – kritisch vom Standpunkt der Tiefenpsychologie aus zu untersuchen.

Das grundlegende psychologische Motiv der hinduistischen Kultur ist die Polarität von Vereinigung und Trennung. Natürlich handelt es sich hierbei um ein universelles Motiv, einen dynamischen Kontrapunkt zweier entgegengesetzter Bedürfnisse: nämlich sich mit dem „anderen" zu vereinigen und sich von ihm zu unterscheiden, wobei das „andere" alles ist, was nicht das Selbst ist. Die Sprache, die Ramana Maharshi bei der Beschreibung des *sahaja samadhi* benutzt, mit ihrem üppigen Symbolismus der Vereinigung und Verbindung – Wasser, Fluß, Ozean, Brunnen und Seil – vermittelt die Spannung, die in dem Motiv der Vereinigung enthalten ist. Zum Beispiel hat das Seil universelle symbolische Bedeutung als Medium aller Formen und Techniken der Kommunikation, es ist ein Mittel, Dinge zusammenzubringen oder zusammenzuhalten. Wie wir aber aus der klinischen Erfahrung wissen, kann die Bedeutung des Seils sich von der Repräsentation der Einheit zur Leugnung der Trennung verschieben; das Seil wird nun etwas Gefährliches und muß zerstört oder „verbrannt" werden.[32]

Die Beziehung zwischen Vereinigung und Trennung im Individuum ist asymmetrisch; jeder von uns versucht die Balance zu halten, indem er sich ständig in dem psychischen Raum zwischen den beiden Polen hin und her bewegt. Eine beständige Balance zwischen den Polen ist in Anbetracht des konstanten Zustroms psychologischer Erfahrung – des „Geschäfts des Lebens" – natürlich unmöglich herzustellen.

Die psychologische Bedeutung des Motivs der Vereinigung und Trennung liegt in seiner engen Beziehung zur menschlichen Angst vor dem Tod. Diese Angst hat mit dem Wissen um die eigene Sterblichkeit und um die Tatsache des Sterbens wenig zu tun. Denn der Tod kann, wie viele beweisen, die ihn freiwillig gesucht haben, als der Vermittler manches Guten gesehen werden: Frieden, Ruhe und vielleicht auch Rache an jenen, die hinterblieben sind und jetzt trauern müssen. Vielmehr hat die „Angst" vor dem Tod mit der schrecklichen, unakzeptablen Lebenswahrheit zu tun, daß man einmal nichtexistent war und es wieder sein wird. Wir maskieren unsere Ablehnung des Todes mit der Angst vor ihm. Denn im individuellen Unterbewußtsein existiert der Tod einfach nicht. Wie Yudhishtira es in dem indischen Epos *Mahabharata* ausdrückt: „Das Merkwürdigste auf der Welt ist, daß jeder Mensch, obwohl er die anderen um sich herum sterben sieht, nach wie vor überzeugt ist, daß er selbst unsterblich ist." Psychologisch ausgedrückt: Eine tiefsitzende Angst vor dem Tod verrät entweder die Angst vor dem Verlust eines Liebesobjekts oder die Angst vor dem Verlust der Individualität bei der Vereinigung mit dem Objekt.

Die Qualität dieser Angst, würde die Psychoanalyse fortfahren, wird von zwei unausweichlichen Tatsachen des Lebens bestimmt: von der menschlichen Einbildungskraft und seiner Abhängigkeit. Unsere Einbildungskraft und die Stärke unserer Phantasie befähigen uns, Abgründe von Dunkelheit und Leere außerhalb der bequemen Grenzen der Wirklichkeit, wie wir gelernt haben, sie zu sehen, wahrzunehmen. Und unsere lebenslange Abhängigkeit von anderen menschlichen Wesen zwingt uns dazu, wie auf des Messers Schneide zu leben: Sollten wir stolpern und fallen, so befindet sich auf der einen Seite der Zustand völliger Abhängigkeit und Wehrlosigkeit, der jede Individualität auslöscht, auf der anderen der Zustand totaler Unabhängigkeit und der damit einhergehenden Einsamkeit. Die Angst vor dem Tod enthält also diese beiden Komponenten: die Angst vor Abhängigkeit und Auslöschung als Individuum im Zustand der Vereinigung und die Angst vor unvorstellbarer Einsamkeit, Leere und Verlassenheit im Zustand der Trennung. Beide Ängste wurzeln in der frühen Kindheit, in der sie erstmalig und am unmittelbarsten erfahren wurden. In dieser Phase völliger Abhängigkeit von anderen mögen die außergewöhnliche Einbildungskraft und die unkontrollierte Phantasie des Kindes diese Ängste in Schreckensbilder verwandeln, die für einen Erwachsenen unvorstellbar sind. Nur nach und nach werden im Laufe der Entwicklung des Kindes diese Ängste an spezifische Personen und Situationen gebunden und verlieren so ihre archaische Qualität, in der sie sich nur auf ein vages, aber allgegenwärtiges „anderes" bezogen.

Indem der Hinduismus den *moksha* als das Ziel des menschlichen Lebens entwickelt hat, hat er versucht, sich mit der Angst vor dem Tod (ebenso wie die sie „konstituierenden" Ängste) auseinanderzusetzen *und* sie zu überwinden. Der griechische Botschafter Megasthenes, ein aufmerksamer Augenzeuge seines Gastlandes vor zweitausend Jahren, hatte ganz recht mit seiner Beobachtung, daß die Gelehrten der hinduistischen Gesellschaft sich hauptsächlich mit dem Tod beschäftigten. Für Hindus liegt der „richtige", „gesunde" oder „wahre" Ruhepunkt im Kontinuum zwischen Vereinigung und Trennung viel näher am Vereinigungspol als für westliche Kulturen. Die hinduistische Kultur wird in diesen Dingen nicht von der goldenen Mitte beherrscht, sondern von einem unerschütterlichen Glauben an das goldene Extrem. In ihrer konsequentesten Verfeinerung, dem Raya Yoga, ist die hinduistische Kultur sogar noch weiter gegangen, indem dort die

„Norm" einer dynamischen Balance zwischen Vereinigung und Trennung als naturnotwendige Bedingung für geistige Gesundheit abgelehnt wird. Das Raya Yoga lehrt, daß die Auflösung der Individualität im Zustand der Vereinigung zu einer höheren Form der Integration führt. Das Bestreben, die individuelle Unabhängigkeit auszulöschen, führt zu einer viel höheren Form der *Interdependenz.* Jedoch für die meisten Hindus bleibt Raya Yoga ein Ideal, das nur für speziell begabte Seelen erreichbar ist, die in der Lage sind, die archaische Angst, den „Gang durch das Tal des Todesschattens", der in den Berichten Ramakrishnas und Ramana Maharshis so lebendig beschrieben ist, zu ertragen und zu transzendieren.[33]

Indem das Konzept des *moksha* das Ideal der Vereinigung verkörpert, definiert es implizit auch den persönlichen und kulturellen Begriff der Hölle, nämlich Trennung von den anderen und von dem „anderen". Jeder innere Drang oder Wunsch nach Autonomie erzeugt die schlimmste aller kulturell bedingten Ängste: die Angst vor Isolation und Entfremdung, die das völlig autonome menschliche Wesen zu erwarten hat. Für die meisten Hindus, die (unbewußt oder vorbewußt) jede Art des Autonomieideals und ebenso die im Alltagsleben ständig stattfindende „Individualisierung" ablehnen und die trotzdem die universelle Angst vor den dunklen Seiten des Vereinigungsideals teilen, muß die Annäherung an das Ziel *moksha* notwendigerweise langsam vor sich gehen, nämlich dadurch, daß er ein ganzes Leben im *dharma* leben muß, dem zweiten wichtigen Begriff des hinduistischen Weltbildes.

Lebensaufgabe und Lebenszyklus – Dharma

In der hinduistischen philosophischen Tradition ist *dharma* der Zentralbegriff der *Mimamsa*, der immens handlungsorientierten Philosophie der ersten beiden Teile der Veden. Zum ersten Mal im *Rigveda* erwähnt, hat sich der Begriff des *dharma* kontinuierlich entwickelt, denn jedes Zeitalter hat entsprechend seinen Bedürfnissen und Bedingungen eine eigene Interpretation hervorgebracht. Das Verzeichnis der Abhandlungen über *dharma*, von Gautamas *Dharmasastra* (etwa 600 v. Chr.) bis zur Gegenwart, umfaßt in Kanes *Geschichte des Dharmasastra* 172 Seiten. Heute wird *dharma* je nachdem mit „Gesetz", „moralische Pflicht", „richtiges Handeln" oder „eins sein mit der Wahrheit der Dinge" übersetzt. Aber durch alle seine verschiedenen

Grundmuster – *dharma* als das Bild des menschlichen Lebenszyklus (*asramadharma*) oder *dharma* als das den sozialen Beziehungen zugrundeliegende Prinzip – zieht sich ein gemeinsamer roter Faden: *Dharma* ist das *Mittel*, durch das der Mensch das angestrebte Lebensziel erreichen kann. Wie das *Vaisesikasutra* es ausdrückt, ist *dharma* „das, aus dem Glück und am Ende Seligkeit hervorgeht".[34] Es ist das, was Lao Tse das Tao, „den Weg", genannt hat.

Die hinduistische Kultur hat immer betont, daß, solange ein Mensch sich treu an den Grundplan seines Lebens hält und seine spezielle Lebensaufgabe, sein *svadharma*, erfüllt, er auf dem Wege zum *moksha* ist. Aber woher bezieht der einzelne sein Wissen über sein *svadharma* und somit, wie er „richtig" zu handeln hat? Das ist eine komplizierte Sache, und wie das meistens so ist, eine relative. Die hinduistische Philosophie und Ethik lehren, daß „richtiges Handeln" für ein Individuum von *desa* abhängt, der Kultur, in die er hineingeboren ist; von *kala*, der historischen Epoche, in der er lebt; von *srama*, den Anstrengungen, die ihm zu verschiedenen Lebenszeiten abverlangt werden, und von *gumas*, den angeborenen psychobiologischen Charaktereigenschaften, die das Erbe der früheren Leben des Menschen sind. Ob etwas „richtig" oder „falsch" ist, ist relativ, es ist nur ableitbar aus der Gesamtkonfiguration der vier „Koordinaten" des Handelns. Der einzelne kann diese Konfiguration niemals in einem absoluten Sinn kennen noch sie auch nur nennenswert beeinflussen. Sie ist vorgegeben.

Um die Last der individuellen Verantwortung für das Handeln zu erleichtern, lindert die hinduistische Kultur gleichzeitig den Schmerz des Schuldgefühls, der in anderen Kulturen von jenen erlitten wird, deren (tatsächlichen oder eingebildeten) Handlungen strenge Du-sollst- oder Du-darfst-nicht-Vorschriften verletzt haben. Statt dessen wird das Handeln eines Hindus von dem nachsichtigeren und milderen, aber auch wesentlich zweischneidigeren Prinzip „Du kannst nicht, aber versuche es!" geleitet. Eine der psychologischen Konsequenzen dieses ethischen Relativismus oder Zustandes der Unsicherheit ist beim einzelnen Hindu von frühester Kindheit an die Entwicklung eines tiefsitzenden Zweifels an der Weisheit und Wirksamkeit persönlicher Initiative. Eine Situation für sich selbst abzuschätzen und dann auf der Grundlage des eigenen spontanen Urteils zu handeln heißt, ein gewaltiges kulturelles und persönliches Risiko einzugehen. Für die meisten Hindus ist ein solches unabhängiges freiwilliges

Handeln angesichts dieses Risikos undenkbar.

Aber wenn auch das Streben nach Sicherheit vergeblich ist, so kann man doch das Gefühl der eigenen psychologischen Sicherheit dadurch steigern, daß man so handelt, wie es die Vorfahren in der Vergangenheit taten oder wie es die eigene soziale Gruppe in der Gegenwart tut. Richtiges Handeln und individuelles *svadharma* wird auf diese Weise immer mehr zum traditionellen Handeln und zum *jati* (Kaste) *dharma*, das heißt, daß die berufliche Tätigkeit und die sozialen Handlungen eines Menschen dann richtig oder „gut" sind, wenn sie mit den traditionellen Mustern, die in seiner Familie und Kaste vorherrschen, übereinstimmen. Mißtrauen gegenüber Neuerungen und unbewußtes Vermeiden von Handlungen, die nicht von der Tradition gedeckt sind, sind die Folge. Die hinduistische Sichtweise des Handelns ist notwendigerweise konservativ; sie hängt an einem „goldenen Zeitalter" und nährt die skeptische Überzeugung, daß sozialer Wandel überflüssig ist, eine notorische Abirrung von den traditionellen Wegen.

Jedes Handeln oder auch der Beruf – ob Schuster oder Priester, Hausfrau oder Bauer, Sozialarbeiter, der anderen direkt dient, oder Yogi, der dem ihn umgebenden Elend anscheinend indifferent gegenübersteht – ist gleich richtig und gleich gut, wenn er Teil der Lebensaufgabe des Menschen ist und von ihm als solcher akzeptiert wird. Die Kultur versichert, daß jedes Tun gleichermaßen zum universellen Lebensziel führt, wenn es im Geiste des *svadharma* getan wird: „Besser das eigene *dharma*, auch wenn es keinen Ruhm verspricht, erfüllen, als das eines anderen; der Tod im eigenen *dharma* ist rühmenswert, das Leben in dem eines anderen furchterregend." [35]

Viele der hinduistischen kulturellen Werte werden der nächsten Generation durch Erzählungen und Gleichnisse von Müttern, Großmüttern und anderen aus dem Kreis der weiteren Familie vermittelt. Das Konzept des *svadharma* macht da keine Ausnahme. Eine beliebte Geschichte erzählt von einem König, der mit seinem Gefolge am Ufer des Ganges spazierenging. Es war die Zeit des Monsuns, der Fluß führte Hochwasser, und ungestüm strömten die Wassermassen dem Meer zu. Die ungeheure Breite und die starke Strömung des angeschwollenen Flusses erfüllten den König mit Ehrfurcht. Plötzlich sich seiner eigenen Bedeutungslosigkeit bewußt werdend, sagte er zu seinen Ministern: „Gibt es denn niemanden auf der Welt, der den Lauf dieses Stromes umkehren kann, so daß er vom Meer zu den Bergen fließt?" Die Minister lächelten über die Naivität des Königs, doch eine Kurtisane, die die Frage gehört hatte, trat vor und sprach zu dem Fluß: „O Mutter Ganges, wenn ich stets danach gestrebt habe, mein *dharma* als Kurtisane zu erfüllen, indem ich mich jedem, der zu mir kam, hingegeben habe, ohne zwischen reich und arm, hübsch oder häßlich, jung oder alt zu unterscheiden, dann kehre deinen Lauf um!" Die Wasser standen einen Augenblick still, als ob sie überlegten, und dann begann der Fluß in umgekehrter Richtung zu fließen.

Die Arbeit eines Menschen oder, allgemeiner, jede Aktivität, mit der er „auf die Welt wirkt", hat für den Hindu zwei Aspekte oder Ziele. Zunächst soll sie den Lebensunterhalt gewährleisten und die weltlichen Bedürfnisse nach Leistung, Macht und Status befriedigen, ebenso den Wunsch, eine Familie zu gründen und zu ernähren und vielleicht auch noch das allgemeinere Anliegen, der Gemeinschaft zu dienen. Hindus können genauso wie andere darin aufgehen, ihre emotionale Befriedigung und Anerkennung aus ihrer Tätigkeit für andere zu beziehen, und wie wir später sehen werden, sind diese Ziele von der Kultur für den „Familienvater" auf einer bestimmten Lebensstufe ausdrücklich vorgeschrieben. Doch neben dieser äußerlichen, weltlichen Aktivität gibt es die vorbewußte, kulturell bedingte Überzeugung, daß der wahre Zweck der Aktivität im Individuum selbst liegt. Der Wertmaßstab für die Arbeit eines Menschen liegt nicht nur darin, was er mit ihr in der Außenwelt erreichen und erringen kann, sondern auch darin, inwieweit sie ihm dabei hilft, sein *svadharma* zu verwirklichen: Inwieweit bereitet sie ihn „innerlich" vor und bringt ihn jenem Gefühl der inneren Ruhe näher, das die Dämmerung der Weisheit und die Vorbedingung des *moksha* ist. Wie die Versunkenheit und die Freude des Kindes beim Spiel es, ohne es zu merken, auf die Erwachsenenarbeit vorbereitet, wird diese „Erwachsenenarbeit" in der hinduistischen Wertordnung nicht so sehr nach den äußeren Erfolgen, die sie bringt, nach der Faszination, die sie ausübt, oder dem sozialen Ansehen, das sie in der Gegenwart vermittelt, eingeschätzt, sondern mehr nach dem Entwicklungsfortschritt, den sie gewährt. Sie ist eine notwendige Verbesserung des Selbst im Ablauf des hinduistischen Lebenszyklus.

Diese Bedeutung des *dharma* — das eher der Geist als der Inhalt des Handelns ist — hat, wie ich glaube, etwas mit der beachtlichen Toleranz des einzelnen Hindus gegenüber Lebensstilen, die anders sind als seine, zu tun. Hindus neigen dazu, Abweichungen und Exzentrizitäten gelassen hinzunehmen, die im Westen ängstlich als antisozial oder psychopathologisch bewertet würden und „Besserung" oder „Behandlung" erforderten. In seinen extremen Erscheinungsformen ist diese Art akzeptabler Abweichung natürlich ein Gruppenphänomen, von der Tradition geheiligt und in bekannten Ritualen formalisiert; nur dann ist sie als die Erfüllung eines spezifischen *svadharma* völlig legitimiert. Man denke nur an das prächtige Beispiel der Gruppen von weiblich gekleideten Transvestiten, die man oft in den Straßen großer Städte sieht. Sie verdienen sich ihren Lebensunterhalt als männliche Prostituierte und durch Geschenke, die sie bei bestimmten festlichen Gelegenheiten wie etwa der Geburt eines Kindes bekommen (wenn sie vor dem Haus des Neugeborenen erscheinen und in ritueller Weise Obszönitäten rufen und mimen). Aber diese Transvestiten können voll Stolz auf ihre alten Traditionen verweisen, auf eigene heilige Stätten und auf ihre Abstammung von einem der mythischen Pandava-Brüder, von Arjuna, dem berühmten Helden, der für die Dauer eines Jahres in eine Frau verwandelt wurde. Die Transvestiten sind wie die anderen „bizarren" Gruppen der professionellen Bettler, Gesundbeter oder jener Sadhus, die nur mit „der Unendlichkeit" bekleidet herumlaufen, genauso ein integraler Bestandteil der hinduistischen Sozialordnung wie die Kalkuttaer Börsenhändler, die Hindufilmstars und die vertrauteren bäuerlichen Familienväter.

Die Vorstellung, daß das *svadharma* jedes einzelnen Menschen einmalig ist, begünstigt einen tief eingewurzelten Glauben an eine allgemeine persönliche Gleichheit aller Menschen. Dieses Überzeugtsein von persönlicher Gleichheit ist unabhängig von normativen Kriterien des *Sozialverhaltens*, die zu einer Gesellschaft wuchernder Ungleichheiten beitragen. Es ist mehr ein Glaube, daß jedes Individuum einen ehrenvollen, rechtmäßigen Platz und eine Funktion in der Gesellschaft hat, ein Glaube, der die formalen Muster des Respekts vor Kasten-, Klassen- und Familienhierarchien transzendiert, aber nicht das Versprechen einer egalitären Gesellschaft hält. Diese Qualität des gegenseitigen Respekts, dieses Anerkennen, daß die anderen Anteil haben an einer allgemeinen Humanität und ein allgemeines Lebensziel verfolgen, indem sie verschiedenartige *svadharmas* erfüllen, manifestiert sich häufig sogar in den feudalsten Herr-Diener-Verhältnissen, und es kann in der bürokratischsten Umgebung die persönlichen Beziehungen humanisieren. Aber gerade diese Toleranz kann auch zur Indifferenz dem Schicksal jener gegenüber degenerieren, die mit einem selbst nicht durch traditionelle Kasten-

oder Verwandtschaftsbeziehungen verbunden sind.

Dharma als soziale Macht

Der soziale Aspekt des *dharma* wird durch die Etymologie des Wortes selbst nahegelegt, das aus der Wurzel *dhr* (hüten, unterhalten, nähren) abgeleitet ist. *Dharma* ist sozialer Zement, es hält das Individuum und die Gesellschaft zusammen. Wie das *Mahabharata* es ausdrückt: „Weder der Staat noch der König, weder der Amtsstab noch der Träger des Amtsstabes herrschen über das Volk; nur durch das *dharma* geben die Menschen sich gegenseitig Schutz." [36] *Dharma* ist sowohl das Prinzip als auch die Vision einer organischen Gesellschaft, in der alle teilhabenden Mitglieder voneinander abhängen und ihre Rollen komplementär sind. Die Rechte, Verpflichtungen und Beschränkungen jeder Rolle werden von einem unveränderlichen Gesetz vorgeschrieben, dem *sanatan* oder „ewigen" *dharma*, und gelten gleichermaßen für den König wie für den geringsten seiner Untertanen.

Hindus glauben, daß die Legitimität sozialer Institutionen eher auf dem ihnen innewohnenden *dharma* beruht als auf zweckorientierten vertraglichen Vereinbarungen und Verpflichtungen. Traditionelle Sozialstrukturen, die die sozialen Elemente des *dharma* enthalten, werden von den meisten Hindus als grundsätzlich lebensfähig und gerecht akzeptiert. Kritik und Reformvorschläge in bestimmten historischen Epochen sollen nicht die Institutionen an sich in Frage stellen, sondern sollen sie näher an das ideale Modell heranführen, das im „ewigen Gesetz" beschrieben ist. Darüber hinaus ist es die allgemeine Überzeugung, daß Sozialkonflikte, Unterdrückung und Unzufriedenheit nicht der Organisation der Sozialbeziehungen entspringen, sondern ihre Ursache im *adharma* (Nicht-*dharma*) jener haben, die die Machtpositionen innehaben. Auf diese Weise werden in Indien Institutionen in einem Ausmaß personalisiert, das im Westen unvorstellbar ist; die Leiter werden für die einzige Quelle aller Tugenden und Laster ihrer Institutionen gehalten, und man ist der Überzeugung, daß solche Autoritätspersonen Bitten zugänglich sind, daß sie Gnade walten lassen und daß sie zu Handlungen fähig sind, die sich der Herrschaft des „Systems" entziehen. Zahllos sind die anrührenden Geschichten über einfache Bauern aus der Frühzeit der britischen Herrschaft, die als Reaktion auf eine durch Regierungsbeamte an ihnen begangene Ungerechtigkeit ihre gesamte Habe ausgaben, „in der vergeblichen Hoffnung, zur Königin nach Windsor zu gelangen und ihr Ohr zu gewinnen. Größtenteils Pilger mit gebrochenem Herzen, die in Elend und Enttäuschung fern von ihrer Heimat starben, und von ihren Dörfern, die sie nie wiedersehen würden". [37]

Jede sozialreformerische Bestrebung in Indien hat nicht etwa das Ziel, die hierarchischen Strukturen zu beseitigen oder die Werte, auf denen sie basieren, zu verändern, sondern die Personen, die in ihnen Macht ausüben, zu ersetzen oder zu „ändern". Wenn eine Institution nicht funktioniert, wird als sicher angenommen, daß die Machtausübenden vom Weg des *dharma* abgekommen sind. Gandhis Konzept der „Treuhandschaft", seine erfolglosen Versuche, die Mühlen- und Fabrikbesitzer dazu zu überreden, ihren angehäuften Reichtum nur als treuhänderisch zu verwaltendes Vermögen zu betrachten, das dem Wohle der Gesellschaft zu dienen habe und nicht für den persönlichen Verbrauch bestimmt sei, ist exakt ein solcher Versuch, eine Gruppe von Mächtigen zu „erneuern", sie wieder dazu zu bringen, das *dharma* als soziale Verantwortung anzuerkennen.

Die indische Mythologie ist voll von Beispielen, wo *dharma* in einem solchen Ausmaße entartet, daß Vishnu, der Retter, menschliche Gestalt annehmen muß, um es wiederherzustellen, indem er die Verantwortlichen vernichtet. Die Übeltäter sind fast immer in Positionen weltlicher oder geistlicher Autorität zu finden. So erhielt König Hiranyakashipu nach Jahren asketischer Übungen von Shiva das Versprechen, daß er nie von einem Menschen oder von einem Tier getötet werden und daß er weder auf der Erde noch in der Luft sterben würde. Daraufhin entfesselte er ein derartiges Terrorregime, daß das *dharma* in Gefahr geriet. Vishnu mußte die Gestalt Narsinghas annehmen — halb Mensch, halb Löwe — und den König töten, indem er ihn sich auf seine Schenkel legte und mit seinen Krallen seine Brust aufriß, um sich wörtlich an Shivas Versprechen zu halten.

Vielleicht sollte noch einmal betont werden, daß das *dharma* in seinen sozialen Aspekten, das die Erfahrungen des Menschen mit Institutionen der familiären, sozialen, wirtschaftlichen und politischen Sphäre beeinflußt, in erster Linie auf einer vorbewußten Ebene existiert und kaum je Gegenstand bewußter Überprüfung ist. So bedeutet für die meisten Hindus sozialer Wandel implizit eher einen Wechsel der Autoritätspersonen als die Erneuerung der Institutionen oder des vorherrschenden Macht- und Abhängigkeitsgefüges. Aber wenn Indien für Politiker und politische Aktivitäten als Paradies erscheint, so kann es Kräfte, die einen strukturellen Wandel anstreben, zur Verzweiflung treiben. Das heißt nicht, daß eine revolutionäre Veränderung in der indischen Gesellschaft unmöglich ist. Soziale und Umweltbelastungen können ein solches Ausmaß erreichen, daß vorbewußte Überzeugungen zum Bewußtsein werden, daß sie als Spuren einer persönlich-kulturellen Vergangenheit erkannt, ins Negative uminterpretiert und von überlegten und bewußten Versuchen, sie bei der Planung der Richtung der institutionellen Veränderungen bedingungslos abzulehnen, abgelöst werden.[38] Zur Zeit aber gibt es diese Art einer psychologisch revolutionären Situation (im Unterschied zu den politischen und wirtschaftlichen Verhältnissen), in der eine *totale Ablehnung der persönlich-kulturellen Vergangenheit* eine Vorbedingung für radikales Handeln ist, weder bei Indiens verschiedenen politischen Eliten noch bei den Massen des Volkes. Je nach politischer Überzeugung können die mit *dharma* im Zusammenhang stehenden Überzeugungen als Bollwerk der indischen Stabilität gepriesen oder aber als Hindernis auf dem Weg revolutionärer Veränderung geschmäht werden. Unter welchen denkbaren Umständen sich eine psychologisch revolutionäre Situation tatsächlich entwickeln könnte, ist ein Thema, auf das ich in einem späteren Kapitel zurückkommen werde.

Dharma als Bild des Lebenszyklus (asramadharma)

Dharma ist nicht nur das Prinzip des persönlichen Handelns und der sozialen Beziehungen, sondern auch der Grundplan eines idealen Lebenszyklus in dem Sinne, daß es die Aufgaben jeder Stufe des Lebens und die Art, wie jede Stufe gelebt werden soll, definiert. Wie die modernen Persönlichkeitstheorien stellt das hinduistische Modell des *asramadharma* die menschliche Entwicklung in einer Stufenfolge dar. Es geht davon aus, daß die Entwicklung sich nicht in einem stetigen Fortschreiten kontinuierlich vollzieht, sondern in diskontinuierlichen Schritten und mit dezidierten Veränderungen, wenn der Mensch in eine neue Lebensphase kommt: Ein richtiger Entwicklungsfortschritt verlangt die Annahme und Bewältigung der spezifischen Aufgaben jeder Phase in der richtigen Reihenfolge und zur richtigen Zeit. Seinem Wesen nach ist *asramadharma* eine Entsprechung des epigenetischen Prinzips, angewandt auf die menschliche Entwicklung in

Beziehung zu seiner Gesellschaft, und es ähnelt, wie ich an anderer Stelle detailliert nachgewiesen habe, der bekannten Theorie der psychologischen Stufen des Wachstums von Erikson.[39] Im Gegensatz zu Eriksons Modell, das klinisch und entwicklungsorientiert ist, vermittelt die hinduistische Auffassung „ideale" Bilder im Platonschen Sinne. Indem es die Lebensstufe und die Aufgabe jeder Lebensstufe festlegt, zieht das hinduistische Modell zwar nicht die Folgen für die geistige Gesundheit in Be-

Eriksons Schema		Hinduistisches Schema	
Stufe	Spezifische Aufgabe und "Tugend"	Stufe	Spezifische Aufgabe und "Tugend"
1. Kleinkindalter	Grundvertrauen versus Mißtrauen: Hoffnung	Die "Vorgeschichte" des "Individuums" wird nicht ausdrücklich in Betracht gezogen	Vorbereitung auf die Fähigkeit, das *dharma* zu verstehen
2. Frühkindheit	Autonomie versus Scham, Zweifel: Willenskraft		
3. Spielalter	Initiative versus Schuld: Zweck		
4. Schulalter	Unternehmungslust versus Minderwertigkeit: Kompetenz	1. Lehrzeit (brahmacharya)	Wissen vom *dharma*: Kompetenz und Treue
5. Adoleszenz	Identität versus Identitätsdiffusion: Treue		
6. junges Erwachsenenalter	Intimität versus Isolation: Liebe	2. Familienvater (garhastya)	Praxis des *dharma*: Liebe und Fürsorge
7. Erwachsenenalter	Fruchtbarkeit versus Stagnation: Fürsorge	3. Rückzug (vanaprastha)	Lehren des *dharma*: erweiterte Fürsorge
8. Alter	Integrität versus Verzweiflung: Weisheit	4. Entsagung (sannyasa)	Verwirklichung des *dharma*: Weisheit

Abb. 3

tracht, falls diese Aufgaben unerfüllt bleiben, sondern es betont die Bedeutung eines peinlich genauen Fortschreitens von Aufgabe zu Aufgabe und von Stufe zu Stufe für die schließliche Verwirklichung des *moksha*. Oder wie es die populäre Redewendung ausdrückt: „Nur wer ein Haus gebaut, einen Baum gepflanzt und einen Sohn aufgezogen hat, ist bereit für die letzten Dinge." Ein schematischer Vergleich der beiden Modelle, der die spezifischen Aufgaben jeder Stufe und die Fähigkeit oder

„Tugend" darstellt, die aus der erfolgreichen Bewältigung jeder Aufgabe resultiert, ist erhellend, nicht zuletzt wegen der klinischen Bestätigung vieler alter hinduistischer Aussagen über Gestalt und Verlauf des „idealen" Lebenszyklus. Diese Übereinstimmung sollte an sich nicht überraschen, da sowohl das religiöse Bemühen, den Lebensstufen einen Sinn zu geben, als auch der Versuch des Klinikers, die Attribute dieser Stufen in Verbindung zu setzen und zu korrelieren, auf dem basieren muß, was die Evolution geschaffen hat: auf dem Wachstum und der Entwicklung des Menschen.

Die Vorstellung des Verlaufs eines idealen Lebenszyklus, wie sie in den Stufen des *asramadharma* beschrieben ist, ist tief in die Psyche eines Hindus eingegraben. Die Stärke und die Dauerhaftigkeit dieser Tradition wurde mir in aller Deutlichkeit anläßlich einer Reihe von Interviews mit vier Brüdern klar, die ein großes modernes Geschäft in Kalkutta betreiben. Der älteste Bruder, in den frühen Sechzigern, wandte sich zunehmend von der Familie und dem Geschäftsbetrieb ab, um sich auf Dinge der geistigen Entwicklung zu konzentrieren. Er sprach nicht davon, sich von seiner Arbeit und seiner Rolle als Oberhaupt der Großfamilie, was ihn den größten Teil seines Erwachsenenalters völlig ausgelastet hatte, *zurückzuziehen*, sondern von aktiver *Verleugnung* seiner früheren Obliegenheiten. Dieser Übergang enthielt sicherlich Elemente von Trauer und Unzufriedenheit, doch hatte dieser Schritt, den der älteste Bruder nun vollzog, in seiner subjektiven Erfahrung insgesamt eher den Charakter einer hoffnungsträchtigen Erneuerung als den eines bedauernswerten Endes. Der zweitälteste Bruder, in den Fünfzigern, der einige Jahre zuvor die Verantwortung des Hauptgeschäftsführers der Familienfirma übernommen hatte, begann immer mehr seine Hauptaufgabe darin zu sehen, das Wachstum und die Entwicklung seiner jüngeren Brüder und anderer aus der folgenden Generation, die in das Geschäft eintraten, zu unterstützen und zu „hegen", und weniger darin, durch spektakuläre Gewinnsteigerungen der Firma oder durch andere finanzielle Leistungen persönliche Lorbeeren zu ernten. Die beiden jüngeren Brüder, in den späten Dreißigern, gingen völlig in ihrer Arbeit und ihren Familien auf, wobei sie in vollen Zügen das hektische Gesellschaftsleben und all die sinnlichen Vergnügen genossen, die Reichtum in Indien zu bieten vermag. Diese vier modernen, sehr verwestlichten Brüder lebten ihr jeweiliges *svadharma* als Geschäftsleute aus und verwirklichten dadurch mit Gefühlen des inneren Wohlbefindens die alte Tradition des *asramadharma.* Und dies ist kein Einzelbeispiel. Auf einer vorbewußten Ebene des Bewußtseins ist eine überwältigende Mehrheit der Hindus davon überzeugt, daß das Mißlingen der Entsagung von den Lebensinhalten einer durchlebten Lebensstufe ebenso wie die vorzeitige Zuwendung an Lebensaufgaben, die einer späteren Lebensstufe angemessen sind, „schlecht" für den Menschen sind. So ist Beständigkeit der Interessen, Einstellungen und Aktivitäten über die Jahre hin, von der Jugend bis zum Alter, keine schätzenswerte Tugend, sondern ein Zeichen von Unzulänglichkeit.

Vorstellungen über Zeit und Schicksal

Ich komme nun zu einem der schwierigsten und am meisten mißverstandenen Begriffe der hinduistischen Kultur, *karma,* der dritten grundlegenden Vorstellung des hinduistischen Weltbildes. In der folgenden Diskussion ist es nicht mein Ziel, eine philosophische Darstellung des Ursprungs und des Wesens dieses Begriffes zu liefern, sondern meine Absicht ist es, den Stellenwert und den Einfluß der Vorstellung des *karma* in der hinduistischen Philosophie darzustellen.

Das populäre indische Verständnis des *karma* (das wenig über seine vorbewußte Bedeutung für den einzelnen Hindu aussagt) kommt im folgenden Interview aus einem nordindischen Dorf zum Ausdruck: „Sogar zur Zeit seines Todes sollte ein Mensch wünschen, Gutes zu tun, und wünschen, an einem Ort wiedergeboren zu werden, wo er wieder Gutes tun kann. Dann wird er erleuchtet und erhält das Wissen über seine früheren Leben. Nach vielen Leben erlangt der Mensch *mukti* [*moksha*] ... Wenn jemand Böses tut, ändert sich seine Gestalt, und er fällt tiefer, bis er ein *jar* [etwas Unbelebtes] wird." [40] Andere Hindus äußern wahrscheinlich dieselben beiden Vorstellungen, wenn man sie dazu drängt zu sagen, welche Bedeutung *karma* für sie hat: nämlich der endlose Kreislauf von Geburt, Wachstum und Tod, in dem die individuelle Seele *(jiva)* über Existenzebenen, die über und unter der menschlichen liegen, vor- und zurückschreitet, wobei sie die höchsten Möglichkeiten des Glückes und der Weisheit erreicht und in den tiefsten Tiefen des Leidens versinkt; und zweitens die Kontrolle dieses Ablaufs durch das *karma* der individuellen Seele, durch das Gleichgewicht von „richtigen" und „falschen" Taten, das Verhältnis von *dharma* und *adharma.*

Karma beeinflußt das hinduistische Weltbild auf zwei grundlegende Weisen: durch die Art, wie der Hindu die Zeit erfährt, und durch die Gestalt seiner Kosmologie. Die Art, in der eine Kultur Vorstellungen über Zeit und Schicksal bewertet und entwickelt, gewährt Einblick in die psychologische Organisation jedes seiner einzelnen Mitglieder. Diese Beziehung ist von anderen bereits hervorgehoben worden, vor allem von Spengler: „Die historische Umwelt der anderen ist ein Teil ihres Wesens, und man versteht niemand, wenn man sein Zeitgefühl, seine Idee vom Schicksal, den Stil und Bewußtseinsgrad seines Innenlebens nicht kennt. Was hier sich nicht unmittelbar in Bekenntnisen auffinden läßt, müssen wir also der Symbolik der äußeren Kultur entnehmen. so erst wird das an sich Unbegreifliche zugänglich, und dies gibt dem historischen Stil einer Kultur und den dazu gehörigen großen Zeitsymbolen ihren unermeßlichen Wert."[41]

Die Zeit wird in der hinduistischen Kultur durch das Bild der *Kala* symbolisiert, die als Göttin des Todes und des unerbittlichen Schicksals verehrt wird, die Wesen zur Welt bringt, sie wachsen und reifen läßt und sie dann (wie der griechische Gott *Chronos*) verschlingt. So wird die menschliche Zeit als ein Kreislauf von Werden, Sein, Vergehen *ad infinitum* gesehen. In der hinduistischen Kunst wird *Kala* oft als furchteinflößende Göttin mit hervorquellenden Augen und weit aufgerissenem Mund dargestellt. Vor dem Mund befinden sich winzige stürzende menschliche Gestalten, die in einem Bogen bis zum Boden reichen, wobei nicht zu entscheiden ist, ob diese Gestalten aus dem Mund der Göttin herauskommen oder in ihm verschwinden. Aber diese Teilbarkeit, diese Periodizität und dieser Fluß der Zeit ist gemäß dem hinduistischen Glauben nur ein scheinbares Phänomen, die irdische Manifestation in all ihrer Vielfalt der Erfahrung einer ewigen, absoluten oder wirklichen Zeit. Der Unterschied zwischen „wirklicher" und „menschlicher" Zeit erinnert an den Unterschied zwischen Realität und *maya*. Die wirkliche Zeit, die in Brahman enthalten und nicht als Samen vergossen wird, ist homogen, unteilbar und bewegungslos. Als solche wird sie im *moksha* erfahren. Wie der Raum, sagen die klassischen hinduistischen Denker, von der Erscheinungsform der in ihm vorhandenen Objekte geteilt wird, so ist die Zeit durch das Werden, Sein und Vergehen von Erfahrungsweisen in Zeitzonen größeren oder kleineren Ausmaßes aufgeteilt, vom Augenblick bis zu astronomischen Zeitaltern reichend. Die Zeit als bewegungslose Dichte zu empfinden ähnelt natürlich der Art, wie ein Mensch die Zeit in seiner „Vorgeschichte" erfuhr. Denn bevor das Selbst Gestalt annimmt, bevor der Sinnesapparat sich herausdifferenziert, leben wir ohne Erinnerung an das Vergangene und ohne Erwartungen an das Zukünftige, und so ist die Zeit bewegungslos.

Das westliche Sichbewußtsein des Ablaufs und der Richtung der Zeit und ihrer Einheiten – Jahre, Tage, Stunden – und das empfindliche und manchmal obsessive Wahrnehmen ihres Vergehens wird von den Hindus nicht in gleichem Maße geteilt. Diese Tatsache spiegelt sich im Sprachgebrauch wider. Obwohl eine hochentwickelte Sprache wie Hindi eine Reihe von Synonymen für ein natürliches Objekt wie den Mond besitzt, Begriffe, die seine Erscheinungsformen in den verschiedenen Phasen und Jahreszeiten beschreiben, werden die Wörter, die die Zeit selbst benennen, weit nachlässiger behandelt. So hängt die Bedeutung des Wortes *kal* (von *Kala*) nicht nur von der Syntax und dem Satzzusammenhang ab, sondern auch vom Tonfall der Stimme, der die Stimmung des Sprechenden wiedergibt. *Kal* kann „gestern" oder „morgen" bedeuten, einen Augenblick oder Jahrhunderte meinen, kann sich auf ein Ereignis beziehen, das gerade geschehen ist, oder auf eine zukünftige Wahrscheinlichkeit (wie das spanische *mañana*).

Die Zeit hat für den Hindu im Verhältnis nicht dasselbe unpersönliche und objektive (noch die manchmal treibende, zwingende) Qualität wie für den durchschnittlichen Bewohner des Westens. In Indien haben historische Ereignisse wenig Unmittelbarkeit für das Leben des einzelnen, sie verschwinden fast augenblicklich in eine ferne Vergangenheit und werden uralte Legenden. Gandhis Ermordung, nur wenig länger her als fünfundzwanzig Jahre, hat bereits die mythische Gestalt des „Heldentodes" angenommen. In der subjektiven Chronologie des einzelnen ist sic mit anderen ähnlichen historischen Ereignissen, die vor Jahrhunderten stattfanden, zur „Vergangenheit" verschmolzen. Andererseits sind mythische Gestalten wie Rama oder Hanuman so aktuell und psychologisch real (wenn nicht realer) wie zeitgenössische Persönlichkeiten wie Ramakrishna oder Shivaji.

Dieses Vermischen verschiedener Zeitperioden kann den modernen Sozialwissenschaftler bei dem Versuch, Daten der mündlichen Überlieferung aus der Erinnerung der hinduistischen Bauern zu gewinnen, leicht in die Irre führen. Berichte über angeblich chronologische persönliche Fakten zum Beispiel können eine Mischung aus der Erinnerung an die Kindheit des Informanten und denen an die Kindheit von Altersgenossen sein und können ebenso biographische Details über einen lange verstorbenen, aber erinnerungswürdigen Verwandten enthalten, über den in der Jugend des Informanten von der Familie achtungsvoll gesprochen worden ist. Der hinduistische Zeitsinn ist mehr psychologisch als historisch; er hat die traumähnliche Qualität von zeitloser Zeit, wie sie auch im Unbewußten des Menschen besteht.

Das Unbewußte als Schicksal

Was hält den Menschen davon ab, im *dharma* zu leben, was trennt ihn von einem intuitiven Verständnis des richtigen Handelns und behindert so seinen Fortschritt in Richtung des Ziels *moksha*? Das ist die Frage, die der Begriff des *karma* anspricht, indem er die philosophische Antwort des Hinduismus auf die fundamentalen Fragen der menschlichen Existenz vervollständigt. Diese Frage führt uns auch zu einer kurzen Exkursion in die Begriffspsychologie der alten Hindus, die in zahlreichen philosophischen Texten formalisiert ist und gleichzeitig einen gemeinsamen Quell eines intuitiven „Allgemeinwissens" darstellt, eine Psychologie, die man zu Recht als in einer spezifischen metaphysischen Notwendigkeit wurzelnd beschreiben kann.

Nach der hinduistischen psychologischen Theorie ist das neugeborene Kind keine *tabula rasa*, sondern es kommt ausgestattet mit einem höchst persönlichen und individuellen Unbewußten zur Welt, das durch eine spezifische Mischung dreier fundamentaler Qualitäten oder *gunas* charakterisiert ist: *sattva* (Helligkeit, Licht), *rajas* (Leidenschaft, Begierde) und *tamas* (Trübheit, Dunkelheit). In der hinduistischen Vorstellung von der Bestimmung hat das Unbewußte eine angeborene Tendenz, zur Helligkeit und zum Licht zu streben, ebenso wie es das Ziel des *chitta* ist, aus seinen zersplitterten und dunklen Formen herauszuwachsen. Doch die anderen beiden Qualitäten, Leidenschaft und Dunkelheit, stehen dazu im Gegensatz und sind allgegenwärtig, wobei ihre relative Stärke von Kind zu Kind unterschiedlich ist. Und wenn die Ursache „falscher" Handlungen – von *adharma* – „von der Qualität des alles verzehrenden und alles verderbenden *rajas* gezeugt ist ... unseres Feindes hier auf Erden", dann folgt daraus, daß der eine Mensch auf Grund seiner *guna*-Konstellation viel mehr bewußte und andauernde Mühe aufwenden muß, um im *dharma* zu leben, als ein anderer, dessen Unbewußtes durch eine „günstigere" Mischung charakterisiert ist. Auf jeden Fall sind eine beständige Vertrautheit mit dem Unbewußten und die Erkenntnis und „Kontrolle" der Impulse und Phantasien, kurz, die Erforschung und Bezwingung des Inneren notwendige Voraussetzungen für ein Leben im *dharma*. Denn „ein Mensch besteht aus seinen Wünschen. Und wie seine Wünsche, so ist sein Wille; und wie sein Wille, so ist seine Tat; und wie seine Tat, so wird seine Ernte sein." [42] Und: „Laß den Weisen die Gedanken hüten, denn sie sind schwer wahrzunehmen, sehr listig, und sie laufen, wohin sie wollen..." [43]

Das Gleichgewicht der *gunas* ist dynamisch, es ändert sich ständig, wie auch jeder Impuls, jeder Wunsch, jeder Gedanke und jede Handlung ihre Spur im unbewußten *chitta* zurücklassen. Für viele, die ein Leben lang ihr Bestes gegeben haben, das Gleichgewicht in Richtung *sattva* zu verschieben, kann sich das Anfangshandicap der angeborenenen Veranlagungen (*samskaras*), die das Unbewußte am Lebensanfang prägen, als unüberwindlich erweisen. Die Folgerungen aus der *karma*-Theorie versichern dem Menschen nun, daß keine seiner Bemühungen verschwendet war, denn er wird sein neues Leben mit dem Gleichgewicht der *gunas* beginnen, das er am Ende seiner vorherigen Existenz erreicht hatte. Das Unbewußte nimmt also eine zentrale Stelle im hinduistischen Weltbild und in der Theorie über den Sinn des menschlichen Lebens ein; der Ursprung und die Struktur des Unbewußten sind nicht biologisch, sondern metaphysisch, seine Natur hängt von den „Taten" (im weitesten Sinne des Wortes) eines vorhergehenden Lebens ab.

Karma ist nicht einfach ein Prinzip der „Wiedergeburt", des „Fatalismus" oder der „Prädestination", es ist ein Versprechen auf Hoffnung. Angesichts der angeborenen Tendenz des Unbewußten zum Licht (*sattva*) und der damit verbundenen Bemühungen des Menschen in dieselbe Richtung (*dharma*) verspricht *karma* das sichere Erreichen des Existenzzieles (*moksha*), obwohl es in diesem Prozeß viele Rückschläge geben mag und obwohl er eine Reihe von Wiedergeburten und viele Lebenszyklen zu seiner Vollendung benötigen mag. Für den durchschnittlichen Hindu tritt die Frage, ob diese Lehre ein notwendiger Mythos ist oder ob sie vernünftig und mit dem „wissenschaftlichen" Wissen vereinbar ist, nicht auf. Solche Vorstellungen basieren nicht auf einer Logik der Extension oder des linearen Denkens, sondern werden frühzeitig im Leben als eine

Art traumähnliche, intuitive Orientierung übernommen. Spengler bezeichnet sie als im Gegensatz zum „Kausalitätsprinzip" stehende „Schicksalsideen", die „Lebenserfahrung, nicht wissenschaftliche Erfahrung, Tiefe, nicht Geist" verlangen.[44]

Das städtische, industrialisierte Leben erzeugt in Indien wie überall in der Welt jede Art von Angst und Entfremdung und versorgt die Kliniker mit reichlichem fallhistorischen Material. So finden wir bei unseren modernen Patienten die Bestätigung der traditionellen hinduistischen Begriffe und „Interpretationen". Die Lehre vom *karma* und besonders die damit zusammenhängenden psychologischen Vorstellungen üben einen beträchtlichen Einfluß auf das hinduistische Geistesleben aus. Eine gut dreißigjährige Patientin, die sich durch einen Traum ihrer aggressiven Impulse gegen ihren Mann bewußt wurde, rief spontan aus: „Oh, das kommt von meinen *samskaras.* Wie sehr ich mich auch bemühe, eine gute Ehefrau zu sein, meine *samskaras* hindern mich daran." Diese Neigung, die *samskaras*, die angeborenenen, konstitutionellen Veranlagungen, zu betonen, statt konfliktträchtige Gefühle, Gedanken und Handlungen im Kontext der eigenen Lebensgeschichte anzuerkennen und zu „verarbeiten", ist eine kulturell spezifische Form des Widerstandes bei der Psychotherapie indischer Patienten. Darüber hinaus wird dieser Widerstand in der Haltung Erwachsener gegenüber dem Wachstum und der Entwicklung eines Kindes deutlich. Weil Hindus die Natur des Kindes nicht als beliebig oder unbegrenzt formbar ansehen, besteht keine Notwendigkeit und keine Verpflichtung, das Kind in das eine oder andere von den Eltern gewünschte, kulturell sanktionierte Bild „umzuschmelzen" zu versuchen. Sogar das Neugeborene wird für partiell autonom gehalten, nämlich in dem Sinne, daß es mit einer einmaligen und spezifischen Konstellation der *gunas* geboren wurde. Und dieses Spezifische der *gunas*-Konstellation setzt der Sozialisation jedes Kindes gewisse Grenzen.

Angesichts der kulturellen Akzeptanz der Vorstellung des *samskara* gibt es kaum einen sozialen Druck, die Auffassung zu vertreten, daß die Möglichkeiten des Kindes voll ausgeschöpft werden könnten, wenn nur die zur Pflege Verpflichteten fähig genug und ständig auf den Beinen wären. Da sich der Hindu der inneren Grenzen des Menschen höchst bewußt ist, gibt es für ihn nicht dieses Gefühl der Dringlichkeit und der Kampfbereitschaft gegen die Außenwelt mit der Aussicht auf plötzliche wunderbare Veränderungen und unerhörte Erfolgserlebnisse, das oft das westliche Leben anzutreiben scheint. Auf jeden Fall würde angesichts der *Gesamtheit* des hinduistischen Weltbildes ein solcher Kampf als auf dem falschen Schlachtfeld stattfindend und mit den falschen Waffen ausgetragen angesehen.

Dramatisch illustriert wird die Macht der *samskaras* durch die populäre Fabel von dem Mäusemädchen und dem heiligen Mann. Wenn ich diese Fabel hier wiedergebe, so geschieht das nicht nur, weil ich gerne Geschichten erzähle (was stimmt), sondern auch, weil diese Fabeln auf einmalige Art das Wesen des hinduistischen Weltbildes enthalten.

Am linken Gangesufer lebte einst zusammen mit seiner Frau ein heiliger Mann mit Namen Yajnavalkya. Als er eines Tages meditierend dasaß, fühlte er plötzlich etwas Kleines, Weiches in seine Hand fallen. Er öffnete seine Augen und sah, daß es eine kleine weibliche Maus war, die aus den Fängen eines über ihm kreisenden Adlers nach unten gefallen sein mußte. Der heilige Mann hatte Mitleid mit der Maus, und er verwandelte sie, indem er seine übersinnlichen Fähigkeiten anwandte, in ein kleines Mädchen und nahm sie in sein Haus auf. Das Mädchen wuchs als Tochter des Hauses auf, und als es ins heiratsfähige Alter kam, wandte sich eines Tages Yajnavalkyas Frau voller Vorwurf an ihn, indem sie sprach: „Siehst du nicht, daß deine Tochter nun reif ist und einen Mann braucht?" Yajnavalkya antwortete: „Du hast recht. Ich habe entschieden, daß sie den besten Mann der Welt bekommen soll." Dann rief er den Sonnengott, und als dieser erschien, sagte Yajnavalkya zu ihm: „Ich habe dich zu meinem Schwiegersohn erwählt." Dann wandte er sich an seine Tochter und fragte: „Möchtest du das Licht dreier Welten zum Mann?" Sie aber antwortete: „Ach Vater, er ist viel zu dick und rotgesichtig. Suche mir einen anderen Mann!" Der heilige Mann lächelte und fragte die Sonne, ob sie jemanden kenne, der besser als sie sei. Die Sonne antwortete: „Ach heiliger Mann, die Wolke ist noch stärker als ich, zumindest wenn sie mich bedeckt." Yajnavalkya rief den Wolkengott, aber wiederum antwortete seine Tochter, als er sie um ihre Zustimmung bat: „Ach Vater, er sieht viel zu mürrisch aus. Suche mir einen anderen Mann!" Yajnavalkya fragte die Wolke, ob es auf der Welt jemand Besseren als sie gäbe. Die Wolke erwiderte: „Der Berg ist besser, denn er kann mich aufhalten." Yajnavalkya rief den Berggott, aber als dieser erschien, rief das Mädchen aus: „Ach Vater, der ist gewaltig und plump, suche mir einen besseren Mann!" Yajnavalkyas Geduld war fast erschöpft, aber weil er seine Tochter liebte, fragte er den Berg, ob er von jemandem wisse, der besser als er sei. Der Berg antwortete: „Die Maus kann so viele Löcher in mich hineinbohren, wie sie will. Wenn man das bedenkt, muß sie stärker als ich sein." Yajnavalkya rief die Maus, und als das Mädchen sie sah, rief es aus: „Vater, das ist der einzige Mann, mit dem ich glücklich sein kann. Ach, kannst du mich nicht in eine Maus verwandeln?" Der heilige Mann erfüllte ihren Wunsch. Und als die beiden Mäuse in den Büschen verschwunden waren, ging er lächelnd nach Hause und sprach zu sich: „Obwohl die Sonne, die Wolke und der Berg als Bewerber vor ihr standen, mußte das Mäusemädchen wieder eine Maus werden. Sie konnte ihre Natur nicht verleugnen."

Zum Schluß bleibt noch zu bemerken, daß das mit den Begriffen *moksha*, *dharma* und *karma* zusammenhängende vorbewußte System von Überzeugungen und Werten für Hindus eine Metarealität bildet. Über und jenseits der objektiven Welt verifizierbarer Phänomene, die wir als „real" bezeichnen, und den individuellen Verzerrungen und Verleugnungen dieser Phänomene, die wir gewöhnlich „nicht real" nennen, bilden solche Weltbilder (in jeder Kultur) eine dritte Kategorie, die sowohl „real" als auch „nicht real" ist. Diese Metarealität ist weder deterministisch universell noch ausschließlich persönlich, sondern füllt den Raum zwischen den beiden Extremen. Sie ist kulturell spezifisch und wird — oft unbewußt — als der Kern der Gemeinschaftsidentität akzeptiert und gehegt. Wie der Beweis der Sinne, der selten in Frage gestellt wird, wird die Metarealität einer Kultur kaum je einer bewußten Überprüfung unterzogen; doch sie übt einen Einfluß auf das individuelle Denken und Handeln aus, der in etwa mit der Wirkungsweise des Realitäts- und des Lustprinzips vergleichbar ist. Trieb- und Realitätsforderungen haben, wie es scheint, ihre Entsprechung in kulturellen Imperativen. Verleugnung dieser Imperative kann im Individuum Spannungen und Krankheit hervorrufen. Denn eine solche Metarealität ist kein System von Abstraktionen, das im Erwachsenenalter mehr oder minder unklar verstanden wird, sondern sie ist Teil der Aktualität von Psychologie und Kultur, vom Kind in seiner Beziehung zu seinen Bezugspersonen vom frühesten Anfang des Lebens an als die grundlegende Wahrheit der Welt aufgenommen, in der es sein Leben zubringen wird — eine Welt, die ihm zunächst von seiner Mutter vermittelt wird.

3. Kapitel

Mütter und Kinder

Die ersten Monate des menschlichen Lebens sind eine Phase sprachloser Vergessenheit, die eine Schlüsselbedeutung für die individuelle Entwicklung hat. Zugleich zeitlos und fließend, ist das Säuglingsalter die Grundlage für jede spätere psychologische Erfahrung. Mehr noch, das Wesen der ersten Beziehung eines Menschen – die zu seiner Mutter – beeinflußt Qualität und „Dynamik" aller sozialen Beziehungen während seines ganzen späteren Lebens.

Die entscheidende Rolle dieser ursprünglichen Beziehung, der Mutter-Kind-Dyade, wie sie der Entwicklungspsychologe Edward Simmel genannt hat,[1] für die Entwicklung aller späteren sozialen Beziehungen ist von den Sozialwissenschaften verhältnismäßig spät erkannt worden. Obwohl Freud ihre Bedeutung bereits 1895 in seinen ersten Schriften erwähnt und später häufig die Reziprozität zwischen Mutter und Kleinkind behandelt hatte, gelangte er doch erst gegen Ende seines Lebens zur vollen Würdigung ihrer Wichtigkeit. Um 1938 beschrieb er die Bedeutung der Mutter für das Kleinkind als „einzigartig[e], unvergleichlich[e], fürs ganze Lebens unabänderlich festgelegt[e] ... als erstes und stärkstes Liebesobjekt, als Vorbild aller späteren Liebesbeziehungen – bei beiden Geschlechtern".[2] Innerhalb dieser Dyade lernt der Mensch erstmals, sich auf den „anderen" zu beziehen, und beginnt seine Liebesfähigkeit (im weitesten Sinne des Wortes) zu entwickeln; hier liegt der Ursprung des Menschen als soziales Wesen. Alle unsere sozialen Kontakte und intimen Beziehungen als Erwachsene tragen den Stempel unserer speziellen Säuglingszeit. Tatsächlich kann, wie Anthropologen wie Kardiner, Benedict und Mead nachgewiesen haben, die spezifische emotionale Färbung vieler kultureller Institutionen einer Gesellschaft direkt auf die vorherrschende Art oder Qualität dieser ersten Beziehung zurückgeführt werden, nicht im Sinne eines einfachen Kausalzusammenhangs, sondern durch den komplementären und reziproken Einfluß der Mutter-Kind-Dyade auf andere institutionalisierte Formen der sozialen Beziehungen.

Trotz der allgemeinen Anerkennung ihrer Bedeutung bleibt die Mutter-Kind-Dyade intellektuell schwer faßbar und verhältnismäßig unerforscht. Teilweise wegen ihres archaischen, sprachlosen Charakters spiegelt sie sich nur schemenhaft in den freien Assoziationen psychoanalytischer Patienten und dann in den klinischen Rekonstruktionen wider. So werden die Hypothesen und Spekulationen über die emotionale Entwicklung des Säuglings und über das, was tatsächlich zwischen ihm und seiner Mutter im Verlauf des frühen Kontakts vor sich geht, aus den verschiedensten Quellen geschöpft: direkte Beobachtung der Säuglinge, experimentelle Daten über das Wahrnehmungsvermögen des Neugeborenen, Behandlung psychotischer Patienten und Schlüsse aus dem begrifflichen Schema der Psychoanalyse. Die nun folgende kurze Zusammenfassung des heutigen Wissens über den emotionalen Zustand des Säuglingsalters ist stark verkürzt.[3] Eine solche, wenn auch noch so kurz gefaßte Darstellung ist ein notwendiger Hintergrund für die Behandlung der vorherrschenden Art der Mutter-Kind-Beziehung in der hinduistischen Gesellschaft und für eine Interpretation ihrer Konsequenzen für den Erwachsenen, ihres Einflusses auf die Organisation der Sozialbeziehungen und ihrer Bedeutung für die Entwicklung von kulturellen Idealen.

Während seiner ersten Lebensmonate lebt der Säugling in einem psychologischen Zustand, der je nach Autor als „undifferenziert", „nicht differenziert" oder „unintegriert" bezeichnet wird. Diese Begriffe sind im wesentlichen gleich; alle beinhalten, daß es am Lebensanfang keinen deutlichen und absoluten Unterschied gibt zwischen bewußt und unbewußt, Ich und Es, Psyche und *soma*, innen und außen, „Ich" und dem, was „nicht Ich" ist, noch auch nur zwischen den verschiedenen Körperteilen. Erst nach und nach beginnt der Säugling mit Hilfe der ständigen Interaktionen mit der Kontaktperson diese anfänglich verschmolzenen Gegensatzpaare zu unterscheiden und zu differenzieren und so seine ersten Schritte auf dem Wege zum Selbstsein zu machen. Die emotionale oder affektive Qualität dieses Vorgangs der Differentiation und inneren Integration wird von den Wechselfällen der Bindung des Kindes an die Mutter bestimmt. Ob all das, was „nicht Ich" ist, für immer vage bedrohlich bleibt, voll von drohenden Vorzeichen einer undefinierten Natur, eine Gefahr, die man meiden muß, oder ob das Kind aus dieser Phase mit dem Gefühl hervorgeht, daß die Außenwelt wohlwollend eingestellt und grundsätzlich vertrauenswürdig ist, ob ein beruhigendes Gefühl innerer Kontinuität und Ganzheitlichkeit das Gefühl, in Stücke zu brechen und das Leben für immer in einzelnen Segmenten leben zu müssen, überwiegt: das sind einige der die Entwicklung betreffenden Fragen, die das Säuglingsalter aufwirft. Außerdem gibt es insofern keine vergleichbare Lebensphase, als daß das hier stattfindende adaptive Lernen fast ausschließlich durch die Vermittlung der Mutter — wenn sie, wie das in den meisten Kulturen der Fall ist, in erster Linie für das Kind zu sorgen hat — ermöglicht wird.

Es ist das Gesicht der Mutter — das die Augen des Babys im Alter von etwa vier Wochen zu „erfassen" und zu verfolgen beginnen –, das sich als erste visuelle Leitlinie aus einem Wirrwarr von verschwommenen Lichteindrücken herauskristallisiert, das erste sinnvolle Bild in einem Chaos von „Dingen" ohne Bedeutung. Am Körper der Mutter, an ihren Brüsten und an ihren Händen, wird taktile Wahrnehmung und Orientierung erlernt und geübt. Ihr Rhythmus von Ruhe und Bewegung, die Wärme und der Geruch ihres Körpers entwickeln die anderen Sinne des Säuglings, seinen Gleichgewichts- und Bewegungssinn wie auch seine Sinnlichkeit, während ihre Stimme den Klangstimulus liefert, der die Voraussetzung für die Entwicklung des eigenen Sprechens ist. So ist die *sinnlich erfaßbare Gegenwart* der Mutter von entscheidender Bedeutung für die frühesten Entwicklungserfahrungen und Bewußtwerdungen des Kindes.[4]

Wenn die Bedeutung und die Macht der Mutter hier so betont wird, so soll das nicht heißen, daß der Säugling in seiner Beziehung zu ihr völlig hilflos oder passiv wäre. Von Anfang an ist auch er aktiv daran beteiligt — schauend und lauschend, und mit der Entwicklung seiner manuellen Koordination, tastend, grapschend und fühlend –, Kontakt und Kommunikation mit der Mutter zu unterhalten. Ethologen haben diese angeborene Veranlagung zur Aktivität — die fünf elementaren instinktiven Reaktionen: saugen, sich anklammern, folgen, schreien und lächeln — als ein „speziesspezifisches Verhaltensmuster" bezeichnet, das dazu bestimmt ist, das Überleben des Säuglings dadurch zu fördern, daß er in der Nähe der Mutter bleibt. Ob die ethologische Hypothese zutrifft, bleibt umstritten[5], und sogar wenn man eine Veranlagung des Kindes zu dieser Art von Aktivität und die dazu nötige angeborene Ausstattung als gegeben ansieht, „muß der Lebensfunke auf die Ausstattung übertragen werden, indem ein Austausch mit einem anderen menschlichen Wesen, mit einem Partner, mit der Mutter stattfindet".[6] Sie ist die „fördernde Umgebung" für diese frühesten Entwicklungsprozesse. Ohne ihre Zuwendung und Unterstützung ereignen sich die ersten Erfahrungen des Kindes in einer psychologischen Leere, und seine Entwicklung nimmt höchstwahrscheinlich schweren Schaden.

Die Entwicklung des Säuglings und seine Beziehung zu der ihn pflegenden Mutter sind nur dann optimal, wenn diese Beziehung eine Art psychologisches Spiegelbild der biologischen Verbindung während der Schwangerschaft wird. Psychologen haben diesen Optimalzustand verschiedentlich als „Gegenseitigkeit", „duale Einheit", „Reziprozität" oder „Dialog" bezeichnet. Alle diese Begriffe suchen zu vermitteln, daß das, was gut und richtig für den einen Partner in dieser Beziehung ist, auch gut und richtig für den anderen ist. Die Reziprozität zwischen Mutter und Kind ist ein Kreisprozeß von Aktion – Reaktion – Aktion, in dem – im Idealfall – die Mutter die sich entwickelnden Aktivitäten und Liebesbeweise des Kindes mit ihren eigenen freudigen und liebevollen Reaktionen beantwortet, die wiederum das Baby stimulieren, seine Bemühungen zu verstärken und seiner Mutter weitere Beweise der Freude und der Zuneigung zu liefern. Diese Gegenseitigkeit ist bei weitem der wichtigste Faktor, der ein Kind befähigt, ein kohärentes inneres Bild von einer grundsätzlich vertrauenswürdigen Welt zu erzeugen und den Grundstein eines „wahren Selbst" zu legen; ohne sie wird es wahrscheinlich ein Reaktionsbündel werden, das die Übergriffe der Außenwelt entweder resigniert hinnimmt oder in ständigem Kampf mit ihnen liegt. Es ist die Mutter, die ihrem Kind dabei hilft, mit der Angst fertig zu werden, ohne sich vernichtet zu fühlen, und die unvermeidlichen Gefühle von Frustration und Ärger zu beherrschen und zu zähmen.

Viele Jahre lang waren Psychoanalytiker auf das Hilfsbedürfnis des Säuglings in seiner buchstäblichen Form fixiert: auf das Bedürfnis, ernährt zu werden. Die Unabweisbarkeit dieses Bedürfnisses, vielleicht noch einhergehend mit der symbolischen Nostalgie und dem Charme des Bildes einer stillenden Mutter, führte dazu, daß sich beinahe ausschließlich auf die verschiedenen Ernährungspraktiken in der Mutter-Kind- Beziehung als der zentrale dynamische Faktor der Persönlichkeitsbildung konzentriert wurde. Auf anthropologische Berichte über Still- und Entwöhnungsgewohnheiten wurde sich auf nachgerade ritualisierte Weise bezogen, sie waren eine der Primärquellen für die Erklärung vorherrschender Persönlichkeitsmerkmale in einer bestimmten Kultur. Ohne die

Bedeutung der Pflegesituation und das Nährmoment für die Persönlichkeit unterschätzen zu wollen – die Schicksale der Oralität, würde ein Psychoanalytiker sagen –, scheint es doch angemessen, wenn man feststellt, daß das Ernährungsbedürfnis und seine Befriedigung nur ein Element – wenn auch ein wichtiges – in der gesamten Konfiguration der Mutter-Kind-Dyade ist. Für die entscheidende soziale Interaktion, durch die sich ein Individuum herausbilden und eine Person zu werden beginnt, braucht das Kind seine Mutter als ganzen Menschen, nicht nur als jemand, der Hunger und Durst befriedigt, oder, um es ganz prägnant zu sagen, das Kind braucht nicht die Brust, sondern die Mutter. Das Stillen muß als Teil eines Gesamtkommunikationsprozesses gesehen werden, in dem nicht nur die Brust der Mutter, sondern ebenso die Eigenart ihrer Bewegungen, Stimme und Berührungen die Qualität der sinnlichen und emotionalen Lebenszuversicht des Kindes beeinflussen. Die Brust kann man dann als Symbol für die Mutter sehen, während Stillen und Entwöhnen nur Symbole für die unvermeidlichen Vorgänge der Zuwendung und der Trennung in der menschlichen Entwicklung sind. Das heißt, ob sie nun für die Qualität der Mutterschaft in einer Kultur repräsentativ sind oder nicht, sind sie die greifbarsten (und symbolträchtigsten) Aspekte der Erziehung. Was Psychologen und Anthropologen gleichermaßen sorgfältiger beachten müssen, ist nicht der falsche Gegensatz zwischen Brust- und Flaschenernährung, oder wie verantwortungsbewußt die Mutter ihren Pflichten obliegt, oder wie und wann sie ihr Kind entwöhnt, sondern das gesamte emotionale Klima, die *Gestalt* der Mutterschaft.

Die psychosoziale Matrix des Säuglingsalters: Die weibliche Identität in Indien

Ob ihre Familie arm oder reich ist, aus welcher Kaste, Klasse oder Region sie stammen mag, ob sie eine unberührte junge Braut ist oder schon von vielen Schwangerschaften und Geburten erschöpft – eine indische Frau weiß, daß ihr die Mutterschaft eine Bestimmung und Identität wie nichts anderes in ihrer Kultur gibt. Jedes von ihr geborene und sicher über die Säuglingszeit gebrachte Kind, besonders wenn es sich um einen Sohn handelt, ist sowohl eine Bestätigung als auch eine Befreiung.

Gleichzeitig ist die Einstellung jeder einzelnen Frau zur Mutterschaft bestimmt von ihrer typischen Konstellation von *desa, kala, srama* und *gunas*[7] und von Werten, Erwartungen, Ängsten und Überzeugungen über die Rolle und die Erfahrung der Mutterschaft. Sie begegnet ihrem neugeborenen Kind mit den emotionalen Möglichkeiten und Begrenzungen ihrer spezifischen Persönlichkeit: diese sind die „Matrix" des Säuglingsalters ihres Kindes.[8] Ihre Identität als Hindufrau hat sich aus den Besonderheiten ihres Lebenszyklus und ihrer Kindheit entwickelt, aus der Alltäglichkeit ihrer Beziehungen als Tochter in der Familie ihrer Eltern und als Ehefrau und Schwiegertochter in der Familie ihres Mannes und aus den Universalien der traditionellen Weiblichkeitsideale, die sie von Kindheit an aufgenommen hat. Ob eine bestimmte Mutter sich einem bestimmten Kind gegenüber ablehnend oder zuwendend verhält und unter welchen Umständen sie das tut, hängt von einer Fülle von Variablen ab, von denen nicht die geringste ihre Rangstellung in ihrer Herkunftsfamilie ist (ob sie die erste oder die vierte Tochter hintereinander war, oder das erste Mädchen nach einer Reihe von Söhnen) wie auch das Geschlecht und die Rangstellung des Säuglings, der nun ihre Liebe und Sorge benötigt und verlangt. Es ist nicht der Zweck dieser Abhandlung, die Spannweite individueller mütterlicher Empfänglichkeit zu untersuchen. Vielmehr werden wir uns auf die lebendigen Ideale der Fraulichkeit und Mutterschaft konzentrieren, auf die allgemeinen Motive, die in einer traditionellen Gesellschaft wie der indischen die Identität jeder einzelnen Frau durchdringen und bestimmen.

Vor allem steht die indische Frau, wo die Tradition herrscht, nicht allein; ihre Identität wird gänzlich durch ihre Beziehungen zu anderen definiert. Denn obwohl sich in den meisten Gesellschaften eine Frau (mehr als ein Mann) in Beziehung zu und Verbindung mit anderen vertrauten Menschen definiert, gilt dies auf einzigartige Weise für die indische Frau. Die dominierenden psychosozialen Realitäten ihres Lebens können auf drei Aussagen verkürzt werden:

Erstens ist sie ihren Eltern Tochter.

Zweitens ist sie ihrem Mann Ehefrau (und seinen Eltern Schwiegertochter).

Drittens ist sie ihren Söhnen (und Töchtern) Mutter.

Wie ergeht es nun den Töchtern in „Mutter Indien"? Die ehrliche Antwort ist, daß man das nicht so genau weiß, wenigstens nicht so erschöpfend und „tiefgehend", wie ich es gerne wüßte. Der Grund hierfür liegt in der Tatsache, daß Daten aller Art unbrauchbar oder nicht zu erlangen sind. Anthropologische Untersuchungen beziehen sich, implizit oder explizit, auf die Entwicklung von Jungen und streifen das Thema der weiblichen Kindheit allenfalls, wenn sie es nicht vollständig übergehen. Auch die Mythen sind gegenüber Töchtern nicht gerade großzügig, denn in einer patriarchalischen Kultur sind Mythen unvermeidlich von Männern gemacht und auf Männer zugeschnitten. Da sie sich an die unbewußten Ängste und Wünsche der Männer richten, ist es eher die Eltern-Sohn-Beziehung als die Eltern-Tochter-Beziehung, der symbolische Bedeutung zugemessen wird. [9]

Diese Hindernisse sind real genug, aber sie müssen nicht unüberwindlich sein. Im Gegenteil, sie fordern die psychoanalytischen Forscher dazu heraus, das vorhandene Material sorgfältig zu durchforsten und für die zukünftige Arbeit eine Interpretationsbrücke zu bauen. So geht beispielsweise aus anthropologischen Untersuchungen hervor, daß es in ganz Indien eine ausgeprägte Vorliebe für Söhne gibt, daß aber auch paradoxerweise häufig auf die Wärme, Intimität und entspannte Zuneigung der Mutter-Tochter-Bindung hingewiesen wird. [10] Statistiken belegen die höhere Sterblichkeitsrate bei weiblichen Säuglingen und schärfen die Aufmerksamkeit für die Tatsache, daß das, was an Gesundheitsversorgung und Schulbildung in Indien erhältlich ist, für Töchter zuletzt zu bekommen ist. [11] Im Reich der Literatur gibt es, obwohl der Hauptstrom der Mythologie und der klassischen Texte des Hinduismus den Männern vorbehalten blieb, Teile der mündlichen Tradition – Balladen, Volkslieder und Couplets, die in verschiedenen Teilen des Landes von Frauen gesungen werden, und einige Volksmärchen –, die uns Hinweise auf die psychologische Situation der Tochterschaft in Indien geben. Wenn man diese verschiedenen Quellen klug zusammenfaßt und mit klinischen Beobachtungen anreichert, kann man ein Portrait indischer Mädchenschaft skizzieren.

Die Vorliebe für einen Jungen, wenn ein Kind geboren wird, ist so alt wie die indische Gesellschaft selbst. In vedischen Versen wird darum gebetet, daß Söhne noch weiteren männlichen Nachwuchs nach sich ziehen mögen, aber keine Mädchen. Ein Gebet in der *Atharvaveda* fügt einen Hauch von Malice hinzu: „Die Geburt eines Mädchens gewähre sonstwo, hier gewähre einen Sohn." [12] Wie MacDonell beobachtet hat, „glänzen in der Tat im *Rigveda* Töchter durch ihre Abwesenheit. Wir finden in den Gesängen Gebete um Söhne und Enkel, um männlichen Nachwuchs, männliche Nachkommen und männliche Erben, gelegentlich auch um Ehefrauen, aber niemals um Töchter. Auch um Vergebung wird für sich selbst und für die Enkel gefleht, aber niemals wird um Segen für eine Tochter gebetet. Wenn *Agni* geboren wird, ist es, als ob es sich um ein männliches Kind handelte. Sie klatschen in die Hände und stoßen Freudeschreie aus wie die Eltern eines neugeborenen Sohnes. Bei der Geburt einer Tochter gibt es solche Freude nicht."[13] Der alte *Pumsavana*-Ritus, der noch heute in traditionellen Familien an schwangeren Frauen vollzogen wird, hat den Zweck, die Geburt eines männlichen Kindes sicherzustellen und das Geschlecht des Ungeborenen zu ändern, falls es weiblich sein sollte.

Zeitgenössische anthropologische Untersuchungen aus verschiedenen Teilen Indiens und die verfügbaren klinischen Belege bestätigen, daß die traditionelle Voreingenommenheit für Söhne nach wie vor ungebrochen besteht.[14] Bei der Geburt eines Sohnes werden in manchen Landesteilen Trommeln geschlagen, in anderen werden Muschelhörner geblasen und die Hebamme wird fürstlich entlohnt, während es bei der Geburt einer Tochter keine solchen spontanen Freudenbezeigungen gibt. Volkslieder der Frauen enthüllen dieses schmerzliche Bewußtsein der Minderwertigkeit — dieser Diskrepanz zwischen festlicher Freude bei der Geburt eines Sohnes und bloßem Hinnehmen bei der einer Tochter. So klagen in einem nordindischen Lied die Frauen:

„Vidya sagte: ‚Höre, o Sukhma, welcher Brauch entstanden ist!
Trommeln begrüßen die Geburt eines Jungen,
doch bei meiner Geburt wurde nur ein Namensschild geschlagen.'"[15]

Und im *Maharashtra* vergleicht sich das Mädchen mit dem weißen, süßduftenden Jasmin *(jai)* und den Jungen mit einem großen, streng riechenden Dornenzweig (*kevada*) und fragt klagend: „Nahm überhaupt jemand den süßen Duft des *jai* wahr? Doch der starke *kevada* erfüllte die ganze Straße mit seinem strengen Geruch."[16]

Natürlich gibt es „unbestreitbare" rituelle und ökonomische Gründe — auf die psychologischen werden wir später kommen — für den „Sexismus" in der indischen Gesellschaft. So ist für die vorschriftsmäßige Ausübung vieler sakraler Handlungen, besonders der beim Tod der Eltern auszuführenden Riten, die für das Wohlergehen ihrer Seelen unumgänglich sind, die Gegenwart eines Sohnes absolut notwendig. Zusätzlich zu ihrer vernachlässigbaren rituellen Bedeutung ist eine Tochter normalerweise ein ausgesprochener Kostenfaktor, jemand, die niemals zum Familieneinkommen beitragen wird und die bei Gelegenheit ihrer Heirat einen beträchtlichen Teil des Familienvermögens als Mitgift mitnehmen wird. Wenn die Familie arm ist, müssen sich die Eltern möglicherweise sogar tief in Schulden stürzen, um die Heirat der Tochter zu ermöglichen. Das *Aitareya Brahmana* bezieht sich (wie andere ältere Texte) wahrscheinlich hauptsächlich auf ökonomische Fakten, wenn es lapidar feststellt, daß eine Tochter eine Quelle des Elends, ein Sohn aber der Retter der Familie ist.[17]

Man würde erwarten, daß die Präferenz für Söhne und die kulturelle Abwertung der Mädchen sich wie in anderen patriarchalischen Gesellschaften auf irgendeine Weise in der Psychologie der indischen Frauen widerspiegelt. Theoretisch wäre eine mögliche Konsequenz dieser Art von Ungleichheit größerer Haß und Neid der Frauen gegenüber Männern, was zu einem ausgeprägten allgemeinen Antagonismus zwischen den Geschlechtern führen würde. Ich habe nicht genug Beweismaterial, um verallgemeinern zu können, aber ich habe den Eindruck, daß diese Phänomene im allgemeinen nicht die Innenwelt der indischen Frauen charakterisieren. So lassen sich beispielsweise in den Hauptmythen – anders etwa als in *Tausendundeiner Nacht* – kaum Belege für Spannungen zwischen den Geschlechtern finden. Und Aggressionen sind (wie ich andernorts belegt habe) in Indien zwischen Angehörigen des gleichen Geschlechts signifikant häufiger als zwischen Angehörigen verschiedener Geschlechter.[18]

Man kann argumentieren, daß die männliche Dominanz und eine starke Tabuisierung weiblicher Aggression den Ausdruck weiblicher Ressentiments gegen Männer verhindern und dazu führen könnte, daß diese Feindlichkeit auf männliche Kinder zurückgelenkt würde. Denn wenn eine Frau sieht, daß die grundlegende Prämisse der Statushierarchie allein das Geschlecht ist und wenn sie sich unter diesen Umständen entweder durch kulturelle Tabus, soziale Minderwertigkeit oder ihre Abhängigkeit von Männern daran gehindert sieht, ihrer Wut und ihrer Abneigung Ausdruck zu verleihen, dann können ihre unbewußten destruktiven Impulse gegen männliche Kinder ausgesprochen stark sein, da sie ihre einzige mögliche Rache an einer alles durchdringenden oppressiven Männlichkeit sind. Aber wiederum scheint dies, außer in einigen speziellen Gemeinschaften, für die indischen Frauen nicht charakteristisch zu sein, legt man das Zeugnis von Liedern, Märchen und anderem Volksgut zugrunde.[19]

Die dritte Möglichkeit ist, daß in einer zutiefst patriarchalischen Gesellschaft Mädchen und Frauen ihre Aggressionen gegen sich selbst wenden und die kulturelle Abwertung in Minderwertigkeits- und Unwertgefühle transformieren. Es gibt verstreute Hinweise, daß in vielen Gemeinschaften indischer Frauen eine solche Neigung tatsächlich existiert, daß Feindseligkeit gegen Männer und potentielle Aggression gegen männliche Kinder oft nach innen gerichtet werden und zu einer diffusen Feindseligkeit gegen sich selbst werden, indem Wut in Selbsthaß verwandelt wird. Zumindest bei den Frauen der oberen Mittelklasse, die heute psychotherapeutische Behandlung suchen, lauert oft das verborgene Gefühl „Ich bin eine Frau und deshalb wertlos und ‚schlecht'" unter der Oberfläche einer aktiven, emanzipierten Weiblichkeit.

Beispielsweise beharrte eine Patientin steif und fest darauf, daß sich ihre Eltern wegen der Enttäuschung ihres Vaters darüber, daß sie als Mädchen und nicht als Junge geboren wurde, getrennt hätten, obwohl ihre Eltern, wie sie sehr wohl wußte, kurz vor ihrer Geburt auseinandergegangen waren. Einige der charakteristischen Merkmale eines geringen Selbstwertgefühls – depressive Launenhaftigkeit, Überempfindlichkeit in persönlichen Beziehungen – kommen in den nichtklinischen Interviews mit modernen, gebildeten indischen Mädchen zum Ausdruck, die Margaret Cormack in *The Hindu Woman* wiedergegeben hat.[20] Und ihre weniger gebildeten ländlichen Schwestern machen ähnlichen Gefühlen über das Medium des Volksliedes Luft: „Gott Rama, ich falle dir zu Füßen und falte meine Hände und flehe zu dir: Laß mich nie wieder als Frau geboren werden."[21]

Ich habe in der Diskussion dieses Gegenstandes bewußt die Wörter „Möglichkeit" und „Neigung" benutzt, um nicht den Eindruck zu erwecken, ich wolle den indischen Frauen ein weitverbreitetes depressives Verhaltensmuster zuschreiben. Damit die kulturelle Abwertung der Frauen in ein tiefempfundenes psychologisches Unwertgefühl der einzelnen Frau umgesetzt werden könnte, müßten zunächst einmal Verhalten und Einstellung der Eltern und anderer Erwachsener dem weiblichen Kind in ihrer Mitte gegenüber – in den Alltäglichkeiten des Familienlebens – völlig mit dieser Abwertung übereinstimmen. Zweitens setzt die Internalisierung eines niedrigen Selbstwertgefühls voraus, daß Mädchen und Frauen keine eigene Sphäre, keine unabhängigen Einkommensquellen und Tätigkeitsbereiche, keine Verantwortlichkeiten und Kompetenzen in Familie und Gemeinschaft, keinen Lebensraum außerhalb dem der Männer haben dürfen, innerhalb dem sie jene Aspekte der Weiblichkeit schaffen und ausleben, die aus der Intimität und dem Zusammenwirken mit anderen Frauen hervorgehen. Aber tatsächlich gibt es in Indien diese Ventilfunktionen, die dazu beitragen, die Diskriminierungen und Ungerechtigkeiten der patriarchalischen Institutionen zu mildern.

Aus anthropologischen Untersuchungen und anderen Quellen kennen wir die nachsichtige Zuneigung und oft mitfühlende Aufmerksamkeit, die Mütter ihren Töchtern ihr Leben lang entgegenbringen.[22] „Ich drehe die steinerne Getreidemühle mit der Schnelligkeit eines rennenden Hirsches; das kommt daher, daß meine Arme von der Muttermilch, die ich getrunken habe, so stark geworden sind."[23] Dieser und ähnliche Verse, die von Frauen in ganz Indien gesungen werden, bezeugen, daß sich die Tochter an die Zuneigung der Mutter erinnert, und beweisen das Selbstbewußtsein und die Willensstärke, die dadurch in ihr gewachsen sind. So werden indische Mädchen in der frühesten Periode der emotionellen Entwicklung von denen in ihrem Wert bestätigt, auf die es wirklich ankommt: von ihren Müttern.

Diese besondere mütterliche Zuneigung zu ihren Töchtern, die im Gegensatz zu den Forderungen sozialer und kultureller Vorschriften steht, kann teilweise aus der Tatsache erklärt werden, daß die unbewußte Identifikation der Mutter mit ihrer Tochter stärker ist als die mit ihrem Sohn.[24] In ihrer Tochter kann sich die Mutter als ein Mädchen, um das man sich kümmert, wiedererkennen. Und in der indischen Gesellschaft wird, wie wir später sehen werden, eine Tochter als „Gast" in ihrer Geburtsfamilie betrachtet, behandelt mit der eifrigen Fürsorglichkeit, die einem gern gesehenen Fremden entgegengebracht wird, da sie allzu bald heiraten und ihre Mutter für immer verlassen wird. Indem sie sich um die Entwicklung ihrer Tochter kümmert, erlebt die Mutter die Konflikte, die ihre eigene Trennung einst in ihr auslöste, noch einmal, und das hinwiederum verstärkt ihr Mitgefühl und ihre Sorge um ihre Tochter.

Zusätzlich zu der empathischen Bindung an ihre Mutter sorgen auch die Beziehungen innerhalb einer Großfamilie dafür, daß irgendwelche Ressentiments, die die Heranwachsende gegen ihre Brüder hegen mag, gemildert werden. Unter den vielen Erwachsenen, die zu einer Hindufamilie gehören, gibt es fast immer jemanden im besonderen, der einem kleinen Mädchen Bewunderung entgegenbringt und ihm das Gefühl von Einzigartigkeit vermittelt, das Jungen meist von vielen erfahren. In einem solchen

Familiensystem hat jedes Kind unabhängig vom Geschlecht eine gute Chance, der Liebling eines bestimmten Erwachsenen zu sein, ein Umstand, der dem Elend der Rivalität, des Neids und des Besitzdenkens entgegenwirkt, das oft in „modernen" Kleinfamilien herrscht. Und wenn ein Mädchen die einzige Tochter ist, dann steigen natürlich solche Chancen gewaltig. So gibt es in Volksmärchen oft Ehepaare, die, so viele Söhne sie auch haben mögen, die einzige Tochter in ihrer Mitte zu ihrem Liebling erkoren haben.

Und zu guter Letzt wird im traditionellen Indien jedes Mädchen in eine wohldefinierte Gemeinschaft von Frauen innerhalb ihrer speziellen Familie hineingeboren. Obwohl sie keineswegs immer ausschließlich von Solidarität und gutem Willen erfüllt ist, gibt doch die Existenz dieser exklusiven Sphäre der Weiblichkeit und Häuslichkeit einer Frau die greifbare Gelegenheit, tätig und produktiv zu sein, Autonomie zu erfahren und Macht auszuüben. Ebenso erlaubt sie eine besondere Art von unverletzlicher weiblicher Privatheit und familiärer Intimität. Mit den anderen Frauen in dieser Sphäre zurechtzukommen, die Fertigkeiten des Haushaltens, Kochens und der Kinderversorgung zu erlernen, den eigenen Platz in dieser Primärwelt zu finden: das sind die Beziehungen und Aufgaben, die zum Alltäglichen der Kindheit eines Mädchens in Indien gehören. Darüber hinaus sind die Erfahrungen dieser „Lehrzeit" und die Aktivitäten, die in dieser weiblichen Sphäre vor sich gehen, unabhängig von den patriarchalischen Werten der Außenwelt. Und wenn es nötig ist, sind die anderen Frauen der Familie – ihre Mutter, Großmutter, Tanten, Schwestern und Schwägerinnen – einem indischen Mädchen nicht nur Lehrerinnen und Vorbilder, sondern auch Verbündete gegen die Diskriminierungen und Ungerechtigkeiten dieser Welt und ihrer Werte. Oft genug reagieren die Frauen in diesem „Untergrund" der weiblichen Kultur, wie er sich in Balladen, Hochzeitsliedern und Witzen widerspiegelt, gegen die Diskriminierungen ihrer Kultur, indem sie Männer als eitel, treulos und kindisch darstellen.[25] Alle diese Faktoren helfen, den Schaden am Selbstwertgefühl eines Mädchens zu mildern (wenn nicht zu vermeiden), der entstehen kann, wenn sie entdeckt, daß sie in den Augen ihrer Kultur weniger wert ist als ein Junge, eine Entdeckung, die normalerweise mit der Bewußtwerdung der Geschlechtsunterschiede in der späten Kindheit einhergeht. Die späte Kindheit ist der Zeitpunkt, wenn ein indisches Mädchen mit dem bewußten Training beginnt, eine *gute Frau* zu sein und sich die kulturell bestimmten weiblichen Rollenmuster einzuprägen. Sie lernt, daß die weiblichen „Tugenden", die sie durchs Leben bringen werden, sowohl Unterwürfigkeit und Fügsamkeit als auch Geschick und Anmut bei den verschiedenen Haushaltspflichten sind. Beispielsweise berichtet M. N. Srinivas über die Ausbildung junger Mädchen in Mysore:

„Es ist die Pflicht der Mutter, ihre Tochter zu einer absolut gehorsamen Schwiegertochter zu erziehen. Das *summum bonum* im Leben eines Mädchens ist, ihre Schwiegereltern und ihren Gatten zu erfreuen. Wenn sie mit ihrer Schwiegermutter nicht ‚zurechtkommt', ist sie eine Schande für ihre Familie und beschmutzt den guten Namen ihrer Mutter. Die Kannada-Mutter schärft ihrer Tochter bestimmte Ideale ein, die diese in ihren späteren Jahren (auf Kosten ihres eigenen Willens) gefügig machen."[26]

Während der *bratas*, den periodischen Fasten- und Gebetstagen, die unverheiratete Mädchen in ganz Indien einhalten, stehen die Bitten des Mädchens für sich selbst fast immer in Beziehung zu anderen. Sie erfleht die Wohltat, eine gute Tochter, gute Ehefrau, gute Schwiegertochter, gute Mutter und so weiter zu sein.[27] So kristallisieren sich in der weiblichen Rolle in Indien zusätzlich zu den „Tugenden" der Selbstverleugnung und der Selbstaufopferung auch noch die Verbindungen einer Frau zu anderen, ihr Eingebettetsein in die Vielfalt familiärer Beziehungen.

Wenn das Selbstwertgefühl indischer Mädchen während der frühen Pubertät auf schwachen Füßen steht, so hängt das eng mit der Tatsache zusammen, daß genau zu diesem Entwicklungszeitpunkt, einer Zeit instinktiver Verwirrung und emotionaler Unstetheit, ihre Erziehung zur Dienstbarkeit und Selbstverleugnung als Vorbereitung auf die ihr vorbestimmten Rollen als Schwiegertochter und Ehefrau beginnt. Um die Liebe und die Zustimmung ihrer Familie zu bewahren – den „narzißtischen Fundus", der zur Aufrechterhaltung eines stabilen Selbstbewußtseins nötig ist –, neigt das Mädchen dazu, die Vorschriften und Erwartungen ihrer Umgebung zu erfüllen, ja sogar überzuerfüllen.

Die erwachsene Persönlichkeit einer indischen Frau ist nicht nur geprägt durch diese (unbewußte) Manipulation ihres unsicheren Selbstwertgefühls als Heranwachsende, sondern sie wird ebenso zutiefst durch die kulturell sanktionierte Nachsicht der Mütter ihren Töchtern gegenüber beeinflußt. Wie wir oben festgestellt haben, ist das Dasein als Tochter in Indien nicht ganz ohne Reize, und zwar genau darum, weil die Bedingungen des Frauseins normalerweise so schrecklich sind. Im Gegensatz zur Erziehung der Söhne ist die der Tochter, die sie von der Mutter erhält, normalerweise durch eine erhebliche Portion Mitgefühl erleichtert, für das es wie immer traditionelle wie auch psychologische Erklärungen gibt. Manu schreibt ausdrücklich vor, daß die Tochter freundlich zu behandeln ist, weil sie „physisch zarter ist und ihre Gefühle empfindlicher sind", und andere alten Kommentatoren verbieten jede Grobheit gegen sie, sogar in Worten.[28] Der gelehrte Medhatithi bringt den Gegenstand auf den „angemessenen", das heißt rituellen Nenner: „Weil die Hochzeit die Stelle des *Upanayana* [der im Alter von fünf bis acht Jahren stattfindende Initiationsritus für Jungen, der sie zu vollgültigen Mitgliedern der Gesellschaft macht] einnimmt, folgt daraus, daß, wie im Falle der Männer nach dem *Upanayana* alle Vorschriften der *Srutis, Smritis* und der Sitte für sie bindend werden, vor denen sie frei gewesen sind, zu tun, was sie wollen, und an keine religiösen Pflichten gebunden sind, auch die Frauen vor der Hochzeit volle Handlungsfähigkeit haben und sie danach Subjekte der Vorschriften der *Srutis* und *Smritis* werden."[29] Es ist daher kaum ein Wunder, daß für ein indisches Mädchen Rebellion gegen die Zwänge dieses spezifischen Weiblichkeitsideals mit seiner Identitätsbeschränkung unmöglich wird. Sie internalisiert die spezifischen Weiblichkeitsideale und richtet ihr Verhalten sorgfältig so ein, daß ihr die Liebe und Zustimmung ihrer Mutter gesichert ist, auf die sie mehr denn je angewiesen ist, wenn sie sich bereitmacht, ihr Zuhause zu verlassen. Aus all den oben beschriebenen Gründen liegt die Ironie des Heranwachsens eines indischen Mädchens darin, daß sie, um eine gute Frau und eine glückliche Braut sein zu können, mehr denn je eine perfekte Tochter sein muß.

Sita: das Ich-Ideal

Für sowohl Männer als auch Frauen in der hinduistischen Gesellschaft wird die ideale Frau durch Sita personifiziert; sie, die Heldin des Epos *Ramayana*, ist die Quintessenz weiblicher Hingabe. Ihre einzigartige Stellung im Bewußtsein der meisten Hindus, unabhängig von Region, Kaste, sozialer Klasse, Alter, Geschlecht, Erziehung und Modernisierungsgrad, bezeugt die Macht und den Einfluß des traditionellen Weiblichkeitsideals. Sita ist natürlich nicht irgendeine beliebige Sagengestalt, und das

Ramayana ist nicht irgendein episches Gedicht. Durch Rezitation, Lektüre, Zuhören oder Besuch einer dramatischen Aufführung gerade dieses (über alles) verehrten Textes versichert sich der Hindu seiner kulturellen Identität und erwirbt religiöse Verdienste. Dieses populäre Epos enthält ideale Modelle der Familien- und Gesellschaftsbeziehungen, zu denen selbst ein moderner Hindu Lippenbekenntnisse ablegt, obwohl er sie privat vielleicht in Frage stellt oder sie als für die Probleme des modernen Lebens ungeeignet verwirft.

Sita ist wie die anderen Hauptfiguren dieses Epos – Rama, Lakshman, Hanuman – unvergleichlich viel tiefer in der hinduistischen Vorstellungswelt verankert, als ähnliche Gestalten der griechischen oder christlichen Mythologie in der Phantasie und dem Denken eines durchschnittlichen Bürgers des Westens einen Platz haben. Diese intime Familiarität bedeutet nicht historisches Wissen, sondern sie empfindet die mythische Gestalt als auf wohltuende Weise gegenwärtig, als ständig in der höchst persönlichen und aktuellen Raumzeit des einzelnen präsent. Von frühester Kindheit an hat ein Hindu bei jeglicher sakralen und weltlichen Gelegenheit die Sage über Sita von neuem gehört, hat die Hauptepisoden in Volksstücken wie *Ram Lila* auf der Bühne gesehen, hat ihre Tugenden in frommen Liedern gepriesen gehört und hat die ideale weibliche Identität, die sie verkörpert, durch die alltäglichen Metaphern und Vergleiche, die mit ihrem Namen verbunden sind, in sich aufgenommen. So preist die Aussage „Sie ist so rein wie Sita" die Keuschheit einer Frau, und „Sie ist eine zweite Sita" drückt die Bewunderung für die klaglose Selbstaufopferung einer Frau aus. Wenn es, wie Jerome Brunner behauptet, „in der mythologisch gebildeten Gemeinschaft einen Korpus an Bildern und Modellen gibt, der das Muster bildet, nach dem der einzelne streben soll, den Rahmen einer metaphorischen Identität", [30] dann ist dieser Rahmen im Falle der Hindufrauen auf ein einziges Modell zusammengeschrumpft, und das ist Sita. Für den westlichen Leser, der mit dem Mythos nicht vertraut ist, sei die Geschichte Sitas kurz in ihren Grundzügen dargestellt:

Als König Janaka eines Tages das Feld pflügte, entsprang dem Boden plötzlich eine kleines Kind, dem er den Namen Sita gab. (Der Name „Sita" bedeutet „Furche", ein universelles Symbol für die weiblichen Genitalien.) Das Kind wächst zu einem schönen Mädchen heran, und der König verspricht ihr, ihr nur den Mann zum Gatten zu geben, der in der Lage ist, seinen Wunderbogen zu biegen. Viele Bewerber – Götter, Prinzen, Könige, Dämonen – halten um ihre Hand an, aber keiner kann den Bogen auch nur vom Boden aufhaben, bis schließlich Rama, die Reinkarnation Vishnus und der Held dieses Epos, in das Land Janakas kommt und den Bogen mit Leichtigkeit in zwei Stücke bricht. Nach ihrer Hochzeit kehren Rama und Sita nach Ayodhya zurück, wo Ramas Vater, Dasharatha, als König herrscht.

Nach einiger Zeit will Dasharata zugunsten Ramas, der sein ältester Sohn ist, abdanken. Aber wegen eines Versprechens, das er der Mutter eines seiner jüngeren Söhne gegeben hat, muß er Rama für vierzehn Jahre in den Wald verbannen. Rama sucht Sita zu überreden, ihn allein ins Exil gehen zu lassen, indem er ihr die Gefahren, Unbequemlichkeiten und Fährnisse eines heimatlosen Lebens im Wald vor Augen führt. In einer langen, bewegenden Passage beruft sich Sita auf ihre Bestimmung, das Schicksal ihres Mannes teilen zu müssen, und erklärt, daß der Tod einer Trennung vorzuziehen sei. Ihre Rede ist eine eloquente Darstellung des *dharma* einer hinduistischen Ehefrau:

Für eine Frau ist nicht ihr Vater, nicht ihr Sohn, nicht ihre Mutter, nicht Freunde und auch nicht sie selbst, sondern allein ihr Mann in dieser und der nächsten Welt das einzige Mittel zum Heil. Wenn du, oh Abkömmling Raghus, heute den undurchdringlichen Wald betrittst, werde ich dir zu Fuß vorangehen und das dornige *Kusha*-Gras niedertreten. Fürwahr, wohin auch immer der Schatten der Füße ihres Gefährten fallen mag, sei es in einem Palast, in einem Streitwagen oder im Himmel, sie muß ihm folgen."[31]

Rama und Sita, beweint von den Bürgern von Ayodhya, die ihren Prinzen und zukünftigen König verehren, gehen in Begleitung seines Bruders Lakshman in den Wald. Das *Ramayana* berichtet nun ihre Abenteuer im Wald. Das wichtigste und schrecklichste darunter ist Sitas Entführung durch den mächtigen König der Dämonen, Ravana, und ihre Verschleppung nach Lanka. In Lanka, Ravanas Königreich, wird Sita in einem der Paläste des Dämonenkönigs gefangengehalten, und dieser versucht, ihre Liebe zu gewinnen. Weder seine Verführungskünste noch seine schrecklichen Drohungen vermögen Sita zu beeinflussen, da ihre Liebe zu Rama unerschütterlich ist.

Inzwischen stellt Rama aus den *Vanar*-(Affen)-Stämmen ein Heer auf, um Lanka anzugreifen und Sita zurückzuholen. Nach einer langen und wilden Schlacht bleibt er Sieger, und Ravana findet den Tod. Aber Rama bezweifelt Sitas Treue während der langdauernden Gefangenschaft, und er weigert sich, sie wieder als seine Frau aufzunehmen, wenn sie nicht in einer Feuerprobe ihre Unschuld und Reinheit beweise. Bei dieser Probe erscheint der Feuergott Agni persönlich, um ihre Tugendhaftigkeit zu bezeugen. Darauf kehrt das Paar nach Ayodhya zurück, und während die Bürger eine Freudenfest feiern, wird Rama zum König gekrönt.

Aber Sitas Prüfungen sind noch nicht vorüber. Als Rama von Gerüchten in der Stadt hört, die die Tugendhaftigkeit seiner Königin in Zweifel ziehen, verbannt Rama sie in den Wald, wo sie Zwillinge zur Welt bringt, Lava und Kusha. Sie führt mit ihren Kindern ein entbehrungsreiches Leben in einer primitiven Hütte. Ihre Liebe zu Rama ist ungebrochen. Als die Zwillinge herangewachsen sind, schickt sie sie zurück zu ihrem Vater. Als Rama seine Söhne sieht, wird er von Reue erfaßt, und Sita wird nach Ayodhya zurückgebracht, um wieder als Königin eingesetzt zu werden. Bei ihrer Ankunft jedoch befiehlt Rama ihr wiederum, ihre Reinheit vor dem versammelten Hofstaat zu beweisen. Sein andauerndes Mißtrauen und diese weitere Zumutung erweisen sich als zu viel für die empfindsame Königin. Sie fleht zu ihrer Mutter, der Erde, sich zu öffnen und sie wieder zu sich zu nehmen. Die Erde erfüllt ihre Bitte, und Sita kehrt dahin zurück, woher sie gekommen ist.

Wie haben wir diese Geschichte der Sita zu interpretieren? Philip Slater hat dargelegt, daß ein Mythos ein kunstvoll kondensiertes Produkt ist, für das es nicht eine einzige „richtige" Interpretationsmöglichkeit gibt, denn gleichgültig, wie viele Schichten man ablöst, es bleibt immer noch viel zu erklären.[32]

Bei der folgenden Interpretation werde ich Elemente wie Sozialgeschichte, religiöse Rituale oder künstlerische Ausschmückung außer acht lassen, obwohl ich mir ihrer Bedeutung für das Entstehen von Mythen sehr wohl bewußt bin. Mein Ziel ist es vielmehr, die Motive des Sita-Mythos aus einer psychoanalytischen und psychosozialen Perspektive zu beleuchten. Bei einer solchen Interpretationsweise müssen wir Fragen wie folgende stellen: Wie beeinflußt der Mythos die Entwicklung der Identität und des Charakters der Hindufrauen? Welche Rolle spielt er dabei, Schuld- und Angstgefühle abzuwehren oder zu lindern? Wie beeinflußt er ihre Einstellung gegenüber dem Mann? Wie trägt er zu der Lösung der Aufgabe der einzelnen Frau bei, sich „an die Wirklichkeit anzupassen", und zur Lösung der Aufgabe der Gesellschaft, Gemeinschaftssolidarität aufrecht zu erhalten? Und schließlich, korrespondieren die verschiedenen mythologischen Versionen eines einzigen grundlegenden Motivs mit den verschiedenen „defensiven Ausgaben" der unbewußten Phantasie in den verschiedenen Lebensphasen derer, zu denen die Mythen sprechen?[33] Das von Sita verkörperte Weiblichkeitsideal ist das der Keuschheit, Reinheit, zärtlicher Sanftheit und einer einzigartigen Treue, die nie durch die Zurückweisungen, Mißachtungen und Gedankenlosigkeiten des Mannes beeinträchtigt, geschweige denn zerstört werden kann. Wir sollten nebenbei festhalten, daß die Sita-Sage auch Einblicke in die hinduistische Auffassung von Männlichkeit erlaubt. Rama mag alle Charakteristika eines gottähnlichen Helden haben, aber trotzdem ist er auch schwach, mißtrauisch und eifersüchtig und zudem in beträchtlichem Ausmaß konformistisch, sowohl, was die Wünsche seiner Eltern betrifft, als auch gegenüber der öffentlichen Meinung. Auch diese Erwartungen verleibt das indische Mädchen nach und nach seiner Innenwelt ein.

Die Sage von Nala und Damayanti stellt eine Variation über das Ideal der guten Ehefrau dar: Leichten Herzens begleitet Damayanti ihren Mann Nala in den Wald, nachdem er all ihr Hab und Gut verspielt hat, einschließlich seiner Kleidung. Und als er sie nachts schlafend im Wald zurückläßt und die Hälfte des einzigen Kleides, das ihr geblieben ist, mitnimmt, um seine Blöße zu decken, äußert sie kein einziges Wort des Mißfallens, als sie dann auf der Suche nach ihrem Mann durch den Wald zieht. Die „Moral" ist die übliche: „Ob sie gut oder schlecht behandelt wird, eine Frau sollte nie zornig werden."

In einem anderen populären Mythos besteht Savitri trotz des Wissens, daß der von ihr erwählte Mann innerhalb eines Jahres sterben muß, darauf, ihn zu heiraten, auf das Luxusleben in ihrem Palast zu verzichten und mit ihm in Armut zu leben. Als am Ende des Jahres Yama, der Todesgott, ihren Mann mit sich nimmt, folgt sie den beiden. Obwohl Yama ihr versichert, daß sie ihren Mann treu geliebt hat und ihr eigenes Leben nicht zu opfern braucht, sondern umkehren soll, antwortet ihm Savitri, daß sie ihrem Mann folgen müsse, wo auch immer er hinginge, denn das sei das ewige Gesetz: „Ohne meinen Mann bin ich wie eine Tote!"[34]

Im Savitri-Mythos erhält das Ideal der Treue zu einem einzigen Mann eine zusätzliche Dimension und kategorische Qualität: Ausschließliche Zuwendung zum Ehemann wird die Voraussetzung für die allein wichtige Aufgabe, Söhnen das Leben zu schenken. So weigert sich Savitri, als sie Yama in sein Land folgt, das Land, in dem alle Wünsche wahr werden, seiner Versicherung

Glauben zu schenken, daß mit dem Tode ihres Mannes alle ihre ehelichen Verpflichtungen erloschen seien. Durch diese Demonstration ihrer ehelichen Treue – sogar nach dem Tode ihres Mannes – kann sie schließlich Yama dazu bringen, ihn wieder zum Leben zu erwecken und ihr den Segen von Nachkommenschaft zu gewähren: „Laß aus meinen und Satyavans Lenden, gezeugt von uns beiden, ein Jahrhundert von Söhnen entspringen, voller Kraft und Tapferkeit und dazu imstande, den Fortbestand unseres Volkes zu sichern."[35]

Eine gute Ehefrau zu sein bedeutet *per definitionem* eine gute Frau zu sein. So erzählt Markandeya Yudhisthira von „Frauen, die alle ihre Gefühle unterdrücken und ihre Herzen unter strenger Kontrolle halten. [Sie] betrachten ihre Männer als wahrhafte Götter. Weder Opfer noch *sraddhas* [Bußen] noch Fasten haben bei Frauen irgendeine Wirkung. Nur indem sie ihren Männern dienen, können sie das Himmelreich gewinnen."[36] Dies ist das in zahllosen Mythen und Legenden wieder und wieder überlieferte Ideal, durch das die hinduistische Gemeinschaft den Charakter und die Persönlichkeit ihrer weiblichen Mitglieder zu formen gesucht hat. Darüber hinaus wird einer Frau eingeschärft, daß die Treue zu ihrem Ehemann sich ebenso auf seine Familienmitglieder, vor allem auf seine Eltern, erstrecken soll. Die Pflichten einer verheirateten Frau werden nirgends umfassender beschrieben als in Draupadis Belehrung für Satyabhama, Krishnas Frau:

„Treu diene ich stets den Söhnen Pandus und ihren Frauen, enthalte mich jeder Eitelkeit und beherrsche Begierde und Zorn. Ohne Eifersucht, mit tiefer Treue des Herzens, ohne mich durch meine Dienste gedemütigt zu fühlen, warte ich auf meine Männer ... Ob Gott oder Mensch oder Gandharva, ob jung oder mit Zierrat bedeckt, ob reich oder schön von Gestalt, niemand anderen kann mein Herz lieben. Ich bade oder esse oder schlafe niemals, ehe nicht mein Mann gebadet oder gegessen oder geschlafen hat ... Wenn mein Mann von zu Hause fortgeht, um einen Verwandten zu besuchen, verzichte ich auf Blumen und auf duftende Salben jeder Art und beginne, Buße zu tun. Auf alles, was mein Mann nicht gerne hat, verzichte auch ich ... Die Pflichten, die mich meine Schwiegermutter in bezug auf meine Verwandten gelehrt hat, ebenso die Pflichten des Almosengebens, der Ehrfurcht vor den Göttern ... und des Dienstes an jenen, die unserer Obhut anvertraut sind, und alle anderen Pflichten, die ich kenne, erfülle ich stets ohne Versäumnis, Tag und Nacht."[37]

Ich habe aus den alten Texten so ausführlich zitiert, um die schreckliche Einmütigkeit in bezug auf das Weiblichkeitsideal zu betonen, das trotz vieler Veränderungen der individuellen Lebensumstände durch Modernisierung, Urbanisierung und Erziehung noch immer sowohl die innere Vorstellungswelt der einzelnen Männer und Frauen als auch die sozialen Beziehungen zwischen ihnen in den traditionellen wie auch den modernen Bereichen der indischen Gesellschaft sowie des öffentlichen und privaten Lebens beherrscht.

Neben dieser Funktion als mehr oder weniger bewußtes Ideal, das in der Identitätsbildung jeder Hindufrau unauslöschliche Spuren hinterläßt, spielt der Sita-Mythos auch eine unbewußte Rolle als Abwehrmechanismus gegen die Angst, die durch die sexuellen Impulse eines jungen Mädchens ausgelöst wird, welche durch die Art des Familienlebens im traditionellen Indien geradezu herausgefordert zu werden scheinen. Freud hat die universellen Motive der kindlichen psychosexuellen Entwicklung mit Hilfe des Begriffes der Triebschicksale erklärt. Er überließ es im wesentlichen anderen, soziale Einflüsse und kulturelle Varianten herauszudifferenzieren. So wird die sexuelle Entwicklung der Hindutöchter *sozial* durch die Lebensmuster der Gemeinschaft beeinflußt: der begrenzte Wohnraum für eine große Familie und die nachsichtige Haltung der Erwachsenen gegenüber kindlicher Sexualität. In dieser intimen alltäglichen Umgebung, in der ständiger enger Kontakt mit vielen Familienmitgliedern beiden Geschlechts und mehrerer Generationen Teil der frühen körperlichen Erfahrungen eines kleinen Mädchens ist, in der es von vielen Erwachsenen ständig gestreichelt und getätschelt wird und in der spielerische und neugierbestimmte Handlungen eindeutig sexuellen Charakters zwischen den vielen Cousins und Cousinen, die im Haus oder in der nahen Nachbarschaft wohnen, eine übliche frühe Entwicklungserfahrung sind, oft nachsichtig von den mehr oder weniger „permissiven" Erwachsenen geduldet, lauert in den unbewußten Phantasien eines indischen Mädchens eine promiske sexuelle Erregung und ebenso die Angst, von ihr überwältigt zu werden. Später, wenn sie die Kindheit hinter sich läßt, hilft ihr die Identifikation mit Sita bei der nötigen Entsagung von diesen Kindheitsphantasien, bei der Konzentration des erotischen Gefühls ausschließlich auf einen Mann und bei der Vermeidung jeder Gelegenheit sexueller Versuchung oder eines Fehltritts. Sita gibt eine zwingendes Beispiel: Obwohl Ramas Abgesandter, der Affengott Hanuman, Sita anbietet, sie von den Leiden der

Gefangenschaft zu befreien, indem er sie auf seinen Schultern durch die Luft zu ihrem wartenden Mann tragen würde, muß sie das Angebot ablehnen, weil es bedeuten würde, daß sie den Körper Hammans berühren müßte, und freiwillig würde sie niemals einen anderen Mann als ihren Gatten berühren. Diese rätselhafte Spannung zwischen der Erinnerung an eine intensive und lustvolle kindliche Sexualität und dem späteren weiblichen Ideal, das Enthaltsamkeit und Verzicht verlangt, zwischen einer früheren unterschiedslosen „Verfügbarkeit" und der späteren Unnahbarkeit, mag verantwortlich sein für jene besondere erotische Gegenwart bei indischen Frauen, die die Phantasie vieler Schriftsteller und Künstler angeregt hat.

Die vielleicht schlagendste mythologische Behandlung der Beziehung zwischen der Sexualität eines kleine Mädchens, speziell ihrer phantasierten erotischen Wünsche ihrem Vater gegenüber, und der späteren Zurückweisung dieser Wünsche, indem sie in ihr Gegenteil, Unzugänglichkeit und Keuschheit, verkehrt werden, ist der Mythos von Arundhati, die neben Sita die berühmteste reine Ehefrau der indischen Mythologie ist. Ich gebe diesen Mythos nicht nur deshalb detailliert wieder, um diesen Aspekt der weiblichen Identität in Indien zu illustrieren, sondern auch wegen seiner besonderen Relevanz für die psychoanalytische Theorie, da er ausdrücklich die Existenz kindlicher Sexualität einräumt:

Brahma, der Schöpfer, begehrte seine Tochter Sandhya (Zwielicht) seit ihrer Geburt, und sie begehrte ihn. Deshalb verurteilte Brahma den Gott Kama (Eros), der daran schuld war, zum Feuertod. Als alle gegangen waren, entschloß sich Sandhya, sich zu reinigen und für alle Zeiten ein moralisches Gesetz aufzustellen: Neugeborene Kreaturen müßten frei von Begierde sein. Um dies zu erreichen, bereitete sie sich selbst als Feueropfer vor. Brahma, der ihre Absicht kannte, schickte den Weisen Vasistha zu ihr, um sie die richtige Durchführung der *tapas*-Zeremonie zu lehren. Vasistha verkleidete sich als *brahmacarin* mit verfilzten Haaren und lehrte sie, über Siva zu meditieren. Darauf erschien ihr Siva und bot ihr einen freien Wunsch an. Sie sagte: „Laß alle neugeborenen Kreaturen frei von Begierde sein, und laß mich wiedergeboren werden als die Frau eines Mannes, dem ich eine enge Freundin sein kann. Und wenn mich irgend jemand außer meinem Mann mit Begierde anschaut, dann vernichte seine Männlichkeit und laß ihn zu einem impotenten Eunuchen werden." Siva sagte: „Deine Sünde ist zu Asche verbrannt, gereinigt durch deine *tapas*. Ich gewähre dir, was du wünschst. In Zukunft werden Kreaturen erst in ihrer Jugend Begierde empfinden und jeder Mann außer deinem Gatten, der dich mit Begierde anschaut, wird impotent werden." Dann ging Sandhya in das Opferfeuer. Ihr Körper wurde das Opfer, und sie ging aus dem Feuer hervor als kleines Mädchen mit Namen Arundhati. Sie wuchs in der Eremitage eines Weisen auf und heiratete Vasistha. [38]

Eine andere Version des Mythos bietet eine diametral entgegengesetzte Lösung des Konflikts. Hier dient der „Plot" dazu, die Verdrängung der Kindheitserinnerungen aufzuheben und die Abwehrmechanismen gegen erotische Triebe und Schuldgefühle zu beseitigen, und entsprechend dem Prinzip der Identität des Gegensätzlichen wird die Tochter Brahmas nicht als die reinste aller Frauen, sondern als Rati, der Inkarnation der Sexualität und Göttin der Geschlechtslust, wiedergeboren. Die unbewußte Phantasie, die sich in dieser Version ausdrückt, gehört selbstverständlich eher in die Zeit der Adoleszenz als in die ödipale Phase der Kindheit.

Noch auf einer anderen Ebene unterstützt die Identifikation mit Sita die Anpassung der Hindufrau an das Eheleben in der Großfamilie ihres Mannes und an die Aufrechterhaltung dieser Familie als funktionierende Einheit. Eine solche Familie, zu der noch andere Männer als ihr Ehemann gehören, bietet einer Frau Versuchungen und Gelegenheiten zu Fehltritten, deren Ausnutzung die notwendige Interdependenz und Kooperation in der indischen Familie zerstören würde. Auf einer bestimmten Bewußtseinsebene ist sich jedes Hindupaar zum Beispiel des musterhaften Verhaltens Sitas dem Bruder Ramas, Lakshman, gegenüber während der vierzehn Jahre ihres gemeinsamen Exils bewußt. Selbstverständlich gibt es präzise Codes und Rituale des sozialen Verhaltens und der Diskretion zwischen den männlichen und weiblichen Mitgliedern der Großfamilie, z.B. darf sich der ältere Bruder niemals direkt an die Frau seines jüngeren Bruders wenden (noch ihr Zimmer betreten, wenn sie allein ist). Wie die meisten Tabus werden diese Gebote in der Phantasie gebrochen. In einem bengalischen Volkslied beispielsweise gibt eine Frau ihrem Wunsch nach einer Liebesbeziehung mit dem älteren Bruder ihres Mannes Ausdruck, und sie bedauert, daß er nicht der jüngere Bruder ist, wodurch ihr Wunsch möglicherweise in Erfüllung gehen könnte. [39] Diese Tabus haben den Zweck, unerträgliche Eifersuchtsausbrüche und entzweiende Rivalitäten zu vermeiden, und die beherrschende Präsenz Sitas in ihrer ganzen heiteren Enthaltsamkeit ist in der indischen Innenwelt eine wichtige psychologische Bestärkung dieser besonderen Gebote.

Die kurze Darstellung der Tochterschaft und die Beschreibung des Sita-Weiblichkeitsideals reichen nicht aus, die emotionale Vorbereitung der indischen Frau auf die Mutterschaft zu erfassen. Ihre chronologische und entwicklungsmäßige Lebensstufe zum Zeitpunkt der Heirat, ihre Erfahrungen und Beziehungen innerhalb der Familie ihres Mannes und die Bedeutung der Geburt von Kindern in ihrer speziellen persönlichen und sozialen Situation sind ebenfalls höchst wichtige Faktoren. Zusammen bilden sie die „psychosoziale Matrix des Säuglingsalters" in Indien.

Die Lebensstufe der Heirat

Ein indisches Mädchen wird üblicherweise während seiner frühen Adoleszenz, im Alter zwischen zwölf und achtzehn Jahren, verheiratet; das Durchschnittsalter einer Hindubraut ist fünfzehn bis sechzehn Jahre.[40] In städtischen Gebieten oder in höheren Kasten, wo die Töchter eine größere Chance haben, eine formale Ausbildung zu bekommen, mag das Alter etwas höher liegen. Das traditionelle Ideal verlangt, daß ein Mädchen bald nach ihrer ersten Menstruation verheiratet werden sollte, denn man fürchtet, daß sie, „bleibt sie zu lange Jungfer, sich jedem hingibt, der sie haben will." Der Brauch der frühen Verheiratung scheint zu dem Zwecke geschaffen zu sein, ein promiskes Wiederentstehen der lustvollen kindlichen Sexualität in der Adoleszenz zu verhindern und die dadurch entstehende Bedrohung der hinduistischen Sozialordnung abzuwehren. Ihre Tochter zum richtigen Zeitpunkt zu verheiraten wird für eine der grundlegenden religiösen Pflichten hinduistischer Eltern gehalten. In der Tat: „Tadelnswert ist der Vater, der seine Tochter nicht zur rechten Zeit fortgibt." Wenn sie bereits mit elf oder zwölf Jahren verheiratet worden ist, wird die Tochter noch für weitere drei oder vier Jahre im Hause ihrer Eltern bleiben, bevor sie zu ihrem Mann zieht. Auf jeden Fall ist sie, wenn sie in die Familie ihres Mannes kommt, noch in der jungen Adoleszenz und angesichts der universellen psychologischen Probleme dieser Altersstufe sehr verletzlich.

Vor allem entwickelt sich häufig vor ihrem Umzug in die Familie und den Haushalt ihres Mannes eine sehr spezielle Beziehung zwischen dem indischen Mädchen und ihrer Mutter,[41] die zu diesem Zeitpunkt die Vertraute ihrer Tochter wird, Ratgeberin in dem erschreckenden Umbruch der Adoleszenz und angesichts der Neuheit der zu erwartenden Heirat. Obwohl die Beziehung zwischen Tochter und Mutter sicherlich durch die Spannung zwischen den konfliktträchtigen Modalitäten des „Weggehens" und des „Sichnäherkommens" charakterisiert ist, sucht die Tochter trotzdem die emotionale Nähe zur schützenden Mutter ihrer Kindheit wiederherzustellen. Sie hat auch enge Kontakte zu gleichaltrigen Freundinnen aus ihrer Nachbarschaft geknüpft, mit denen sie die geheimen Ängste und Freuden der physischen Veränderungen der Pubertät teilt; und gemeinsam werden phantasievolle Vorstellungen über Männer und die Ehe entwickelt, wobei jedes Mädchen versucht, ein klares Bild von sich selbst als Frau zu entwerfen und zu verifizieren. All diese Prozesse –, der Verzicht auf die Abhängigkeit von der „präödipalen" Mutter, die Integration dessen, was sie als Mädchen war, mit der Frau, die sie nun plötzlich wird, und das Akzeptieren der unvermeidlichen Verheiratung mit einem Fremden – all diese Prozesse brauchen Zeit, die Unterstützung und die Liebe ihrer Mutter, den beruhigenden Vertrauensaustausch mit Gleichaltrigen und das „Erproben" von neuen, noch nicht erfahrenen Identitäten in der Phantasie. Dieser gesamte Prozeß der weiblichen Entwicklung in der Adoleszenz ist normalerweise zu dem Zeitpunkt, wenn ein indisches Mädchen heiratet und von ihrem Zuhause in die unbekannte, zunächst abschreckende Umgebung ihrer Schwiegerfamilie verpflanzt wird, noch nicht vollständig abgeschlossen.

Das fremdartige, oft bedrohliche und manchmal demütigende Wesen der Umgebung, in der der Kampf des indischen Mädchens um ihre Identität und ihren Erwachsenenstatus stattfindet, kann nicht deutlich genug hervorgehoben werden. In großen Teilen Nordindiens beispielsweise wird die exogame Regel, daß die Braut aus einem Dorf stammen muß, das nicht an das Dorf des Bräutigams grenzen darf, streng eingehalten. In anderen Teilen des Landes werden die Heiratsbräuche von einer weiteren Regel beherrscht, die besagt, daß ein Mann, der in einem *Motra*-Dorf lebt – das ist ein Dorf, deren Bewohner vorwiegend einer verwandten Kaste angehören –, für kein Mädchen des Dorfes als Bräutigam akzeptabel ist. In seiner Studie über das soziale Leben in einem Dorf in der Delhi-Region stellte Oscar Lewis fest, daß die 266 verheirateten Frauen des Dorfes aus 200 verschiedenen Dörfern kamen, ein Muster, das von denen, die aus diesem ihrem Heimatdorf fortheirateten, wiederholt wurde.[42] Als Folge davon war dieses kleine Dorf mit 150 Haushalten mit über 400 anderen Dörfern der Region verwandtschaftlich verbunden; gleichzeitig konnte keine Frau des Dorfes Bekannte ihr eigen nennen oder in Momenten der Krise oder der Einsamkeit bei einer Freundin, Nachbarin oder Verwandten, die ihr von Kindheit bekannt waren, Zuflucht nehmen.

Was auch immer diese Heiratsregeln zur Integration der indischen Gesellschaft beigetragen haben – und das ist beträchtlich –, diese Integration beruht letztendlich auf dem Beharren darauf, daß Frauen nicht nur ihre erotischen Impulse und ihre grundsätzliche Loyalität von ihren Eltern abwenden müssen – eine universelle entwicklungsbedingte Notwendigkeit–, sondern auch alle Beziehungen, ob tatsächlich oder nur in der Phantasie bestehende, zu anderen Jungen und Männern, die sie während ihres früheren Lebens gekannt haben und die zwangsläufig zu einer der verbotenen Verwandtschafts- oder Dorfgruppen gehören, abbrechen müssen. Statt dessen muß die indische Frau bei ihrer Heirat ihre erotische Zärtlichkeit einem Manne vorbehalten, der ihr bis zur Hochzeitsnacht völlig fremd ist, und sie muß die kritischen Probleme der weiblichen Identitätsfindung in einer ihr völlig fremden Umgebung lösen, ohne die Liebe und Hilfe exakt der Menschen zur Verfügung zu haben, die sie dazu am meisten braucht. Es ist daher nicht verwunderlich, daß das Motiv des jungen Mädchens, das sich ins Elternhaus zurücksehnt, und ihres Schmerzes bei der Trennung von der Mutter ständig in Volksliedern und Balladen wiederkehrt.[43] Die unerschütterliche Gegenwart idealer Frauengestalten wie Sita und Savitri ist entscheidend bei der Bewältigung des traumatischen Übergangs, der sich für ein indisches Mädchen genau in der empfindlichsten und verletzlichsten Entwicklungsperiode vollzieht.

Der Status innerhalb der Familie des Mannes: nicht Ehefrau, sondern Schwiegertochter

Der Eintritt eines indischen Mädchens in den Ehestand und in die neue Welt der Sozialbeziehungen innerhalb der Familie ihres Mannes findet also nicht unter den günstigsten psychologischen Bedingungen statt. Trotz ihrer Idealvorstellungen und des bewußten Entschlusses, eine gute Ehefrau und beispielhafte Schwiegertochter sein zu wollen, kommt die Braut beladen mit einer schrecklichen Bürde von Angst und Heimweh in die Familie ihres

Mannes, ebenso mit einem inneren Widerstand gegen ihre Schwiegermutter, die schließlich den Platz ihrer eigenen so schmerzlich vermißten und benötigten Mutter usurpiert hat, mit einer Mischung aus scheuer Erwartung und Ablehnung gegenüber den Schwestern ihres Mannes und den anderen jungen weiblichen Verwandten, die nun die Schwestern, Cousinen und Freundinnen zu Hause ersetzen sollen, und mit ambivalenten Gefühlen von Zärtlichkeit und Feindseligkeit jener unbekannten Person gegenüber, die nun ihr Mann ist und in ihr Intimleben einzudringen verlangt.[44] Und wenn sich ihr Mann als unwürdig herausstellen sollte, so weiß sie, daß es für sie kein Zurück gibt. Manu verfügt: „Auch wenn ein Mann jeder Tugend ermangelt oder wenn er sein Vergnügen woanders sucht oder wenn ihm alle Fähigkeiten fehlen, muß er von einer treuen Frau immer wie ein Gott verehrt werden."[45] Und: „Wenn eine Frau ihre Pflicht ihrem Mann gegenüber verletzt, dann ist sie in der Welt entehrt, [nach ihrem Tode] kommt sie in den Bauch eines Schakals und wird mit größten Qualen für ihre Sünde bestraft."[46]

Diese Vorschriften sind den indischen Mädchen, wenn nicht genau in diesen Worten, so doch dem Geiste nach, seit der Zeit ihres ersten Verstehens eingeschärft worden. Denn, wie ich bereits oben angemerkt habe, obwohl ein indisches Mädchen in den Jahren unmittelbar vor ihrer Heirat mit Nachsicht und demonstrativer Zuneigung behandelt wird, rührt diese Nachsicht teilweise daher, daß sie als Gast in ihrem eigenen Heim angesehen wird. Ihre „wirkliche" Familie ist die Familie ihres Ehemannes. Was ihr aber auch immer die Zukunft bringen mag, ein indisches Mädchen weiß, daß sie in psychologischem Sinne nie wieder nach Hause zurückkehren kann. (Im buchstäblichen Sinne kann sie natürlich ihre Herkunftsfamilie und ihr Heimatdorf wieder besuchen; dies geschieht besonders bei jungen Frauen in der Zeit der Geburt eines Kindes und des Wochenbetts).

In der sozialen Hierarchie ihrer neuen Familie nimmt die Braut normalerweise einen der niedrigsten Ränge ein. Gehorsam und Unterwürfigkeit den Wünschen der älteren Frauen gegenüber, besonders denen der Schwiegermutter, werden als Selbstverständlichkeit erwartet. Kontakte mit den älteren Männern sind minimal (wenn sie überhaupt bestehen), weil von ihnen, wie früher bereits erwähnt, traditionell die Wahrung einer formellen Zurückhaltung in der Gegenwart eines Neulings erwartet wird. Die neue Schwiegertochter muß unermüdlich und klaglos die schwersten Haushaltsarbeiten verrichten, was bedeuten kann, daß sie vor

Morgengrauen aufstehen und bis spät in die Nacht arbeiten muß. Jeder Fehler oder jede Vergeßlichkeit ihrerseits kann zu sarkastischen Bemerkungen über ihre Fähigkeiten, ihre Aussichten oder ihre Erziehung im mütterlichen Zuhause führen. Denn es muß noch einmal darauf hingewiesen werden, daß die neue Braut eine sehr reale Bedrohung für die Einheit der Großfamilie darstellen kann. Sie repräsentiert einen potentiell verderblichen Einfluß, der angesichts der gegebenen familiären Prioritäten nach drastischen Gegenmaßnahmen verlangt. Das Wesen der „Gefahr", die sie personifiziert, kann vielleicht am besten mit folgenden Fragen verdeutlicht werden: Wird die junge Frau ihren Mann dazu veranlassen, seine Pflichten als Sohn zu vernachlässigen? Als Bruder? Als Neffe? Als Onkel? Wird die soziale Tradition und der Druck der Familie ausreichen, die Mann-Frau-Beziehung davon abzuhalten, sich bis zu einem Punkt zu entwickeln, wo sie die Interessen anderer Familienmitglieder gefährdet? Wird „sexuelle Leidenschaft" beim Brautpaar eine so enge Beziehung entstehen lassen, daß das neue Familienmitglied mehr Ehefrau als Schwiegertochter wird und ihr Mann seine Loyalität und Zuneigung auf sie richtet und nicht länger ein wahrer Sohn des Hauses bleibt?

Dies sind natürlich keine Entweder-oder-Entscheidungen, jedoch Sitte, Tradition und die Interessen der Großfamilie verlangen, daß bei der Neufestsetzung der Rollen und Beziehungen, die durch die Heirat nötig wird, die Rollen des Ehemanns und der Ehefrau zumindest am Anfang zu relativer Unwichtigkeit und Unauffälligkeit verurteilt bleiben. Jedem Anzeichen einer sich entwickelnden Zuneigung oder Zärtlichkeit bei dem Paar wird von den älteren Familienmitgliedern entweder durch Herabsetzung oder durch Verbote, solchen Gefühlen offen Ausdruck zu verleihen, entgegengewirkt. Es wird jede Anstrengung unternommen, die Entwicklung von Intimität innerhalb des Paares zu verhindern, die die anderen Familienmitglieder, und besonders die Eltern, ausschließen könnte. Versteckte Hinweise auf „jugendliche Narreteien" oder offene Beschämung garantieren im wesentlichen, daß der junge Ehemann und seine Frau öffentlich keinerlei Interesse (geschweige denn Zuneigung) füreinander zeigen; und tatsächlich allein sind sie nur während sehr kurzer Phasen in der Nacht. Wenn von Frauen gesungene Volkslieder ein Indiz sind, dann sind selbst diese kurzen Treffen verstohlene Handlungen; es gibt kaum ein Lied, das nicht die immer wachsame *sas* (Schwiegermutter) und *nanad* (Schwägerin) beklagt, die die Braut daran hindern, nachts zu ihrem Mann zu gehen. Madhav Gores Untersuchung an einer Stichprobe von indischen Männern aus der Agarwal-Region bestätigt, daß diese Beschränkungen, meist von den älteren Frauen dirigiert, gewöhnlich zu ihrem Ziel führen: 56 Prozent der Männer sagten, daß sie sich ihren Müttern enger verbunden fühlen als ihren Frauen, während sich nur 20 Prozent ihren Frauen enger verbunden fühlten.[47]

Ich habe nicht die Absicht zu unterstellen, daß es der Ehe in Indien an Intimität fehle — jenes gemeinsamen Erfahrungsreichtums innerhalb des kulturell bestimmten Rahmens von Liebe und Fürsorge, der gewöhnlich im Westen für das Kriterium einer „guten Ehe" gehalten wird. Vielmehr entwickelt sich diese Intimität in Indien erst später im Eheleben, wenn beide Partner langsam in die Rolle der erwachsenen „Familienversorger" hineinwachsen. Im Idealfall bilden Elternschaft und die gemeinsame Verantwortung für den Nachwuchs die Basis für Intimität, also umgekehrt, wie das im Westen ist. Diese Verschiebung der Intimität auf spätere Zeit wird von der Familie sanktioniert, denn in den mittleren Jahren hat die Mann-Frau-Beziehung kaum mehr den Ausschluß anderer Familienmitglieder zur Folge, sondern sie entwickelt sich aus der Verantwortung, für die nächste Generation sorgen zu müssen. So steht sie nicht mehr im Gegensatz zur kommunalen und familiären Solidarität, sondern sie ist — zur richtigen Zeit entstanden — ihr Garant.

Hat denn nun die Situation des neuvermählten Mädchens in der Familie ihres Mannes keine ausgleichenden oder gar versöhnlichen Aspekte? Ich habe versäumt, darauf hinzuweisen, daß sich ein indisches Mädchen auf diesen schroffen Übergang in die Ehe einige Zeit lang vor ihren tatsächlichen Umzug in den Haushalt ihres Mannes vorbereitet. Geschichten, Sprichwörter, Lieder, Informationen, die sie aus Gesprächen mit neuvermählten Freundinnen, die zu Besuch nach Hause kommen, herauspickt, „bereiten" sie mehr oder weniger auf die Rolle der gehorsamen Schwiegertochter vor. Darüber hinaus haben wie in vielen anderen Teilen der Welt die Pubertätsriten wie Abschließung während der Menstruationsperiode oder Fasten an bestimmten Tagen den Zweck, das junge Mädchen sowohl physisch als auch symbolisch von den Eltern abzutrennen und sie zu befähigen, „orale Deprivation" zu ertragen, denn im Haushalt ihres Mannes wird sie bei jeder Mahlzeit die letzte sein, die etwas zu essen bekommt.

Diese und andere Prozeduren begleiten das indische Mädchen bis ans Ende der Kindheit und führen sie auf maßvolle, rituelle Weise in die Realitäten des Frauseins ein. Wenn die Braut *sehr* früh heiratet, geht ihre Einführung in das neue Leben und die neue Familie stufenweise vor sich, unterbrochen von langen Besuchen im Hause ihrer Eltern, wo viel von der angesammelten Einsamkeit und Traurigkeit durch die nachsichtige Liebe, die ihr von jedermann entgegengebracht wird, und besonders durch die beständige Gegenwart ihrer Mutter als mitfühlende Zuhörerin und zartfühlende Ratgeberin gelindert wird. Außerdem ist die Isolation der jungen Frau im Hause ihres Mannes nicht notwendigerweise so extrem, wie ich sie dargestellt habe. Oft bilden sich Beziehungen informeller Familiarität und freundlichen Trostes zu bestimmten jüngeren Mitgliedern der Familie ihres Mannes, und normalerweise entwickelt das eine oder andere der vielen Kinder des Hauses eine tiefe Zuneigung zu ihr. Aber vor allem muß betont werden, daß der Argwohn und die Feindseligkeit, mit der ihr begegnet wird, selten in bewußte Unterdrückung ausarten.

Dies spiegelt eine kulturelle Tradition von Zurückhaltung, Enthaltsamkeit und Klugheit wider, die tief im hinduistischen Bewußtsein verankert ist. Respektierung und Schutz der weiblichen Mitglieder der Gesellschaft sind eine grundlegende moralische Pflicht, deren Nichterfüllung Angst vor Strafe erzeugt. Manu, der Gesetzgeber, nach modernen Begriffen ein Frauenfeind, läßt keinen Zweifel daran, wie die weiblichen Familienmitglieder moralisch korrekt zu behandeln sind: „Wenn die Frauen geehrt werden, erfreut das die Götter, aber wenn sie nicht geehrt werden, dann sind auch keine heiligen Zeremonien von Nutzen ... Wo die Frauen in Kummer leben, wird bald die ganze Familie vergehen, aber die Familie, wo sie nicht unglücklich sind, gedeiht ... Das Haus, das von Frauen verflucht wird, weil sie nicht angemessen geehrt werden, wird verschwinden wie von Zauberhand."[48] So versuchen das Familienoberhaupt oder andere ältere männliche Familienangehörige, die sich für das Wohlergehen der Familie verantwortlich fühlen, behutsam, aber konsequent eventuelle Exzesse der Schwiegermutter und der älteren Frauen im Zaum zu halten. Insgesamt gesehen jedoch ist der Schluß unvermeidlich, daß der Kampf des heranwachsenden indischen Mädchens um ihre Identität beeinträchtigt ist durch das Zusammentreffen ihrer Heirat, der abrupten und völligen Auflösung der Kindheitsbindungen und ihrer Trennung von allem, was ihr vertraut ist, zugunsten eines Zustandes einsamer Abhängigkeit von einem fremden Haushalt.

Die Situation der jungen indischen Ehefrau in bezug auf ihre familiäre Akzeptanz und ihr emotionales Wohlbefinden ändert sich dramatisch, wenn sie schwanger wird. Die Aussicht auf Mutterschaft bringt die Lösung vieler ihrer Probleme. Die psychologischen Implikationen ihres niedrigen Status als Braut und Neuankömmling; die gespannten, oft demütigenden Beziehungen zu den anderen Familienmitgliedern ihres Mannes; ihr Heimweh und das Gefühl des Isoliertseins; ihre Identitätsverwirrungen; die Peinlichkeiten ihrer ehelichen Intimitäten und dadurch häufig das unerfüllte Sehnen ihres sexuellen Selbst: all das ist bisher in einem unentwirrbaren Knoten verfilzt. Mit der Aussicht auf Mutterschaft beginnt sich dieser Knoten zu lösen.

Die Verbesserung des *sozialen* Status einer indischen Ehefrau im Falle der Schwangerschaft ist von Kulturanthropologen allgemein festgestellt worden.[49] Die älteren Familienmitglieder, vor allem die Frauen, werden plötzlich besorgt um ihr Wohlergehen, sie kümmern sich darum, daß sie genug ißt und sich oft ausruht. Viele lästige Aufgaben, frühere Pflichten und Beschränkungen werden ihr erlassen, und Anzeichen von Stolz und Zuneigung ihr gegenüber als Schwiegertochter des Hauses nehmen auffällig zu.

Das wachsende Gefühl persönlichen Wohlbefindens im Verlauf der Schwangerschaft wird auch durch soziale Gebräuche verstärkt. So kehrt die zukünftige Mutter in vielen Teilen Indiens einige Monate vor ihrer Niederkunft in das Haus ihrer eigenen Mutter zurück. Dieser Aufenthalt stärkt die Identifikation mit ihrer Mutter, eine Vorbedingung ihrer eigenen Fähigkeit zur Mutterschaft. Die Erwartung der Geburt selbst scheint trotz der primitiven verfügbaren medizinischen Hilfsmittel keine großen Befürchtungen oder Todesängste auszulösen, da sie weiß, daß ihre Eltern, diese allmächtigen Beschützer, während ihrer Geburtsqualen ständig an ihrer Seite sein werden. Nach der Geburt kann die neue Mutter sich in der Freude über ihr Kind sonnen, und ebenso in ihrer Befriedigung über sich selbst, und all das im Kreise der hocherfreuten und beifälligen engen Verwandschaft.

Dieser eindeutige Statuswechsel einer indischen Frau geht nicht spurlos an ihr vorbei; darüber hinaus wird der Glaube, daß Schwangerschaft das höchste Glück einer Frau ist, ein Glaube, der in der kulturellen Verehrung der Schwangeren gipfelt, in beliebten Volksmärchen und den bekannten Mythen der hinduistischen Tradition überreichlich überliefert. So zum Beispiel in der folgenden Passage aus einer bengalischen Erzählung:

„Plötzlich schien es so, als habe Gott das Gebet erhört. Die jüngste Königin, Sulata, war guter Hoffnung. Der König war überglücklich über diese frohe Nachricht. Seine Zuneigung zu Sulata nahm sogar noch zu. Ständig war er um ihre Bequemlichkeit besorgt und erfüllte alle ihre Wünsche."[50]

Die Wurzeln dieses fürsorglichen Respekts vor der schwangeren Frau liegen tief in einer religiösen Tradition, die „Frau" und „Mutter" gleichsetzt und in der Geburt eines männlichen Kindes einen notwendigen Schritt zur Errettung der Eltern und der Familie sieht. „Frauen wurden erschaffen, um Mütter zu sein, und Männer, um Väter zu sein", stellt Manu kategorisch fest.[51] Weiter fügt er in den *Gesetzen*, den Stand der Mutterschaft verherrlichend, hinzu: „Der Lehrer ist zehnmal verehrungswürdiger als der Hilfslehrer, der Vater hundertmal mehr als der Lehrer, aber die Mutter tausendmal mehr als der Vater."[52] „Die ist eine wahre Ehefrau, die einen Sohn geboren hat", spricht Shakuntala zu Dushyanta, als sie ihn an seine vergessenen Hochzeitsgelübde erinnert, denn Frauen, die Kinder gebären, sind „die Wurzel der Religion und der Errettung. Sie sind Väter bei religiösen Handlungen, Mütter in Krankheit und Leid."[53] Und die Göttin Parvati sagt mit göttlicher Verachtung für Konventionen: „Von allen Freuden, die Frauen haben können, ist die größte, sich mit einem guten Mann in Zurückgezogenheit zu vereinigen, und das Leid, das entsteht, wenn man dabei unterbrochen wird, ist mit keinem anderen zu vergleichen. Das zweitgrößte Leid ist, wenn Samen unnütz vergossen wird, und das dritte ist meine Kinderlosigkeit, das größte Leid von allen."[54]

Zahlreiche Episoden in Legenden und Epen beschreiben eindringlich die Leiden der Seelen von verstorbenen Vorfahren, wenn ein Paar kinderlos bleibt und so nicht für die zur Erlösung notwendigen religiösen Handlungen sorgen kann. „Weil ein Sohn seinen Vater aus der Hölle befreit, die *put* heißt", sagt Manu, „wurde er deshalb von dem aus sich selbst bestehenden Selbst *puttra* (Befreier aus der Hölle) genannt."[55] Natürlich ist die hinduistische Gesellschaft nicht einmalig darin, daß sie die utterschaft als moralisches, religiöses oder sogar künstlerisches Ideal verehrt,[56] aber die absolute und allumfassende soziale Bedeutung der Mutterschaft, die allgegenwärtige Vielfalt der Mutterschaftsmythen und die Funktion des Nachwuchses im rituellen und religiösen (um das ökonomische nicht zu erwähnen) Leben geben der Mutterschaft in der indischen Kultur eine besonders unumstößliche Legitimität.

Subjektiv, in der Welt der femininen psychologischen Erfahrung, ist die Schwangerschaft die Befreiung von der Unsicherheit, dem Zweifel und der Schande, unfruchtbar zu sein: „Besser Dreck sein als eine unfruchtbare Frau", sagt ein Sprichwort. Darüber hinaus konnte bis vor kurzem in der hinduistischen Gesellschaft wie bei den Juden, den Moslems und bestimmten westafrikanischen Stämmen eine kinderlose Frau von ihrem Mann verstoßen werden, der sich dann eine andere Frau nehmen konnte. Positiv gesehen markiert die Schwangerschaft den Anfang des psychologischen Prozesses, der die stabile Erwachsenenidentität einer Hindufrau begründet. Das vorherrschende Element dieser Identität, der ideale Kern, um den es strukturiert ist, ist das, was Helene Deutsch „Mütterlichkeit" genannt hat.[57] Ihre zentralen emotionalen Ausdrucksformen sind auf das Ungeborene gerichtete *Zärtlichkeit, Fürsorglichkeit* und *Beschützertum.* Viele andere psychische Tendenzen, die normalerweise mit diesem Lebensstadium der jungen Frau in Verbindung gebracht werden, treten jetzt in den Hintergrund. Der Drang nach emotionaler Nähe zu ihrer „präödipalen" Mutter und der Wunsch, geliebt zu werden, können jetzt in den Wunsch, zu lieben, transformiert werden; Feindseligkeit, besonders gegenüber ihrer neuen Umgebung, kann in Beschützung des Kindes vor seiner Umwelt umgeformt werden; das Verlangen ihrer wiedererwachten Sinnlichkeit kann für eine Zeit sublimiert werden, indem sie auf den physischen Dienst an ihrem Kind gelenkt wird.

Selbstverständlich variiert bei den einzelnen Frauen die Entwicklung der Mütterlichkeit als vorherrschende Form der Identität einer Hindufrau und ihrer Harmonie mit anderen Persönlichkeitsmerkmalen. Trotzdem ist die „Mütterlichkeit" für eine Hindufrau ein relativ bedeutenderes Element ihrer Identitätsbildung als für westliche Frauen. Angesichts ihrer frühen Erziehung und der ihr vermittelten Wirklichkeitsideale hat die Mutterschaft für sie nicht die Bedeutung einer kulturellen Bürde oder einer Beschränkung auf eine isolierende Rolle.

Für eine indische Frau ist die bevorstehende Mutterschaft nicht nur die Erfüllung eines alten Wunsches und die biologische Vollendung eines lebenslangen Versprechens, sondern ein Ereignis, angesichts dessen die Kultur ihren Status als Erneuerin ihrer Rasse bestätigt und ihr einen Respekt und eine Beachtung entgegenbringt, die sie als bloße Ehefrau nicht erwarten durfte. Es ist nicht überraschend, daß diese dramatische Verbesserung ihres sozialen Status innerhalb der Familie, die Lösung ihrer emotionalen Konflikte und die Entdeckung eines Weges, ihr zukünftiges Leben um den Kern der Mütterlichkeit zu organisieren, allzu leicht unbewußt als ein Geschenk des in ihr wachsenden Kindes erfahren wird. Das ungeborene Kind wird von der Mutter als Retter erlebt, als Medium, das ihr die Liebe und Anerkennung ihrer Umwelt verschafft, ein Motiv, das in vielen Legenden und Erzählungen auftaucht. So wird Rama von Reue erfaßt und ist bereit, Sita aus ihrem Exil im Wald zu erlösen und wieder zu sich zu nehmen, als er seine Söhne zum ersten Male sieht; Dushyanta erinnert sich und akzeptiert Shakuntala als seine legitime Frau, nachdem er seinem kleinen Sohn Auge in Auge gegenüberstand, während in den beiden bengalischen Volksmärchen von Sulata und Kiranmala das den Müttern zugefügte Unrecht mit Hilfe ihrer Kinder wieder gut gemacht wird und sie ihre rechtmäßige Würde als Königinnen wieder einnehmen können. Im Falle einer Hindufrau treten - zumindest in der Vorstellung der Kultur — mütterliche Gefühle von Zärtlichkeit und Fürsorge immer in Verbindung mit einem tiefen Dankgefühl dem Kind gegenüber und der Bereitschaft zu höchstem emotionalem Einsatz für das Kind auf.

Die "gute" Mutter

Obwohl im Sprachgebrauch der Pädiater und Mediziner das Wort „Kleinkind" sich auf ein Kind bezieht, das noch nicht laufen kann, legen die tatsächlichen Gegebenheiten der Kindheits- und Identitätsentwicklung in Indien es nahe, daß die psychosoziale *Qualität* des Kleinkindalters bis ins vierte oder fünfte Lebensalter reicht, also den gesamten Zeitraum umfaßt, in dem essen, zur Toilette gehen, in einfachen Dingen für sich selbst zu sorgen, laufen, sprechen und die Grundlagen des vernünftigen Handelns zur Selbstverständlichkeit werden. Diese Erweiterung der Definition ist nicht willkürlich. Wie wir sehen werden, wird in Indien die erste Entwicklungsstufe der Kindheit, die durch eine extrem tiefe Mutterbindung, durch die Abhängigkeit von ihr, was Lebensnotwendigkeiten, Genüsse und Bequemlichkeit angeht und durch die „Vertrauenskrise" bezüglich der guten Absichten anderer einem selbst gegenüber charakterisiert ist, derartig verlängert, daß die zweite und die dritte Entwicklungsstufe nicht nacheinander abzulaufen, sondern zu einer einzigen zusammengepreßt zu sein scheinen. So rückt (in psychologischem Sinne) ein indisches Kind nicht vor dem Alter von drei bis fünf Jahren von dem ersten, alles bedeutenden „anderen", der Mutter, ab. Und genau zu dieser Zeit steht es[58] gleichzeitig den Entwicklungsaufgaben der Trennung und Individuation, der Autonomie und Initiative, der bewußten Selbstbestimmung und ödipaler Rivalität gegenüber, und es springt direkt vom Kleinkindalter ins Kindheitsalter.

Während dieser Phase des verlängerten Kleinkindalters ist das indische Kind intensiv und innig mit der Mutter verbunden. Diese Bindung ist exklusiv, nicht in dem Sinne, daß es keine jüngeren oder älteren Geschwister in annähernd dem gleichen Alter gäbe, die um die Liebe und Fürsorge der Mutter konkurrieren, sondern in dem Sinne, daß das indische Kind bis ins Alter von vier oder fünf Jahren seine Forderungen und Gefühle ausschließlich direkt an seine Mutter richtet, obwohl in einer Großfamilie ständig potentielle Ersatzmütter zur Verfügung stehen.[59] Auch der Vater spielt in dieser Zeit keine signifikante Rolle bei der Fürsorge für das Kind.

Diese Bindung manifestiert sich (und wird symbolisiert) in der *physischen Nähe* von Mutter und Kind. Sicherlich bis zum fünften Lebensjahr (wenn nicht länger) sind es indische Kinder gewohnt, nachts bei der Mutter im Bett zu schlafen. Wenn sie Nachbarn besuchen, zum Markt, auf die Felder oder Besorgungen machen geht, trägt sie das Jüngste oder das, welches am meisten Zuwendung benötigt, um die Hüften und die anderen hat sie in Armreichweite. Zu Hause spielt das Kind auf dem Boden oder schläft in seinem Bettchen, wenn es nicht auf dem Schoß der Mutter herumkrabbelt oder gerade gestillt wird. Ständig wird das Kind im Arm gehalten und gehätschelt, ihm wird vorgesungen und zu ihm wird gesprochen, und so ist die Erfahrung, die das indische Kind von seiner Mutter hat, berauschend, und der Kontakt mit ihr ist von einer solchen Intensität und Dauer, die sich erheblich von der Erfahrung des Kleinkindalters in der westlichen Welt unterscheidet. Beim leisesten Wimmern oder dem geringsten Zeichen von Mißfallen wird das Kind aufgenommen und gewiegt, es bekommt die Brust oder wird getröstet. Gewöhnlich ist es die Mutter des Kindes, die herbeieilt, um es zufriedenzustellen, aber wenn sie einmal auf Grund von Haushaltspflichten abwesend ist, dann kann es eine Schwester, eine Tante oder eine Großmutter sein, die es aufnimmt und füttert, trockenlegt oder einfach durch vertrauten physischen Kontakt beruhigt. Es ist keinesfalls ungewöhnlich, daß man eine alte Großmutter sieht, die ein weinendes Kind aufnimmt und ihm ihre ausgetrocknete Brust gibt und es daran saugen läßt, während sie dasitzt, auf ihren Hacken schaukelt und ihm ein Lied vorsummt. Die Intensität der infantilen Angst, hervorgerufen durch unvermeidliche kurze Phasen der Trennung von der Mutter, wird durch die ständige Verfügbarkeit anderer weiblicher Mitglieder der Großfamilie erheblich vermindert. Die hinduistische kulturelle Tradition erlaubt es den Frauen nicht, ihre Kinder schreien zu lassen, und die mütterliche Praxis in Indien nimmt die Ergebnisse moderner empirischer Kindheitsforschung vorweg, die kindliche Unmutsäußerungen, abgesehen davon, wenn es Hunger hat, friert oder Schmerzen hat, auf die Trennung von der Mutter (oder ihrem Stellvertreter) zurückführt.

Vom Augenblick der Geburt an wird das indische Kind von direktem, sinnlichem Körperkontakt und unermüdlichen physischen Dienstleistungen eingehüllt. Die emotionale Qualität der Kinderpflege in traditionellen indischen Familien verstärkt noch die Wirkung des physischen Genusses. Eine indische Mutter neigt zu völliger Nachsicht den Wünschen und Forderungen ihres Kindes gegenüber, ob es ums Stillen, Säubern, Schlafen oder um den Wunsch nach Gesellschaft geht. Darüber hinaus hält sie oft diese Art der mütterlichen Fürsorge über die Zeit hinaus aufrecht, wenn das „Baby" bereits in vielen Bereichen selbständig handeln kann. So wird beispielsweise ständig gestillt, zu allen Tag- und Nachtzeiten und „auf Befehl". Und obwohl nach dem ersten Jahr das Stillen durch andersartige Nahrung ergänzt wird, gibt die Mutter ihrem Kind so lange wie möglich die Brust, oft zwei oder drei Jahre lang; tatsächlich findet das Stillen nur dann ein Ende, wenn es einen starken Grund dafür gibt, zum Beispiel eine weitere Schwangerschaft. Sogar dann geschieht die Entwöhnung nicht endgültig, denn auch ein älteres Kind saugt dann und wann an der Brust der Mutter. Es ist nicht ungewöhnlich, daß man sieht, wie ein fünf- oder sechsjähriges Kind selbstbewußt die Bluse seiner Mutter hochhebt und sich einen Schluck genehmigt, während sie mit ihren Freundinnen bei einem Plausch zusammensitzt; ein Ereignis, das von allen Beteiligten als Selbstverständlichkeit hingenommen wird.

Auf ähnliche Weise beginnt das indische Kind ohne jeden Anstoß durch die Mutter oder andere Familienmitglieder zu einer bestimmten Zeit zu lernen, seine Schließmuskel zu kontrollieren, und beginnt eigenständig andere Künste wie Laufen, Sprechen und Sichanziehen zu erlernen. Soweit es die Mittel der Mutter und der Familie erlauben, werden die Wünsche eines Kindes vollständig erfüllt und seine sich entwickelnden Fähigkeiten und Aktivitäten akzeptiert, wenn auch nicht immer geradezu mit Begeisterung, so doch wenigstens mit liebevoller Toleranz.

Die Veranlagung einer indischen Mutter, den Neigungen des Kindes und seinem Entwicklungstempo eher zu folgen, als sie zu leiten, entspringt keiner eventuellen universellen Komponente mütterlichen Stolzes. Zum Teil spiegelt sie die kulturelle Konzeption der spezifischen „angeborenen" Individualität jedes Kindes und den Respekt davor wider. Zum Teil wurde sie durch die Tatsachen des Lebens im traditionellen Indien beeinflußt; angesichts einer Kindersterblichkeitsrate, die üblicherweise über zwanzig Prozent lag, wurde einem überlebenden Kind von der Mutter eine höchst ehrerbietige Fürsorge gewidmet, denn es würde für die Eltern im späteren Leben die Quelle wirtschaftlicher Unterstützung und durch seine Teilnahme an den Sterbe- und Trauerritualen der Garant ihrer *religiösen* Verdienste und ihres richtigen Übergangs ins nächste Leben werden. Aber vor allem hat diese Qualität von Nachgiebigkeit und Nachsicht bei indischen Müttern ihre *psychologische* Ursache in der Identitätsentwicklung der indischen Frauen. Wie ich oben beschrieben habe, ist ein indisches Mädchen als Tochter nur ein Gast in ihrer Familie, und wenn sie heiratet, wird sie weniger Ehefrau als Schwiegertochter. Nur durch die Mutterschaft kann sie sich als Frau bestätigen und sich einen Platz in der Familie, der Gemeinschaft und im Lebenszyklus verschaffen. Daher rührt ihr ausschließlicher Sinn für mütterliche Pflichten und ihre Bereitschaft zur praktisch unbegrenzten emotionalen Identifikation mit ihren Kindern. Dies sind die kulturellen, sozialen, religiösen und entwicklungsbedingten Fäden, die bei der Entstehung der bewußten Einstellung und der unbewußten Vorstellung der Mutter verwoben worden sind, die dann ihrerseits der indischen Kindheit ihre besondere Aura und Eigenart gibt.

Angesichts der Erfahrung der Verfügbarkeit und des unbegrenzten Verständnisses der Mutter geht ein Inder gewöhnlich in der Überzeugung vom Kleinkindalter in die Kindheit über, daß die Welt gut ist und daß er sich darauf verlassen kann, daß die anderen zu seinem Besten handeln. Das Kind hat die Erfahrung gemacht, daß der innere Kern seines Selbst liebenswert ist: „Ich bin liebenswert, denn ich werde geliebt." Die Kleinkindzeit hat es mit einer sicheren Grundlage ausgestattet, von der aus es seine Umwelt vertrauensvoll erforschen kann. Dieses Vertrauen auf die Hilfe und den Schutz anderer bildet zusammen mit den Gedächtnisspuren an die mütterliche Fürsorge die Grundlage seiner Sozialbeziehungen während seines ganzen Lebens. Mit anderen Worten: Inder nähern sich anderen mit der unbewußten Überzeugung eigener Liebenswürdigkeit und der Erwartung und Forderung, daß, wenn Schwierigkeiten auftreten, immer vertrauenswürdige Wohltäter zur Stelle sein werden. Mißtrauen und Zurückhaltung sind selten. Viele der den Indern zugeschriebenen Charakterzüge sind Teil des Vermächtnisses dieses spezifischen Kindheitsmusters: vertrauensvolle Freundlichkeit mit einer schnellen Bereitschaft, Bindungen einzugehen, und heftige, aber nur kurz währende Enttäuschung, wenn freundliche Avancen nicht erwidert werden; die Bereitschaft, die intimsten Geheimnisse des eigenen Lebens jedem nur oberflächlich Bekannten zu enthüllen, und die Erwartung gleicher Vertraulichkeit von anderen; und die Annahme, daß es nur „natürlich ist, sich um andere zu kümmern ... *und* zu erwarten, daß man sich um ihn selbst kümmert."[60] Wenn man die repressive ökonomische Umwelt bedenkt, in der die meisten Inder leben, finde ich keine andere Erklärung als das emotionale Kapital, das in der Kindheit angesammelt wurde, für die Wärme, die überreichlich und vorbehaltlos bei den nebensächlichsten Gelegenheiten gegeben und empfangen wird, für die Wogen spontanen Lachens (und Weinens) und für die Intimität, die die sozialen Beziehungen charakterisieren.

Wenn wir einen Augenblick unsere Überlegungen über das Unbewußte beiseite lassen, so können wir beobachten, daß ein indisches Kind seine Mutter gewöhnlich insgesamt als „gute Mutter" erlebt. Der prozentuale Anteil der indischen Männer, die auf bewußter Ebene Abneigung, Angst oder Verachtung ihren Müttern entgegenbringen oder von ihnen erfahren haben, ist verschwindend gering. Dies wird auf frappierende Weise in der klinischen Arbeit deutlich; in den Einführungsgesprächen und in den frühen Stadien der Psychotherapie schildert regelmäßig ein Patient nach dem anderen seine Mutter als extrem hilfsbereit und höchst liebenswert. Soziologen und Anthropologen bestätigen in Studien über Familienbeziehungen die Existenz einer sehr engen Mutter-Sohn-Beziehung der „gute Mutter"-Art in den verschiedensten

Gebieten und allen sozialen Klassen Indiens.[61]

Auch literarisch läßt sich ihre sentimentale Vorherrschaft belegen. So tendieren Kurzgeschichten und Romane von indischen Schriftstellern wie Sarat Chandra oder Premchand dahin, die Mutter unter ihrem gütigen und beschützenden Aspekt darzustellen, und das voller Nostalgie, die nicht von der geringsten Spur Skepsis oder Schuldgefühl getrübt ist. Auch autobiographische Darstellungen weichen nicht von diesem Schema bewußter Treue zur „guten Mutter" ab. Nehru schreibt von seiner Mutter: „Ich hatte keine Angst vor ihr, weil ich wußte, daß sie alles entschuldigen würde, was ich tat; und ich versuchte angesichts ihrer exzessiven und kritiklosen Liebe zu mir, sie ein wenig zu dominieren."[62] Und Yogananda erinnert sich: „Vater ... war nett, behäbig, manchmal streng. Obwohl wir ihn liebten, hielten wir Kinder doch eine gewisse respektvolle Distanz zu ihm. Aber Mutter war die Königin der Herzen und erzog uns allein durch Liebe."[63]

Es muß hier betont werden, daß dieses idealistische Bild der „guten Mutter" großteils eine männliche Konstruktion ist. Frauen sentimentalisieren ihre Mütter nicht auf diese Weise. Für die Töchter ist die Mutter keine anbetungswürdige Gestalt auf einem Piedestal: Sie ist eine irdischere Erscheinung, nicht immer gütig, aber ständig *da.*

Ich habe bisher den Kern der indischen Persönlichkeit beschrieben, was das Vertrauen in die beschützende Hilfsbereitschaft anderer und die Überzeugung des grundsätzlichen Wohlwollens der Umwelt angeht. Mythologische und religiöse Verkörperungen der „guten Mutter", wie die weithin verehrten Göttinnen Lakshmi, Sarasvati, Parvati oder Gauri, erlauben es uns, die indische Erfahrung dieses „grundlegenden Vertrauens" als gegeben anzusehen. Wir finden in der indischen Mythologie den spezifisch oralen Aspekt der mütterlichen Kindesbetreuung nur von sehr untergeordneten Gottheiten repräsentiert, zum Beispiel von Annapurna, die als blonde Frau dargestellt wird, die in einer Lotusblüte steht und eine Reisschüssel hält, oder von der himmlischen Kuh Surabhi, der ein nie versiegender Milchquell entspringt. Doch der zentrale Aspekt der „guten Mutter", der von jeder bedeutenderen Göttin des hinduistischen Pantheon verkörpert wird und entweder in ihrem Ursprung oder in ihrer Funktion zum Ausdruck kommt, ist nicht ihre Fähigkeit zu nähren, sondern ihr Vermögen, lebenspendende Sicherheit durch ihre *beständige Gegenwart* zu gewähren. So kommt Lakshmi, die Göttin des Wohlstands und des Glücks, um mit den Menschen *zusammenzuleben*; und von Menschen im Unglück sagt man, sie seien von ihr *verlassen* worden. Sarasvati, die Göttin des Lernens, wird mit *vak* (Sprache) identifiziert – die ihr Kind beruhigende, tröstende und zu ihm sprechende Mutter. Und nach einem der puranischen Berichte wurde Parvati geschaffen, um die Götter gegen das von dem Dämon Andhaka (aus Finsternis geboren) verursachte Leid zu schützen, die Repräsentation einer der elementaren Ängste der Kindheit. Die von den Göttinnen Sarasvati und Parvati gewährte Geborgenheit vor den schrecklichen Bedrohungen der Kindheit erinnert mich an Freuds Bericht über ein Kind, das aus einem dunklen Zimmer ins Nebenzimmer rief: „Tante, sprich doch zu mir, ich fürchte mich." „Aber was hast Du davon ? Du siehst mich ja nicht"; darauf das Kind: „Wenn jemand spricht, wird es heller."[64]

Diese Betonung der fürsorglichen, angstbesänftigenden Gegenwart als die fundamentale Qualität der „guten Mutter" läßt sich unfehlbar in den Beschreibungen der äußeren Erscheinung dieser Göttinnen erkennen: Sie *leuchten* in „Perlen- und Goldglanz", *glänzen* in „hoher Pracht, strahlend wie poliertes Gold" und *blicken* mit amüsiertem Lächeln auf ihre Verehrer herab.[65] Erikson hat dies das „numinose Element, das Gefühl für heilige Gegenwart" genannt.[66] Das ist die „gute Mutter", sowohl als irdische Mutter als auch als mütterliche Gottheit, die auf das abhängige Kind oder den frommen Gläubigen herablächelt, die sich, jedes auf seine Weise, danach sehnen, eins mit dieser gnädigen Gegenwart zu sein. Shivas Klage über Paravatis Verlust gibt sowohl das Gefühl der Ganzheit, das die Gegenwart der Mutter erzeugt, als auch den Schrecken der Trennung und des Verlassenseins wieder: „Mit dir bin ich allmächtig, bin ich der Former aller Dinge und der Gewährer aller Glückseligkeit; aber ohne dich, meine Kraft, bin ich wie eine Leiche, machtlos und unfähig, etwas zu tun: Wie also, meine Geliebte, kannst du mich verlassen? Sage mit lächelnden Augen etwas Süßes zu mir wie *amrita*, und besprenge mein Herz, das vor Gram eingetrocknet ist, mit dem Regen deiner lieben Worte ... Oh Mutter des Universums, erscheine!"[67] Das Motiv der Isolation und seine Transzendierung bildet, wie wir im zweiten Kapitel erfahren haben, den Kern des *moksha*-Ideals. Dieses Motiv hat seinen ontogenetischen Ursprung in der spezifischen Form und Qualität der Beziehungen zwischen Müttern und Kindern in der indischen Gesellschaft, und es wird in der hinduistischen Mythologie lebendig verarbeitet als nostalgische Sehnsucht nach der wohlwollenden Gegenwart der "guten Mutter", wie sie in der Kindheit erfahren wurde.

Diese Auseinandersetzung mit den Motiven der Einsamkeit und der Trennung, verbunden mit einem starken unbewußten Wunsch nach der beruhigenden Gegenwart der „guten Mutter" (des „guten anderen"), bleibt dem Menschen in Indien sein ganzes Leben lang erhalten. Das steht im schärfsten Gegensatz zu den meisten westlichen Kulturen, in denen die Sehnsucht nach einem geliebten Menschen und der Schmerz über seine Abwesenheit oft als „kindisch" oder „regressiv" gelten. Aber wie Bowlby an Hand von eindrucksvollem Material aus klinischer, empirischer und ethologischer Forschung nachgewiesen hat, ist die Tendenz, auf die Drohung, alleingelassen zu werden, mit Angst zu reagieren, eine natürliche Verhaltensweise, die sich aus einer genetisch bestimmten Anlage des Menschen entwickelt hat.[68]

Aber in der westlichen Kultur insgesamt und in der Psychotherapie im besonderen „... wird der Komponente, ‚alleinsein' wenig Gewicht zugemessen. Tatsächlich wird in unserer Kultur das Bekenntnis, daß jemand Angst hat, wenn er alleine ist, für peinlich oder einfach dumm gehalten. Folglich gibt es die verbreitete Neigung, die eigentliche Komponente angsteinflößender Situationen, die sich in einer Studie über ängstliche Patienten als höchst wichtig erwiesen hat, zu negieren!"[69] Wenn das Leiden eines Patienten seine Ursache in bestimmten Phobien hat oder sogar wenn es freiflottierende Angst einschließt, neigen Kliniker allzu bereitwillig zu komplexen Erklärungen, die „interne Gefahren" zum Gegenstand haben; keine andere angsterzeugende Situation wird sowohl von den Patienten als auch von den Klinikern so leicht übersehen oder bemäntelt wie die verbreitete Isolations- und Trennungsangst. In Indien dagegen weisen die Patienten offen und oft beharrlich auf ihre Angst hin, von „Bezugspersonen" abgeschnitten zu werden und so der bedrohlichen Einsamkeit ausgesetzt zu sein. Diese Angst wird in der Familie und der Gesellschaft in Indien zugegeben (wie vernachlässigbar sie auch für den im Westen ausgebildeten Kliniker sein mag); sie ist kulturell legitimiert und wird deshalb von den Klinikern ernstgenommen. Ja, in Indien wird die Isolationsangst sogar auf den Schöpfer selbst projiziert: Ein Hindumythos berichtet, daß die Schöpfung deshalb ihren Anfang nahm, weil Purusha, die Seele des Universums, alleine war und deshalb „kein Glück genießen konnte."[70]

Die Sehnsucht nach der bestätigenden Gegenwart der geliebten Person sowohl in ihrer positiven als auch in ihrer negativen Manifestation – das Leid, das sie verursacht, oder ihre Nichtverfügbarkeit oder Unzugänglichkeit in Zeiten, wenn sie gebraucht wird – ist die vorherrschende Modalität sozialer Beziehungen in Indien, vor allem innerhalb der Großfamilie. Diese „Modalität" drückt sich auf verschiedene Weise aus, zum Beispiel dadurch, daß sich jemand hilflos fühlt, wenn die Familienmitglieder abwesend sind, oder daß es ihm schwerfällt, alleine Entscheidungen zu treffen. Kurz gesagt, Inder stützen sich charakteristischerweise auf die Unterstützung durch andere, wenn sie das Leben bewältigen und sich mit den Anforderungen der Außenwelt auseinandersetzen wollen. Einige westliche, aber auch einige indische Sozialwissenschaftler fühlten sich bemüßigt, dies als „Schwäche" der indischen Persönlichkeit zu interpretieren, als den Preis, der für die im Kleinkindalter und in der frühen Kindheit genossene Nachsicht zu zahlen sei. Aussagen wie „Training des Selbstvertrauens und der Leistungsfähigkeit glänzt durch Abwesenheit. Kinder werden nicht zur Unabhängigkeit ermutigt. Von ihnen wird wie von Erwachsenen erwartet, daß sie Hilfe suchen, wenn sie in Schwierigkeiten sind."[71] oder „Das Familienleben hat die Tendenz, ein starkes Abhängigkeitsgefühl zusammen mit einem ausgeprägten Sicherheitsbedürfnis und ein klares Verantwortungsbewußtsein ohne einen entsprechenden Sinn für persönliche Initiative oder Entscheidungsfähigkeit zu entwickeln."[72] sind die Regel in Studien, die sich mit den entwicklungsbedingten Aspekten des indischen Charakters beschäftigen. Und sie insinuieren unvermeidlich die verallgemeinernde Wertung, daß Unabhängigkeit und Initiative „besser" seien als gegenseitige Abhängigkeit und Gemeinschaft. Aber natürlich hängt es von dem Bild einer Kultur ab, das sie von einer „guten Gesellschaft" und von „persönlichem Verdienst" hat, ob das Verhalten eines Menschen in Beziehungen sich dem Isolationspol des Verschmelzung-Isolation-Kontinuums nähert, wie es heute von den vorherrschenden kulturellen Traditionen des Westens postuliert wird, oder dem Verschmelzungspol, wie es die traditionelle indische Kultur nach wie vor fordert. Um ein Bild Schopenhauers auszuleihen: Das Grundproblem der menschlichen Beziehungen ähnelt dem von Igeln in einer kalten Nacht. Um sich gegenseitig zu wärmen, kriechen sie enger aneinander. Sie werden von den Stacheln der anderen gestochen und rücken wieder auseinander, aber dann frieren sie wieder und rücken wieder zusammen. Diese Hin- und Herbewegung wird so lange wiederholt, bis eine optimale Stellung erreicht ist, in der die Körpertemperatur über dem Gefrierpunkt liegt und der Schmerz durch die Stacheln (die Nähe der anderen) noch erträglich ist. In der indischen Gesellschaft bringt die optimale Stellung mehr Schmerz mit sich, aber man hat es wärmer.

Die indische Lösung der Spannung zwischen der Kälte der Distanz und dem Preis (an Abhängigkeit) der Nähe ist nicht „deviant" noch sind die Konsequenzen in den Mustern des Sozialverhaltens „regressiv". Wie Bowlby gezeigt hat, bildet sich sogar im Westen langsam ein Konsens unter Klinikern vieler verschiedener theoretischer Überzeugungen, daß zur emotionalen Reife die Fähigkeit gehört, sich vertrauensvoll auf andere zu verlassen, und daß echtes Selbstvertrauen nicht nur mit der Fähigkeit zu gegenseitiger Abhängigkeit vereinbar ist, sondern daß es daraus erwächst und ihr komplementär ist.[73] Die Fähigkeit, wirklich allein zu sein, ist am größten, wenn der „andere", der ursprünglich mit der toleranten, gebenden „guten Mutter" gleichgesetzt worden ist, konstante und unzerstörbare Gegenwart im Unterbewußtsein geworden ist und mit ihm als Selbstakzeptierung fusioniert ist. In einem früheren Kapitel haben wir gesehen, daß dieses Paradoxon auch der Meditation eines indischen Gurus zugrunde liegt, seinem Streben zur Erlangung des *moksha*, womit er versucht, das *sine qua non* an Autonomie durch völliges Eindringen in das „andere", das Nicht-Selbst, zu erlangen. Und wie immer ist die Vorstellungswelt des Hinduismus präzise: Shiva, der Urasket und das Urbild einsamer Selbstgenügsamkeit, wird oft in so enger Umarmung mit Shakti, der „Mutter des Universums", dargestellt, daß sie eins sind, untrennbar für die Dauer eines Weltzeitalters.

Die "schlechte" Mutter

Ich habe oben dargelegt, daß ein großer Teil des sogenannten abhängigen Verhaltens, das man bei Individuen und in den Sozialbeziehungen in Indien beobachten kann, eine Manifestation des universellen Wunsches ist, Isolation zu vermeiden, und der Notwendigkeit, die Verantwortung für das eigene Leben mit anderen zu teilen. Die offenkundige Allgegenwärtigkeit dieser Notwendigkeiten in Indien und ihr offener, unverhüllter Ausdruck spiegelt nicht so sehr ein regressives Streben nach „oraler Fixierung" wider, sondern eher die kulturelle Anerkennung und sogar Bestärkung solcher Notwendigkeiten und solchen Verhaltens, was sich klar von dem entsprechenden Ideal des Westens unterscheidet. Doch auch wenn wir den größeren Teil dieses „abhängigen" Verhaltens nicht dem „infantilen", sondern dem „normalen" Bereich zurechnen können, bleibt die Tatsache bestehen, daß die aus dem Motiv der Trennung erwachsende Angst in Indien viel verbreiteter und stärker ist als in westlichen Kulturen. Jedoch wäre es unangemessen, die neurotische Entstellung eines ansonsten für die indische Identität normativen Elements einer durch liebevolle Fürsorge gekennzeichneten verlängerten Kleinkindzeit zuzuschreiben. Diese „Verwöhnungstheorie", die häufig in Diskussionen über Persönlichkeitsentwicklung und Psychopathologie in Indien auftaucht, beruht auf einer unkritischen Übernahme der Freudschen Behauptung, daß übertriebene elterliche Liebe dazu führe, daß für das Kind die Gefahr, diese Liebe zu verlieren, zunimmt und es im späteren Leben unfähig mache, zeitweise ohne Liebe auszukommen oder geringere Liebe zu akzeptieren.[74] Trotz der weitverbreiteten Popularität dieser Hypothese und ihres zählebigen Einflusses auf Arbeiten über Charakterbildung gibt es kaum einen Beleg für sie. Tatsächlich weisen alle verfügbaren Daten[75] in die entgegengesetzte Richtung, nämlich daß ein Kind ängstlich und übertrieben anhänglich wird, wenn die elterliche Zuwendung unzureichend oder unzuverlässig ist.

In Indien rührt möglicherweise die Angst, die das Motiv der Trennung umwabert, zumindest zum Teil von dem Moment im späteren Kleinkindalter her, wenn die Mutter vielleicht plötzlich ihre Aufmerksamkeit und Gegenwart für das Kind einschränkt. Und tatsächlich belegen sowohl Erinnerungsberichte von Erwachsenen als auch anthropologische Untersuchungen von Kindererziehungspraktiken, daß dies in Indien eine weithin geübte Methode ist, die Kinder zu disziplinieren. „Ich kann mich nicht erinnern, daß mich meine Mutter je ausgeschimpft oder geschlagen hätte. Wenn es ihr mit mir zuviel wurde, wurde sie traurig, begann zu weinen und weigerte sich, mit mir zu sprechen." Oder: „Sie sagte oft zu mir, daß sie weggehen und mich allein lassen würde. Wenn ich ganz besonders ungezogen war, sagte sie zu mir, daß der Geist, der im Mangobaum draußen im Garten wohne, mich holen würde. Ich kann noch immer nicht an einem Mangobaum vorbeigehen, ohne innerlich ein wenig zu zittern." Dies sind typische Erinnerungen von Patienten in einer Kultur, in der ein Kind mit Geistern oder Kobolden zu erschrecken oder es allein in einen dunklen Raum einzusperren – kurz gesagt, Bedrohung durch Verlassensein und Isolation – für die effektivsten Methoden der Sozialisation gehalten werden. Das sind die Ängste, die ein indisches Kind „brav" sein lassen. Aber wenn diese Strafen in einem Kontext verläßlicher Mütterlichkeit und familiärer Zuneigung angedroht oder angewandt werden, dann lähmen sie nicht die Entwicklung, sondern ziehen sich in die Tiefen der Psyche zurück und hinterlassen eine schwache Spur der dunklen Seite der indischen Innenwelt.

Wenn etwas krankhaft ist in der Mutter-Kind-Beziehung (mit wahrscheinlichen Konsequenzen für die Bildung der indischen Psyche), dann hat das seine Ursache nicht so sehr in der Art der mütterlichen Tadel und Strafen und auch nicht in der Dauer oder der Intensität der Verbindung von Mutter und Kleinkind, sondern eher in der Gefahr der Verkehrung der emotionalen Rollen – einer Gefahr, die vor allem im Falle von männlichen Kindern nur allzu oft Realität wird. Mit Verkehrung der emotionalen Rollen meine ich folgendes: Wie wir gezeigt haben, erlebt die indische Mutter ihr neugeborenes Kind, insbesondere einen Sohn, vorbewußt als das Medium, in dem sich ihre „mütterliche" Identität kristallisiert und dem sie ihre Rolle und ihren Status in Familie und Gesellschaft verdankt. Sie neigt dazu, in ihrem Sohn eine Art Retter zu sehen und ihn voll Dankbarkeit, Zuneigung, Fürsorglichkeit und sogar Verehrung zu umhegen. Aus einer Reihe von Gründen kann das Gleichgewicht in der Erziehung so beeinträchtigt werden, daß die Mutter unbewußt verlangt, daß das Kind der Erfüllung ihrer eigenen Wünsche zu dienen habe, sosehr sie auch im Gegensatz zu seinen stehen mögen. Das Kind fühlt sich dann dazu gezwungen, als ihr Retter zu *handeln.* Angesichts ihrer unbewußten Andeutungen und Forderungen kann es sich verwirrt, hilflos und schwach fühlen, verängstigt durch die überwältigende Nähe der Mutter und trotzdem unfähig (und teilweise auch nicht bereit), sich zu distanzieren. In seiner Phantasie bekommt ihre Gegenwart das unheilvolle Ansehen der „schlechten Mutter".

Bevor ich die spezifische Rolle, die das Motiv der „schlechten Mutter" in der hinduistischen Psyche und Kultur spielt, genauer behandele, ist es notwendig zu betonen, daß der „schlechte" Aspekt der Mutter nicht nur in Indien existiert. Die „schlechte Mutter" lebt als Gegenpol zur „guten Mutter" in der Phantasie von uns allen. Wie Erich Neumann in einer Analyse der Mythen antiker Kulturen gezeigt hat und wie klinische Untersuchungen in der Gegenwart belegen, gab es als Gegenstück zur fruchtbaren, fürsorglichen und teilnahmsvollen Mütterlichkeit auch immer das fordernde, zerstörerische und verschlingende Mutterbild.[76] Und in der unbewußten Phantasie wird die Vagina, die Passage zwischen Sein und Nichtsein, nicht nur als Quelle des Lebens aufgefaßt und mit dem Ausgang zum Licht gleichgesetzt, sondern auch gefürchtet als abschreckendes dunkles Loch, als Eingang in die Tiefen eines toten Körpers, der das Leben wieder in sich aufsaugt. Auf dieser elementarsten Ebene der Psyche ist niemand völlig frei von ambilvalenten Gefühlen der Mutter gegenüber. Das Motiv der "schlechten Mutter" verdient im Zusammenhang mit Indien nicht deshalb besonderes Interesse, weil es existiert, sondern weil es in einmaliger Intensität und Stärke ausgeprägt ist. Aus diesem Blickwinkel betrachtet, enthüllt die Idealisierung der „guten Mutter" zweifellos die Intensität der durch sie während der Kleinkindzeit hevorgerufenen Emotionen und legt eine sekundäre Verdrängung der angsterfüllten und feindlichen Elemente dieser Gefühle nahe.

Die Vorstellungen von der „schlechten Mutter" sind kulturspezifisch. Großenteils sind sie eine Funktion der Beziehung zwischen den Geschlechtern in jeder Gesellschaft. In patriarchalischen Gesellschaften spiegeln sie darüber hinaus die unbewußte Ambivalenz der Mutter gegenüber dem männlichen Kind wider. So sind beispielsweise in Gesellschaften, die Frauen herabsetzen und diskriminieren, aggressive und destruktive Impulse gegen das männliche Kind höchst wahrscheinlich. Die traditionelle psychoanalytische Theorie faßt die gewaltige Vielfalt an Gefühlen und Phantasien, die der grundlegenden Dualität der Geschlechter entspringt, im Begriff des Penisneides zusammen, weist ihm eine hartnäckige Vorrangstellung im weiblichen Unbewußten zu und folgert, daß er die Frauen daran hindere, die Befriedigung emotionaler und psychosexueller Bedürfnisse in der Ehe zu finden, und sie dazu prädisponiere, diese Befriedigung bei ihren kleinen Söhnen zu suchen. Die Allgemeingültigkeit dieser Annahmen im Einzelfall ist fraglich; es ist jedoch mehr als wahrscheinlich, daß erotische Gefühle dem Kind gegenüber stärker und bewußter (dem Bewußtsein näher) auftreten in einer Gesellschaft wie Indien, wo man von einer Frau erwartet und sie dazu ermutigt, ihre emotionale Erfüllung in erster Linie in der Beziehung zu ihren Kindern zu finden.

In allen Gesellschaften verbindet die Vorstellung der „schlechten Mutter" das Motiv des aggressiv Zerstörerischen mit dem des sexuell Fordernden. Die Frage, welcher dieser beiden Aspekte die frühen Erfahrungen eines Kindes stärker beeinflußt und so zur Entstehung des kulturell spezifischen Bildes der „schlechten Mutter" beiträgt, hängt von Stellung und Status der Frau in der Gesellschaft und ebenso von den Mitteln und Bedingungen eines sozial sanktionierten weiblichen Ausdrucks von aggressiven und erotischen Impulsen ab. Es muß nicht eigens erwähnt werden, daß ich in dieser Analyse von einer kollektiven Vorstellung von der „schlechten Mutter" spreche und notwendigerweise individuelle Varianten außer acht lasse, die dem Lebensschicksal einzelner Mütter innerhalb einer Gesellschaft zugeschrieben werden können.

Aus bereits früher dargelegten Gründen ist in der indischen Gesellschaft als ganzer die aggressive Dimension des mütterlichen Gefühls dem männlichen Kind gegenüber vergleichsweise schwach. Es ist eher der Bereich der unbefriedigten erotischen Bedürfnisse, eine verführerische Ruhelosigkeit, worin die Möglichkeit zu Störungen liegt. Damit will ich nicht behaupten, daß es bei den indischen Frauen keinen Neid und keine Feindseligkeit den Männern ihrer Umgebung gegenüber gäbe; die Kastrationsphantasie, alle Männer in Eunuchen zu verwandeln, im Arundhati-Mythos ist, obwohl großenteils eine patriarchalische Projektion, ist nur eine Illustration der Ambivalenz, die die Beziehung zwischen den Geschlechtern beherrscht. Angesichts der vorherrschenden Vorliebe für männlichen Nachwuchs in der indischen Gesellschaft würde es dem psychoanalytischen Betrachter sehr merkwürdig erscheinen, wenn es solchen Neid nicht gäbe oder wenn er völlig verdrängt wäre. Jedoch zum Zwecke der Herausarbeitung der Vorstellung der „schlechten Mutter" in der indischen Persönlichkeitsentwicklung müssen wir unsere Aufmerksamkeit von der „aggressiven" Sphäre der Rivalität und der Wut weg auf die „erotische" Sphäre von Liebe und Begehren lenken. Wir müssen uns mit dem Ergebnis der weiblichen psychosexuellen Entwicklung in der traditionellen indischen Gesellschaft beschäftigen.

Das Schicksal der Sexualität eines indischen Mädchens ist eine sozial bestärkte progressive Entsagung. Die Geburt eines Kindes ändert nichts an dieser Vorschrift; im Gegenteil verlangt die Mutterschaft von einer Frau oft noch eine größere Beherrschung ihrer erotischen Impulse. Die familiäre und soziale Erwartung, daß sie sich nun ausschließlich dem Wohle ihres Kindes zu widmen habe, die langen Perioden des *post-partum*-Tabus für Geschlechtsverkehr in vielen Gemeinschaften, ihre wachsende Bindung an die Frauengemächer – dies sind einige der sozialen Faktoren, die eine junge Mutter dazu disponieren können, die ganze Kraft ihrer Erotik auf einen kleinen Sohn zu richten.

Hier muß daran erinnert werden, daß die innere Unzufriedenheit einer Mutter auf ihr Kind übertragen wird, wortlos, durch die tägliche Intimität ihres Kontaktes, und daß die Lösungen der Spannungen der Mutter für das Kind genauso wichtig werden kann wie die Befriedigung seiner eigenen Bedürfnisse. Und tatsächlich haben klinische Erfahrungen durchweg überzeugend gezeigt, daß die Verlagerung des sexuellen Begehrens einer Frau von ihrem Mann auf ihren Sohn für diesen eines der schwierigsten Probleme darstellt, vor die er gestellt sein kann. An einem bestimmten Punkt erwecken die Berührungen und Liebkosungen der Mutter, ob diese nun bewußt verführerisch oder offen sexuell sind oder nicht, zusammen mit den unbewußten erotischen Wünschen, die durch ihre Fürsorge ausgelöst werden, eine Gefühlsintensität bei dem männlichen Kind, der sein noch schwaches und unstrukturiertes Ich nicht gewachsen ist. Eine Flut von ungebetenem und unkontrollierbarem Gefühl droht ihn zu überschwemmen und erzeugt zugleich akute Angst. Der Sohn befindet sich in einer extrem mißlichen Lage: Obwohl er die physische Pflege und die emotionale Nahrung, die zunächst nur seine Mutter gewähren kann, unbewußt braucht, ist er sich der Intensität seiner Gefühle für sie (und ihrer für ihn) zutiefst bewußt und befürchtet unbewußt, von ihr überwältigt und „verschlungen" zu werden. Wenn der kleine Junge heranwächst - kognitiv, psychosexuell und sozial – und wenn er die Fähigkeit entwickelt, „sich auf alles einen Reim zu machen", merkt er, daß er ohne seine Mutter nicht auskommt und sich auch nicht von ihrer Gegenwart lösen kann, aber gleichzeitig ist er nicht in der Lage, ihr zu geben, was sie unbewußt wünscht. Indem er Unvollkommenheit in dieser Hinsicht „erkennt", beginnt er sich vor dem Zorn der Mutter und vor der Trennung von ihr, die ihre Enttäuschung über ihn anzukündigen scheint, zu fürchten. In seiner Phantasie können der Körper der Mutter und speziell ihre Genitalien einen bedrohlichen Aspekt bekommen. Philip Slater hat das in seiner Interpretation der Kindererziehung im antiken Griechenland so ausgedrückt: „Wenn das Kind von der Mutter gesunde, nichtverschlingende Liebe empfängt, wird es die weiblichen Genitalien als Lebensquelle empfinden. Aber wenn es solche Liebe nicht bekommt oder nur zu dem Preis, ausschließlich zur Befriedigung der mütterlichen Bedürfnisse zu leben, wird es die weiblichen Genitalien als existenzbedrohend ansehen." [77]

In der Phantasie des Kindes kann die von den weiblichen Genitalien ausgehende Bedrohung konkret werden, vergrößert zu schreckenerregenden Vorstellungen, zu einer Giftkammer, die im Geschlechtsakt den Tod bringt, oder zu einem Rachen voller scharfer Zähne, der sogenannten *Vagina dentata*. Dieses schreckliche Motiv, das in indischen Legenden und Mythen oft auftaucht, wird im folgenden Mythos aus dem *Kalika Purana* lebendig dargestellt: Während einer Schlacht zwischen den Göttern und den Dämonen besaß Sukra, der Guru der Dämonen, die Macht, alle erschlagenen Dämonen wieder zum Leben zu erwecken. Siva wußte, daß Sukra nicht getötet werden konnte, weil er ein Brahmin war, und so beschloß er, Sukra in die Vagina einer Frau zu werfen. Aus Sivas drittem Auge entsprang eine schreckliche Frau mit fliegendem Haar, einem riesigen Bauch, Hängebrüsten und Schenkeln wie der Stamm einer Platane und einem Mund wie eine Höhle. Ihr Schoß hatte Augen und Zähne. Siva sagte zu ihr: „Behalte den bösen Guru der Dämonen in deinem Schoß, bis ich Jalandhara (den Anführer des Dämonenheeres) getötet habe. Dann lasse ihn wieder frei." Sie lief hinter Sukra her, faßte ihn, zog ihm seine Kleider aus und umarmte ihn. Sie hielt ihn in ihrem Schoß fest, lachte und verschwand mit ihm. [78]

Während der Sukra-Mythos eine symbolische Dramatisierung der Hilflosigkeit des Kindes angesichts einer schrecklichen Mutter ist, verarbeitet ein anderer Siva-Mythos aus dem *Matsya Purana* die sexuelle Erregung des Kindes selbst und seine phantasierte Rache mit Hilfe des komplementären Motivs des *Penis aculeatus*, des scharfen Phallus: Siva neckte einst Parvati wegen ihrer dunklen Haut, und sie beschloß, *tapas* (asketische Übungen) durchzuführen, um eine goldene Haut zu bekommen. Als Parvati schied, sagte sie zu ihrem Sohn Viraka: „Mein Sohn, ich gehe, um *tapas* durchzuführen, aber Siva ist ein großer Frauenheld, und so möchte ich, daß du immer die Tür bewachst, solange ich fort bin, daß keine Frau zu Siva gelangen kann." Inzwischen hatte Adi, der Sohn des Dämons Andhaka, der beschlossen hatte, alle Götter zu töten, um den Tod seines Vaters zu rächen, erfahren, daß Parvati fortgegangen war, um *tapas* durchzuführen. Auch Adi machte *tapas* und bekam von Brahma das Versprechen, daß er erst sterben würde, wenn er sich zweimal verwandelt habe. Dann kam er zu Sivas Tür, und als er Viraka davor sah, verwandelte er sich in eine Schlange, um ihn zu täuschen, und vergaß dabei die Bedingung über die Art seines Todes. Als er im Haus war, nahm er die Gestalt Parvatis an, um Siva zu täuschen, und er ließ Zähne, scharf wie Donnerkeile, in ihrer Vagina wachsen, denn er war entschlossen, Siva zu töten. Als Siva ihn sah, umarmte er ihn in der Meinung, er sei Parvati, und Adi sagte: „Ich ging, um *tapas* durchzuführen, um dir teuer und wert zu sein, aber ich fand keine Freude dort und bin deshalb zu dir zurückgekommen." Als Siva dies hörte, wurde er mißtrauisch, denn er wußte, daß Parvati niemals zurückgekehrt wäre, ohne die *tapas* vollendet zu haben, und so suchte er nach Anzeichen, an denen er sie erkennen könnte. Als er sah, daß der angeblichen Parvati das Lotuszeichen auf der linken Körperseite fehlte, das die echte Parvati dort trug, erkannte er die magische Gestalt eines Dämons, und er bewehrte seinen Phallus mit einem Donnerkeil, durchbohrte den Dämon damit und tötete ihn.[79]

In der Tat ist die Gestalt der Mutter in der Psyche des indischen Mannes allgegenwärtig. Doch was diese typischen Mythenfragmente deutlich machen, ist die Ambivalenz, mit der sie in der Phantasie bewertet wird: Sie ist sowohl fürsorgliche Wohltäterin als auch bedrohliche Verführerin. Die Vorstellung von der „schlechten Mutter" als einer Frau, die ihren männlichen Nachwuchs mit ihrer unerfüllten, unheilbringenden Sexualität belastet, ist nicht nur ein klinisches Postulat, das durch mythologische Belege untermauert werden kann; sie wird auch indirekt durch die starren Tabus bestätigt, die sich im traditionellen Indien auf Menstruationsblut und Geburt beziehen.[80] Eine menstruierende Frau darf kein Essen zubereiten, keine rituellen Opfer bringen und nicht an Familienfesten teilnehmen. Ihr ist es verboten, den Tempel zu besuchen oder in die Küche, in die Speisekammer und zum Brunnen zu gehen. Die Männer haben eine tödliche Angst vor der Nähe einer menstruierenden Frau. Wie viele Bräuche in Indien haben die Menstruationstabus eine uralte Tradition. Manu drückt die Sache wie üblich überdeutlich aus: „Weisheit, Energie, Kraft, Macht und Vitalität eines Mannes, der sich einer mit Menstruationsausscheidungen bedeckten Frau nähert, verschwinden völlig."[81]

So liegt unter dem bewußten Ideal der weiblichen Reinheit,

Unschuld und Treue, das verflochten ist mit dem unbewußten Glauben an die lebenserhaltende mütterliche Güte, bei vielen hinduistischen Männern die heimliche Überzeugung, daß das weibliche Prinzip in Wirklichkeit das Gegenteil ist: treulos, lüstern und zügellos in ihrer unerfüllten, schmutzigen Sexualität. Diese dunkle Vorstellungswelt kommt unverhohlen zum Ausdruck in Sprichwörtern wie: „Das Feuer kann nie genug Öl bekommen, Flüsse können den Ozean nicht füllen, der Tod kann nie genug Lebewesen bekommen, und Frauen können niemals von Männern befriedigt werden." Als in der Mythologie Shiva den Kama, den Gott des geschlechtlichen Begehrens, vernichtet, fließt das Wesen Kamas in die Glieder Devis, der großen Muttergottheit und archetypischen Frau. Oder als die Frauen aus dem Pinienwald versuchen, Shiva zu verführen, zitieren sie aus einem Text, der in mehreren Upanishaden und Brahmanaden auftaucht: „Die Veden sagen: ‚Feuer ist die Frau, Öl ihr Schoß; wenn sie lockt, ist das der Rauch, und ihre Vulva sind die Flammen. Was in ihnen getan wird, sind die Kohlen, und die Lust sind die Funken. In diesem Vaisvanara-Feuer bieten die Götter immer ihren Samen als Opfer an.' Deshalb habe Mitleid. Hier ist der Opferaltar." [82]

Die Angst vor der Notwendigkeit, sich der weiblichen Sexualität zu stellen, wird in vielen Teilen Indiens auch in der leicht ängstlichen Haltung sexuell reifen Frauen gegenüber evident. Dubes Beobachtungen in einem Dorf in Heiderabad ("Junge Leute sind besonders fasziniert von heranwachsenden Mädchen, deren Jugend gerade zu blühen beginnt. Junge Männer, denen es gelingt, die ‚unreifen, halbentwickelten Brüste' eines Mädchens zu betasten oder mit einem Mädchen Geschlechtsverkehr zu haben, ‚deren Schamhaar gerade zu wachsen beginnt', gewinnen die höchste Bewunderung in ihrer Altersgruppe ... Mit Erfolgen (eingebildeten oder tatsächlichen) bei heranwachsenden Mädchen wird begeistert renommiert.") [83] belegen die weitverbreitete Vorliebe für unreife Mädchen und die damit einhergehende Angst vor der reifen, weiblichen Sexualität. Die Phantasiewelt der Hindumänner ist voll von Gestalten älterer Frauen, deren Appetit die Sexualität eines Mannes schwächt und zu deren sexuellen Praktiken zum Beispiel vaginales Saugen – „Melken des Penis" – gehört. Diese Phantasiefrauen spiegeln die primitive Angst des hinduistischen Sohnes vor der mütterlichen Sexualität wider, die verzehrt, verschlingt und aussaugt. Hier läßt sich einflechten, daß das verbreitete Schimpfwort „Penis deiner Mutter", dessen Bedeutung Dube rätselhaft erscheint, genau dieser dunklen Seite der männlichen Vorstellungswelt von Mütterlichkeit entstammt; wie Karen Horney gezeigt hat, ist aber der Versuch, die Frau in der männlichen Phantasie mit einem Penis auszustatten, der Versuch, die unheimlichen weiblichen Genitalien zu leugnen — in Indien die der Mutter.[84]

Die latente sexuelle Bedrohung durch die reife Frau ist auch der wichtigste *psychologische* Grund für die ungewöhnliche Disparität des Lebensalters von Männern und Frauen zur Zeit der Eheschließung, obwohl dieser Altersunterschied nur selten das Ausmaß erreicht, das Manu für richtig und angemessen hält, nämlich sechzehn bis achtzehn Jahre! Doch auch eine junge Braut wird natürlich älter. Sie wird eine erwachsene Frau, die, zumal nach der Geburt eines Kindes, in der unbewußten Phantasie ihres Mannes auf beängstigende Weise seiner sexuell abschreckenden Mutter näherrückt. Der direkteste Ausdruck dieser (im allgemeinen unbewußten) Assoziation in der männlichen Psyche ist der Mythos von Skanda, dem Sohn von Shiva und Parvati: Als Skanda Taraka (einen Dämon, der die Götter terrorisiert hatte) getötet hatte, wollte Parvati, seine Mutter, ihn belohnen, und sie sagte deshalb zu ihm, er dürfe sich amüsieren, wie es ihm gefalle. Skanda vernaschte die Frauen der Götter, und sie konnten nichts dagegen tun. Sie beschwerten sich bei Parvati, und so entschloß sie sich, jeweils die Gestalt der Frau anzunehmen, die Skanda gerade verführen wollte. Skanda rief die Frau Indras (des Königs der Götter) und dann die Frau Varmas (des Windgottes), und als er jede ansah, erkannte er in ihnen jeweils die Gestalt seiner Mutter, und nun schämte sich Skanda und dachte bei sich: „Das Universum ist voll von meiner Mutter", und er verlor alle Lust.[85]

Die andere Seite der Medaille, die kontraphobische Haltung, das bewußte Begehren dessen, was unbewußt gefürchtet wird, wird in der folgenden Passage aus der Yogatattva-Upanishad dargestellt: „Die Brust, die ihn einst säugte, drückt er nun zu seiner Lust. Er genießt die gleichen Geschlechtsteile, die ihn zur Welt gebracht haben. Sie, die zuvor seine Mutter war, wird nun seine Frau sein, und die, die nun Frau ist, Mutter. Er, der nun Sohn ist, wird wieder Vater sein."[86]

Eine der wahrscheinlichsten Konsequenzen dieses angsterweckenden Vorgangs der Assoziation in der unbewußten Phantasie ist die erhöhte Furcht vor oder das tatsächliche Auftreten von Impotenz. Und tatsächlich ist das ein Phänomen, für dessen Allgegenwart indische Psychiater und ihre traditionellen Gegenstükke — die *vaids* und *hakims*, an die sich die Mehrheit der Inder bei psychosomatischen Beschwerden wendet — besonderes Zeugnis ablegen können. Diese Angst steht völlig in Übereinstimmung mit der Werbung für Patentmedikamente, mit der die Wände an den Eisenbahnstrecken in allen größeren Städten Indiens gepflastert oder bepinselt sind. Zusammen mit Kuren gegen Unfruchtbarkeit, die Hauptsorge der indischen Frauen, behaupten sich diese Heilmittel, weil sie den Männern sexuell Verjüngung versprechen. Die psychosexuelle Entwicklung und Intimitätsprobleme zwischen indischen Männern und Frauen offenbaren den Teufelskreis, der im indischen Unbewußten abläuft: Reife Frauen sind für die Männer sexuell abschreckend, was zu einer Meidungshaltung im Sexualverhalten führt, was seinerseits die Frauen dazu veranlaßt, ihre provokative sexuelle Gegenwart ihren Söhnen gegenüber zu verstärken, was wiederum erwachsene Männer entstehen läßt, die die Sexualität reifer Frauen fürchten.

Angesichts des Zusammenwirkens dieser Phänomene müssen wir zu dem Schluß kommen, daß die sexuelle Gegenwart der „schlechten Mutter" in der unbewußten Erfahrung männlicher Kinder eine große Rolle spielt und deshalb für das Verständnis der indischen Psyche eine entscheidende Bedeutung hat. Und tatsächlich ist, wie ich im folgenden zu zeigen versuchen werde, der Fundus der kollektiven Phantasien, die dieses Thema betreffen, ungewöhnlich groß. Sicherlich benutzen alle Gesellschaften Hexen, Geister, Vampire und andere Phantome, um den verbotenen negativen Aspekt der wahren Mutter zu symbolisieren; diese Phantasiegestalten sind wie auch andere Muttersurrogate wie Stiefmütter oder böse Göttinnen mit Bedeutungsinhalten befrachtet, die den archaischen frühen Kindheitsängsten vor den emotionalen Bedürfnissen der Mutter und phantastischen Bedrohungen entstammen. Diese Gestalten der individuellen und kollektiven Phantasie sind allen Kulturen vertraut, und die *dayans*, *jinns* und *bhoots*, die die indische Nacht und die hinduistische Phantasie so zahlreich bevölkern, sind nichts Ungewöhnliches. Weibliche Vampire, die Blut aus den Zehen schlafender Männer saugen, verkörpern (auch ohne Analyse des offensichtlichen sexuellen Symbolismus) die eingebildete raubgierige Mutter ebenso bildhaft, wie Ghitachi, Menaka, Rambha, Urvasi, Chitralekha und all die anderen *apsaras* oder „himmlischen Jungfrauen", die Männer mit zauberischen Mitteln von der Ausübung „strenger Askese" abbringen und ihnen ihren „geistigen" Lebensstoff aussaugen.

Eine lebendige Illustration der kollektiven männlichen Phantasie über die Auseinandersetzung des Kindes mit der geschlechtlichen Mutter ist das mythische Zusammentreffen von Arjuna, dem Helden des Epos *Mahabharata*, mit der *apsara* Urvasi, das einer der populärsten und ständig neu in Szene gesetzten Stoffe des indischen Tanzdramas ist. Die Geschichte hat in der Darstellung des *Mahabharata* einen traumähnlichen Charakter. Sie beginnt mit den angenehmen Gefühlen des Kindes, das die Schönheit seiner Mutter bewundert und ihre Nähe wünscht, einer zärtlichen Erwartungshaltung, die sich jedoch nach und nach ins Gegenteil verkehrt – in Angst, daß es ihre sexuellen Bedürfnisse nicht befriedigen kann. Der Konflikt wird durch eine Selbstkastration gelöst, die die Mutter besänftigt. In der Phantasie ergreift die Mutter die Initiative und nähert sich dem Kind: „Und als es schon fast dunkel und der Mond aufgegangen war, da machte sich diese langbeinige *apsara* zur Wohnung Arjunas auf. Und in dieser Stimmung, ihre Gedanken ganz von Arjuna erfüllt, vergnügte sie sich in ihrer Vorstellung mit ihm auf einem großen prächtigen Bett, das mit himmlischen Laken bedeckt war, und mit ihren lockigen, weichen und langen Haarflechten, in die Blumen eingeflochten, sah sie sehr schön aus. Mit ihrer Schönheit und Grazie, die anmutigen Bewegungen ihrer Augenbrauen und ihrer sanften Lippen und mit ihrem mondgleichen Gesicht schien sie sogar den Mond in Versuchung bringen zu können. Und wie sie so dahinschritt, vibrierten ihre großen, spitzen Brüste, über denen sie eine goldene Kette trug und die sie mit himmlischen Salben und duftendem Sandelöl eingerieben hatte. Und als Folge des Gewichts ihrer Brüste mußte sie sich bei jedem Schritt ein wenig vorbeugen und legte dabei ihren Bauch in drei ausnehmend schöne Falten. Und ihre makellosen Lenden, der elegante Wohnsitz des Liebesgottes, ausgestattet mit Haaren und hohen, runden Hüften, im unteren Teil breit wie ein Hügel, geschmückt mit Goldketten, fähig, die Heiligkeit von Einsiedlern zu erschüttern, waren in all diesem Putz höchst anmutig. Und ihre Füße mit flachen Knöcheln, flachen Sohlen und geraden Zehen mit der Farbe von poliertem Kupfer und mit hohem und geschwungenem Spann wie der Rücken einer Schildkröte, mit verzierten Riemen, an denen Reihen kleiner Glöckchen hingen, waren außergewöhnlich hübsch. Und da sie sich mit ein wenig Likör aufgeheitert hatte, den sie in erregter Vorfreude zu sich genommen hatte, und in ihren Bewegungen auf verschiedenste Weise ihr Gefühl der Freude ausdrückte, sah sie noch hübscher als sonst aus."

Urvasi betritt Arjunas Palast. „Da er sie zu so später Stunde in seinem Haus sah, ging Arjuna mit angstbedrängtem Herzen hin, sie zu empfangen, und mit sittsam niedergeschlagenen Augen sagte er zu ihr: ‚Oh du edelste der Apsaras, ich ehre dich, indem ich mein Haupt vor dir neige. Hohe Frau, laßt mich eure Befehle wissen. Ich stehe ganz zu euren Diensten.'" Ohne die Umschreibungen und Auschmückungen, die den Hindus so lieb und wert sind, äußert Urvasi offen und direkt ihr sexuelles Begehren. Aber „als Arjuna sie in dieser Weise reden hört, wird er von Scham überwältigt. Und er hält mit beiden Händen seine Ohren zu und sagt: ‚Oh gnädigste Frau, Schande über meine Ohren, wenn Ihr so zu mir sprecht. Denn Ihr steht, holdes Angesicht, in meiner Einschätzung sicherlich der Frau eines der Höchsten gleich. Ja, Ihr seid für mich wie Kunti (seine Mutter), was Eure hohe Herkunft betrifft, oder wie Sachi, Indras (der Götterkönig) Königin, oh Glückverheißende. Oh gesegnete Apsara, es ziemt sich nicht für Euch, andere Gefühle gegen mich zu hegen, denn Ihr seid höher als meine Höhergestellten, denn ihr seid die Mutter meines Volkes.'" Urvasi jedoch beharrt auf ihrem Wunsch, und Arjuna vermittelt mehr und mehr den Eindruck der Hilflosigkeit des Kindes, das die Zuwendung und Fürsorge der Mutter wünscht, aber statt dessen mit ihrer Sexualität konfrontiert wird: „Oh kehrt zurück, Ihr schönste der Frauen: Ich beuge mein Haupt vor Euch und werfe mich zu Euren Füßen. Ihr verdient dieselbe Verehrung, die ich meiner Mutter entgegenbringe, und Ihr solltet mich wie einen Sohn beschützen." Nun weitet sich der Konflikt aus, denn ob solcher Ansprache „wurde Urvasi von großem Zorn erfüllt. Mit zusammengezogenen Augenbrauen und vor Wut zitternd verfluchte sie Arjuna. Da er eine Frau, die von den Pfeilen Kamas, des Gottes der Liebe, durchbohrt wurde, zurückgewiesen habe, ‚sollst du deine Zeit unter den Frauen unbeachtet verbringen müssen, als Tänzer, ohne Männlichkeit, als Eunuch.'"

Wie in allen hinduistischen Mythen und Legenden gibt es auch hier im Hintergrund eine wohlwollende Macht, die schließlich hervortritt und die extremen Konsequenzen des Fluches mildert. In deutlichem Gegensatz zur antiken griechischen Mythologie mit ihren blutrünstigen Morden, Verstümmelungen und Kastrationen führen in der indischen Phantasie die mörderischen Impulse der Eltern gegen ihre Kinder oder der Kinder gegen ihre Eltern nicht zu ständigen Bluttaten oder Morden. Sogar in dem seltenen Fall, daß ein Protagonist über den bloßen Versuch hinaus zur tatsächlichen Tat schreitet, gibt es stets eine positive Gestalt, einen Gott, eine Göttin oder den Geist eines Vorfahren, der die begangene Tat rückgängig macht. So muß Arjuna nur ein Jahr im kastrierten Zustand als Eunuch leben, eine Lösung, über die er „große Freude empfand, und so dachte er nicht mehr an den Fluch". [87]

Die Verleugnung der männlichen Potenz und Stärke, in Arjunas vorübergehendem Schicksal mythologisch dargestellt, ist einer der wichtigsten unbewußten Abwehrmechanismen des männlichen Kindes gegen die von der mütterlichen Sexualität ausgehende Bedrohung. Dieser Abwehrmechanismus wird auch in einem weiteren bekannten Mythos dargestellt: „Der Dämon Ruru griff mit einer Armee die Götter an, und diese suchten bei Devi Zuflucht. Sie lachte, und ein Heer von Göttinnen kam aus ihrem Mund. Sie töteten Ruru und seine Armee, aber danach hatten sie Hunger und wollten etwas zu essen haben. Devi rief Rudra Pasupati [ein anderer Name für Shiva] zu sich und sprach: ‚Du hast die Gestalt einer Ziege und riechst wie eine Ziege. Diese Damen werden dein Fleisch essen, denn anderenfalls werden sie alles auffressen, auch mich. Shiva antwortete: ‚Den Geruch einer Ziege habe ich abbekommen, als ich das fliehende Opfer von Daksa, das die Gestalt einer Ziege angenommen hatte, durchbohrt habe. Aber laß doch die Göttinnen das essen, was schwangere Frauen durch ihre Berührung besudelt haben, und außerdem neugeborene Kinder und Frauen, die ständig weinen.' Aber Devi lehnte so abscheuliche Nahrung ab, und schließlich sagte Shiva: ‚Ich will dir etwas geben, was noch niemand zuvor geschmeckt hat: die beiden Bälle, die unter meinem Nabel hängen und die Früchten gleichen. Iß meine Testikel und gib dich zufrieden.' Durch diese Gabe hocherfreut, lobte die Göttin Shiva in den höchsten Tönen." [88] Hier sind trotz löblicher Bemühungen, die Elemente des Abscheus und des Schreckens als Kernstücke der Phantasie durch Hinzufügung solcher Details wie die Vielzahl der Göttinnen, die Ziege und so weiter zu verschleiern, die mütterliche Bedrohung und der Abwehrmechanismus der Selbstkastration unmißverständlich, obwohl sie in eine raubgierige orale Vorstellungswelt der frühesten Kindheit gebettet sind.

Die phantasierte Verleugnung der Maskulinität ist immer nur eine Möglichkeit, zu der das männliche Kind in seiner Hilflosigkeit greifen kann, um sein Dilemma zu lösen. Die hinduistische Mythologie zeigt auf dramatische Weise noch andere auf – wie zum Beispiel die Möglichkeit, der „schlechten Mutter" ihr Geschlecht abzusprechen. Man denke an den Mythos von Surpanakha, der Schwster des Dämonenkönigs Ravana. Die Riesin, „mit scheußlichen Augen und abstoßendem Anlitz", sagt zu Rama, er solle

„Diese arme mißhandelte Sita verlassen,
und empfange mich, die würdigere Braut.
Sieh an meine Schönheit und ziehe
eine Geliebte wie mich der anderen vor.
Ich werde diese unförmige Frau auffressen,
und auch dein Bruder wird ihr Schicksal teilen.
Aber du, Geliebter, komm und ziehe
heim mit mir durchs Land der Wälder." [89]

Rama widersetzt sich beharrlich ihren Avancen. Da Surpanakha glaubt, daß Sita das Haupthindernis sei, das ihrer Vereinigung mit Rama im Wege stehe, ist sie entschlossen, sie zu töten, aber sie wird daran gewalttätig gehindert, indem Ramas Bruder ihr die Nase abschlägt. In Übereinstimmung mit dem wohlbekannten Phänomen, unbewußt die Genitalien nach oben zu verschieben, handelt es sich hier um eine phantasierte Klitorisresektion, die das Ziel hat, das Mittel und das Symbol von Surpanakhas Begehren zu vernichten.

Ein weiterer Abwehrmechanismus gegen die sexuell bedrohliche „schlechte Mutter" ist im mythologischen Repertoire der Muttermord, gefolgt von Wiederauferstehung und Vergöttlichung. Philip Spratt, der die Legenden über neunundzwanzig in den Dörfern Südindiens verehrte lokale Göttinnen zusammengetragen hat, stellt fest, daß neunzehn von den Frauen, die später vergöttlicht wurden, zunächst eines gewaltsamen Todes gestorben waren; darüber hinaus sind in vierzehn dieser Legenden der Frau verbotene sexuelle Handlungen das Hauptthema. [90] Zum Beispiel: „Podilamma geriet in den Verdacht des Ehebruchs. Ihre Brüder, die Bauern waren, warfen sie unter die Füße ihrer Ochsen. Sie verschwand, und alles, was sie von ihr finden konnten, war ein Stein. Ihr Geist verlangte von ihnen (den Dorfbewohnern), daß sie den Stein verehren sollten." Oder: „Eine Witwe mit Namen Ramama hatte unsittliche Beziehungen zu ihrem Diener. Ihr Bruder ermordete die beiden. Eine Viehseuche brach aus, und die Dorfbewohner führten das auf ihren Zorn zurück, und sie führten rituelle Opfer ein, um ihren Geist zu besänftigen." [91] Einerseits zielt die diesen Legenden zugrundeliegende Phantasie darauf, die sexuellen Bedürfnisse der Mutter zu erfüllen und zu befriedigen, andererseits aber rächt sich das Kind an ihr dafür, daß sie es trotz seiner eigenen unerfüllten „Bedürfnisse", seiner Unerfahrenheit und des Fehlens einer reifen genitalen Ausstattung in diese hoffnungslose Lage gebracht hat. Durch die „Ermordung" der sexuellen Mutter jedoch wird auch die Quelle der Zuneigung, des Schutzes und der mütterlichen Liebe für das Kind verschüttet, und es entsteht ein unerträgliches Sehnsuchts- und Schuldgefühl. Um die Kindesbeziehung wiederherzustellen und die verwirkte Gegenseitigkeit zurückzubringen, muß die Mutter als nichts Geringeres als eine Göttin wieder auferstehen.

Ein weiterer Abwehrmechanismus im Kampf des männlichen Kindes gegen die „schlechte Mutter" ist die Phantasie, von einem Mann geboren zu sein. In diesem Falle hat die eigene Existenz absolut nichts mit der Mutter zu tun und ist so unbezweifelbar männlich. Diese Phantasie kommt in einer der Varianten der Geburt des Ganesha zum Ausdruck, einer der populärsten Gottheiten des hinduistischen Pantheons. Ganesha wird üblicherweise als kleingewachsener, korpulenter Gott mit einem Elefantenkopf und einem dicken Bauch dargestellt. Sein Abbild, ob als Steinplastik oder als Farbdruck, kann man praktisch in jedem hinduistischen Haus oder Geschäft finden. Nichts Wichtiges wird ohne eine Anrufung Ganeshas getan, weder in der Familie noch im Geschäft, ob es sich dabei um den Bau eines Hauses, die Planung einer Reise oder auch nur das Schreiben eines Briefes handelt. In der von mir gemeinten speziellen Variante seiner Geburtserzählung, die aus der *Varaha Purana* stammt, wird berichtet, daß Götter und heilige Weise zu Shiva kamen, weil sie erkannt hatten, daß Menschen genauso zu guten Taten neigen wie zu schlechten, und ihn baten, eine Methode zu finden, wie man schlechten Taten Hindernisse in den Weg stellen könne. Während Shiva über dieses Problem meditierte, schuf er einen schönen Jüngling, in den sich gleich alle himmlischen Frauen verliebten und der von seinem Vater den Auftrag bekam, das Böse zu verhindern. Aber Shivas Frau, die große Muttergöttin Uma (auch als Durga, Parvati oder Gauri bekannt), wurde im höchsten Maße eifersüchtig auf die unberührte Empfängnis des Jünglings und seine unvergleichliche Schönheit, und sie verfluchte ihn und schlug ihn mit einem dicken Bauch und einem Elefantenkopf.

Andere Berichte der hinduistischen Mythologie über den Ursprung der uneinheitlichen Physiognomie Ganeshas spiegeln die verblüffend verschiedenen aufeinander folgenden „Ausgaben" der unbewußten Phantasie wider, die die kindliche psychosexuelle Entwicklung mit Leben erfüllen. So erzählt die Variante des *Brahmavaivarta Purana*, daß Parvati, die sich sehr nach einem Kind sehnt, nach einer langen Zeit der Buße und des Betens der Wunsch schließlich erfüllt wird. Alle Götter kommen zu Shivas Haus, um dem Paar zu gratulieren und das Neugeborene zu bewundern. Nur Sani, der unglücksverheißende Saturn, weigert sich, das Kind anzuschauen, und hält den Blick fest auf den Boden gerichtet. Als man ihn nach dem Grund für diese Unhöflichkeit fragt, antwortet er, daß auf ihm der Fluch läge, daß jedes Kind, das er anschaue, seinen Kopf verliere. Parvati zwingt Sani jedoch, das Kind anzusehen, worauf Ganeshas Kopf sich vom Körper trennt und wegfliegt. Parvatis kummervolles Lamento wegen der Enthauptung ihres Sohnes rührt Vishnu, der sich ins Mittel legt und schließlich einen Elefantenkopf beschafft, den er dem Körper des Kindes aufsetzt. So ist Ganesha wiedererstanden.

In der Entwicklungsabfolge der individuellen Psyche stehen diese beiden Versionen des Ganesha-Mythos in unmittelbarer Nähe. Ohne näher auf die unbewußte Gleichsetzung von Genitalien und Kopf einzugehen, die in der hinduistischen Phantasie eine so große Rolle spielt, ist es klar, daß jede der Geburtsversionen Ganeshas den Sohn symbolisch mit dem Verlust seines Penis bedroht, und dies auf Befehl der „schlechten Mutter". Außerdem werden wir Zeugen einer der großartigen Kompensationen der Psyche, denn wenn Ganeshas Kopf wiederhergestellt wird, dann handelt es sich nicht um einen gewöhnlichen menschlichen Kopf, sondern um den eines Elefanten mit einem enormen Rüssel!

In der dritten Version der Ganesha-Geschichte, die aus dem *Shiva Purana* stammt, ist die Bandbreite der Phantasie weiter fortgeschritten; sie verdichtet und reflektiert die Hauptmotive einer späteren, ödipalen Entwicklungsstufe. Ein neuer Konflikt entsteht aus der störenden Gegenwart des Vaters, seinen Ansprüchen sowohl an die Mutter als auch an das Kind und aus der Bedrohung, die dies für ihre frühere Symbiose darstellt. In dieser Variante des Mythos hat Shiva nichts mit Ganeshas Geburt zu tun. Das Kind ist vielmehr alleine von Parvati aus den Unreinheiten ihres Körpers geformt und dadurch zum Leben erweckt worden, daß es mit dem „mütterlichen Wasser" des heiligen Flusses Ganges begossen wurde. Auf Anweisung Parvatis steht Ganesha vor der Tür, um Eindringlinge zurückzuhalten, während seine Mutter badet, und er verweigert seinem Vater den Eintritt. Aus Ärger darüber, daß er von seiner Frau ferngehalten werden soll, schlägt

Shiva Ganesha den Kopf ab. Aber als Parvati Shiva mitteilt, daß ihr Sohn lediglich ihrem Befehl gehorcht hat, und als sie sich als untröstlich über den Verlust ihres Sohnes erweist, erweckt Shiva Ganesha wieder zum Leben, indem er dem kopflosen Körper des Kindes den Kopf eines vorbeikommenden Elefanten aufsetzt.

Der ödipale Konflikt in dieser Variante des Mythos und wie der Sohn ihn löst — Kastration durch den Vater — ist in diesem Zusammenhang nicht mein Hauptanliegen. Ich möchte lediglich auf die verschiedenen aufeinanderfolgenden Transformationen der Phantasie von Stufe zu Stufe der psychologischen Entwicklung und ihre Koexistenz mit dem Unbewußten hinweisen. Darüber hinaus kann dies in Hinsicht auf eine *einzelne* mythologische Gestalt eintreten, die so auf einmal eine Vielfalt psychischer Neigungen zu repräsentieren hat. Die enorme Popularität, der sich Ganesha in ganz Indien erfreut — ein Phänomen, das Indologen vor beträchtliche Rätsel stellt -, kann also teilweise dadurch erklärt werden, daß Ganesha als Gott für alle psychischen Lebenslagen gesehen wird und in der traditionellen indischen Gesellschaft gewisse „typische" Lösungen von Entwicklungskonflikten verkörpert.

Dies also sind die mythologischen Verarbeitungen der Auseinandersetzungen des indischen Jungen mit der „schlechten Mutter". Populäre Mythen, religiöse Bräuche und anthropologische Untersuchungen lassen gleichermaßen den Schluß zu, daß die modale Lösung des Konflikts eine dauernde Identifikation mit der Mutter ist.[92] Dieser Identifikationsprozeß unterscheidet sich von der früheren dankbaren Einverleibung der „guten Mutter" in das aufkeimende Ich des Kindes dadurch, daß er ein Element der Feindseligkeit enthält, denn die Quelle der Angst, die Mutter, kann nur dadurch beseitigt werden, indem man sie in sich aufnimmt.

Sich mit seiner Mutter zu identifizieren bedeutet in psychosexueller Hinsicht, ihr seine Männlichkeit zu opfern, um der sexuellen Erregung und der Bedrohung, die letztere für das zerbrechliche Ich des Jungen darstellt, zu entgehen. Als Folge davon kommt der Junge zu der Überzeugung, daß der einzige Weg, die Forderungen seiner Mutter zu beschwichtigen und sie wieder fürsorglich und beschützend werden zu lassen, die Verleugnung des Anlasses der Störung ihrer Beziehung ist: seiner Männlichkeit. Mythologisch verarbeitet haben wir den Vorgang in Arjunas Begegnung mit Urvasi, in Shivas Opfer seiner Testikel und in Ganeshas durch Parvatis Eifersucht ausgelösten Verlust seines Kopfes beobachten können.[93] In den antiken und mittelalterlichen Sagen, zum Beispiel im *Hitopadesha*, in *Vikramadityas Abenteuern* und im *Kathasaritsagar* gesammelt sind, kommt das Abschneiden des eigenes Kopfes (Symbol der Selbstkastration) als Akt der Verehrung der Muttergottheit häufig vor. Westliche Leser mögen sich an Thomas Manns Erzählung „Die vertauschten Köpfe" erinnern, in der er die indische Sage bearbeitet, nach der zwei Freunde, die in einer sexuell zweideutigen und gefährlichen Situation ertappt worden sind, sich in den Tempel der Göttin Bhavani zurückziehen und sich die Köpfe abschneiden.

In rein sexuellem Sinne wird die puerile Identifikation mit der Mutter sogar noch deutlicher in der Geschichte vom König Bhangaswana im *Mahabharata*, der von Indra in eine Frau verwandelt wurde und dann in diesem Zustande bleiben wollte. Der König lehnte Indras Angebot, seine Männlichkeit wiederherzustellen, ab, indem er behauptete, daß der Genuß der Frauen beim Geschlechtsverkehr viel größer sei als der der Männer.[94] Philip Spratts akribische Zusammenstellung anthropologischen Materials — traditionelle Dorfzeremonien, in denen sich die Männer als Frauen verkleiden, die Transvestitenbräuche der Bettler niedriger Kasten in Bellary, das Besessensein vom Geist der Göttin Durga der Männer der Dhed-Gemeinschaft in Gujarat, die simulierte Menstruationsperiode bei bestimmten Anhängern des Vallabhcharya — muß nicht weiter aufgeführt werden.[95] Und obwohl man versucht sein mag, diese Phänomene als Verirrungen anzusehen, als extreme Manifestationen abseitigen Verhaltens, muß man aber trotzdem die Möglichkeit einräumen, daß diese Randgruppen — ebenso wie das „kranke" Familienmitglied den unbewußten Konflikt der gesamten Familie ausleben kann und dadurch den anderen erlaubt, „gesund" zu bleiben — die herrschenden emotionalen Konstellationen innerhalb der hinduistischen Gesellschaft als ganzer ans Licht bringen. Auch läßt sich nicht leugnen, daß Transvestismus wie jeder andere Aspekt von Verhaltensweisen „überdefiniert" ist. Als Reaktivierung eines starken kindlichen Konflikts repräsentieren Rituale wie diese nicht nur den Versuch des Jungen, sich mit seiner Mutter zu identifizieren, sondern auch das Bemühen des Mannes, sich von ihrer Dominanz zu befreien. Durch das Bestreben, wie Frauen zu sein — ihre Kleider zu tragen, sich ihre Organe anzueignen, zu gebären -, bringen diese Männer auch zum Ausdruck, daß sie nicht länger Frauen (Mütter) benötigen. Das Gegenstück zu solchen extremen „Weiblichkeits"-Ritualen sind jene in vielen Teilen der Welt verbreiteten Rituale, in denen sich Männer auf besonders harte, symbolisch männliche Weise verhalten. Beide Extreme weisen auf eine Familienstruktur hin, in der die Mutter vom männlichen Kind in seinen frühen Lebensjahren als gefährliche, verführerische weibliche Gegenwart empfunden wird. Doch wie zwingend die sexuellen Idiosynkrasien, die aus der Kindheitsidentifikation mit der Mutter hervorgehen, auch sein mögen, unser Hauptaugenmerk gilt der weitergehenden Frage nach ihren Konsequenzen für die Entwicklung der indischen Identität.

Kleinkindalter und Ich: Die Ursprünge der Identität in einer patriarchalischen Kultur

Wir haben gesehen, daß an das indische Kind nur geringe Anforderungen gestellt werden, seine Umwelt zu meistern und unabhängig von seiner Mutter leben zu lernen. Die Hauptbetonung liegt in den frühen Jahren der indischen Kindheit auf der Vermeidung von Frustration und auf der Vertiefung der lustvollen Zweierbeziehung zwischen Mutter und Kind und nicht auf der Förderung der Individuation und der Autonomie des Kindes. Im großen und ganzen wird ein indisches Kind weder dazu gezwungen, sich aktiv mit der Außenwelt auseinanderzusetzen, noch wird es dazu veranlaßt, seine Innenwelt zu beherrschen, die zumindest zeitweilig durch seine körperlichen Prozesse repräsentiert wird. So ist in Hinsicht auf die Ausscheidungsprozesse in Indien das Kleinkind frei von dem ängstlichem Druck, seine Peristaltik einem strengen Zeit- und Ortsschema entsprechend kontrollieren zu lernen. Verunreinigung der Kleider oder des Fußbodens wird als gegeben akzeptiert und später von der Mutter oder den älteren Schwestern oder Frauen der Familie ohne Scham oder Ekel beseitigt.

Das soll natürlich nicht heißen, daß überhaupt kein Versuch unternommen würde, das Kleinkind Sauberkeit zu lehren. Es kann durchaus geschehen, daß das Kind von seiner Mutter mit nach draußen genommen wird, auf eine Mulde gesetzt wird, die sie mit den Füßen gescharrt hat, und aufgefordert wird, sich zu erleichtern. Worauf es hier ankommt, ist, daß solche Versuche nicht Gegenstand systematischer Ausbildung oder von A-priori-Regeln sind; deshalb werden sie selten zu Anlässen für Willensauseinandersetzungen, in denen die Mutter plötzlich eine autoritäre

Hartnäckigkeit an den Tag legt, die enthüllt, daß ihre Fürsorglichkeit doch an Bedingungen geknüpft ist. In den meisten Fällen lernt ein indisches Kind, seine Eingeweide zu kontrollieren, indem es ältere Kinder und Erwachsene aus der Familie imitiert, wenn es ihnen beim Gang in die Felder zur Erledigung des Morgengeschäfts folgt. Wie Muensterberger (unter anderen) beobachtet hat,[96] kann diese entspannte Form des Toilettentrainings zur Bildung spezifischer Persönlichkeitszüge beitragen: zum Gefühl relativer Zeitlosigkeit, zum entspannten Erkennen von Stimmungsschwankungen und zu einer gewissen Toleranz gegenüber gegensätzlichen Impulsen und Gefühlen nicht nur bei sich selbst, sondern ebenso bei anderen. Inder neigen dazu, Ambiguitäten in Gefühlen, Ideen und Beziehungen zu akzeptieren, ohne eine besondere Notwendigkeit (geschweige denn einen Zwang) zu sehen, die Erfahrung in gut/böse, heilig/profan oder innen/außen zu rubrizieren.

In Indien läuft der Prozeß der Ichentwicklung nach einem Schema ab, das sich deutlich von dem der westlichen Psychologen unterscheidet. Indische Mütter betonen durchweg das „gute Objekt" in ihrem Verhalten. Sie neigen eher dazu, den Wünschen und Interessen ihrer Kinder nachzugeben, als sie zu manipulieren oder zu kontrollieren. Hindukinder erfahren nicht kontinuierlich und schrittweise die vielen kleinen Frustrationen und Enttäuschungen, die es ihnen erlauben würden, im Laufe der Zeit die Begrenzungen einer Mutter auf harmlose Weise zu erkennen. Vielmehr bleibt ihre ursprüngliche Vollkommenheit von der Wirklichkeit ungetrübt, Teil der Ikonographie der hinduistischen Innenwelt. So ist die schrittweise Ablösung von der Mutter, die für die Entwicklung eines starken unabhängigen Ichs notwendig ist, da sie dem Kind erlaubt, fast unmerklich die Funktionen der Mutter in Beziehung zu sich selbst zu übernehmen, einfach kein Aspekt des Kleinkindalters in Indien. Die Unterscheidung des Kindes zwischen sich und der Mutter (und folglich zwischen Ich und Es) ist strukturell schwächer und geschieht chronologisch später als im Westen. Das führt dazu, daß die mentalen Prozesse, die für die Kindheitssymbiose charakteristisch sind, in der Persönlichkeit des erwachsenen Inders eine relativ größere Rolle spielen.

In diesen sogenannten primären mentalen Prozessen ist das Denken repräsentativ und affektiv; es beruht mehr auf visuellen und sensuellen Bildern als das abstrakte und begriffliche Sekundärprozeßdenken, das wir in der Sprache der Wörter ausdrücken.

Primärprozeßwahrnehmung geschieht durch sensorische Mittel – Haltung, Vibration, Rhythmus, Geschwindigkeit, Resonanz und andere nichtverbale Ausdrucksformen – und nicht durch semantische Signale, die dem Sekundärprozeßdenken und der -kommunikation zugrunde liegen.[97] Obwohl das Denken und die Wahrnehmung jedes einzelnen von seiner idiosynkratischen Mischung aus Primär- und Sekundärprozessen beherrscht wird, läßt sich im allgemeinen sagen, daß die Primärprozeßorganisation in der indischen Psyche eine größere Rolle spielt als in der westlichen.[98] Das relative Fehlen sozialen Druckes auf das indische Kind, unlogische Denk- und Kommunikationsmuster aufzugeben, und das fehlende Interesse und Bemühen seitens der Mutter und der Familie, dem Kind die Einsicht zu vermitteln, daß Objekte und Ereignisse eigene Bedeutung und Konsequenzen unabhängig von seinen Gefühlen oder Wünschen haben, tragen zum Weiterbestehen der Primärprozeßdenkweisen bis weit in die Kindheitsjahre hinein bei.

Verglichen mit westlichen Kindern, wird ein indisches Kind ermutigt, noch eine lange Zeit in einer mythischen, magischen Welt zu leben. In dieser Welt haben Objekte, Ereignisse und andere Personen kein Dasein aus sich selbst heraus, sondern stehen in engster Beziehung zum Selbst und seinen mysteriösen Stimmungen. So tauchen objektive Alltagswirklichkeiten auf und verschwinden wieder, sie sind gut oder böse, bedrohlich oder nützlich, hilfreich oder grausam – je nachdem, in welchem affektiven Zustand das Kind sich befindet. Denn in jedem gegebenen Augenblick sind es die eigenen Gefühle, die auf die Außenwelt projiziert werden und ihr Gehalt und Bedeutung geben. Animistisches und magisches Denken gibt es, wenn auch ein wenig abgeschwächt, bei vielen Indern bis ins Erwachsenenalter hinein. Die Projektion der eigenen Gefühle auf andere, die Tendenz, natürliche und menschliche „Objekte" in erster Linie als Erweiterung des eigenen Selbst zu sehen, der Glaube an Geister, die die Umwelt bevölkern und das Hin- und Herschwanken zwischen Primär- und Sekundärprozeßdenkmustern sind verbreitete Aspekte des Alltagslebens.

Die Betonung der primären Denkprozesse findet seinen kulturellen Ausdruck in unzähligen hinduistischen Volksmärchen, in denen Bäume sprechen und Vögel und Tiere allzu menschlich sind, in dem unter Hindus weit verbreiteten Glauben an Astrologie und planetarischen Einfluß auf das Leben des einzelnen und darin, daß bestimmten Edel- oder Halbedelsteinen wohltätige oder verderbliche Wirkung zugeschrieben wird. Die indische Empfindsamkeit für nichtverbale Nuancen der Kommunikation – all das, was mit dem „sechsten Sinn" oder dem „inneren Auge" wahrgenommen wird – ist nicht nur von westlichen Psychiatern festgestellt worden, sondern auch mit Faszination oder Schrecken oder beidem von westlichen Schriftstellern wie Hesse, Kipling und Forster.

Darüber hinaus versuchen Inder traditionell, abstrakte Begriffe durch lebendige, konkrete Bilder auszudrücken. Ob man die Unterweisung in politischer Wissenschaft mit Hilfe von Tierfabeln des *Panchatantra* oder die Vielfalt der Parabeln in der Metaphysik der Upanishaden betrachtet, es läßt sich mit gutem Recht sagen, daß eher symbolische Bildhaftigkeit als abstrakte Begriffe und eher Teleologie als Kausalität historisch eine Hauptrolle in der indischen Kultur gespielt haben. Kausales Denken hat in Indien nie die hervorragende Bedeutung gehabt wie in der westlichen Philosophie.

Klinisch ist das Fortbestehen der Primärprozesse im Denken und in der Wahrnehmung des Menschen mit Psychopathologie in Zusammenhang gebracht worden, und zwar in dem Sinn, daß es das Fortbestehen einer „kindlichen" Verhaltensweise im Leben des Erwachsenen nahelegt. Wie jedoch Pinchas Noy gezeigt hat, herrschen in vielen Arten normaler Regression (wie zum Beispiel in Tagträumen, künstlerischer Aktivität und kreativem Tun) Primärprozesse in der Gedankensphäre vor, ohne daß es Anzeichen von Regression in anderen Aspekten des individuellen Lebens gäbe.[99]

Und obwohl die Vorherrschaft der Primärprozesse im Geistesleben des Menschen tatsächlich zu einer gestörten Wahrnehmung der äußeren Wirklichkeit oder zu einer verminderten Fähigkeit, die „wahre Bedeutung" äußerer Ereignisse und Beziehungen zu erfassen, führen kann, dienen diese Prozesse einem fundamentalen, menschlichen Zweck, nämlich die Kontinuität des Selbst im Fluß der äußeren Ereignisse zu bewahren und seine Identität aufrechtzuerhalten, indem neue Erfahrungen in das Selbst integriert werden. Wir müssen uns unser Leben lang nicht nur mit einer Außenwelt auseinandersetzen, sondern auch mit einer Innenwelt, und während die Sekundärprozesse des logischen Denkens und Argumentierens unsere Auseinandersetzung mit der Außenwelt beherrschen, tragen die Primärprozesse der Verdichtung, Verdrängung und Symbolisierung – Kindersprache, Träume, Poesie – zur Entfaltung und Bereicherung der Innenwelt bei.

Die westliche Kultivierung der Sekundärprozesse (im großen und ganzen auf Kosten der Primärprozesse) führt (fast unausweichlich) bei Menschen aus dem Westen, die sich erstmals der indischen Kultur gegenübersehen, zu einem Gefühl der Desorientierung. Dieses Verwirrtsein hat oft zu einem explizit oder implizit negativen Werturteil über die indische Art, die Welt zu erfahren, geführt und nicht zur Frage nach den grundlegenden kulturellen Voraussetzungen. Wie Noy bemerkt:

„Die Fähigkeit, eine gesamte Erfahrung einschließlich aller damit zusammenhängenden Gefühle und Vorstellungen zu repräsentieren, ist eine größere Errungenschaft, als nur mit abstrakten Begriffen und Worten zu operieren, und die Fähigkeit, Zeitgrenzen zu verschieben und vergangene Erfahrungen mit gegenwärtigen in Einklang zu bringen, ist eine größere Fähigkeit, als an die Grenzen von Zeit und Raum gebunden zu sein ... Der Schizophrene beispielsweise versucht, sich mit Hilfe seiner Primärprozesse mit der Wirklichkeit auseinanderzusetzen, und versucht dementsprechend, die Wirklichkeit seinem Selbst anzupassen. Der obsessiv Zwanghafte tut das Gegenteil – er versucht, sich anzupassen und seine Erfahrung mit Hilfe von Sekundärprozessen zu verarbeiten. Er versucht, zu verstehen und seine Gefühle an Hand von Logik und Realität zu analysieren. Beide scheitern, weil man einerseits die Wirklichkeit nicht mit selbstzentrierten Prozessen und man andererseits sein Selbst nicht mit realitätsorientierten Prozessen erfassen kann." [100]

Das verschiedene Gewicht, daß von der westlichen und der indischen Kultur auf die eine oder die andere dieser Denkweisen gelegt wird, spiegelt zwei diametral entgegengesetzte Grundhaltungen wider.

Wir stellen also fest, daß bestimmte Elemente des hinduistischen Weltbildes auf eindrucksvolle Weise mit der Ich-Konfiguration, die in der Entwicklungserfahrung der indischen Kindheit erzeugt wird, zusammenpaßt und ihr entspricht. Die weitverbreitete (bewußte oder unbewußte) Überzeugung, daß Wissen, das durch Ordnen, Kategorisieren und logische Deduktion gewonnen wurde, *avidya* (Nichtwissen) ist und daß wahres Wissen nur durch direktes Primärprozeßdenken und -wahrnehmen erlangt werden kann; das Gebot, das die Meditation der Yogis und das *sadhana* des Künstlers inspiriert, nämlich daß sie zur Erreichung ihres angestrebten Zieles eher die Innenwelt erweitern müssen, als auf die Außenwelt einzuwirken; das in der *karma*-Doktrin enthaltene Gebot, die äußere Wirklichkeit zu akzeptieren und sie für die innere Entwicklung zu nutzen, statt danach zu streben, weltliche

Realitäten zu verändern; die Gleichgültigkeit, die bedeutenden Wissenschaftlern und Unternehmern entgegengebracht wird, verglichen mit der unzweideutigen Hochachtung für Sai Baba, Anandamai, Tat Baba, Mehr Baba und all die unzähligen schamanischen Gurus, die Hindufamilien als geistige Führer dienen: dies sind einige Indikatoren für die Bedeutung, die die Primärprozesse des Geisteslebens in der hinduistischen Kultur haben.

Wenn jedoch die Sozialordnung keine speziellen Vorkehrungen trifft, kann keine Gruppe längere Zeit überleben, wenn ihre Glieder dazu erzogen sind, die Entwicklung jener Sekundärprozesse zu vernachlässigen, durch die wir äußere und innere Erfahrung verknüpfen und verbinden. Ein in bezug auf die Außenwelt „unterentwickeltes" Ich ist ein riskanter Luxus, außer es herrschten die großzügigsten utopischen natürlichen Bedingungen.

Aber die indische Sozialordnung „kümmerte sich" traditionell um die Anpassung des einzelnen an die Außenwelt. Das heißt, traditionell dient in den frühen Jahren die Mutter als das Ich des Kindes, indem sie ihm bis in die Kindheitsjahre im Alter von etwa vier Jahren die elementarsten Erfahrungen vermittelt. Die Verantwortlichkeit des Ichs, die Realität zu steuern und zu integrieren, geht dann von der Mutter auf die Gesamtfamilie und andere soziale Institutionen über. So handelt das Individuum, wenn Entscheidungen auf der Grundlage von Abwägungen des Für und Wider einer Situation gefällt werden, eher als Mitglied einer Gruppe als für sich allein. Mit Hilfe traditioneller Präzedenzfälle und einvernehmlicher (im Gegensatz zu kontroversen) Methoden der Beschlußfassung, die auf der Annahme beruhen, daß keine zwei Menschen identische Grenzen ihrer Rationalität haben, kommen die Inder sehr effektiv mit ihrer Umwelt zurecht (wenn sie sich nicht zu schnell verändert). Ähnlich definieren in bezug auf das Umfeld der Beziehungen Myriaden detaillierter Regeln und Vorschriften, die die sozialen Verhaltensweisen steuern und beherrschen, die individuelle interpersonelle Welt des Hindus in allen denkbaren Situationen und schreiben angemessene Reaktionen vor. Da diese Normen soziale Verhaltensweisen in hohem Maße vorhersehbar machen, ist es für den einzelnen unnötig (und gewöhnlich unklug), die Notwendigkeiten eines bestimmten Unternehmens oder Umstandes auf eigene Faust abzuschätzen, und er wird ermutigt, nach dem bewährten traditionellen Muster zu reagieren.

Die hochstrukturierte und entwickelte Sozialordnung, die vielen Leuten aus dem Westen als regressiv erscheint, ist in dem

Sinne funktionell, daß sie den grundlegenden Ich-Stoff des einzelnen, in dem die Welt magischer und animistischer Projektion eine große Rolle spielt, stärkt und ergänzt. In der indischen Gesellschaft bleibt dieses komplementäre „Zusammenpassen" von Ich und Sozialordnung nur so lange funktionell, wie der Veränderungsprozeß der Umwelt langsam abläuft, wie das in der Vergangenheit gewesen ist, und genug Zeit für eine allmähliche, kaum wahrnehmbare Evolution der kulturellen Ideale, sozialen Institutionen und Generationsbeziehungen läßt. Wenn das Tempo der Veränderungen sich steigert, treten Schwierigkeiten auf. Heute wirkt die Außenwelt in nie dagewesener Weise auf die indische Innenwelt ein. Schwierige ökonomische Bedingungen führten zu einer höheren sozialen und geographischen Mobilität, was wiederum dazu geführt hat, daß die Auseinandersetzung mit der Außenwelt mehr und mehr auf einer individuellen und nicht mehr auf einer sozialen Grundlage beruht. Unter diesen „modernen" Bedingungen mag eine individuelle Ich-Struktur, die in sekundären und wirklichkeitsorientierten Prozessen schwach entwickelt ist und ohne die Hilfe einer angemessenen Sozialstruktur dasteht, beim Versuch der Anpassung scheitern.

Ich habe den Einfluß der überlangen Intimität zwischen Mutter und Kleinkind in Indien — die tatsächlich die ganze Kindheit umfaßt — auf die Entwicklung der primären mentalen Prozesse in der hinduistischen Innenwelt dargestellt. Wie wir gesehen haben, werden diese Prozesse von den Strukturen der hinduistischen Sozialordnung und den traditionellen kulturellen Sitten gestützt. Das zweite ein Leben lang wirksame Motiv in der indischen Innenwelt (für Männer bei weitem aktueller als für Frauen), das den spezifischen psychosozialen Aspekten der indischen Mutterschaft entspringt, ist die gleichzeitige, unintegrierte Gegenwart des Bildes der „guten" und der „schlechten" Mutter in der Phantasie.

Diese widersprüchlichen Aspekte der mütterlichen Gegenwart können in der Psyche des sehr jungen Kindes koexistieren, ohne sich gegenseitig zu stören, denn es ist ein Merkmal der für das Kleinkindalter charakteristischen primären geistigen Prozesse, daß Widersprüche nicht notwendigerweise nach Lösung drängende Konflikte auslösen. Erst später, wenn das Ich stark geworden ist und versucht, Erfahrung zu verarbeiten und zu integrieren, entstehen Konflikte und Ambivalenzen, und die negativen, bedrohlichen Aspekte der frühesten Erfahrung können gewaltsam verdrängt oder auf die Außenwelt projiziert werden.

Wenn das Ich des Kindes sie aufgenommen hat, werden mütterliche Toleranz, emotionale Vitalität, Beschützerrolle und Fürsorge der „guten Mutter" zum Kern der positiven Identität jedes Inders. Neben dieser positiven Identität gibt es jedoch — normalerweise verdrängt — auch ihr Gegenteil: die negative Identität, die aus Erfahrungen mit der fordernden, manchmal erdrückenden und allzu gegenwärtigen Mutter entstanden ist. Wie auch immer die Konturen der negativen Identität aussehen mögen, sie spiegeln gewisse Abwehrmechanismen gegen die „schlechte Mutter" wider, die, so abstoßend und bedrohlich sie auch gewesen sein mag, in einer kritischen Entwicklungsphase aber auch höchst real war.[101] In Situationen psychologischer Belastung und emotionaler Verwirrung tendieren die negativen Identitätsfragmente dazu, sich zu vereinigen und eine Neigung zu einer Art Selbstkastration zu erzeugen, die sich mit einem Peiniger eher zu identifizieren versucht, als ihm zu widerstehen, und sich nach dem Zustand vollkommener Passivität sehnt.

Obwohl die Innenwelt der indischen Männer eindeutig sowohl von der „guten" als auch der „schlechten" Variante der mütterlichen Weiblichkeit beeinflußt ist, kann man die Identitätskonsolidierung erwachsener Männer natürlich nicht nur unter diesem Aspekt sehen. Denn die Identität wird nicht nur durch frühe weibliche Identifikation bestimmt, sondern ebenso durch spätere männliche, die dann zusammen in der Jugend in eine neue Ordnung gebracht werden. Normalerweise begrenzt das biologische Fundament der eigenen Männlichkeit das Ausmaß, in dem sich ein Junge mit seiner Mutter identifizieren kann oder will, wenn er heranwächst. Die hier angestrebte Betrachtungsweise, nämlich daß die Länge, Intensität und Natur der Mutter-Kind-Beziehung in Indien zusammen mit dem sexualisierten Wesen der Bedrohung, die die Mutter für das Kind in dessen Phantasie bedeutet, zur starken Identifikation des indischen Mannes mit seiner Mutter und einer "mütterlich-femininen" Haltung der weltlichen gegenüber beiträgt, ergibt nur im Lichte dieser selbstverständlichen Vorbehalte einen Sinn. Der Ausdruck des Mütterlich-Femininen in der positiven Identität eines Mannes ist jedoch nicht Abweichung oder pathologisch, sondern macht den Mann menschlicher. Seine Gegenwart schließt jenen starren Phallizismus aus, der einen Mann dazu verdammt, sein Leben als halber Mensch hinzubringen, und vergrößert die Chancen zu Partnerschaftlichkeit und empathischem Verständnis zwischen den Geschlechtern. Natürlich kann in ihrem defensiven Aspekt die mütterlich-feminine Identifikation der Männer dazu beitragen, die Geschlechter zu trennen und sogar die Diskriminierung der Frauen zu fördern. Eine falsche Auffassung von der männlichen Identität kann zu einer starren Alles-oder-Nichts-Abgrenzung der Geschlechterrollen führen; diese Art der starken Differenzierung bedeutet, Außenbefestigungen gegen innere Bedrohungen aufzubauen.

Der Samen einer lebensfähigen Identität verlangt, wenn er nicht zum Baum eines „falschen Selbst" mutieren soll, den nährenden Boden einer passenden Familienstruktur und eine angemessene Ausstattung an kulturellen Werten und Überzeugungen. In Indien lernt das Kind früh, daß emotionale Stärke primär Sache seiner Mutter ist, daß sie es ist, „wo etwas los ist". Die kulturelle Parallele zur grundlegenden Aktualität der Kleinkindzeit ist die Überzeugung, daß Muttergottheiten das Reservoir sowohl schöpferischer als auch zerstörerischer Energie sind. Das eigentliche Wort für Energie, Shakti, ist der Name der höchsten Muttergöttin. Und obwohl der Geist der Gottheit eins ist, ist ihr aktiver Ausdruck, der in unzähligen Gestalten verehrt wird, von den speziellen lokalen Dorfgöttinnen bis zur mehr oder minder universellen Manifestation der Mahadevi (große Göttin), eindeutig weiblich. Die männlichen Götter des hinduistischen Pantheons, Shiva, Vishnu, Brahma, mögen würdigere Wesen sein, aber die Dorfgottheiten, erdverbunden, weltlich, vertraut mit den Unsicherheiten und Problemen, den Bedürfnissen und Gebeten des Alltags, sind im allgemeinen weiblich. In Südindien sind, wie Whitehead gezeigt hat, die Dorfgottheiten fast ausschließlich weiblich, und die ausnahmsweise vorhandenen männlichen Götter, wie etwa Potu-Razu in Andra Pradesh, werden nicht nach eigenem Recht verehrt, sondern in Verbindung mit der lokalen Dorfgöttin als Bruder oder Gatte, wobei die Stellung der männlichen Götter oft untergeordnet oder geradezu dienend ist.[102]

Die hinduistische Kosmologie ist in einem Ausmaß weiblich, wie es sonst kaum in einer größeren Zivilisation vorkommt. Im Extremfall (wie z.B. im tantrischen Glauben) sind Gott und die Schöpfung uneingeschränkt weiblich; im *Mahanirvana Tantra* sind sogar die normalerweise männlichen Götter Vishnu und Brahma als Jungfrauen mit schwellenden Brüsten dargestellt. Das Wesen dieser tiefsten Schicht der hinduistischen Religiosität wird in dem folgenden Gebet an die Göttin Durga offenbar:

„Oh, du größte aller Gottheiten, erweise mir deine Gunst, zeige mir deine Gnade, und sei mir die Quelle des Segens. Du kannst gehen, wohin du willst, und deine Verehrer mit Wohltaten überhäufen, und Brahma und die anderen Götter folgen dir stets auf deiner Reise. Die, die auf dich rechnen bei Tagesanbruch, können alles erlangen an Nachkommenschaft und Wohlstand. Oh große Göttin, du bist Ruhm, du bist Reichtum, du bist Beständigkeit, du bist Erfolg; du bist das Weib, du bist der Nachwuchs des Mannes, du bist Wissen, du bist Verstand. Du bist die beiden Dämmerungen, der Nachtschlaf, das Licht, die Schönheit, die Vergebung, die Gnade und alles andere. Und da ich mich vor dir neige, oh höchste Göttin, gewähre mir Beistand. Oh Durga, die du gnädig bist zu allen, die deinen Beistand suchen, und huldreich zu deinen Verehrern, gewähre mir deine Hilfe!"[103]

Das schlagendste Beispiel für die kulturelle Akzeptanz und für offene Bestärkung der passiven femininen Aspekte der Identität bei indischen Männern ist der *bhakti*-Kult, der mit dem Gott Krishna in Zusammenhang steht. Seine Erscheinungsform ist, wie wir im fünften Kapitel im einzelnen sehen werden, sehr einfach. Der Krishna-Kult lehnt die strengen Yogapraktiken, das klassische hinduistische Mittel zur Erlangung des *moksha*, ab und betont statt dessen den Gefühlsstrom religiöser Frömmig keit. Persönliche Verehrung Krishnas absorbiert das gesamte Selbst des Verehrers und verlangt alle seine Energien. Je nach individuellem Temperament und Neigung kann sich dieses Frömmigkeitsgefühl – *bhava* – auf verschiedene Weise ausdrücken: als *santa* (Ehrfurcht, Demut, Gefühl der eigenen Unbedeutenheit), *dasya* (Respekt, Unterwürfigkeit, frommer Gehorsam), *vatsalya* (Fürsorglichkeit, beschützende mütterliche Sorge) und so weiter.

Für das erstrebenswerteste Gefühl der Gottheit gegenüber, die grundlegende Voraussetzung für den Status seiner Gnade, wird das *madhurya bhava* gehalten, die Sehnsucht einer Frau nach ihrem Liebhaber, die der legendären *gopis* nach ihrem Gott. In einem Interview mit Milton Singer artikuliert ein Krishna-Verehrer aus Madras die systematische Kultivierung dieser weiblich rezeptiven Haltung und ihre Transformierung in ein religiöses Ideal:

„Die Liebe einer Frau zu ihrem Mann oder Liebhaber ist viel stärker als jede andere Art von Liebe auf der Welt und ich habe die *gopis* Radha, Rukmini, Satyabhama und so weiter als Beispiel dafür genannt. Ihre Liebe war allerdings überirdisch. Aber sogar wenn der Mann oder der Liebhaber ein Mensch ist, ist die Liebe der Frau zu ihm von sehr hoher Ordnung, und wenn der höchste Gott der Mann oder Liebhaber der Frau ist, dann kann keine andere Liebe diese Liebe übertreffen. Die oben erwähnten Frauen kann man also als die gesegnesten in der Welt bezeichnen. Wenn wir das zugeben, können auch wir nach dieser Art der höchsten Liebe zu Gott streben. Wir können uns vorstellen, daß wir diese Frauen sind oder jedenfalls daß es gewöhnliche Frauen sind, uns vorstellen, daß Gott unser Mann oder Liebhaber ist, und Ihm unsere größtmöglichste Liebe schenken... Denke stets daran, daß du eine Frau bist und Gott dein Ehemann oder Liebhaber, dann wirst du eine Frau sein, und Gott wird dein Ehemann oder Liebhaber sein ... Sie kennen die hier geltende Philosophie, daß alle Männer und Frauen in der Welt geistig Frauen sind und Gott allein ein Mann ist – der Purusa. Die Liebe der *gopis* Radha, Rukmini und Satyabhama erklärt das Prinzip, daß die menschliche Seele zur höchsten Seele hingezogen wird und mit ihr verschmilzt."[104]

Fragmente aus der Lebensgeschichte des weithin verehrten bengalischen Heiligen Sri Ramakrishna, der im neunzehnten Jahrhundert lebte, beleuchten ebenfalls den Respekt und die Hochachtung, die die indische Gesellschaft der ontogenetisch motivierten und religiös sublimierten Wirklichkeit im Mann entgegenbringt. Als Kind, so wird berichtet, zog Ramakrishna häufig Mädchenkleider an und versuchte die ihren täglichen Obliegenheiten nachgehenden Frauen seines Dorfes zu imitieren. In der Jugend pflegte er sich vorzustellen, er sei eine verlassene Frau oder eine junge Witwe, und sang Lieder voll Sehnsucht nach Krishna. In seinem Bemühen um die Vereinigung mit der Gottheit praktizierte er systematisch *madhurya bhava.* Während sechs Monaten seiner Jugend trug er Frauenkleider und -schmuck, nahm Gesten, Bewegungen und Ausdrucksweisen der Frauen an und „ging so vollständig in dem Gedanken auf, daß er eine Frau sei, daß er sich selbst im Traum nicht anders als dem anderen Geschlecht angehörig sehen konnte".[105]

Alleine vom Standpunkt der individuellen Entwicklung interpretiert, würde Sri Ramakrishnas Verhalten als abweichend erscheinen, als Eruption des negativen Elements, das in der indischen männlichen Identität latent vorhanden ist. Aber die Bedeutung eines thematischen Ereignisses kann nicht in einer Dimension allein erfaßt werden. Was eine Episode des „psychopathischen Sichauslebens" im Leben Ramakrishnas zu sein scheint, ist, wenn man es kulturell und historisch betrachtet, ein anerkanntes und repräsentatives Phänomen in der Tradition der Krishna-Verehrung. Es stimmt zutiefst mit der grundlegenden „Stimmung" alter Schulen der hinduistischen Miniaturmalerei mit der *bhajan-*, *kirtan-* und sogar *dadra*-Formen der Vokalmusik überein. Und schließlich stimmt die weibliche Haltung mit dem Lebensstil bestimmter spezialisierter religiöser Gruppen überein, und ihr Ziel gibt ein kulturelles Ideal der gesamten Gesellschaft wieder, nämlich rezeptive Absorption statt aktiver Veränderung und Opposition.

Abschließend läßt sich sagen, daß die primären Motive der indischen Identität, entstanden aus der Beziehung des Kleinkindes zu seiner Mutter, unentwirrbar mit den vorherrschenden kulturellen Anliegen des hinduistischen Indiens verflochten sind. Diese Anliegen beherrschen, gestalten und leiten sowohl individuell als auch sozial die indische Innenwelt so, daß sie auf die Identitätskämpfe eines ganzen Lebens zurückwirken.

4. Kapitel

Familien und Kinder

Im vorigen Kapitel wurden das Vermächtnis der indischen Kindheit und seine Auswirkungen auf die Identität sowohl in ihren manifesten Formen als auch in den verborgenen Wünschen, Phantasien und Ängsten untersucht, die die unbewußten geheimen Schlupfwinkel der Innenwelt der Psyche charakterisieren. Angesichts des Primats der Mutter in der frühen Kindheit in Indien haben wir uns ausführlich mit ihrer Rolle bei der Entwicklung der Innenwelt auseinandergesetzt und haben bisher die Betrachtung der psychosozialen Folgen der traditionellen Form der Familienorganisation in Indien, der Großfamilie, zurückgestellt. So wie die beginnende Herauskristallisierung der Innenwelt des Kleinkindes nicht richtig verstanden werden kann, ohne die innerpsychischen, sozialen und kulturellen Kräfte, die der indischen Mutterschaft Gestalt verleihen, zu untersuchen, so kann die Phase der Kindheit, die nächste Stufe in der Entwicklung der indischen Identität, nur im Kontext der Familienbeziehungen, in der sie stattfinden, interpretiert werden.

Die psychosoziale Matrix der Kindheit: Die Großfamilie

Die meisten Inder wachsen in einer *Großfamilie* auf, eine Familienorganisationsform, die von Sozialwissenschaftlern als eine Familienform definiert wird, in der Brüder nach der Eheschließung zusammenbleiben und ihre Frauen in ihren elterlichen Haushalt bringen.[1] Von den Brüdern wird nicht nur erwartet, daß sie nach ihrer Verheiratung weiterhin zusammen leben, sondern darüber hinaus ihren Eltern gegenüber weiterhin in Verehrung und Gehorsam verbunden bleiben. Dieses Ideal von Sohnestreue und brüderlicher Solidarität ist die Grundlage der Großfamilie und bedingt konsequenterweise gemeinsames Wohnen und gemeinsames ökonomisches, soziales und rituelles Handeln. Die Brüder, ihre Eltern und ihre eigenen Frauen und Kinder teilen ein gemeinsames Haus oder Grundstück, essen Mahlzeiten, die in einer einzigen Küche zubereitet worden sind, und stellen ihr Einkommen dem Familienoberhaupt zur Verfügung. Neben dieser Kerngruppe können noch andere Personen auf Dauer oder zeitweise in dem Haushalt leben: verwitwete oder verlassene Schwestern und Tanten oder entfernte männliche Verwandte, die keine andere Familie haben, an die sie sich wenden können, und etwas euphemistisch „Onkel" genannt werden. In der Praxis gibt es mehrere Varianten dieses Grundmodells, im besonderen den *Familienverbund*, bestehend aus zwei oder mehr Brüdern mit ihren Frauen und Kindern, aber ohne ihre Eltern, und die *Generationenfamilie*, die aus den Eltern und nur einem Sohn mit Frau und Kindern besteht. Ich benutze hier den Begriff *Großfamilie* im weitesten Sinne und schließe alle seine traditionellen Varianten ein. Ich will ihn speziell im Gegensatz zum im Westen vorherrschenden Kernfamilienmuster verwendet wissen.

In den letzten Jahren hat es unter Soziologen eine lebhafte Diskussion darüber gegeben, ob das Großfamiliensystem in Indien (heute, oder sogar in der Vergangenheit) wirklich so verbreitet ist, wie im allgemeinen angenommen wird. Unglücklicherweise haben weder Volkszählungsergebnisse noch empirische Erhebungen viel zu dieser Debatte beitragen können. Wir können also noch nicht einmal eine Vermutung wagen, geschweige denn schlüssig nachweisen, ob in den letzten fünfundzwanzig Jahren die Kernfamilie die Großfamilie zu verdrängen begonnen hat. Eine Befragung von 200 Familien in Kalkutta, 100 aus einem reichen und 100 aus einem armen Stadtteil, ergab, daß 80 Prozent der Familien aus dem reichen und 57 Prozent der aus dem armen Stadtteil in Großfamilien leben; diese Statistik legt nahe, daß die Urbanisierung nicht notwendig ein deutliches Anwachsen der Zahl der Kernfamilien erzeugt. Ähnliche Zahlen wurden aus kleinen Orten und Dörfern in Gujarat gemeldet und ebenso von einer Stichprobe aus einer großen Stadt in Madhya Pradesh. Im Gegensatz dazu kam eine Untersuchung in Bombay zu dem Ergebnis, daß der Anteil von Großfamilien in einer Stichprobe von 1022 Familien nur 13,7 Prozent betrug. [2]

Die Schlüsse, die man aus Untersuchungen wie diesen zieht, hängen von den Kriterien, die an die „Großfamilie" angelegt werden, und von der Konsequenz ab, mit der sie angewendet werden. Zum Beispiel kann das Kriterium der gemeinsamen Haushaltskasse von vielen Familien nicht erfüllt sein, die sich nach allen anderen Kriterien als „Großfamilien" qualifizieren. Wegen der Spannungen, die sich aus realen oder eingebildeten Ungleichheiten bei Nahrungsbeschaffung und -konsum ergeben können, mögen manche Großfamilien die gemeinsame Küche aufgegeben haben. In anderen Beispielen mögen Brüder und ihre Familien nicht in einem einzigen Haus, sondern in benachbarten Häusern wohnen und doch das Familienleben und die Haushaltsangelegenheiten als Familieneinheit führen. Die von manchen Soziologen benutzte Definition der Großfamilie, daß sie nur aus väterlicherseits verwandten Personen bestehe, schließt Familien aus, zu der Verwandte der Mutter oder der Frau des Bruders gehören.

Wenn wir unabhängig von diesen Definitionsproblemen die Entwicklung der einzelnen Familien betrachten, so leuchtet es ein, daß eine Familie nicht unbegrenzt die Familien der Söhne und die Familien der Söhne der Söhne aufnehmen kann, ohne daß eine Obergrenze erreicht würde, definiert durch den verfügbaren Raum und wirtschaftliche Notwendigkeiten, bei der die Großfamilie notwendigerweise in kleinere Einheiten zerbricht, von denen jede einen neuen Haushaltsvorstand hat. Brüder können sich beim Tode der Eltern oder eines Elternteils trennen, und die Söhne von Brüdern fühlen sich traditionell nicht im selben Maße verpflichtet zusammenzuleben wie die Brüder (ihre Väter) selbst. Außerdem hat in neuerer Zeit die wirtschaftlich bedingte Landflucht zur Auflösung der Großfamilien beigetragen. Doch sogar in diesen Beispielen von zeitlich begrenzter oder andauernder Trennung bleibt im allgemeinen ein sozialer (im Gegensatz zu räumlichem oder logistischem) Zusammenhalt bestehen. Wenn ein Bruder aus seiner Dorffamilie in die Stadt zieht, bleiben seine Frau und Kinder häufig in der Dorffamilie, und er schickt seinen Beitrag zum Familieneinkommen nach Hause, oder wenn er seine Familie mitnimmt, kehren sie, so oft es geht, „heim". Das Ideal der Großfamilie ist in Indien so stark, daß sogar angesichts anscheinend unüberwindlicher wirtschaftlicher Schwierigkeiten alle Familienmitglieder sich ständig bemühen, die charakteristische indische „Zusammengehörigkeit" zumindest im sozialen Sinne aufrecht zu erhalten.

Worauf es mir hier vor allem ankommt, ist, daß unabhängig von geringfügigen Definitionsunterschieden oder historisch und ökonomisch bedingten Veränderungen der Erwachsenen in der Familie die meisten Inder die prägenden Jahre der frühen Kindheit in einer Großfamilienkonfiguration verbringen. Zum Teil spiegelt die

„Demographie der Kindheit" in Indien die indischen Ehemuster wider. Die meisten Paare heiraten während ihrer Adoleszenz[3] und verfügen so weder über die ökonomischen noch die psychosozialen Grundlagen, einen unabhängigen Haushalt zu gründen. Eine Trennung von der Großfamilie findet, wenn überhaupt, erst später statt, wenn die Kinder bereits älter und schon in den mittleren Jahren der Kindheit sind. Sogar erwachsene Kinder, die nominell in einer Kernfamilie leben, machen häufige und lange Besuche bei Mitgliedern der Großfamilie. So ist es nicht überraschend, daß in den Kindheitserinnerungen von Indern Onkel, Tanten und Cousinen, von den Großeltern gar nicht zu reden, eine große Rolle spielen. Zusammenfassend läßt sich feststellen, daß die meisten Menschen in Indien, qbwohl sich Erwachsene jederzeit in einer Phase familiärer Veränderungen befinden können und Haushalte nicht ständig einem Verband angehören müssen, zumindest ihre Kindheit (und oft auch ihr Alter) in einer Großfamilie zubringen.[4]

Die psychologische „Aktualität" der Großfamilie in den frühen Jahren eines indischen Kindes und das hochdifferenzierte Wesen der Beziehungen des Kindes in ihr spiegelt sich auf der Ebene der Sprache wider. Morris Lewis hat sechs Grundlaute als universelle Babysprache identifiziert, die von allen Säuglingen auf der Welt mit nur leichten Abweichungen von einer Gesellschaft zur anderen benutzt werden.[5] Diese „Wörter" sind wiederholte Kombinationen des Vokals „a", dem verschiedene Konsonanten vorangestellt sind: „dada", „mama", „baba", „nana", „papa" und „tata". Säuglinge wiederholen diese und diesen ähnliche Laute als Reaktion auf ihr eigenes Plappern und auf die modifizierten Imitationen dieser Babysprache durch ihre Eltern ständig. In den meisten westlichen Ländern werden nur einige dieser Doppelsilben, z.B. „dada", „mama" oder „papa", von den Eltern „erkannt" und wiederholt und so im Säugling verstärkt. In Indien dagegen werden praktisch *alle* dieser eng verwandten Laute wiederholt und verstärkt, denn jeder einzelne bezeichnet einen der zahlreichen Verwandten, mit denen das Kind von seinen frühesten Jahren an in engem Kontakt steht. So bezeichnet zum Beispiel in meiner Muttersprache, Punjabi, „ma" die Mutter, „mama" den Bruder der Mutter, „dada" den Vater des Vaters, „nana" den Vater der Mutter, „chacha" den jüngeren Bruder des Vaters, „taya" den ältesten Bruder des Vaters, „masi" die Schwester der Mutter usw. Diese Transformation der ursprünglichen Babysprache in Bezeichnungen für Verwandtschaftsverhältnisse innerhalb der Großfamilie ist charakteristisch für alle indischen Sprachen; sie symbolisiert und aktiviert die vielfältigen Beziehungen eines Kindes zu potentiell fürsorglichen Personen der älteren Generationen. Im Gegensatz dazu hat das Ideal der brüderlichen Solidarität (und seine sozioökonomische Bedeutung) innerhalb jeder Generation gewöhnlich nur zu einem einzigen Wort für die eigenen Brüder oder Cousins ersten oder zweiten Grades entstehen lassen: *bhapa.*

Wir wollen uns nun einer Betrachtung der Organisation der Beziehungen in der Großfamilie und der sozialen Normen und Werte, die diese Familienorganisation fördert und erzeugt, zuwenden. Die Großfamilie ist die unmittelbare „Gesellschaft", mit der sich das Kind auseinanderzusetzen hat, wenn es heranwächst. Das Spektrum dieser typischen Kindheitsauseinandersetzungen prägt und erfüllt die Identität des erwachsenen Inders.

Die Familienstruktur

Die Großfamilie ist gewissermaßen eine große Grüppe, deren Mitglieder den vielfältigen Aktivitäten nachgehen, die nötig sind, die Gruppe als geschlossene, kooperative Einheit zusammenzuhalten, ihr Überleben zu sichern, das individuelle und mehr noch das kollektive Wohlbefinden ihrer Mitglieder zu fördern und sie vor den Fährnissen der Außenwelt zu beschützen. Sie muß sich mit den Problemen auseinandersetzen, mit denen sich jede andere Organisation konfrontiert sieht: eine akzeptable Arbeitsteilung festlegen, die Rollen und die Rollenbeziehungen zwischen den Familienmitgliedern definieren und ihre Bemühungen im Dienste der Familieninteressen koordinieren. Wie auch in anderen Organisationen werden diese Probleme in der indischen Familie auf der Basis des hierarchischen Prinzips gelöst; der Unterschied besteht darin, daß die Rollenhierarchie innerhalb der Großfamilie nicht durch die Tradition und soziale Anerkennung von Generationen, sondern von Jahrhunderten legitimiert ist, so daß für einen Inder Vorrang und Unterordnung in den Beziehungen den Charakter ewiger Wahrheit und moralischer Verpflichtung haben. Mit anderen Worten, das Bewußtsein eines Inders für seine relative familiäre und soziale Stellung – die höher ist als die des einen und niedriger als die eines anderen – ist so internalisiert, daß er sich in Dumonts Worten als der wahre *Homo hierarchicus* qualifiziert.[6] Unabhängig von persönlichen Talenten oder Errungenschaften und unabhängig von Veränderungen in seinen eigenen Lebensumständen oder in denen anderer bleiben die relative Stellung eines Inders in der Hierarchie der Großfamilie, seine Pflichten denen gegenüber, die „über" ihm sind, und seine Erwartungen denen gegenüber, die „unter" ihm sind, sein Leben lang unverändert. Schon in seiner Kindheit beginnt er zu lernen, daß er sich um das Wohlergehen derer, die in der Familienhierarchie unter ihm stehen, zu kümmern hat, damit sie weder auf Grund eigenen Fehlverhaltens noch durch die Schuld von Außenstehenden zu Schaden kommen, und daß er umgekehrt zu Gehorsam und respektvoller Willfährigkeit den Wünschen des über ihm Stehenden gegenüber verpflichtet ist.

Die Ordnungsprinzipien dieses hierarchischen Systems sind Alter und Geschlecht. Ältere Personen haben mehr formale Autorität als jüngere – sogar ein Jahr Altersunterschied reicht aus, die Tatsache formaler Superiorität zu begründen –, und Männer haben größere Autorität als Frauen. Betrachten wir einige der Beziehungen innerhalb der Großfamilie. Unter Brüdern hängt die Autorität von der Geburtsfolge ab, so daß Männer und Jungen, die sich als Söhne vor dem Vater neigen, fast den gleichen Respekt ihren älteren Brüdern schulden. Der älteste Bruder hat als zukünftiges Familienoberhaupt eine besonders starke Stellung inne, denn mit Antritt dieses Amtes übernimmt er nicht nur die moralische Autorität und die rituell hervorragendste Stellung im Familienleben, sondern auch die ökonomische Verantwortung für den Bestand und das Wohlergehen der Familie. Seine jüngeren Brüder und ihre Frauen und Kinder sind dann verpflichtet, die Treue und den Gehorsam, die vorher dem Vater entgegengebracht wurden, auf ihn zu übertragen. So ist üblicherweise die Verpflichtung zu Respekt und Gehorsam dem Onkel gegenüber, der das Familienoberhaupt ist, für Neffen und Nichten größer als die Kindespflicht ihrem eigenen Vater gegenüber.

Die Autorität einer Frau hängt gewöhnlich von der Stellung ihres Mannes im Haushalt ab. Die Frau des Familienoberhaupts hat in Haushaltsdingen die größte Autorität, der als Gegengewicht nur noch die gleichwertige ihrer Schwiegermutter entgegensteht. Die Beziehungen zwischen den Frauen der Brüder spiegeln die Rechte und Pflichten der Brüder selbst wider. Die Frau eines älteren Bruders ist berechtigt, der Frau eines jüngeren Bruders Anweisungen zu geben, aber sie ist auch für das Wohlergehen ihrer jüngeren Schwägerin verantwortlich. Im Verhältnis zum anderen Geschlecht ist die altersbedingte Autorität zwar auch von beträcht-

lichem Gewicht, aber nicht im selben Maße wie bei Beziehungen unter gleichen Geschlechtern. Ein Sohn oder eine Tochter schulden der Mutter weniger Respekt als dem Vater, und ein älterer Bruder hat eine größere Autorität über eine jüngere Schwester als eine ältere Schwester über einen jüngeren Bruder. Kurz, im Idealfalle „gebührt dem ältesten Mann der höchsten Generation der größte Respekt und Gehorsam und dem weiblichen Wesen auf dem Gegenpol die meiste Hilfe und Fürsorge".[7]

Wie in jeder anderen Institution gibt es auch in der Großfamilie eine erhebliche Diskrepanz zwischen dem traditionellen Modell der sozialen Beziehungen und den tatsächlichen Alltagsgegebenheiten des familienlebens. Die informelle Organisation kann je nach Region, Kaste, Alter und wirtschaftlichen Verhältnissen der Familie beträchtlich von der Norm abweichen. Darüber hinaus modifizieren individuelle Unterschiede des Temperaments, der Persönlichkeit und der Fähigkeiten – das Geschick eines jüngeren Bruders, Geld zu verdienen, die Zuverlässigkeit und Umgänglichkeit einer Schwiegertochter – regelmäßig das traditionelle Grundmuster.

Das hervorstechendste Beispiel für die Diskrepanz zwischen traditioneller Norm und den Gegebenheiten des Alltagslebens ist die verbreitete Tatsache, daß die einflußreiche Rolle, die die älteren Frauen – Mütter und Großmütter – in der Familie spielen, wenig Ähnlichkeit hat mit dem hinduistischen Ideal der ehrerbietigen *pativrata* (dem Ehemann ewig loyalen) Ehefrau. Zwar lautet das klassische Diktum: „Ein junges Mädchen, eine junge Frau und sogar eine bejahrte darf nichts selbständig tun, noch nicht einmal in ihrem eigenen Haus. Eine Frau ist in ihrer Kindheit dem Vater unterworfen, in der Jugend ihrem Mann; wenn ihr Gebieter gestorben ist, ihren Söhnen; eine Frau ist niemals unabhängig."[8] Doch die nackte Wahrheit ist, daß dies eher ein männliches Wunschdenken als eine wirklichkeitsgetreue Beschreibung des „wahren Lebens" der älteren indischen Frauen ist (und vielleicht immer war). Obwohl die Frau des Familienpatriarchen ihm tatsächlich eine formale und oft routinemäßige Hochachtung entgegenbringen mag, besonders in der Gegenwart von Fremden, so kann sie doch beträchtliche häusliche Macht ausüben, und das nicht nur auf die anderen Frauen des Haushalts, sondern auch auf ihren Mann, und oft trifft sie allein die Entscheidungen, die die vitalen Interessen der Familie betreffen. Die Tatsache, daß Frauen im Alter eine machtvolle Stimme in Familienangelegenheiten erlangen und daß Seniorität enorme Vorteile verspricht, nicht nur prestigemäßig, sondern in konkreter Entscheidungsgewalt, ist einer der Faktoren, der zum Konservatismus der indischen Frauen, zu ihrem hinhaltenden Widerstand gegen alle separatistischen und spalterischen Tendenzen in ihrer Großfamilie und zu ihrer Indifferenz gegenüber egalitären Ideologien des sozialen Wandels beiträgt.

Autorität in der Familie und in anderen Formen der Sozialorganisation

Das Prinzip einer hierarchischen Ordnung sozialer Abhängigkeiten ist weit über seinen Ursprungsbereich, die Großfamilie, hinaus in jeder anderen Institution des indischen Lebens gültig, vom *jaimani*-System bis zum Wirtschaftssystem, von der *guru-chela*-Beziehung in der religiösen Erziehung bis zur Departmentstruktur einer indischen Universität, von der *panchayat*-Politik auf dem Dorf bis in die höchsten Bereiche der Regierungsbürokratie. Ich habe an anderer Stelle – in einer Inhaltsanalyse von Schulbüchern, die für den Hindi- und Englischunterricht benutzt werden – dargelegt, daß es unter einunddreißig Geschichten, die Autoritätssituationen behandeln, nicht ein einziges Beispiel einer egalitären Autoritätsbeziehung partnerschaftlicher oder demokratischer Art gibt.[9] Diese Untersuchung legte nahe, daß die Inder denjenigen als den idealen Vorgesetzten ansehen, der in fürsorglicher Weise handelt, so daß seine Untergebenen entweder seine Wünsche antizipieren oder sie ohne Fragen akzeptieren.[10] Ihm wird Unterwürfigkeit entgegengebracht, weil er sich um die Bedürfnisse seiner Untergebenen kümmert und weil er ihnen emotionale Belohnungen wie Anerkennung, Lob und sogar Liebe gewährt oder aber Schuldgefühle weckt. Andererseits zeigte dieselbe Untersuchung, daß anmaßende Versuche, das Verhalten durch Drohungen und Strafen wie persönliche Zurückweisung und Demütigung zu steuern, höchstwahrscheinlich offenen Trotz oder unaufrichtige Ausflüchte der Untergebenen zur Folge haben würden. Obwohl die Familienbeziehungen also im allgemeinen in der *Struktur* hierarchisch sind, ist jedoch die *Art* der Beziehungen charakterisiert von einer fast mütterlichen Fürsorge seitens des Vorgesetzten, von kindlichem Respekt und Unterwürfigkeit seitens des Untergebenen und von einem auf beiden Seiten bestehenden Gefühl enger persönlicher Zusammengehörigkeit.

Wie wir wissen, besteht in stabilen Gesellschaften eine psychosoziale Reziprozität zwischen den Institutionen, die das Erwachsenenleben beherrschen und organisieren, und den für eine Kultur charakteristischen Modalitäten der Kindererziehung. Wir können also erwarten, daß die hierarchische Struktur des Großfamilienlebens in Indien — in erster Linie auf dem *Lebensalter* basierend, von einer langen *moralischen Tradition* legitimiert und von den komplementären Verhaltensweisen von *Fürsorge* und *Beistand* getragen — als normatives Organisationsprinzip auf alle anderen sozialen Institutionen übertragen ist. Das ist nicht überraschend, denn wenn ein Kind für Gehorsam und Unterwürfigkeit gelobt und geliebt und für Äußerungen der Unabhängigkeit subtil oder unverhohlen bestraft wird, kann es sich während der Kindheit nicht leicht dem Wirkungskreis der Familienautorität entziehen und auch später nicht leicht lernen, einer Autorität anders als unterwürfig zu begegnen.

Für die Erhaltung der indischen Tradition ist das hierarchische Prinzip in der Sozialordnung von zentraler Bedeutung gewesen, aber in modernen Institutionen, deren Zweck wissenschaftliche Forschung und technologische Entwicklung ist, kann es nur zu Stagnation führen. Solche Institutionen verlangen eine flexiblere egalitäre Struktur, in der die Fähigkeit zur Initiative eher als Seniorität die Rollenbeziehungen bestimmt, in der Autorität eher durch Kompetenz als durch das Alter legitimiert wird und in der die Organisationsform zwanglos und kollegial ist. In Indien jedoch mögen in solchen modernen Institutionen jüngere Leute in den Entscheidungsgremien zwar eine Stimme haben, aber diese Stimme bleibt doch begrenzt. Wie es bei Kindern in der Großfamilie der Fall ist, werden ihre Anliegen tolerant angehört, aber ernsthafte Versuche, Entscheidungen über die grundsätzliche Politik der Institution zu initiieren oder zu beeinflussen, werden außer acht gelassen, wenn sie überhaupt angehört werden. Auseinandersetzungen über Streitfragen gibt es nicht; die jüngeren Angestellten haben von Kindheit an die „hierarchische Tradition" internalisiert, so daß eine Diskrepanz zwischen den Kriterien professionellen Handelns und den vorherrschenden Gebräuchen der Institution weder eine Auseinandersetzung mit den älteren Männern zur Folge hat noch jenes hartnäckige kritische Infragestellen, das nötig ist, um Änderungen zu bewirken. Der Aggression, die so unausweichlich bei der jüngeren Generation entsteht, kann nicht offen Ausdruck gegeben werden; statt dessen manifestiert sich der Konflikt zwischen intellektueller Überzeugung und entwicklungsbedingtem „Schicksal" im vagen Gefühl einer hilflosen und ohnmächtigen Wut. Die von der bloßen Möglichkeit, die fürsorgliche Patronage mächtiger Persönlichkeiten zu verlieren, ausgelöste Angst verhindert gewöhnlich jede Abweichung vom sicheren angepaßten Verhalten. Nach und nach entschließen sich die jüngeren Männer der Organisation zu warten, bis sie selbst Senioren eigenen Rechts geworden sind, frei, die Früchte und die verzögerten Gratifikationen zu genießen, die das Alter in der indischen Gesellschaft gewährt. Jedoch läßt sich der Verdacht nicht zurückweisen, daß diese Früchte der Seniorität psychologisch bedeuten, von der Passivität in die Aktivität überzugehen, das heißt, der nun heranwachsenden jüngeren Generation von Angestellten das anzutun, was einem selbst früher angetan worden ist.

Die Familienbindung

Die psychologische Identifikation mit der Großfamiliengruppe ist so stark, daß schon eine Lockerung der Familienbindung, ganz zu schweigen von einem wirklichen Bruch, die Quelle von psychologischem Streß und gesteigerter innerer Konflikte sein kann. Eine Trennung von der Familie, was auch immer der Grund für einen solchen Schritt sein mag, bringt nicht nur ein Gefühl der Unsicherheit in einem sozialen Sinn mit sich, sondern sie bedeutet auch den Verlust der „signifikanten anderen", [11] die das Gefühl der Gleichheit garantieren und die innere Kontinuität des Selbst sichern. Psychiatrische Beobachtungen des Auftretens von bestimmten Arten von Geistesstörungen nach einem Bruch mit der Großfamilie machen dies überdeutlich. [12]

Es gibt natürlich auch noch andere als psychologische Erklärungen für die Bedeutung der Familie im individuellen Leben; ökonomische Gegebenheiten und soziale Prestigeerwägungen, Status und Reputation knüpfen allesamt das Familienband enger. Wirtschaftlich muß in einem Land ohne nennenswerte Regierungsprogramme für soziale Sicherheit, Arbeitslosenunterstützung und Altersversorgung die Großfamilie einspringen, um für zeitweilige Entlastung zu sorgen, wenn ein Mann seine Arbeit verliert, eine junge Mutter krank wird oder der Monsun die Ernte vernichtet. Die Großfamilie ist die einzige Lebensversicherung, die die meisten Inder besitzen. Sozial ist der Wert und sogar die Identität eines Menschen unlöslich mit dem Leumund seiner Familie verbunden. Lebensstil und Handeln – wie ein Mensch lebt und was er tut – werden selten als das Ergebnis seiner eigenen Bemühungen, Neigungen und Konflikte gesehen, sondern werden im Lichte seiner familiären Umstände und ihres Rufes in der Gesellschaft interpretiert. Individuelle Initiativen und Entscheidungen machen nur im familiären Kontext einen Sinn. Sich anzupassen heißt, bewundert zu werden, eigene Wege zu gehen, auszubrechen, heißt, Zorn oder Mitleid herauszufordern. „Wie kann sich der Sohn der Familie X nur so benehmen!" ist ebenso ein Ausdruck von Verachtung, wie „Wie hätte aus ihr nichts werden sollen? Schließlich ist sie eine Tochter der Familie Y!" eine Anerkennung ist.

Sowohl Identität als auch Ansehen eines Menschen werden erhöht, wenn er das Glück hat, zu einer großen, harmonischen und eng verbundenen Familie zu gehören. Wenn eine Frau oder ein Mann vor einer wichtigen Lebensentscheidung steht, vor allem der Eheschließung, spielt das Ansehen der Familie eine bedeutende Rolle für ihr oder sein Schicksal. Um dies mit einer Anekdote zu verdeutlichen: Ich erinnere mich deutlich an eine entfernt verwandte Tante, die zu meiner Großmutter kam, um sie wegen eines präsumptiven Schwiegersohnes um Rat zu fragen. Nachdem alle seine individuellen Qualifikationen – Alter, Einkommen, Erziehung, äußere Erscheinung und zukünftige Aussichten – ausführlich diskutiert und gebilligt worden waren, wurde dieser Mann trotzdem als nicht geeignet abgelehnt, und zwar aus dem Grund, daß seine Familie zu klein sei. „Wenn meine Tochter eine solche Ehe eingehen würde", bemerkte meine Tante etwas bedauernd, „wäre ihr Kind in einem großen Nachteil." Hiermit meinte sie, daß eine große und harmonische Familie dabei nützlich ist, die Zukunft eines Kindes zu sichern, ihm im Leben vorwärts zu helfen, da mehr Menschen ihm zur Seite stehen und zu den Entscheidungen beitragen, die seine Zukunft beeinflussen, die Anzahl der Verbindungen maximieren, die nötig sein mögen, ihm einen Arbeitsplatz oder andere Vergünstigungen zu verschaffen, ihm in Krisenzeiten zur Hilfe kommen und ganz allgemein für das Kind die Mittler zur Außenwelt sein können. Diese Überzeugung, daß eine große, eng verbundene Familie ein notwendiger Schutz und Schirm sei, mag bei hochgebildeten, urbanen Indern eine gewisse Revision erfahren, aber für das hinduistische Weltbild bleibt sie grundlegend.

Die Familie selbst betont und stärkt die Familienbindung immer wieder, indem sie die Wendepunkte des individuellen Lebenszyklus festlich und feierlich begeht. Diese Rituale gedenken nicht nur der „großen Ereignisse" wie Geburt, Hochzeit, Niederkunft und Tod, sondern sie feiern auch viele kleine Höhepunkte wie den ersten Haarschnitt eines Jungen oder die erste Menstruation eines Mädchens. Diese traditionellen kleinen und großen Zeremonien sind, begangen im wohlwollenden Kreis der Großfamilie, die Interpunktion des Lebenszyklus. Sie zelebrieren den Stellenwert und die Bedeutung des Individuums in seiner jeweiligen Familie, sie sind die rituelle Versicherung, daß er *dazugehört*, und als solche vermitteln sie nicht nur individuelle Identität als Familienmitglied, sondern sie festigen auch die Überzeugung des Kindes oder des Erwachsenen, daß die Familienbindung die moralischste, dauerhafteste und verläßlichste aller Sozialbeziehungen ist. Mehr noch, das gemeinsame Begehen religiöser Feste und besonders die Ausübung der vorgeschriebenen Riten für die Toten, bei denen die Teilnahme jedes Familienmitgliedes obligatorisch ist, weiten die psychologische Realität der Fmilienmitgliedschaft über die individuelle Lebenszeit hinaus aus und erinnern die Teilnehmer daran, daß die Familienbindung unabhängig von individueller Sterblichkeit unveränderlich ist.

Jenseits der Familie: die Kaste (jati)

Die zweite beherrschende soziale Identitätsdimension, die lediglich der Großfamilie nachsteht, ist in Indien die Institution der Kaste. Mit Kaste meinen wir hier nicht *varna*, die vier umfassenden sozialen Kategorien des traditionellen Hinduismus, Brahmin, Ksatriya, Vaisya und Sudra, sondern die hinduistische Institution *jati*[13]. *Jati* ist die Kaste in der ganzen Unmittelbarkeit der alltäglichen Sozialbeziehungen und berufsmäßigen Spezialisierung. Im wesentlichen ist sie die soziale Gruppe, zu der ein Mensch durch seine Geburt gehört. Gewöhnlich übt ein *jati*-Angehöriger einen der Berufe aus, der traditionell zu seiner *jati* gehört, und sein Ehepartner wird fast sicher aus seiner *jati* stammen. Seine Freundschaften zu anderen *jati*-Angehörigen sind traditionell enger als die zu Menschen, die einer anderen *jati* angehören, zu denen seine Beziehungen förmlicher sind, da sie von ungeschriebenen Verhaltensnormen bestimmt sind, die die Beziehungen zwischen *jatis* reglementieren. Obwohl einige Familien einer bestimmten *jati* im gleichen Dorf leben können, erstreckt sich die *jati* selbst weit über die Grenzen eines einzelnen Dorfes hinaus; eine große, angesehene *jati* kann sich über ein beträchtliches geographisches Territorium verteilen. Die Beziehungen zwischen den verschiedenen *jatis* in einem einzelnen Dorf oder in einer größeren Region (zu der einige hundert Dörfer gehören können) sind wie in der Großfamilie nach dem Prinzip der Hierarchie organisiert. Das Schema der Rangordnung wird von Geschichte und Tradition definiert, obwohl es wiederum in der Praxis vorkommen kann, daß es lokale Auseinandersetzungen über die Rangordnung gibt, wenn eine bestimmte *jati* einen höheren rituellen Status beansprucht, als ihr der allgemeine Konsens zubilligt. Mandelbaum faßt Theorie und Praxis der *jati*-Organisation wie folgt zusammen: „Die meisten Dorfbewohner gehen davon aus, daß es eine Hierarchie der Gruppen geben sollte, obwohl sie über die Details der Rangordnung verschiedener Auffassung sein können."[14]

So wie die Großfamilie der primäre Bereich für das sich entwickelnde Identitätsbewußtsein des Menschen ist, ist die *jati* der „nächste Kreis" in seinem sich ausweitenden sozialen Radius. Die Wertvorstellungen, Überzeugungen, Vorurteile und Gebote der *jati* ebenso wie ihre Realitätsverzerrungen werden Teil der individuellen Psyche, Bestandteil der Ideologien seines Bewußtseins. Es sind die internalisierten *jati*-Normen, die für den einzelnen „richtiges Handeln" oder *dharma* definieren, die ihn sich gut und geliebt fühlen lassen, wenn er diesen Normen entsprechend lebt, und angsterfüllt und schuldig, wenn er sie mißachtet.

Da individuelle Angst die latenten Ängste der unmittelbaren sozialen Umgebung eines Menschen widerspiegelt, bereichern das Wissen, die Sehnsüchte und Auffassungen seiner *jati* das klinische Verständnis der individuellen Identitätsbildung und/oder Identitätskonflikte. Zum Beispiel ist die depressive Reaktion eines Mannes aus einer niedrigeren *jati* auf einen Karriererückschlag oder einen Mißerfolg nur teilweise eine Funktion individueller Triebkräfte; daneben hängt seine Depression noch mit dem Streben seiner *jati* nach höherem Status im Verhältnis zu den anderen *jatis* zusammen. Der wilde Wutausbruch einer anderen Person, der durch eine scheinbar geringfügige Kränkung ausgelöst wird, macht nicht nur ein individuelles Problem der Aggressionskontrolle sichtbar, sondern spiegelt ebenso den historischen Fundus an Ressentiments wider, der von seiner *jati* insgesamt geteilt wird und von Generation zu Generation als Teil der *jati*-Identität weitergegeben worden ist.

Als Teil des Modernisierungsprozesses der letzten zwanzig bis dreißig Jahre hat die Kampagne gegen die tatsächlichen und die angeblichen Übel des „Kastensystems" bei gebildeten Indern ein bewußtes Bemühen ausgelöst, jedes Gefühl ihrer *jati*-Bindung aus ihrem Bewußtsein zu verbannen und ihre Bedeutung für die individuelle Identitätsbildung zu verdrängen. Für verwestlichte Inder ist *jati* ein schmutziges Wort geworden, das nur hinter vorgehaltener Hand benutzt werden kann. Doch oft enthüllt sich die Dauerhaftigkeit der *jati*-Identität in der Innenwelt des einzelnen in Momenten der Selbstreflexion. So gibt Nehru, der Epitome des modernen Hindus, implizit die psychologische „Gegenwart" seines Brahmanentums zu: „Vielleicht sind mein Denken und meine Lebensauffassung eher das, was man westlich nennt, als östlich, aber Indien hängt auf die verschiedenste Weise an mir wie an allen seinen Kindern; und hinter mir liegen irgendwo im Unterbewußtsein die Rassenerinnerungen von hundert – oder was auch immer die Zahl sein mag – Generationen von Brahmanen. Ich kann mich weder dieses Erbes der Vergangenheit noch meiner jüngsten Errungenschaften entledigen".[15] Noch offener schreibt ein hochrangiger Beamter über den Einfluß seiner *jati*, den Khatris, auf seine Identität: „Seit ich verstanden habe, daß Khatri von Ksatriya, der Krieger- und Königsklasse des vedischen und klassischen Zeitalters abgeleitet ist, habe ich mich immer im Vergleich mit anderen Kasten als Mitglied eines *Herrenvolkes* begriffen. Ich war stolz über Geschichten, in denen sie (die Khatris) sich weigerten, sich mit Aroras, die Vaisyas, der Händlerklasse, entstammen sollen, zu verheiraten oder gemeinzumachen. Ich war stolz darauf, daß die Khatris im großen und ganzen gut aussehen und eine helle Hautfarbe haben, ohne daß es mich störte, daß beides auf mich nicht zutraf. Ich weiß, daß ich keines der Attribute der Kriegerklasse besitze, aber ich hänge an dem Dogma, daß ich ein Kriegertyp vergangener Zeiten bin, ein Herrschertyp mit all den Verpflichtungen des Auftretens, die damit einhergehen."[16]

Implizit enthalten in der Organisation der indischen Gesellschaft, in der jedes Individuum sein Leben lang Teil eines komplexen, hierarchisch geordneten und vor allem stabilen Netzwerkes von Beziehungen ist, ist ein psychologisches Modell des Menschen, das die Abhängigkeit Gefühlen der Entfremdung und Hilflosigkeit gegenüber betont. Der Kern des Gefühlslebens sind Angst und Leiden, *dukha*, wie die Buddhisten es nennen. So betont die hinduistische Sozialordnung das Fortleben des Kindes im Erwachsenen und entwickelt die Fürsorgefunktion der Gesellschaft weiter, um ihre einzelnen Mitglieder zu schützen und ihnen Sicherheit zu gewähren. Man kann die traditionelle indische Gesellschaft auch als therapeutisches Modell einer Sozialordnung sehen, in der sie versucht, *dukha* zu mildern, indem sie sich auf dauerhaft vertrauenswürdige Weise um das Bedürfnis nach Beziehungen zu anderen Menschen kümmert und ständige Unterstützung, Leitung und Hilfe auf dem Lebensweg gewährt und eine gegenwärtige Erfahrung mit dem integriert, was jemals geschehen ist und was in der Zukunft zu erwarten ist. In der relativ aktiveren und aufgabenorientierten Sozialordnung der westlichen Länder gilt dieses Bedürfnis von Erwachsenen nach Abhängigkeit im allgemeinen nur in akuten Krisenfällen oder im Falle von Krankheit als legitim. Shashi Pande sieht den Unterschied zwischen den westlichen und den indischen Sozialordnungen darin, daß sich im Westen Intimität in einer Beziehung aus gemeinsamer Aktivität entwickelt, wenn z. B. ein Vater seinen Sohn zu Jagd- oder Angelausflügen mitnimmt, um gegenseitiges Vertrauen und Kameradschaft zu entwickeln (oder zu beweisen), während es in der indischen Gesellschaft zur Kultivierung einer Beziehung keiner solchen „verborgenen Agenda" bedarf.[17] Das indische Kind lernt von den frühesten Jahren an, daß der Kern jeder Sozialbeziehung therapeutisch, erziehungsbedingt und organisatorisch fürsorgliche gegenseitige Zuwendung ist. Nicht für die Ergebnisse von Arbeit und Produktivität, die außerhalb der Beziehung liegen, sollte man empfänglich sein (und sie erstreben), sondern für die Beziehung selbst, für die Entwicklung einer gefühlsmäßigen Affinität.

Für jene Inder, die sich mit dem Modernisierungsprozeß identifizieren, jene gebildete städtische Elite, die Machtpositionen in modernen Institutionen innehat, ist die psychohistorische Tatsache des Primats der Beziehungen, der Familienloyalität und der *jati*-Bindung oft eine Quelle beträchtlichen emotionalen Stresses. Denn obwohl der indische Unternehmer oder Bürokrat intellektuell mit seinem westlichen Pendant darin übereinstimmen mag, daß zum Beispiel die Kriterien für die Besetzung eines Arbeitsplatzes objektiv zu sein haben, daß Entscheidungen allein von den Erfordernissen der Aufgabe und „persönlichen Verdiensten" abhängig sein müssen, kann er nicht die kulturelle Überzeugung ausrotten, daß seine *Beziehung* zu der in Betracht kommenden Person der einzig entscheidende Faktor seiner Entscheidung ist. Dieser Konflikt zwischen den rationalen Kriterien für die spezifischen Aufgaben und Ziele seiner Institution, die in westlichen Gesellschaftswerten verwurzelt sind, und seinem eigenen tiefempfundenen Glauben (der jedoch ambivalent ist) an die Bedeutung der Hochachtung von Familien- und *jati*-Bindungen ist typisch für die gebildeten und in verantwortlichen Positionen beschäftigten Inder. Und für die große Mehrheit der traditionsbewußten Landsleute sind Unehrlichkeit, Nepotismus und Korruption, wie sie im Westen verstanden werden, nur abstrakte Begriffe, ob nun ein *bania* das Gesetz beugt, um die geschäftlichen Transaktionen eines *jati*-Mitangehörigen zu decken, ob ein *marwari*-Industrieller einen zwar nicht hinreichend qualifizierten, aber dafür entfernt verwandten Stellenbewerber als Manager anstellt oder ob ein Angestellter Bestechungsgelder annimmt, um einer verwaisten Nichte den Schulabschluß zu ermöglichen. Solche negativen Konstruktionen sind irrelevant für die indische psychosoziale Erfahrung, die von Kindheit an einen und nur einen Standard für verantwortliches Handeln zuläßt, nämlich die lebenslange Verpflichtung der eigenen Verwandtschaft gegenüber. Treue unpersönlichen Institutionen und abstrakten moralischen Werten gegenüber ist in der individuellen Entwicklungserfahrung nicht angelegt, ist ein Fremdkörper in der indischen Innenwelt. Schuldgefühle und die sie begleitende innere Angst entstehen nur, wenn die Handlungen des einzelnen gegen das Prinzip des Primats der Beziehungen verstoßen, aber nicht, wenn fremde Rechts- und Effizienzstandards verletzt werden.

Zusammengefaßt läßt sich sagen, daß die psychosoziale Welt, in die Kinder eintreten, wenn sie das „Verantwortlichkeitsalter" erreicht haben, vom Prinzip des unverletzlichen Primats der Familien- und an zweiter Stelle der *jati*-Beziehungen beherrscht ist. Diese „sich ausweitende Welt der Kindheit"[18] benutzt religiöse Traditionen, Rituale, Familienzeremonien, soziale Sanktionen und psychologischen Druck, um die Familien- und Kastenbeziehungen gegen Außenseiter und gegen die Zukunft abzuschotten. Von Anfang an verlangen Zugehörigkeit zu dieser Welt und das Akzeptiertwerden durch sie strikte Unterwerfung unter eine traditionell verankerte hierarchische Sozialordnung und die Unterordnung individueller Vorlieben und Ambitionen unter das Wohl der Großfamilie und der *jati*-Gemeinschaften.

In psychosozialem Sinn erweitert sich die Welt der indischen Kindheit plötzlich von dem intimen Kokon der Geborgenheit bei der Mutter zum ungewohnten maskulinen Netzwerk, das von den Ansprüchen und Spannungen, dem Kommen und Gehen der Männer der Familie bestimmt ist. Dieser „Eintritt in die Gesellschaft" findet im vierten oder fünften Lebensjahr eines Kindes statt. Zumal für das männliche Kind kann die Plötzlichkeit der Trennung von seiner Mutter und die grundlegende Umkehrung alles dessen, was von ihm erwartet wird, traumatische Konsequenzen für seine Entwicklung haben.

Wie in anderen Gesellschaften beginnen in diesem fortgeschrittenen Stadium der frühen Kindheit auch in Indien die kulturellen Erwartungen an Jungen und Mädchen sich zu unterscheiden, obwohl, wie wir gesehen haben, die Konfiguration der mütterlichen Identität psychodynamisch dazu tendiert, die Mutterrolle Jungen gegenüber intensiver und provokativer zu spielen als gegenüber Mädchen. Die indische Tochter, von der vollen Wirkung dieser mütterlichen Ambivalenz nicht betroffen, wird nicht im Alter von vier oder fünf Jahren von der Gesellschaft ihrer Mutter und der der anderen Frauen des Haushalts getrennt, obwohl ihr wie ihren Brüdern ebenfalls neue, „erwachsene" Aufgaben und Verantwortungen im Haushalt übertragen werden. Aber anders als ihre Brüder bleibt sie weiterhin unter der Obhut ihrer Mutter, zwar nicht mehr im selben Ausmaß wie zuvor, da sie wie die anderen Kinder ihrer Familie nach und nach lernt, wie ihre Mutter zu werden und für sich selbst zu sorgen. Der Rest dieses Kapitels wird sich fast ausschließlich mit den Problemen der männlichen Identität in Indien befassen, denn in der ihrem Wesen nach patriarchalischen Welt der traditionellen hinduistischen Kultur wird die Substanz der Mädchenschaft der privaten Variationsbreite individueller Beziehungen überlassen, während auf dem indischen Jungen schicksalhaft das volle Gewicht der gewohnheitsrechtlichen Normen und traditionellen Erwartungen lastet.

So ist es der Sohn, der den Schock — und es ist ein Schock, wie zahllose Erinnerungsberichte über Ereignisse aus dieser Lebensperiode belegen — der Trennung von der Mutter und des Eintritts in die Männerwelt erfährt. Mehr noch als die Plötzlichkeit dieses Übergangs ist es der *Gegensatz* zwischen der früheren mehr oder minder unkritischen, wohlwollenden Nachsicht und den neuen starren Normen absoluten Gehorsams und der Anpassung an familiäre und soziale Standards, der der entscheidende Aspekt ist. Ein anthropologischer Bericht über ein Dorf im Heiderabad-Distrikt beschreibt die zweite Geburt eines männlichen Kindes so: „Die Freiheit, die ihm in seiner frühen Kindheit gelassen wurde, wird zunehmend beschnitten. Nun liegt die Betonung auf gutem Benehmen und hergebrachten Sitten. Das Kind wird häufiger geschlagen, weil es unartig war... Wenn es heranwächst, wird die Disziplin immer schärfer. Zunächst wurde er bestraft, weil er ‚unartig' war oder weil er ‚ohne Grund geweint' hat, aber nun muß er klar entscheiden, was man tun und was man nicht tun darf."[19] Und ein nordindisches Sprichwort drückt markig aus, was der Junge nun zu erwarten hat: „Behandle einen Sohn in den ersten fünf Jahren wie einen *raja*, in den nächsten fünf Jahren behandle ihn wie einen Sklaven und danach wie einen Freund."

Während bis zu dieser Zeit das männliche Kind in die schützende Fürsorge und Liebe – eine Liebe, die überreichlich (und im Idealfall bedingungslos) gewährt wurde – der Mutter eingehüllt war und dadurch oft überfordert wurde, ist die Anerkennung oder Zustimmung, die es von den Männern der Familie zu erlangen hoffen kann, die nun die Verantwortung für seine Betreuung und Erziehung übernehmen, wesentlich qualifizierter. Die Beziehungen werden geschäftsmäßiger, und die Währung jeder Transaktion ist Zuwendung. Sie hängt vom Verhalten des Jungen ab, er muß sie sich verdienen, indem er die Formalien der korrekten Familienbeziehungen, welchen Rang und Status jedes Familienmitglied innehat, lernt, und indem er sich an die Verhaltensnormen seiner Familie und Kaste anpaßt. Da er nicht auf diesen Übergang vorbereitet ist, wird der Junge buchstäblich aus der zärtlich neckenden, bewundernden Frauengesellschaft in die relativ strenge und gefühllose männliche Welt verbannt, die voll von Vorschriften und Verantwortlichkeiten ist und in der er nicht mehr ganz so keck sein kann. Es ist kein Wunder, daß dieser Übergang, seine „zweite Geburt", mit erheblicher Verwirrung, Entwurzelung und Unverständnis verbunden ist.

Diese kritische Verschiebung findet selbstverständlich in einer psychosozialen Dimension statt; sie ist eine der emotionalen Grenzen der inneren Erfahrungswelt. Was die täglichen Verrichtungen wie essen, schlafen, spielen und auf sich achtgeben angeht, wird der vier- bis fünfjährige indische Junge noch eine ganze Zeit rückfällig und geht zu seinen Schwestern und seiner

Mutter. Obwohl er immer mehr Zeit in der ausschließlichen Gesellschaft von Jungen und Männern verbringen muß und die Tröstung suchende Rückkehr zur Mutter immer seltener wird, beginnt er zu lernen, sein Bedürfnis nach emotionaler Hilfe und Unterstützung einzuschränken und sich wegen dieser Dinge beispielsweise an einen Großelternteil, einen Onkel oder eine Tante zu wenden. Dieser Prozeß der Diversifikation der Zuwendung, diese Ersetzung der ausschließlichen Bindung an die Mutter durch eine Vielzahl weniger intensiver Beziehungen zu einer beliebigen Zahl von anderen Mitgliedern des Großfamilienkreises ist der Markstein dieser Stufe der männlichen Persönlichkeitsentwicklung in Indien.

Trotz dieser „außermütterlichen" Quellen von Trost und Rat, die die spezifische Struktur der Großfamilie gewährt, ist psychoanalytisch gesprochen für den indischen Jungen der Verlust der symbiotisch, intimen Beziehung zu seiner Mutter eine narzißtische Verletzung erster Größe. Die Konsequenzen der „zweiten Geburt" für die Identitätsentwicklung des indischen Mannes sind mannigfaltig: eine erhöhte narzißtische Verletzlichkeit; eine unbewußte Tendenz, sich einer idealistischen allmächtigen Gestalt zu unterwerfen, dies sowohl in der Innenwelt der Phantasie als auch in der Außenwelt des Alltagslebens; die lebenslange Suche nach einem charismatischen Führer oder Guru, der Führung und ein zielgebendes Weltbild garantiert und außerdem Intimität und Autorität im individuellen Leben vermittelt. Um dies zu verstehen, müssen wir einen kurzen theoretischen Abstecher zum Problem des Narzißmus unternehmen, wie es in den Schriften Heinz Kohuts behandelt worden ist.[20]

Der primäre Narzißmus des menschlichen Kleinkindes, jenes Gefühl ursprünglicher Vollkommenheit und exklusiver Abgeschlossenheit in sich selbst, ein Seinszustand, in dem die ganze Welt einschließlich anderer Menschen als Teil des eigenen Selbst und als unter der eigenen spontanen Kontrolle befindlich erfahren wird, ist eine kurze, vergängliche, aber folgenschwere Erfahrung während der menschlichen Entwicklung. Die unvermeidlichen Begrenzungen der mütterlichen Zuwendung und die kognitiven Veränderungen in der Entwicklung des Kindes setzen diesem Stadium des primären Narzißmus ein notwendiges Ende. Doch die Intensität und die Kürze dieser originalen Erfahrung narzißtischer Allmacht fungieren in allen Entwicklungsschicksalen des Lebens als machtvoller Magnet, der in Momenten der Verwirrung oder Panik den Menschen zurück zu den Anfängen und hinab ins Unbewußte zieht. In seinen unbewußten Versuchen, das verlorene Paradies des narzißtischen Gleichgewichts wiederzufinden, erschafft das Kind nach Kohut zwei narzißtische Konfigurationen, das *grandiose Selbst* und das *idealisierte Elternbild.* Das grandiose Selbst mit seiner zentralen Überzeugung „Ich bin vollkommen!" trägt Kohut zufolge bei zu einem „breiten Spektrum von Phänomenen, das vom solipsistischen Weltbild des Kindes und seiner unverhüllten Freude daran, bewundert zu werden, vom Größenwahn des Paranoikers und den grausamen sexuellen Handlungen des erwachsenen Perversen bis zu den Aspekten der harmlosen, zweckfreien und unerotischen Zufriedenheit von Erwachsenen mit sich selbst, ihrer Arbeit und ihrer Leistung reicht."[21] Das idealisierte Elternbild basiert auf der Überzeugung: „Ihr seid vollkommen, aber ich bin ein Teil von euch." In der emotionalen Vorstellung dieser Konfiguration wird die Allmacht und Vollkommenheit nun einer idealisierten Elternfigur zugeschrieben, die als Teil des Selbst erfahren wird, das sogenannte „Selbstobjekt" (im Unterschied zu einer anderen Person, die eindeutig als vom Selbst verschieden gesehen wird).

Wenn die psychologische Entwicklung ungestört verläuft, verlieren beide Konfigurationen im Laufe der Zeit ihre Macht, schwächen sich ab und werden in die Persönlichkeit integriert. Das grandiose Selbst verliert seine archaischen Charakteristika und wird zur Quelle der Triebenergie, die die ichkonformen Ambitionen und Aktivitäten des Erwachsenen und die wichtigen „reifen" und realistischen Formen des Selbstgefühls nährt, während das idealisierte Elternbild Teil des Über-Ichs wird und die leitenden Ideale und die ethische Sensibilität eines Menschen stärkt. Eine massive narzistische Verletzung, wie eine abrupte Trennung von der Mutter oder eine von Erwachsenen erlittene Enttäuschung, die während der frühen, abhängigen Stufen der individuellen Entwicklung erlitten wird, kann jedoch die Integration dieser narzißtischen Konfigurationen in die „reife" psychische Struktur vereiteln. So kann als Folge einer narzißtischen Verletzung das grandiose Selbst in der Psyche „auf freiem Fuße" bleiben, weiter seine archaischen Ziele verfolgen und solche narzißtischen Persönlichkeitsstrukturen hervorrufen wie solipsisches Streben danach, Aufmerksamkeit zu erwecken, Exhibitionismus, Hypochondrie oder als Extrem einer Psychose ein gemütskalter paranoider Größenwahn. Ähnlich wird, wenn ein Mensch während der ödipalen Phase seiner Kindheit von seinen Eltern enttäuscht wird, der Entwicklungsprozeß der Idealisierung des Über-

Ichs – das heißt die Internalisierung der liebenden, bestätigenden Aspekte der Eltern, die der Psyche ihre positiven Ziele und Ideale vermitteln – abgebrochen, und das idealisierte Elternbild bleibt unverändert in der Psyche als Selbstobjekt erhalten, das für die ersehnte narzißtische Versorgung zuständig ist. Hier können sich Persönlichkeitsstörungen als abstoßende Tendenz zur Hingabe an mächtige Autoritätspersonen oder in inkohärenten mythischen Gefühlen, die mit transzendenter Erfahrung oder der Tradition reifer Religiosität nichts zu tun haben, manifestieren, während in der Psychose die Reaktivierung des archaischen Elternbildes zu Wahnvorstellungen von einem mächtigen Verfolger, einem allwissenden Gedankenleser oder von körperlosen Stimmen, deren Befehlen man gehorchen muß, führen kann.

Ich würde einräumen, daß bei indischen Männern der Prozeß der Integration dieser archaischen narzißtischen Konfiguration entwicklungsmäßig kaum so weit gediehen ist wie bei westlichen Männern. Das soll nicht heißen, daß indische Männer narzißtisch sind und westliche nicht. Eine Metapher Freuds übernehmend, könnte man sagen, daß westliche Männer weniger „Besatzungstruppen" in der Heimbasis des archaischen Narzißmus zurückgelassen haben, während der größte Teil der Armee vorwärts marschiert ist – obwohl auch er im Falle großen Stresses den Rückzug antreten kann. Im Gegensatz dazu neigen Inder dazu, mehr Truppen auf der narzißtischen Position zurückzubehalten, und die Vorauskommandos sind allzeit bereit, bei jeder Drohung oder Provokation zu ihnen zurückzukehren.

Die abrupte Trennung des vier- bis fünfjährigen Jungen von der intimen Gemeinschaft mit einem einzelnen, alles bedeutenden „anderen" erklärt teilweise die narzißtische Verletzlichkeit der männlichen Psyche in Indien. Diese zweite Geburt kommt für das Kind genauso unvorbereitet wie die erste und ist genauso traumatisch. Als solche begünstigt sie sowohl die Regression in eine frühere „glücklichere" Zeit und die Tendenz, die Identifikation mit der Mutter zu verstärken, um ihren Verlust zu kompensieren. Aber wir müssen diese Hypothese in einem klaren und vollständigen Bild der Entwicklungserfahrung der ersten drei bis vier Jahre des Lebens des indischen Jungen verankern. Trotz der emotionalen „Reichtümer", die eine lange und intensive Zweisamkeit mit der Mutter in der Innenwelt des Menschen anhäufen kann, neigt eben diese intensive Exklusivität dazu, das Wachstum der Autonomie des Sohnes zu behindern, und beläßt die psychischen Strukturen relativ unstrukturiert, die Grenzen des Selbst unscharf und die inneren Überzeugungen – „Ich bin vollkommen" und „Ihr seid vollkommen, aber ich bin ein Teil von Euch" – mehr oder weniger starr in ihrer primitiven emotionalen Ursprünglichkeit.

Die ambivalente Rolle des Vaters in der indischen Kindheit ist ein weiterer Faktor, der zu der narzißtischen Verletzlichkeit indischer Männer beiträgt. Denn die narzißtische Verletzung, die dem Kind durch die abrupte Auflösung der Mutter-Sohn-Beziehung zugefügt wird, kann durch die Stärkung der Identifikation des Jungen mit seinem Vater gemildert werden. Sowohl Erikson als auch Fromm haben hervorgehoben, daß ein Vater nicht nur der Gegenspieler des kleinen Ödipus ist, sondern auch der Wächter und Förderer der Lösung des Jungen von seiner Mutter zu einer Zeit, wenn sein Mut zu einer solchen autonomen Existenz brandneu ist. Tatsächlich ist „die Bestätigung durch die wegweisende Stimme (des Vaters) ein primäres Element im Identitätsbewußtsein eines Mannes".[22] In Anbetracht der Intensität und Ambivalenz der Mutter-Sohn-Beziehung in Indien wird die Notwendigkeit des väterlichen Zugriffs und seiner wegweisenden Stimme noch dringender, wobei die Notwendigkeit der ödipalen Allianz oft die Feindschaft des Ödipuskomplexes überwiegt.

Die wegweisende Stimme kann nur wirksam werden, und die Identifikation des Sohnes mit dem Vater kann nur stattfinden, wenn der Vater seinem Sohn emotionalen Zugang zu sich gewährt – das heißt, daß er erlaubt, daß er selbst idealisiert wird und gleichzeitig die Bemühungen des Jungen, erwachsen zu werden, ermutigt und unterstützt. Die Verantwortung des Vaters besteht darin, sich nicht von seinem Sohn auf eine Ebene objektiver Perfektion oder angemaßter Autorität zurückzuziehen, sondern den Jungen nach und nach die eigenen Grenzen als Vater und als Mann erfahren zu lassen, so daß die Identifikation des Kindes langsam in eine entwicklungsmäßig stimmige männliche Identifikation mit einem *realistischen* Vaterbild übergeht. Identifikation ist jedoch ein Prozeß; sie setzt voraus, daß der Vater über die Jahre hin ständig für seinen Sohn in einem psychosozialen Sinn verfügbar ist, ein Kriterium, das dem Prinzip und der Struktur der indischen Großfamilie fundamental widerspricht. Denn die Stärke und der Zusammenhalt der Großfamilie hängen von einer gewissen psychosozialen Diffusion ab; es ist wichtig, daß sich keine Kernzellen innerhalb der Familie bilden oder daß solche Zellen zumindest keine intensiven Loyalitätsgefühle in sich entwickeln, die möglicherweise andere Familienmitglieder und ihre Interessen ausschließen. Also verlangen die Prinzipien des indischen Familienlebens, daß der Vater in der Gegenwart seines eigenen Sohnes zurückhaltend ist und sein Interesse und seine Unterstützung gleichmäßig auf die eigenen Söhne und die seiner Brüder verteilt. Das kulturell vorgeschriebene Muster von Zurückhaltung zwischen Vätern und Söhnen ist in Indien so weit verbreitet, daß es eine Gesellschaftsnorm geworden ist.[23] In autobiographischen Berichten sind die Väter stets distanziert, ob sie nun streng oder nachsichtig, kalt oder gefühlsbetont sind.

Hinter der äußeren Fassade von Objektivität und Unparteilichkeit mag ein indischer Vater sich bemühen, seiner Liebe zu seinem Sohn Ausdruck zu geben. Die väterliche Liebe ist in Indien nicht schwächer als in anderen Gesellschaften. Aber es bleibt die Tatsache, daß der Sohn, plötzlich der „guten" Mutter beraubt und ein stabiles männliches Modell benötigend, mit dem er sich identifizieren kann, um sich von der „schlechten" Mutter zu befreien, verwirrenden widersprüchlichen Botschaften von gleichzeitiger Liebe und Zurückweisung im Verhalten seines Vaters ausgesetzt ist. Er hat nicht die nötige Gewißheit, daß sein Vater eine verläßliche „Konstante" ist, von der man lernen kann, geliebt werden kann und der man nacheifern möchte. Kurz gesagt, dem indischen Sohn fehlt die eine wegweisende männliche Stimme, weil sie unter den anderen untergeht. Um es noch einmal zu sagen, autobiographische Berichte beschreiben den indischen Vater als einen empfindsamen und liebevollen Mann, der voll Gefühl für seine Söhne ist, denn er selbst wuchs ebenso mit ähnlichen Bedürfnissen und Sehnsüchten auf. So beschreibt Yogananda in seiner *Autobiographie eines Yogi* das Wiedersehen mit seinem Vater nach einer langen Trennung: „Vater umarmte mich herzlich, als ich unser Haus in der Gurupur-Straße betrat. ‚Du bist gekommen', sagte er sanft. Zwei große Tränen tropften aus seinen Augen. Nach außen hin unprätentiös, hatte er mir gegenüber nie solche Zeichen der Zuneigung geäußert. Nach außen hin der würdige Vater, besaß er innerlich das weiche Herz einer Mutter."[24] Und Gandhi verdanken wir die folgende bewegende Schilderung, wie er seinen Vater für eine jugendliche Verfehlung um Verzeihung bat: „Ich zitterte, als ich meinem Vater das Geständnis übergab ... Er las es durch, und Tropfen fielen von seinen Wangen und benetzten das Papier. Für einen Augenblick schloß er in Gedanken die Augen, und dann zerriß er das Schreiben. Er hatte sich zum Lesen aufgesetzt. Nun legte er sich wieder nieder. Ich weinte ebenfalls. Diese Tropfen reinigten mein Herz und wuschen meine Sünden fort. Nur wer solche Liebe erfahren hat, kann wissen, was das ist ... Diese

Art sublimer Verzeihung war bei meinem Vater nicht natürlich. Ich hatte angenommen, er würde zornig sein, harte Dinge sagen und sich vor die Stirn schlagen. Aber er war so wundervoll friedlich."[25]

Ein solches öffentliches Zeugnis für den Vater, der *innerlich* lieb und zärtlich ist, belegt die psychosoziale Distanz und den formalen, manchmal oberflächlichen alltäglichen sozialen Kontakt zwischen Söhnen und Vätern in Indien. Psychotherapie und Beratungsgespräche decken oft ein langgehegtes Ressentiment gegen den Vater auf, der irgendwie seinen Sohn verpaßt hat, indem er nicht oft genug „da" war, weil er keine greifbare, solide Gegenwart war, an der man sich hätte anlehnen und stützen können und an der man sich hätte messen können, um die eigene psychische Struktur und männliche Identität zu stabilisieren und zu stärken. Der unbewußte Zorn der Söhne über gute, aber „unberührbare" Väter, deren individuelles Vatersein in der Unparteilichkeit, das die Großfamilie von ihnen verlangt, verschwindet, ist eines der Hauptmotive der hinduistischen Persönlichkeit. So spiegelt die Tatsache, daß fast achtzig Prozent der heranwachsenden Jungen, denen in einer neueren Untersuchung[26] der therapeutische Apperzeptionstest (TAT) vorgelegt wurde, in der auf dem Bett liegenden zugedeckten Gestalt den Vater sahen, der krank, tot oder genesend war, nicht nur unbewußte ödipale Feindseligkeit im engern Sinne wider, sondern ist auch ein Ausdruck des Zorns gegen den Vater, dessen Gegenwart in der Kindheit ein blinder Fleck war.

Ich habe versucht, drei kulturell beeinflußte psychosoziale Konstellationen darzustellen, die die narzißtische Verletzlichkeit und emotionale Selbstabsorption der männlichen Psyche in Indien bedingen: erstens, die Dauer und die symbiotische Natur der Mutter-Sohn-Beziehung; zweitens, der Bruch dieser Beziehung im Alter von vier oder fünf Jahren und die radikale Veränderung des „Lebensstils" des Kindes; und drittens, die Enttäuschung des kleinen Jungen, wenn er seinen Vater eher als Zuschauer denn als Verbündeten in seinem kindlichen Kampf, mit den neuen Lebensumständen fertigzuwerden, erkennt.

Die Ontogenese des Homo hierarchicus

Die Bedeutung der narzißtischen Verletzlichkeit für die Persönlichkeitsentwicklung der indischen Männer, ihre Rolle in der Ätiologie von Neurosen in der indischen Umwelt[27] und ihre kulturelle Ausprägung in Ritualen wie der Verehrung des *linga* (Phallus) des Gottes Shiva stellt nur eine der psychosozialen Konsequenzen der zweiten Geburt dar. Die Konsolidierung des Elements *Homo hierarchicus* in der indischen Identität ist ein weiterer wichtiger Aspekt, der auf der zweiten Geburt beruht. Die beiden hauptsächlichen psychodynamischen Elemente der *Homo hierarchicus*-Identität – die Akzentuierung des homoerotischen Impulses, vor allem in seiner passiven Form, und die verhältnismäßig schwache Differenzierung und Idealisierung des Über-Ichs – sind der emotionale Zement, der das hierarchische Prinzip fest in die indischen Institutionen eingemauert hat. Wir müssen die Kindheitswurzeln dieser beiden Konstellationen ausgraben und untersuchen, wenn wir die indischen Autoritätsmuster und die emotionale Anziehungskraft, die von manchen Autoritätsfiguren ausgeht, würdigen wollen.

Wir haben festgestellt, daß der Vertreter der Kultur, der vom indischen Jungen verlangt, seinen intimen Status mit seiner Mutter aufzugeben, nicht einfach der Vater ist, sondern die Gesamtheit der älteren Männer der Familie. Die Verwirrung und der Zorn des Jungen über die Trennung von seiner Mutter – um so konfliktträchtiger, weil sie verspätet eintritt – fällt zeitlich zusammen mit der ödipalen Phase der psychosexuellen Entwicklung. Aber sein Zorn richtet sich nicht allein gegen den Vater; er verteilt sich auf all die männlichen Autoritätsfiguren, die kollektiv dafür verantwortlich sind, daß ihm die Mutter weggenommen wird. Es macht symbolischen Sinn, daß in der indischen Mythologie Ravana, der Entführer der „guten" Mutter Sita, nicht nur einen, sondern zehn Köpfe hat. Weil die ödipale Aggression aufgesplittert und abgeschwächt wird, da sie andere ältere Männer mit einschließt, ist sie in ihrer „klassischen" Intensität gegen den Vater insgesamt gesehen in Indien nicht verbreitet. Dies variiert natürlich von Region zu Region und innerhalb der verschiedenen sozialen Gruppen.[28] In Gemeinschaften, die die Männlichkeit in ihrer Machismovariante betonen und die ihre Frauen in der strengen Abgeschiedenheit des *purdah* halten – z.B. die Rajputs – und die von ihren Söhnen eine dramatische und totale

Entsagung von der Frauenwelt der Mütter, Schwestern und Tanten verlangen, ist die „ödipale" Dimension des Zorns des Jungen gegen den Vater tendenziell ausgeprägter als in Gemeinschaften, wo die zweite Geburt ein spannungsloser oder allmählicher Prozeß ist. Unabhängig von der verschiedenen Intensität des ödipalen Konflikts in den diversen Gemeinschaften führt die massive Identifikation des indischen Sohnes mit seiner Mutter zu einer Art der Lösung des Konflikts, die vom westlichen Modell abweicht. Im Westen wird der ödipale Konflikt gewöhnlich gelöst, indem die aggressive Einstellung des Jungen dem Rivalen/Vater gegenüber Angst auslöst, die hinwiederum dadurch besänftigt wird, daß er sich mit dem Vater identifiziert. In Indien jedoch neigt der Junge, der die Last einer starken präödipalen weiblichen Identifikation trägt und dem ein lebendiger, partnerschaftlicher Vater fehlt, mit dem er sich identifizieren könnte, eher zu einer Haltung „nichtpartnerschaftlicher" weiblicher Unterwerfung unter alle älteren Männer der Familie. Der Sohn tauscht seine aktive phallische Initiative gegen einen „Anfängerkomplex" ein, wie es Fenichel genannt hat,[29] indem er gegenüber männlicher Autorität eine passiv-rezeptive Haltung einnimmt, die ihn eines Tages befähigen wird, selbst ein Mann zu werden. In der sexualisierten Vorstellungswelt des Kindes öffnet er sich dem Phallus, der ihm männliche Potenz verspricht.

Diese Lösung des ödipalen Konflikts durch eine unterwürfige, lehrlingsähnliche Haltung gegenüber den älteren Männern der Familie hinterläßt einen psychosexuellen Rückstand im Unterbewußtsein, der das restliche Leben des Jungen beeinflußt. In der Identitätsentwicklung indischer Männer führt er zu einer passivrezeptiven Haltung gegenüber Autoritätsfiguren jeder Art. Die psychodynamischen Konturen dieser traditionellen und praktisch allgegenwärtigen Einstellung werden vor allem deutlich in Situationen, die den Kindheitskonflikt wieder aufleben lassen. Während zum Beispiel im Westen die unbewußten passiven homosexuellen Vorstellungen, die in bestimmten Stadien der psychoanalytischen Therapie auftreten, beim Patienten stets starke Angstgefühle auslösen, finden analoge Phantasien und Träume bei indischen Patienten relativ leichteren und weniger angstauslösenden Zugang zum Bewußtsein. Die Vorstellungswelt der in klinischer Terminologie als „passiv homosexuell" oder als „weiblich unterwürfig" bezeichneten Inhalte ist hochgradig sexuell — wie die Innenwelt des Kindes, der Patienten, der Träumer beweisen. Aber meine Absicht ist es nicht so sehr, die sexuelle Dimen-

sion dieser Begriffe, sondern ihre Beziehung zu den Aggressionsformen und zu dem Konflikt zwischen Dominanz und Unterwerfung zu betonen.

Der erigierte Penis und die Darbietung des Anus sind unter Menschen wie auch unter vielen anderen Primaten Symbole für den Versuch, eine hierarchische Ordnung in ihrer Beziehung herzustellen. Bei Indern spiegelt bei einem Patienten die Phantasie eines analen Angriffs durch eine Autoritätsperson nicht so sehr die verborgenen Lust- und Schuldgefühle der Analerotik wider als vielmehr das (relativ konfliktlose) Akzeptieren der Dominanz derjenigen, die die Autorität innehaben, und den Wunsch, sich einen Teil ihrer Macht einzuverleiben. Das häufige Auftreten von Schimpfwörtern mit dem Tenor „Fick dich in den Arsch!" unter heranwachsenden Jungen und jungen Männern in Indien ist ein weiteres Indiz für die verbreitete männliche Beschäftigung mit dem hierarchischen Status, das heißt, diese Wortwahl spiegelt den erbitterten Kampf um die Superiorität in ambivalenten sozialen Situationen wider, die nicht durch die anerkannten Richtlinien des Alters, des Geschlechts, der *jati*-Zugehörigkeit oder der Stellung in der Familie geklärt sind.

Die Konflikte, die durch die zweite Geburt und die indische Art der Lösung des Ödipuskomplexes entstehen, führen auch zu einer relativ schwächeren Differenzierung und Idealisierung des indischen Über-Ichs. Hiermit meine ich, daß das kategorische Gewissen, als Repräsentant der moralischen Werte, Vorschriften und Verbote des indischen *dharma* nicht als psychische Struktur existiert, die scharf vom Es und vom Ich differenziert ist, und daß seine Bestandteile nicht „idealisiert" sind, wie sie das gewöhnlich in westlichen Kulturen sind. Ein großer Teil des individuellen Verhaltens und der Anpassung an die Umwelt, das bei westlichen Menschen von den Forderungen des Über-Ichs gesteuert und beherrscht wird, wird bei Indern von einem *Gemeinschaftsgewissen* geleitet. Dies umfaßt von Anfang an nicht nur die elterlichen Gebote, sondern ebenso die Großfamilien- und *jati*-Normen. Im Gegensatz zum westlichen Über-Ich ist das Gemeinschaftsgewissen mehr eine soziale als eine individuelle Struktur: Es befindet sich nicht „innerhalb" der Psyche. Mit anderen Worten: Statt auf eine innere „Schildwache" verläßt sich der Inder auf viele äußere „Wächter", die seine Handlungen und speziell seine Beziehungen in allen sozialen Hierarchien kontrollieren.

Im Gegensatz zu den internalisierten Normen des individuellen

Über-Ichs schafft die größere Autorität des Gemeinschaftsgewissens eine Situation, in der bei Gelegenheiten, „wenn niemand es sieht", Verletzungen des moralischen Standards wahrscheinlicher werden. Solche Gelegenheiten bieten sich normalerweise, wenn sich der einzelne außerhalb der Reichweite der aufmerksamen Disziplin seiner Familie, *jati* und Dorfgruppe aufhält. Obwohl also alle Inder eine starke Bindung an die traditionellen moralischen Wert zeigen, neigt der einzelne privat, in bezug auf sich selbst, zu der Auffassung, daß die Verletzung dieser Werte nur dann verwerflich sei, wenn sie jene Ältesten bekümmert, die die persönlichen Repräsentanten seines Gemeinschaftsgewissens sind.

Diese schwächere Differenzierung des Über-Ichs hat verschiedene wichtige psychosoziale Konsequenzen. Erstens zeigen Inder im allgemeinen eine größere Toleranz gegenüber dem Ausdruck von Ambivalenz und Aggression in jenen Situationen, wo dies nicht ausdrücklich durch das Gemeinschaftsgewissen und hierarchische Imperative verboten ist. Obwohl die den Ausdruck von offener Feindseligkeit betreffenden sozialen Tabus außerordentlich streng sind, erreichen sie nicht die Wirksamkeit entsprechender Über-Ich-Kontrollen. Wenn diese Tabus zusammenbrechen oder wenn sie nicht anwendbar sind, erlauben die „lässigen" Kontrollen Ausbrüche von Aggressivität, die plötzlich aufflammen können und ebenso unvermittelt wieder abebben.

Eine zweite Konsequenz ist der relative Mangel an Spannung zwischen dem Ich und dem Über-Ich in der indischen Persönlichkeit; das Innenleben der meisten Inder wird nicht durch ständige Entscheidungen oder zwanghaftes Kategorisieren von Phantasien, Gedanken und Taten in „gut" und „böse" verkrüppelt. Es lasten also viel weniger Druck und Schuldgefühle auf dem Ich bei dem Versuch, es dem Über-Ich durch produktives Handeln und Streben in der Außenwelt recht zu machen. Ein Inder kann stundenlang dasitzen und nichts tun, ohne daß ihn eine innere Stimme als Nichtstuer verdammen würde. Im Gegensatz dazu scheint die westliche Kultur einen hohen Wert auf eine relativ große Spannung zwischen Ich und Über-Ich zu legen, um dann die daraus entstehenden Schuld-, Scham- und Minderwertigkeitsgefühle in ein hohes Aktivitätspotential umzuwandeln.[30] Die Ideale von Initiative und Erfolg, die im westlichen Weltbild einen so hohen Stellenwert haben, funktionieren auch als Abwehrmechanismen des Ich, um psychischen Streß zu vermindern; dies kann zu einer Ausbeutung individueller Unzulänglichkeiten führen, indem die Gesellschaft das Individuum ermutigt, innere Unzufriedenheit (die zunächst von ihr erzeugt wurde) durch soziale, intellektuelle und ökonomische Produktivität zu ersetzen. Was auch immer der psychologische Preis für den Einzelnen in Gestalt von Neurosen sein mag, so ist der adaptive Wert dieser Spannung zweifellos beträchtlich.

Zusätzlich zu dem erwähnten „Aggressionsmanagement" und der Anpassung von Über-Ich und Ich hat das bescheidene, anspruchslose Über-Ich des Inders eine dritte Konsequenz: eine erhöhte Abhängigkeit von externen Autoritätsfiguren. Das Über-Ich ist, wie wir wissen, nicht nur die Verbots- und Strafinstanz der Psyche, es enthält auch die Repräsentationen der Ideale und Normen des Menschen. Indische Männer suchen oft nach externen Gestalten, um in den Genuß von Zustimmung und Führerschaft zu kommen, die sie von ihren eigenen, nicht hinreichend idealisierten Über-Ichs nicht erlangen können. Die narzißtische Konfiguration des *idealisierten Elternbildes* ist, da es in ein schwaches Über-Ich kaum integriert ist, das ganze Leben lang in fast ursprünglicher Intensität und mit vielen ihrer archaischen Ziele wirksam. Dies führt zu einem Zustand, in dem der Mensch ständig nach Autoritätsfiguren sucht, die er idealisieren kann und deren „Vollkommenheit" und „Allmacht" er dann zu seiner eigenen machen kann. Diese beiden Motive, die unermeßliche Potenz, die einer idealisierten Vaterfigur zugeschrieben wird, und die unbewußte Phantasie des Kindes, sich diese Potenz zu eigen zu machen, kommen im folgenden Shiva-Mythos zum Ausdruck:

Shiva und Parvati hatten sich tausend Jahre lang körperlich geliebt, und die Götter waren zutiefst beunruhigt. Jedes Kind, das aus einer solchen Umarmung von Shiva und der Großen Mutter hervorgehen würde, würde mächtig genug sein, die gesamte Schöpfung zu vernichten und den Götterkönig Indra vom Thron zu stürzen. Es wurde also beschlossen, diese Umarmung zu unterbrechen und daß Parvati Shivas Kind nicht austragen dürfe. Agni, der Feuergott, wurde ausgesandt, die göttliche Vereinigung zu stören, und er erschien in der Gestalt eines Papageis im Schlafgemach Shivas und Parvatis. Das Paar erkannte ihn, und Parvati, die sich schämte, daß der Feuergott sie beim Geschlechtsverkehr gesehen hatte, wandte das Gesicht ab. Daraufhin ejakulierte Shiva in Agnis Mund; sein Samen war so mächtig, daß er die Bäuche aller Götter aufriß, hinausfloß und einen goldenen See bildete. Agni jedoch konnte die durch den Samen erzeugte gewaltige Hitze nicht ertragen, und er spie ihn in den Ganges. Aber auch Mutter

Ganges war nicht in der Lage, seine Gewalt auszuhalten, und deshalb spülte sie ihn ans Ufer, wo er als loderndes Feuer brannte. Die Frauen der Weisen kamen, um sich an dem Feuer zu wärmen. Der Samen drang durch die Hinterteile der Frauen in sie ein und kam in Gestalt des sechsköpfigen Skanda wieder heraus, der später der mächtige General der Götter wurde.

Dieser Mythos hat mehrere Varianten; in einer kann der Ganges die Potenz von Shivas Samen nicht ertragen und schleudert ihn in einem Schwall auf einen Berg, der zu Gold wird und wo Skandas Geburt stattfindet. Die Macht des Samen Shivas und daß Agni ihn schluckt ist jedoch allen Varianten gemeinsam. [31]

Das Bedürfnis, Höhergestellten und Führern *mana* zuzuschreiben, um selbst an dem *mana* teilzuhaben – ein unbewußter Versuch, die narzißtische Vollkommenheit der Kleinkindzeit wiederherzustellen, „Du bist vollkommen, aber ich bin ein Teil von dir" –, ist selbstverständlich eine universelle Tendenz. Aber in Indien ist diese automatische Verehrung von Höhergestellten praktisch eine universelle psychosoziale *Tatsache.* Führer auf jeder Ebene von Gesellschaft und Politik, aber besonders die patriarchalischen Ältesten der Großfamilien und der *jati*-Gruppen erfreuen sich höchster emotionaler Wertschätzung, unabhängig von ihrer tatsächlichen Leistung und völlig abgesehen von ihrem allzu menschlichen Dasein. Wenn es um die Führerschaft in den größeren sozialen Institutionen von Wirtschaft und Regierung in Indien geht, spielt Charisma ein ungewöhnlich bedeutende Rolle. Die Suche nach integren und starken Führern und ihre Idealisierung zeigt sich am deutlichsten in der Sphäre der Religion. Die hinduistischen geistlichen Führer oder Gurus verkörpern *per definitionem* die traditionellen Ideale jedes Inders, die durch die Begriffe *moksha* und *dharma* bezeichnet sind. Inder lassen sich, wenn sie über diese heiligen Männer oder auch einige politische Führergestalten wie Gandhi oder Nehru nachdenken, von ihrer Neigung zur Idealisierung überwältigen und verwandeln das Triviale ins Wunderbare, und die „Objektivität" ertrinkt in einer Flut von Verehrung. Der Anhänger hat an der „Vollkommenheit" des Gurus nur dadurch Anteil, daß er sich in seiner Gegenwart befindet, durch sein *darshan.* Die Gespräche zwischen Yogananda und seinem Guru machen diese Dynamik auf eindrucksvolle Weise deutlich. Yogananda beschreibt ihr erstes Zusammentreffen:

„ ‚Oh, mein Eigen, du bist zu mir gekommen!' Mein Guru sagte diese Worte wieder und wieder in Bengali, seine Stimme zitterte vor Freude. ‚Wie viele Jahre habe ich auf dich gewartet!'

Wir verfielen in ein Einssein des Schweigens; Worte schienen überflüssig. Ein wortloses Lied strömte eloquent vom Herzen des Meisters in das des Schülers. Mit diesem Instrument unumstößlicher Einsicht erfuhr ich, daß mein Guru Gott kannte und mich zu ihm führen würde. Die Finsternis dieses Lebens verschwand in einer zaghaften Dämmerung vorgeburtlicher Erinnerungen. Dramatische Zeit! Vergangenheit, Gegenwart und Zukunft sind ihre zyklischen Szenen. Dies war nicht die erste Sonne, die mich zu diesen heiligen Füßen sah.

Meine Hand in der seinen haltend, führte mich der Guru zu seinem vorübergehenden Wohnsitz im Rana-Mahal-Bezirk der Stadt. Seine athletische Gestalt schritt festen Schrittes voran. Groß, aufrecht, ungefähr fünfundfünfzig zu dieser Zeit, war er aktiv und lebhaft wie ein junger Mann. Seine Augen waren groß, schön und voll unergründlicher Weisheit. Leicht gekräuseltes Haar machte sein kraftvolles Gesicht etwas weicher. Stärke mischte sich subtil mit Zartheit. Als wir auf auf dem Weg zu einem Steinbalkon, der auf den Ganges wies, waren, sagte er voll Güte: ‚Ich werde dir meine Einsiedeleien und alles, was ich sonst besitze, schenken.'

‚Herr, ich bin gekommen, um Weisheit und Gotteserkenntnis zu gewinnen. Das sind die Schätze, nach denen ich strebe.' Die schnelle indische Dämmerung hatte ihren Halbschleier herabfallen lassen, ehe mein Meister wieder das Wort ergriff. In seinen Augen war unermeßliche Zärtlichkeit. ‚Ich werde dir meine bedingungslose Liebe schenken". [32]

Später akzeptiert der neue Schüler dankbar die Autorität des Gurus in jedem Detail seines Lebens, indem er die Verantwortung für sein auf Göttlichkeit gerichtetes Leben auf den Guru überträgt, und dann: „Ein lebenslanger Schatten erhob sich von meinem Herzen, die unstete, unsichere Suche war vorüber. Ich hatte ewigen Schutz bei einem wahren Guru gefunden." [33]

Das oben beschriebene Zusammentreffen enthüllt nicht nur die sozial akzeptierte und kulturell geförderte Suche nach einem idealen, allgegenwärtigen Vater, sondern auch die Kindheitsvorläufer einer solchen Suche. Denn der Gefühlston in dieser Begegnung von Yogananda und seinem Guru ist derselbe wie in der Beziehung zwischen Mutter und Kleinkind und wie die späteren Tröstungen durch die Liebe der Guru-Mutter nach Enttäuschungen. Normalerweise versucht die Großfamilie selbst (und sogar die *jati*) diese unbewußten Sehnsüchte zu befriedigen. Denn soziale

Strukturen können nicht lange individuelle Entwicklungsbedürfnisse vernachlässigen, ohne unerträgliche Spannung zu erzeugen. In der indischen Familie gewährt die hierarchische Ordnung der Beziehungen und ihre Dauerhaftigkeit, ja Zeitlosigkeit, eine gewisse Erfüllung des lebenslangen Bedürfnisses des Individuums nach externen Autoritätsfiguren; die mütterliche Art der Familienfürsorge birgt eine Kontinuität zwischen den frühen und den späteren Erfahrungen des Individuums, während die Betonung des Primats der Beziehungen die narzißtischte Orientierung des einzelnen zu konterkarieren versucht, die, wenn sie nicht kontrolliert wird, die soziale Stabilität und Kooperation ernstlich unterminieren könnte.

5. Kapitel

Spuren: Die innere Welt in Kultur und Geschichte

Auf den vorhergehenden Seiten habe ich versucht, die zentralen psychologischen Motive des indischen Kleinkind- und Kindheitsalters zu identifizieren und den langen Schatten zu interpretieren, den sie auf die Horizonte des individuellen und kulturellen Bewußtseins werfen. Sowohl die Ängste als auch die spezifischen psychosozialen Stärken wurzeln in den frühesten vorsprachlichen Lebenserfahrungen und -beziehungen. Da sich Bewußtsein und Persönlichkeit des einzelnen in aufeinander folgenden Stufen des Lebenszyklus entwickeln und artikulieren, werden unsere frühen Erfahrungen leicht überdeckt, werden zu einer „vergessenen" unterirdischen Schicht der Topographie unserer Innenwelt. Es sind die Reste dieser dunklen Schicht der kindlichen Erfahrung, die in unserer Psychopathologie hervorbrechen, die wir bei der Mythenbildung ausbeuten und die den Bestrebungen und Enttäuschungen des Alltagslebens zugrunde liegen.

In diesem Kapitel möchte ich den Spuren dieses infantilen Substrats in drei verschiedenen kulturellen und historischen Zusammenhängen nachgehen: dem zweier jahrhundertealter religiöser Kulte, die die Verehrung von Millionen von Indern genießen, und dem des Lebens und der Arbeit eines der frühen Propheten der modernen indischen Identität.

Der Krishna-Kult und -Mythos

Obwohl es in Indien viele religiöse Kulte und eine Unzahl von Göttern gibt, ist Krishna zweifellos der populärste. Verehrt auf dem ganzen Subkontinent sowohl von Männern als auch von Frauen der verschiedenen Kasten und Sekten, sowohl von traditionell orthodoxen Hindus als auch von modernen „säkularisierten" Indern, ist Krishna der Brennpunkt der hinduistischen Frömmigkeit.

Krishna wird üblicherweise als blauäugiges Kind voller Schalkheit und Possen oder auch als jugendlicher Rinderhirte dargestellt, der eine Krone aus Pfauenfedern trägt und dessen Schönheit jeden in Entzücken versetzt, der ihn sieht oder den unwiderstehlichen Ruf seiner Flöte hört. Dies ist sein heutiges Erscheinungsbild. Vor zweitausend Jahren, als Krishna erstmalig in das hinduistische Pantheon aufrückte, war der Gott eine nüchternere und strengere Gottheit. Im *Mahabharata* beispielsweise ist er der erwachsene weise und hilfsbereite Lehrer und Ratgeber. Im Harivamsa (der Genealogie Haris oder Krishnas) um 500 n. Chr. erfuhr die Charakterisierung Krishnas eine Veränderung, indem seine frühen Jahre betont wurden, in denen er ein eigenwilliges, schalkhaftes Kind und der göttliche Liebhaber der *gopis*, der Hirtenmädchen, war. Die späteren Krishna-Texte, *Vishnu Purana*, *Padma Purana* und *Brahmavaivarta Purana*, sind von diesen letzteren Aspekten des Gottes fasziniert und auf sie fixiert: Krishnas Freiheit und Spontaneität als das ewige Kind, die unübertreffliche Schönheit des jungen Krishna und die verführerische Macht seiner Jagdflöte, die menschlichen Widerstand gegen das Werben des göttlichen Liebhabers zunichte machte. [1]

Der primär mit Krishna in Zusammenhang stehende Kult spiegelt mit seiner Betonung der *bhakti* treu den Wandel des Wesens des Gottes wider. Während die *bhakti* des *Mahabharata* und des *Bhagavad Gita* nüchtern und pietistisch ist und die Frömmigkeit durch ein Leben voller Disziplin und strenger Befolgung ethischer und sozialer Normen kanalisiert ist, ist in den mittelalterlichen *bhakti*-Kulten bis in die Gegenwart *bhakti* keine blasse und nüchterne Sache mehr, sondern betont die rauschhafte und ungehemmte Seite des dunklen Gottes und bedeutet so eine Befreiung von den Beschränkungen und Geboten des orthodoxen Hinduismus.

Die Verehrung Krishnas, die immer in Gruppen von Männern und Frauen gemeinsam praktiziert wird, kann viele Formen annehmen. Bei Festveranstaltungen, Prozessionen, Versammlungen in Tempeln und Privathäusern wird gesungen, getanzt, die Legenden über Krishnas Kindheit und Jugend in Szene gesetzt und sein Ruhm besungen, und das mit einer emotionalen Leidenschaft, die sich radikal von der meditativen Kontemplation und dem emotionalen Asketismus unterscheidet, die andere traditionelle indische Methoden zur Vertiefung spiritueller Erfahrung vorschreiben. Krishna-*bhakti* ist eine Vision des Göttlichen, die frei und spontan, ungestüm und anarchisch ist. Wie der Zufall es will: Da ich hier in einem alten Viertel Bombays spät abends sitze und dies schreibe, findet in dem benachbarten Freilufttheater ein Krishna-Festival mit Musik von Streichinstrumenten, Trommeln und den Stimmen einiger hundert Verehrer statt. Das Festival dauert zehn Tage, beginnt etwa um neun Uhr abends und geht bis in die frühen Morgenstunden. Leidenschaftliche Diskussionen über Krishna von gelehrten Punditen wechseln sich ab mit dem gemeinschaftlichen Singen von Lobliedern, die von wilden, ekstatischen Trommelschlägen begleitet werden. Der ganze Effekt ist „liturgisch" und dramatisch geplant, er wurde über Jahrhunderte hin perfektioniert, um das *bhakti* des einzelnen zu vergrößern. Wie Krishna es selbst ausdrückt:

„Bis die Poren des Körpers nicht vor Freude überlaufen, bis Tränen der Wonne nicht zu fließen beginnen und sich der Geist nicht in einer Flut von Frömmigkeit auflöst, bis dahin gibt es keine Möglichkeit zur Läuterung für den Verehrer. Der, dessen Stimme vor Emotion bricht, dessen Geist sich aufgelöst hat und nur noch in eine Richtung strömt, der nicht einen Moment aufgehört hat zu weinen, aber manchmal in lautes Gelächter ausbricht, der ohne Scham laut zu singen und zu tanzen beginnt, läutert nicht nur sich selbst, sondern die ganze Welt."[2] Diese Aufforderung, Selbstkontrolle und Selbstbewußtheit aufzugeben, trifft genau das ekstatische Wesen des Krishna-Kultes. Denn Krishna ist nicht eine jener Vatergottheiten, die in erster Linie kindliche Ehrerbietung bei ihren Verehrern erwecken. Krishna lädt den Gläubigen ein, sich mit ihm zu vereinigen: Er erlaubt ihm Freude. Psychologisch ausgedrückt, er ermutigt das Individuum, sich mit einem idealen primären Selbst zu identifizieren, das von allen sozialen und Über-Ich-Beschränkungen befreit ist. Krishnas Versprechen ist wie das des Dionysos im antiken Griechenland ein Versprechen völliger Freiheit und innerer Fröhlichkeit.

Die psychosoziale Bedeutung der *bhakti* besteht darin, daß sie „demokratische" Phantasien zuläßt und sogar benutzt, in denen die inneren und äußeren Zwänge, die durch das Leben in einer starr strukturierten und höchst hierarchisch aufgebauten Sozialordnung bedingt sind, aufgehoben werden. Die traditionellen Verhaltensnormen und die Beziehungen zwischen den sozialen Gruppen, zwischen den Generationen und vor allem zwischen den Geschlechtern sind in der Krishna-Verehrung aufgehoben. Um dies zu illustrieren, möchte ich eine Passage aus einem anthropologischen Bericht über das alljährliche *Holi*-Fest in einem nordindischen Dorf zitieren. *Holi* ist natürlich eine außergewöhnliche Feier, ein spezielles rituelles Ereignis. Es repräsentiert nicht die alltäglichen Rituale der Krishna-Verehrer, und es steht in eindeutigem Gegensatz zu ihrem normalen Kastenleben. Oder vielleicht erhellen diese „obszönen und entarteten Saturnalien" (wie ein mißbilligender Brite *Holi* genannt hat) die Krishna-Verehrung in ebenderselben Weise, wie der *„nervöse Zusammenbruch"* eines Menschen Licht auf seine *„normale"* Persönlichkeit wirft, indem latente Konflikte aufgedeckt und die fundamentalen Strukturen der Psyche offengelegt werden.

Mekim Marriott, der amerikanische Anthropologe, der in einem Dorf in Uttar Pradesh Feldforschung betrieben hat, beschreibt *Holi* so:

„Als der Mond höher stieg, hörte ich das Geräusch von rennenden Füßen. Banden von jungen Leuten verfolgten einander in den Straßen und brüllten dabei: ‚*Holi!*' ... Nun herrschte ein Höllenlärm: Ein brüllender Mob von Jungen rief von der Straße her meinen Namen und verlangte, daß ich herauskommen sollte. Ich sah jedoch durch einen Spalt, daß jeder, der sich zeigte, mit Eimern voll Schlamm und Jauche überschüttet wurde. Jungen jeden Alters wirbelten Staub auf, bewarfen sich mit alten Schuhen, lachten und sprangen herum ‚wie Krishnas Hirtenkollegen' – und natürlich waren sie Hirten."[3]

Als der *Holi*-Tag fortschreitet, werden die Aktionen immer wilder und gleichzeitig subtiler, da sich die Grenzen zwischen den Geschlechtern auflösen. Die Frauen werden zu *„Angreifern"* und die Männer zu willigen Opfern: Die traditionellen Rollen des einen, der verfolgt, und des anderen, der Verfolgung erleidet (und dazu einlädt), werden in jenem kathartischen Überschwang auf den Kopf gestellt, der oft den Zusammenbruch übertrieben repressiver Konventionen begleitet: in diesem Falle die starre Differenzierung der Geschlechterrollen:

„Als ich auf die Straße trat, trat die Frau des Friseurs im Hause gegenüber, eine Dame, die bisher höchst zurückhaltend und zuvorkommend gewesen war, ebenfalls vor und überschüttete mich, unter ihrem Schleier grinsend, mit einem Eimer voll Urin ihres Stiers ... Ich wurde Zeuge mehrerer hysterischer Schlachten, als Frauen gruppenweise aus ihren Häusern stürzten und mich und andere Männer mit kräftigen Stöcken angriffen, wobei die Männer sich nur verteidigten, indem sie um die eigenen auf den Boden gestemmten Stöcke herumsprangen oder wie ich die Flucht ergriffen ..."[4]

Und darüber hinaus findet die Aggression, die unvermeidlich in einer Innenwelt lauert, deren soziale Grenzen durch die starren hierarchischen Systeme von Kaste und Familie definiert sind, bei diesem *„Fest der Liebe"* ein gewisses Ventil:

„Wer waren diese lächelnden Männer, deren Schienbeine von den Frauen gnadenlos verbleut wurden? Es waren die wohlhabenden Brahman- und Jat-Bauern des Dorfes, und die Schlagenden waren die fleißigen örtlichen Radhas, die ‚Frauen des Dorfes', eine Bezeichnung, die sowohl den tatsächlichen als auch den fiktiven Kastenbeziehungen entsprach.

Diejenigen, die in diesem verschleierten Bataillon am härtesten schlugen, waren oft in Wirklichkeit die Frauen von Feldarbeitern niedriger Kaste, von Handwerkern und Knechten – oder die Konkubinen und Küchenhilfen ihrer Opfer ... Sechs Brahmanen in den Fünfzigern, Säulen der Dorfgesellschaft, humpelten in atemloser Flucht vor dem Knüppel davon, den eine dralle junge Bhangin schwang, die ihre Latrinenputzerin war ..."[5]

Auch erotische Impulse fehlen bei der Feier des *Holi* nicht, obwohl sich die Erotik nicht immer im Sinne erwachsener genitaler Sexualität ausdrückt. Die „erotischen" Aktivitäten erinnern vielmehr an die Sexualität eines sehr jungen Kindes. Obszöne Wörter und Gesten, das Beschmieren von geliebten Personen mit Urin und Mist und das Werfen mit Schlamm sind für das *Holi*-Fest genauso typisch wie heimlicher Ehebruch. Der rituelle *Holi*-Tanz in der Bundelkhand- und Vraja-Region im Norden Indiens, in dem zwei Männer die Rollen einer Prostituierten und eines Asketen, der mit einem (was sonst!) kurzen, gebogenen Knüppel oder Horn ausgestattet ist, ist harmlos im Vergleich zu anderen, die sogar die blühendste Phantasie schockieren können. In dem beschriebenen Dorf „schaute eine große Menge von Dorfbewohnern zu, wie ein männlicher Tänzer mit ausgestopften Hosen sich in der einsamen Leidenschaft der Onanie wand, und wie er zusammen mit einer verschleierten weiblichen Darstellerin in einem abartigen Pas de deux eine Päderastieparodie und schließlich eine telepathische Kopulation darbot – und all dies unter der ekstatischen Begleitung vieler Trommeln."[6]

Das *Holi*-Fest mit seiner überschäumenden polymorphen Sexualität und unbotmäßigen Aggression, die vorübergehend all die etablierten Hierarchien des Alters, Geschlechts und der Klasse zunichte machen, ist also eine Idealisierung und Erhöhung der Triebhaftigkeit und somit eine angemessene Würdigung Krishnas, dem von allen hinduistischen Göttern die größte Nachsicht triebhaftem Handeln gegenüber nachgesagt wird. Für einen Psychologen, der sich notwendigerweise eine mystische Deutung der Legenden versagen muß, die Krishnas sechzehntausend Frauen schildern, seine amorösen Abenteuer mit den Dorf-*gopis*, seinen unersättlichen kindlichen Hunger nach Milch, Butter und Dickmilch und seine gänzlich amoralische Einstellung zum Diebstahl dieser Dinge und seine prinzipielle Unfähigkeit, irgendeine Art von Frustration zu ertragen – für einen Psychologen also ist Krishna der reine Trieb und die reine Begierde, ein im höchsten Grade narzißtisches Wesen, das zufällig der Menschheit Gutes tut, während es seinen eigenen libidinösen Interessen nachgeht.[7] Der Krishna-Kult gewährt seinen Anhängern durch die unbewußte Identifikation mit ihm jede Art phantasierter Trieberfüllung.

Die Popularität des Krishna-Kults hat nicht nur eine psychologische, sondern auch eine soziale Grundlage – nämlich weil er den nichtbesitzenden Klassen Rettung verspricht. Durch die Zurückweisung des konventionellen hinduistischen Axioms, daß das Erreichen des *moksha* von der Geburt, vom sozialen Status und der Kastenzugehörigkeit abhängt, begünstigt und fördert der Krishna-Kult aktiv die Teilnahme der unterdrückten Kasten und Klassen an seinen Andachten und Zeremonien, was völlig ungewöhnlich ist. Das einzige Kriterium des Verdienstes ist in der Krishna-Verehrung das Ausmaß und die Intensität der Frömmigkeit. Wie Krishna selbst im *Bhagavata Purana*, das man am ehesten als das Äquivalent des Neuen Testaments ansehen kann, sagt: „Die Ausübung des Yoga, Wissen und Wissenschaft, das Leben im *dharma*, Gebete oder asketische Entsagung, nichts davon führt so erfolgreich dazu, mich (die Gottheit) zu erlangen, wie täglich wachsende Frömmigkeit",[8] oder noch spezifischer: „Ich glaube, daß selbst ein Brahmane, der mit zwölf Gütern ausgestattet ist (Wohlstand, Familienstatus, Wissen, Yoga, Intelligenz usw.), der aber sein Gesicht von den Lotusfüßen Gottes (Krishnas) abgewandt hat, geringer ist als ein *chandala* (Ausgestoßener), der seinen Geist, sein Reden, seine Arbeit, seinen Besitz und sein Leben dem Gott zu Füßen gelegt hat; jener *chandala* rettet seine ganze Familie, während der Brahmane in seinem Stolz auf seinen Stand nicht einmal sich selbst retten kann."[9]

Noch zahlreiche andere Passagen im *Bhagavata Purana* kritisieren die Arroganz der höheren Kasten, und historisch hat der Krishna-Kult stets seine Kraft aus jenen sozialen und ökonomischen Schichten gewonnen, die „vom Rest der Gesellschaft verachtet wurden, aber ihre Armut und ihr Elend machte sie natürlicherweise zugänglich für eine Frömmigkeitsreligion, die auf Glauben und Einfachheit beruht".[10] Obwohl ihre Anziehungskraft für die unterdrückten Klassen von den meisten Marxisten als eine besonders niederträchtige Form von Opium gesehen wird, sympathisieren viele andere moderne Inder mit einer Religion, die implizit die traditionelle Interpretation des *karma* ablehnt, indem sie die Angehörigen von sozial und wirtschaftlich benachteiligten Gruppen mit Mitgefühl betrachtet und in ihnen keine früheren Sünder sieht, die ihren gerechten Lohn bekommen. Auf jeden Fall unterscheiden seine demokratischen Praktiken den Krishna-Kult von anderen Formen des Hinduismus, in denen viele heilige Männer, die jenseitige Werte predigen, nur die Reichen und Mächtigen in ihrer Gesellschaft oder in ihren *ashrams* als geschätzte Verehrer zu dulden scheinen und die Gunst, die sie den auserwählten wenigen erweisen, als Auswirkung des unpersönlichen *karma*-Prinzips erklären.

Während ich bisher die Popularität des Krishna-Kultes, die auf dem Versprechen der Befreiung der unterdrückten Triebe und der benachteiligten Klassen beruht, zu erklären versucht habe, führt uns nun eine Betrachtung der *Mythen*, die sich um Krishnas Kindheit ranken, zurück in die Welt der psychologischen Erfahrung, wie sie sich in der kulturellen Vorstellungswelt widerspiegelt; denn die Krishna-Mythen beleuchten die Hauptmotive des indischen Innenlebens. Durch den schmückenden Symbolismus von Kunst und Volksmärchen gemildert, stellen diese Mythen in sozial angemessener Weise die verschiedensten Arten von psychischen Konflikten und ihre phantasierten Lösungen dar. Wie Jacob Arlow dargelegt hat, sind Mythen – im Gegensatz zu Träumen des Menschen, die vergessen werden sollen, nachdem sie ihre nächtliche Aufgabe, emotionalen Druck zu lindern, erfüllt haben – dazu da, daß man sich an sie erinnert und daß sie wiederholt werden, damit die gemeinsamen unbewußten Phantasien die gegenseitige Identifikation der Mitglieder der Gesellschaft, auf die sich die Mythen beziehen, bestärken und konsolidieren.[11] In den Mythen werden die schrecklichen Begierden und Bestrebungen der unbewußten Phantasie einfach dadurch entschärft, daß die Phantasie von allen geteilt wird und nicht die Last des einzelnen bleibt, und dadurch, daß sie externalisiert bleibt und auf mythische Helden und und Heldinnen projiziert wird.

Wie wir hervorgehoben haben, unterscheidet sich in der indischen Familie die frühe Erfahrung des männlichen Kindes signifikant von der seiner Schwester. Ebenso unterscheiden sich die

Mythen eines einzelnen Gottes wie Krishna; es gibt „weibliche" und „männliche" Krishna-Legenden. Trotz gewisser elementarer Gemeinsamkeiten eignen sich nicht alle Krishna-Mythen gleichermaßen als Projektionsvehikel der unbewußten Phantasien von Männern und Frauen. Da der Kult in seinen Riten und Festlichkeiten das Versprechen von Freiheit und Gleichheit gewährt – sozial und sexuell, für Männer und Frauen, und oft ist seine Anziehungskraft angesichts des begrenzten und beschränkten Lebens, das ihr Los ist, für Frauen noch stärker –, muß auch die Mythologie, die sich um einen wahrhaft universellen Gott rankt, beide Geschlechter ansprechen. Der hartnäckige Anspruch des Gottes Krishna auf die fromme Liebe beider Geschlechter spiegelt teilweise die Tatsache wider, daß Krishna im Unterschied zu anderen Göttern des indischen Pantheons eine ausgeprägtere „duale Mythologie" eigen ist. Zusätzlich zu den Legenden, die die Innenwelt des indischen Mannes zum Thema haben, rankt sich um den Liebesgott Sagengut, das die Sehnsüchte der indischen Frauen erweckt und befriedigt. Diese Differenzierung zwischen „männlichen" und „weiblichen" Mythen, die einen einzelnen Gott oder Helden betreffen, findet sich selten in psychologischen Analysen, eingebettet wie sie sind in die ehrwürdige patriarchalische Tradition einer Mytheninterpretation, die bei solchen Vorhaben Frauen einfach ignoriert. Die Krishna-Mythen zeigen jedenfalls beide Gesichter: Die Mythen über Putana, Kaliyanag, Agasur und das Hochheben des Berges Govardhan sind in Orientierung und Anspruch vorwiegend männlich, während die Krishna-Yasoda- und die Krishna-Radha-Sagen sich in erster Linie, aber nicht ausschließlich an Frauen zu wenden scheinen.

Krishna, die Reinkarnation Vishnus, in der indischen Dreifaltigkeit der Erhalter, wurde geboren, um die Erde von der Tyrannei des Königs Kamsa zu befreien. Der Sage zufolge wurde dem König Kamsa prophezeit, daß ihn eines Tages das achte Kind der Tochter seines Onkels ermorden würde. Er warf seine Cousine mit ihrem Mann ins Gefängnis und tötete jedes Kind, das sie gebar, unmittelbar nach der Geburt. Aber Krishna, das achte Kind, wurde aus dem Gefängnis geschmuggelt und zu Pflegeeltern in einen anderen Teil des Landes gebracht. Als Kamsa vom Entkommen Krishnas erfuhr, beauftragte er, da er nichts über den Verbleib des Kindes wußte, die Dämonin Putana, alle Jungen im Königreich zu töten, die in dem Monat geboren worden waren, in dem seine Cousine die Geburt ihres Kindes erwartet hatte. Putana zog durch das Königreich und führte gehorsam den Befehl ihres Herrn aus.

In eine schöne Frau verwandelt und mit einem tödlichen Gift auf ihren Brustwarzen kam sie schließlich zu dem Haus, wo Krishna in der entlegenen Region Gokula lebte. Einen Ausbruch von mütterlicher Liebe und von Erleichterung, daß sie ihn endlich gefunden hätte, vortäuschend, nahm sie Krishna seiner Pflegemutter ab und legte ihn an ihre vergiftete Brust. Krishna saugte so stark, daß er nicht nur alle Milch trank, die Putana zu geben hatte, sondern daß er ihr auch das Leben aussaugte. Das mütterliche Monster schied dahin, während Krishna noch seinen Mund an ihrer Brust hatte. Als sie starb, nahm sie wieder ihre ursprüngliche gräßliche Gestalt an. Die Sage schließt, daß Putana trotzdem *moksha* erlangt hat, da sie wie eine Mutter handelte, als sie den Kindgott säugte, wenn auch in böser Absicht.

Der Putana-Mythos enthält verschiedene Motive, die auch in den Mythologien anderer Zivilisationen vorkommen, z.B. den Versuch, den Kindgott zu töten.[12] Auch Krishnas effektvolles Saugen hat eine Parallele, nämlich im griechischen Herakles-Mythos, nach dem Herakles so intensiv an Heras Brust saugte, daß sie ihn in höchster Pein von sich warf. Dabei spritzte die Milch aus Herakles' Mund und bildete die Milchstraße.[13] Doch die psychologisch entscheidenden Motive des Putana-Mythos, die wahrscheinlich ausschließlich der indischen Kultur eigen sind, sind die vergiftete Brust, der Überlebenskampf zwischen einer übelwollenden Mutter und dem gefräßigen Kind und die schwere Strafe mit schließlicher Erlösung der „schlechten Mutter".

Die heimliche Phantasie der vergifteten Milch, des todbringenden Nährens, hat seinen Ursprung in einer frühen Lebensstufe, wenn die Trennung von Kind und Mutter beginnt.[14] Die Erhebung dieser Phantasie, auf die man gelegentlich im klinischen Bereich stößt, in den Rang eines Mythos für eine ganze Kultur deutet auf die Intensität des in Indien mit dieser Trennung verbundenen inneren Konflikts hin. Einerseits symbolisiert die vergiftete Brust für das Kind den Verlust des vertrauten Schutzes und der Pflege seiner Mutter, eine Erfahrung vollständiger Entfremdung, die noch durch den physischen Vorgang des Abstillens verstärkt wird, der erst im dritten und vierten Lebensjahr des Kindes stattfinden kann und dann mit der „zweiten Geburt" zusammenfällt. Wenn dieses Zusammentreffen noch von der Geburt eines neuen Babys begleitet wird, ist die psychologische Verletzung gleich eine mehrfache. Der „geliebte Sohn" findet sich plötzlich als kleiner, unbeholfener Novize in einer merkwürdigen Art von Exil unter den älteren Jungen und erwachsenen Männern seiner

Familie wieder. Sein emotionaler Hunger nach der Milch der Liebe, die gerade noch im Überfluß geflossen war, kann physisch unerträglich werden. Seine (verwirrte) Wut richtet sich notwendigerweise gegen die Mutter, die nun in der Phantasie die Gestalt einer feindlichen und bedrohlichen Figur annimmt, und die eigenen unersättlichen Bedürfnisse des Jungen werden ebenfalls auf das „orale Bild" der verschlingenden Mutter projiziert. Dieser archaische Projektionsmechanismus — „Nicht ich will meine Mutter töten, weil sie mich enttäuscht, sondern sie will mich vernichten, weil ich sie so nötig brauche" — ist Teil der unbewußten Phantasie, die das Symbol der vergifteten Brust „nährt". Das Bedürfnis des Kindes, die Trennung zu überwinden und die Fürsorge wiederzugewinnen, ist jedoch nur ein Aspekt des Konfliktes zwischen seinem Bedürfnis nach seiner Mutter und seinem Zorn auf sie. Denn er unterliegt ebenso dem biologisch bedingten Entwicklungsdrang, eine unabhängige und „individualisierte" Persönlichkeit zu werden, die von der Mutter unabhängig ist. So symbolisiert Putanas vergiftete Brust das kritische psychosoziale Dilemma des indischen Jungen: wie die Brust bekommen, ohne durch sie vergiftet zu werden, wie die Liebe und Zuwendung der Mutter genießen, ohne die eigene keimende Persönlichkeit zu verkrüppeln. Dieses universelle Entwicklungsdilemma wird in Indien noch verstärkt (es stellt für manche Hindus ein unlösbares Problem dar) durch den tiefsitzenden, oft unbewußten Widerstand der hinduistischen Mutter, das männliche Kind „freizulassen", es im emotionalen Sinn gehen zu lassen, denn wir wir gesehen haben, ist es der psychosoziale Garant ihrer eigenen Identität.

In dieser Hinsicht ähnelt die Phantasie von der vergifteten Milch oder der vergifteten Brust dem „double-bind" in bestimmten Fällen von Schizophrenie, in denen das Kind annimmt, daß die Mutter ihm eine vergiftete Liebe entgegengebracht habe.[15] Das heißt, es fehlt an bedingungsloser mütterlicher Liebe und Empathie, die auf die Bedürfnisse des Kindes eingehen; der Preis für die Fürsorge der Mutter ist, daß das Kind Teil ihrer Person bleibt und *ihre* Bedürfnisse erfüllt. Die legendäre Putana repräsentiert also die gefährliche, schizophrenieauslösende Mutter, die ihren Sohn in einer emotionalen Umklammerung hält, in der keiner loslassen kann; die Mutter benutzt mit unbewußter Virtuosität die Waffen der „Liebe", der mütterlichen Fürsorglichkeit und Selbstaufopferung, die den Sohn in einer ambivalenten emotionalen Sklaverei halten. Doch wir müssen uns daran erinnern, daß, obwohl die Vorstellung von der vergifteten Brust die dunkle Seite des Erbes der überlangen intensiven Mutter-Sohn-Beziehung in Indien ist, diese selbe Beziehung dafür entscheidend ist, daß die hinduistische Persönlichkeit im fruchtbaren Boden des Vertrauens, der Verehrung und der sinnlichen Zuwendung verwurzelt ist. Schließlich überlebt Krishna nicht nur, sondern er wächst prächtig heran.

Dem Putana-Mythos liegt auch der sexuell bedrohliche Aspekt der „schlechten Mutter" zugrunde, den wir im dritten Kapitel behandelt haben. Obwohl das Motiv der vergifteten Mutterliebe das primäre ist, fehlt das der mütterlichen Sexualität und ihrer unmöglichen Ziele keineswegs. Denn wir müssen nicht unbedingt die Auffassung teilen, daß das Töten mütterlicher Ungeheuer immer eine versteckte Form inzestuösen Geschlechtsverkehrs ist, um zu erkennen, daß Krishnas begieriges Festhalten an Putanas Brustwarze ein Akt oraler sexueller Gewalt ist, der die Erregung und die Wut des Kindes kombiniert. Dieses Bild kann gedeutet werden als eine phantasierte Erfüllung der sexuellen Forderungen der Mutter und gleichzeitig als grimmige Rache dafür, daß sie überhaupt solche Forderungen stellt.

Wer diese Interpretation als weit hergeholte „Wunscherfüllung" eines psychoanalytischen Interpreten zurückweist, der entschlossen ist, überall Sexualität zu entdecken, wird zweifellos verblüfft sein, wenn er die folgende Wiedergabe der Putana-Legende von Kanhaiyalal Munshi liest, einem frommen hinduistischen Schriftsteller, der sich mit philosophischen und religiösen Themen beschäftigte und den man noch nicht einmal im entferntesten im Verdacht haben kann, daß er sich des sexuellen Inhalts der Säugeszene bewußt wäre:

„Ihr (Putanas) Herz klopfte vor Freude. In einem Ausbruch von Entzücken umarmte sie Krishna nochmals. Ihre unterdrückten mütterlichen Instinkte brachen durch wie eine donnernde Flut. Und sie spürte, daß ihre Hand naß geworden war. Milch tropfte in jenem plötzlichen Entzückensausbruch aus ihren üppigen Brüsten. Ihr Mieder war getränkt davon.

Ihr Körper und ihr Geist und ihre Seele sehnten sich nach dem Kind, wilde, unzusammenhängende Gedanken durchzuckten sie. Sie mußte dieses liebliche Kind an ihre Brust legen ...

Das beharrliche Verlangen ihres Herzens war: ‚Nimm diesen hübschen Knaben an deine Brust. Du bist eine verruchte, elende Frau. Du hast niemals je Freude erlebt, Freude, die in wahnsinnigem Entzücken durch deinen ganzen Körper und Geist fiebert. Dies ist dein Augenblick – der Augenblick, für den dein Leben und das Leben deines Mannes und deiner Kinder aufs Spiel gesetzt werden kann. Nimm diesen Jungen an deine Brust!' Putana hatte keine Gewalt mehr über sich. Hingerissen von ekstatischem Sehnen nach dem Jungen und das Gift vergessend, das sie auf ihre Brüste gestrichen hatte, nahm sie Krishna auf den Schoß. Zappelnd versuchte er, sich zu befreien, dabei die ganze Zeit lachend. Sie verlor die Kontrolle über sich ...

Sie hatte das Gefühl, daß ihr Verstand stehenblieb. Fiel sie vor Freude in Ohnmacht? Ja, alles was sie wollte, war, daß Krishna, Yasodas Sohn, ihre Milch trank, ihr Leben, ihre Hoffnung und ihr alles, wenn er es wünschte. ‚Ja, ich gebe dir alles, mein geliebtes Kind.' Der Gedanke zuckte ihr durch den Kopf: ‚Ich bin dein.'"[17]

Die Vernichtung Putanas durch Krishna und ihre anschließende Erlösung als „gereinigtes" Wesen repräsentiert eine Lösung des Konflikts des Sohnes. Indem er die „schlechte Mutter" in der Phantasie tötet, löscht der Sohn das überprotektive und sexuell fordernde Mutterbild in seiner Psyche aus und läßt das gütige, beschützende intakt. Dies ist der einzige Weg, wie er als Individuum überleben kann, denn sowohl die Libido- als auch die Aggressionsenergie müssen befreit sein, bevor er als Heranwachsender oder Erwachsener intime Beziehungen eingehen kann; die „schlechte Mutter" muß sterben, damit sich die Fähigkeit des Sohnes zur Individuation und zu sexuellen (und Liebes-) Beziehungen zu anderen entwickeln kann. Im Putana-Mythos wird dieser Vorgang, daß die „schlechte Mutter" ihrer lebensgebenden Sensualität und ihrer sexuellen Vitalität beraubt wird, und die notwendige Errichtung von Schranken zwischen ihr und ihrem Sohn zu einem einzigen treffenden Bild verdichtet. Als Putana tot zu Boden sinkt, strömt ihr gräßlicher Dämonenkörper plötzlich einen angenehmen Duft aus; die erregenden Gerüche, die durch die mütterliche Umarmung ausgelöst wurden, der Geruch von Haut und Schweiß, der Geruch der Milch aus ihren Brustwarzen wurde neutralisiert, verwandelt und ins Positive transformiert.

Die Mythen von Agasur und Kaliyanag sind Varianten des einen oder anderen Motivs des Putana-Mythos. Das Ungeheuer Agasur liegt auf der Lauer, das riesige Maul geöffnet, um das Kind Krishna und seine Freunde, die ahnungslos in den Rachen hineingehen, zu verschlingen; Krishna tötet Agasur, indem er aus seinem Hals ausbricht. Das riesenmäulige Ungeheuer der Sage ist eine symbolische Projektion des Nahrungshungers des Kindes selbst, während seine Tötung die Eliminierung dieser intensiven kindlichen Bedürfnisse, das Ende der Oralität, darstellt.

Der Mythos von der Schlange Kaliyanag ist eine „entwickeltere" Variante dieser Phantasie, und zwar in dem Sinne, daß hier die Leidenschaften, die auf die „schlechte" Mutter projiziert werden, nicht zur Vernichtung führen, sondern daß sie gezähmt und kontrolliert werden können. Wie alle Schlangenmythen[18] eignet sich auch der Mythos von Kaliyanag im giftigen Teich zur Interpretation auf vielen verschiedenen Ebenen. Der Inhalt der Geschichte ist folgender: Kaliyanag, der König der Kobras, lebte mit seinen Frauen und seiner Brut in einem Teich, dessen Wasser so giftig war, daß jeder, der daraus trank, augenblicklich tot umfiel. Das Kind Krishna sprang in den vergifteten Teich, schwamm auf die Schlange zu und fing deren Kopf mit einer lassoartigen Seilschlinge ein. Die Schlange lieferte einen gewaltigen Kampf, aber unterlag am Ende. Als Krishna die Schlange triumphierend auf das Ufer zog, folgten ihm die Frauen und Kinder des Kobrakönigs und flehten den kindlichen Gott an, das Leben ihres Gatten und Vaters zu schonen. Krishna erwiderte, daß er Kaliyanag nicht töten, sondern ihn lediglich unterwerfen und den Teich vom Gift reinigen wolle.

In diesem Mythos repräsentiert Krishna das hinduistische Ideal des starken Ichs, das mit den instinktiven Trieben kämpft, um sie einzudämmen und zu transformieren, und keine vergeblichen Versuche unternimmt, sie zu vernichten oder zu verleugnen. Die Sage scheint auszudrücken, daß man in den unbewußten Teich der Triebhaftigkeit hineinspringen und sich seiner schrecklichen Natur stellen muß, ein Rat der Vorfahren, der an die Yogi-Anweisung erinnert, in die Tiefen des Wassers des *chitta* hinabzutauchen, um sich selbst zu erkennen. Auf einer anderen Ebene repräsentiert Kaliyanag die Leidenschaften der Mutter oder genauer gesagt die eigenen Ängste und Affekte des Sohnes, die durch seine (bewußte oder unbewußte) Meinung über seine Mutter ausgelöst werden, Ängste, die besänftigt werden müssen, ohne daß das lebensspendende Mutterbild in der Psyche zerstört wird. Die Unterwerfung der Schlange stellt eine Lösung dieses Dilemmas dar, durch die der Sohn einen Entwicklungsschritt vorwärts in Richtung Erwachsensein und „Genitalität" macht, ohne allzusehr von den „giftigen" inzestuösen Leidenschaften der Kindheit beeinträchtigt zu sein.

Die Putana-, Agasur- und Kaliyanag-Mythen können als die kulturellen Hervorbringungen der „prägenitalen" Phantasie gesehen werden. Das heißt, diese Mythen verkörpern kollektive kindliche

Wünsche und Ängste, die während der ersten zwei oder drei Jahre der Kindheit allgemein verbreitet und von hoher Bedeutung sind. Im Gegensatz dazu repräsentiert das Hochheben des Berges Govardhan das spätere, ödipale Stadium der psychosexuellen Entwicklung, wenn die männliche Welt in Gestalt des Vaters und der anderen Männer der Familie erstmalig in die dyadische Intimität des Hindusohnes und seiner Mutter eindringt. In diesem Mythos versucht das Kind Krishna die Einwohner der Stadt Vrindavana zu überzeugen, daß ihre jährlichen Riten zur Besänftigung Indras, des Götterkönigs, ein schändlicher Akt der Unterwürfigkeit und Feigheit seien und daß sie statt dessen ein Fest zu Ehren der Felder, der Flüsse und der Bäume (der Mutter Erde) feiern sollten, ein Fest, das insbesondere Gaumata (der Mutterkuh) huldigen sollte, da sie die Hauptquelle ihres Lebens und ihrer Nahrung sei. Mit viel Angst und Bangen vor dem Zorn des Vatergottes nahmen die Stadtbewohner schließlich Krishnas Vorschlag an. Verärgert über diese Darbietung mangelnden Respekts und über ihre Abkehr zur „Mutter" ließ Indra seine Wut an den unglücklichen Rinderhirten aus. Der Himmel explodierte mit Donner und Blitz, und Ströme von Regen stürzten auf die Stadt nieder und drohten die Bewohner mit all ihrer Habe wegzuschwemmen. Das Kind Krishna hob den Berg Govardhan mit seinem kleinen Finger hoch und hielt ihn als schützendes Dach über die Stadt, bis Indras Zorn verraucht war und er sich mit dem neuen Fest abgefunden hatte.

Der Govardhan-Mythos eignet sich zu einer eindeutig ödipalen Interpretation. Das männliche Kind, obwohl voll Angst, widersteht dem veritablen Gewitter des anmaßenden Zorns des Vaters, überlebt die in seiner Phantasie existierende Bedrohung, in der gewaltigen urethralen Flut, die der Riese sicherlich loslassen kann, zu ertrinken, und geht siegreich aus dem Kampf hervor, bereit, die Intimität mit der Mutter wiederherzustellen und zu feiern. Es gibt weitere bestätigende Elemente, die auf den ontogenetischen Ursprung des Mythos in den stolzen ödipalen Phantasien des kleinen Jungen über seine neu entdeckte Tumeszenz hinweisen, etwa die phallische Unverschämtheit, einen Berg mit dem kleinen Finger hochheben zu wollen.

Aber sogar ödipale Sagen schließen in der indischen Mythologie mit einem charakteristischen freundlichen Wohlwollen: Keine der Parteien des Konflikts wird geblendet, verstümmelt, kastriert oder getötet. Da Väter von Hindufamilien nie als schreckliche Rächer gesehen werden, ist der letzte, unwiderrufliche Gewaltakt einfach nicht angemessen.

Die Aufsässigkeit und die dunklen Leidenschaften, die die Mythen von Putana, Agasur und Kaliyanag charakterisieren, fehlen in jenen Krishna-Mythen, die ich „weiblich" genannt habe. Einige dieser Legenden erzählen die Streiche, die Gopal, das Kleinkind Krishna, seiner Pflegemutter Yasoda gespielt hat, ihren Ärger über seine Unverschämtheit und die letztendliche Verzeihung in einer Orgie von Liebkosungen, Küssen und dem unausweichlichen „Überfließen der Muttermilch". Einmal kommen die *gopis*, um sich über Krishnas Streiche zu beschweren:

„Oh Yasoda! Dein Junge ist viel zu frech geworden. Er läßt die Kälber frei, auch wenn es nicht die Zeit ist, die Kühe zu melken. Wenn wir ihn ausschimpfen, lacht er nur laut. Er stiehlt unsere Milch und unseren Käse nicht nur für sich selbst, sondern füttert auch die Affen damit. Er zerbricht unsere Töpfe. Wenn er in unseren Häusern nichts zu essen findet, neckt er unsere Kinder und bringt sie zum Weinen. Sogar wenn wir unsere Milchtöpfe verstecken, scheint er immer das Versteck zu kennen, und wenn wir anderwärts in unserem Haushalt beschäftigt sind, stiehlt er die Milch und den Käse. Nicht genug mit seiner unverschämten Stehlerei, er pinkelt auch überall in unsere frisch gekehrten Häuser. Sieh, wie er dasteht und so tut, als könne er kein Wässerlein trüben." [19]

Doch sogar während sich die *gopis* über ihn beklagen, können sie ihre Augen nicht von seinem Lotusgesicht abwenden; sie sind von seiner Schönheit hingerissen. Ein tiefes Gefühl von Liebe und Freude erfüllt Yasodas Herz, als sie sieht, wie die Frauen ihren Sohn bewundern, sie beginnt zu lachen und ist außerstande, den Jungen auszuschimpfen, geschweige denn zu bestrafen.

Der Rest der Legenden, verarbeitet in Jahrhunderten religiöser Dichtung, beschäftigt sich mit Shyam, dem jugendlichen Krishna, und seinen Liebesaffären mit den *gopis*, insbesondere mit Radha, seiner auserwählten Gefährtin, deren Liebe zu dem jugendlichen Gott so groß ist, daß sie sich über elterliche Verbote und soziale Mißbilligung hinwegsetzt, um mit ihrem göttlichen Liebhaber zusammensein zu können. Die Liebe zwischen Radha und Krishna, die vom elften Jahrhundert an bis in die Gegenwart ein zentraler Aspekt des Kultes gewesen ist, wird in diesen Erzählungen und Gedichten als idyllische Affäre jenseits der Normen traditioneller Werbung dargestellt. Sie ist voll von Ausgelassenheit und Freude, von spielerischen Streitereien und leidenschaftlichen Versöhnungen, zu denen oft Radha die Initiative ergreift, wie z.B. in folgender Passage des *Rasikapriya*:

„Radha kam lächelnd zu Krishna und sang ihm ein Liebeslied vor. Dann fragte sie ihn nach der Bedeutung einiger Verse aus dem Lied: Wie die Liebenden gleichzeitig Nektar aus dem Munde und anderen Körperteilen des anderen gesaugt und wie diese dadurch Liebeswunden durch Fingernägel und Zähne erlitten hätten. Indem sie ihn umarmte, fragte sie ihn weiter bei seinem Eide, wie sich die Liebenden in der Geschichte umarmt hätten. Und so bereitete sich Radha auf ihren heutigen Liebeskampf mit ihrem Liebsten vor."[20] In einem anderen Gedicht, das von Kaviranjana stammt, legt Radha die traditionelle weibliche Zurückhaltung ab und übernimmt die aktive Rolle beim Geschlechtsverkehr:

„Ihre üppigen Locken sind zerzaust. Sie ist die Verkörperung und Fleischwerdung der Göttin der Liebeskunst. Ihre leidenschaftliche Liebe ist grenzenlos. So verhält sich das Mädchen wie ein Mann ... Ihre vasenförmigen Brüste hängen herab, als ob der Gott der Liebe Liebesnektar ausgießen würde. Über ihnen liegen die Hände ihres Liebsten, als ob *chakravakas* auf Lotusblüten säßen. Ringe und Glöckchen an ihrem Gürtel klingeln, als ob der Liebesgott selbst ein Freudenlied anstimmen würde."[21]

Einer der zentralen Aspekte der „weiblichen" Krishna-Mythen ist die Infantilisierung des Gottes und damit implizit des idealen Mannes durch die indischen Frauen. In deutlichem Gegensatz zu der männlichen Identifikation mit Krishna verstehen und erfahren ihn die Hindufrauen primär als einen idealen Sohn — unverschämt, verantwortungslos und zudringlich auf eine entzückende und fast ergreifende Art. Gleichzeitig spiegelt Krishnas Leichtlebigkeit das tiefe Behagen und die Sicherheit des idealisierten Intimitätsbandes zwischen der hinduistischen Mutter und ihrem Sohn wider. Im Gegensatz zur reifen Sexualität, die durch bestimmte Rituale und Feste seines Kultes (wie etwa *holi*) in der Phantasie stimuliert und angeregt wird, ist Krishna, der Gott dieser Legenden, der Retter der Frauen nicht als erwachsener Mann und lustspendender Partner, sondern als der Sohn, der für die Konsolidierung und Bestätigung der Identität der Hindufrauen um das Zentrum ihrer Mütterlichkeit von entscheidender Bedeutung ist. Die Geschichten über den jugendlichen Krishna als Liebhaber Radhas beeinträchtigen nicht die Intensität der emotionalen Investition der indischen Frau in ihren Sohn, sondern sie dienen eher einfach und elegant dazu, die phantasierte Befriedigung ihres sexuellen Begehrens nach ihm zu verkörpern.

Denn wir müssen bedenken, daß Radha um Jahre älter als Krishna war und sich in ihn verliebte, als sie bereits im Heiratsalter und er noch ein kleiner Junge war. Die Radha-Krishna-Geschichten illustrieren also die unbewußte Phantasie der Hindufrau, daß ihr Sohn ihr Liebhaber sei, und die komplementäre männliche Phantasie der sexuell verschlingenden Mutter, verkörpert in Putana und anderen Mythen. Die männlichen und die weiblichen Krishna-Mythen sind also bestens geeignet, die wichtigsten Anliegen und Phantasien sowohl der indischen Männer als auch der Frauen zu veranschaulichen.

Shiva und Narcissus

Nun will ich mich einem anderen interessanten Akteur auf der Bühne der Innenwelt zuwenden, Shiva, in der hinduistischen Trinität der Zerstörer. Psychologisch ist der allgegenwärtige Shiva-Kult ein kulturelles Phänomen, das eindrucksvoll die narzißtische Orientierung der indischen Männer belegt. Mit Narzißmus meine ich keine Entwicklungsstufe, keine sexuelle Perversion und keine spezielle Art der Objektwahl – die verschiedenen Zusammenhänge, in denen dieser Begriff in der frühen psychoanalytischen Literatur benutzt wurde –, sondern eine Konzentrierung des mentalen Interesses auf das Selbst und das damit zusammenhängende Problem der Aufrechterhaltung des Selbstwertgefühls; das Wort selbst stammt aus dem griechischen Mythos von Narcissus, der in einem Teich sein Spiegelbild sah und sich in sich selbst verliebte.

Nach Krishna ist wahrscheinlich Shiva die am meisten verehrte Gottheit des dicht bevölkerten indischen Pantheons. Obwohl sich Shivas Ursprung bis zur sumerischen und ägyptischen Zivilisation zurückverfolgen läßt und obwohl man Bilder und Darstellungen von ihm und seiner Macht, des Shaivismus genau, bei den Ausgrabungen von Mohenjodavo gefunden hat, erscheint der Glaube, daß Shiva der höchste Gott ist, erstmalig erst in den frühen Gesängen des *Rigveda*. In diesen Gesängen werden einige der mit Shiva, der Personifizierung der zerstörerischen Kräfte der Natur, in Zusammenhang gebrachten Aspekte der vedischen Gottheit Rudra zugeschrieben. Shiva (glücksverheißend) wird er im späteren Teil der Vedas genannt, wo er als der Patron der Asketen dargestellt wird und als der große Gott (*mahadeva*) beschrieben wird. Die charakteristischen Aspekte dieses Glaubens – *moksha*, erreichbar durch liebende Frömmigkeit (*bhakti*) und die Gnade Gottes (*prasad*) – sind in bestimmten Teilen des *Mahabharata* vorherrschend. Heute findet man den ursprünglichen Theismus des Shiva-Kultes vorwiegend unter den Shaivitensekten in Südindien. In anderen Sekten, vor allem in Zentral- und Ostindien, ist die ursprüngliche Konzeption durch viele örtliche Eigenheiten verfälscht worden, etwa die Priorität der weiblichen Gottheiten aus Shivas Umgebung, die rituelle Bedeutung von Flüssen oder Verbrennungsorten und den Gebrauch von Drogen.[22]

Die Shaiviten, die man zumeist unter den nichtbrahmanischen Bauernkasten findet, werden auf etwa dreißig bis vierzig Millionen Gläubige geschätzt. Sie verteilen sich über ganz Indien, sind aber im Süden besonders zahlreich. In Karnataka zum Beispiel zählen die Lingayats, die manchmal Virasaivas oder einfach Shiva-Anhänger genannt werden, fast viereinhalb Millionen, die größte einzelne Kastengruppe.

Auf den populären Lithographien, die auf den Bazars von Städten und Dörfern in ganz Indien erhältlich sind und die in Hunderten und Tausenden von indischen Wohnungen und Geschäften dekorativ aufgestellt sind, wird Shiva gewöhnlich als meditierender Asket dargestellt, der mit gekreuzten Beinen auf einer Felsplatte oder einem schroffen Felsen tief in der schneebedeckten Weite des Himalaja sitzt. Eingerahmt von aufgerichteten Kobras, seine verfilzten Locken mit dem zunehmenden Mond verziert, seine Hüften gegürtet mit dunkler Antilopen- oder Elefantenhaut: so sitzt er da, der höchste Asket und größte Entsager, *digambara* („himmelbekleidet").

Die Verehrung Shivas richtet sich jedoch nicht auf eine menschliche Repräsentation des Gottes, wie das bei den anderen hinduistischen Göttern und Göttinnen der Fall ist, sondern auf sein Symbol: den *linga* oder den Phallus. In Banaras, der heiligen Stadt, die aufs engste mit der Shiva-Verehrung verknüpft ist, wird der Altar im innersten Heiligtum unzähliger Tempel von einem Stein- oder Metallphallus beherrscht. Und in Städten und Dörfern in ganz Indien stehen im Abstand von hundert Metern rohe Phalli, die mit glückbringendem roten Pulver bestäubt sind, vor denen sich Verehrer im Vorübergehen verneigen oder mit geschlossenen Augen und gefalteten Händen einen Moment der Verehrung lang verharren. (Der Widerspruch zwischen den beiden Aspekten Shivas – der Asketik des Gottes und der Erotik seines Symbols – hat Indologen von jeher verwirrt. Wir werden später auf diesen Widerspruch zurückkommen.)

Phallusverehrung ist natürlich kein Monopol des indischen Shiva-Kultes. Sowohl phallischer Symbolismus als auch Phallusverehrung, nicht zu reden vom „Penisneid" der Männer, die eifersüchtig ihre genitale Leistungsfähigkeit hüten und sie ständig in der Phantasie mit der anderer Männer vergleichen, finden sich im Laufe der Geschichte bei anderen Kulturen. Während die Anatomie des Penis den Wechsel von Phasen der Erschlaffung und der potenten Erektion erlaubt, transzendiert das Symbol des Phallus die menschlichen Begrenzungen des Penis und verkörpert das eigentlich Wesentliche der Männlichkeit. Wie Thorkil Vanggaard es ausdrückt: „Für den Jungen repräsentiert der Phallus die Größe, Stärke, Unabhängigkeit, Courage, Weisheit, Wissen, Herrschaft anderer Männer, den Besitz begehrenswerter Frauen und die Potenz des erwachsenen Mannes – und alles andere, was ein Junge in einem Mann sehen und sich selbst wünschen mag."[23] Da nun der Junge im Mann weiterlebt, sind Männer überall und jederzeit Phallusverehrer, obwohl die meisten Gesellschaften diese universelle männliche Obsession nicht in ähnlicher Weise wie im Phalluskult der Shiva-Verehrung institutionalisiert haben.

Unser Interesse gilt nicht deshalb dem Phalluskult in Indien, weil die hinduistische Kultur ein Monopol dafür hätte, sondern weil die Intensität der Frömmigkeit von Millionen von *linga*-Verehrern, die formale Institutionalisierung der Phallusverehrung in einem lebenskräftigen Kult und seine Legitimität als eine der grundsätzlichen Formen geistlicher Aktivität in Indien zusammengenommen ihm einen einmaligen kulturellen Stempel verleiht und den Beweis einer mehr oder minder universellen männlichen psychosexuellen Aktualität liefert. Der symbolische *linga* Shivas verkörpert nicht nur des kleinen Jungen Wünschen und Streben nach der Kraft und der Handlungsfähigkeit des Mannseins, indem er sich mit der anatomischen Realität und der funktionalen Kapazität des erigierten männlichen Penis identifiziert, sondern er fungiert psychoanalytisch gesprochen auch als ein Abwehrmechanismus, indem eine Identifizierung mit dem großen Phallus ein Bollwerk gegen die Angst darstellt, die durch die Trennung von der Mutter während der Zeit der zweiten Geburt ausgelöst wurde.

Die psychoanalytische Erfahrung hat überdeutlich gemacht, daß ein traumatisches Ereignis in der frühen Kindheit, wie etwa die zweite Geburt des indischen Jungen, sein primitives angenehmes Vertrauen in sich selbst und seine Stärke erschüttert. Seine

Auffassung, daß die Welt den Wünschen seines infantilen Selbst unterworfen ist, wird von Grund auf in Frage gestellt, wenn nicht vollständig vernichtet.[24] Unter den Bedingungen einer Kindheit in der indischen Großfamilie repräsentieren die sich in dem Jungen entwickelnden Gefühle hilfloser Wut und Angst, die nicht durch die Gegenwart eines hilfsbereiten Vaters besänftigt werden, die prototypische narzißtische Verletzung, die intensiver psychologischer Bemühungen zur Heilung bedarf. Tatsächliche oder angedrohte Verletzungen des Selbstwertgefühls im späteren Leben rufen unweigerlich irgendeine Version des Musters von Ersatzhandlungen hervor, das in der Kindheit angelegt worden ist, nämlich jene früheste Entschädigung, die darin besteht, daß sich der Junge von der enttäuschenden Außenwelt abwendet und Trost und ein Gefühl der Kontrolle in Manövern sucht wie: „Ich brauche niemand", „Ich bin mir selbst genug" und „Ich bin vollkommen". Diese kompensatorische Aktivierung des grandiosen Selbst findet ihre Entsprechung in der Konzeption Shivas – fern von der Welt, isoliert und autark in seinem Bergversteck in Kailasha.

Im Innenleben des kleinen Jungen drückt sich die kompensatorische Restitution von Selbstsicherheit und -kontrolle zumeist in einer phantasierten Überbewertung seines Körpers aus, seiner Stärke, seiner Intaktheit, seiner Unbesiegbarkeit und insbesondere seines Penis. Denn in der Innenwelt eines kleinen Jungen sind das Selbst, der Körper und der Penis oft austauschbar, wobei der Phallus nicht nur eine miniaturisierte Repräsentation des Körpers ist, sondern des „gesamten Ich".[25] Wie wir wissen, besteht diese Gleichsetzung in den unbewußten Schichten der Psyche bis weit ins Erwachsenenalter fort. Tief innen bleibt der Penis ein wichtiger Brennpunkt der narzißtischen Besorgnis des Mannes, so daß jedes zufällige Versagen der Potenz von einem allgemeinen Verlust des Selbstgefühls begleitet ist und als schreckliches Menetekel für den Zusammenbruch aller anderen Tätigkeits- und Lebenssphären gilt. Das phantastische Bild eines turmhoch ragenden, allgemein bewunderten Penis ist eine machtvolle Kompensation dafür, daß der indische Junge aus dem mütterlichen „Paradies" vertrieben wurde. Der *linga* Shivas, mit dem sich der erwachsene Verehrer identifiziert und der auf diese Weise seine Attribute „besitzt", verkörpert für den Jungen seine beiden restitutiven Motive: körperliche Vollkommenheit und psychische Unverletzlichkeit.

In den lebendigen Darstellungen und den mythischen Verarbeitungen des *linga*, die man in den Epen und den Puranas findet, die den Shiva-Verehrern Katechismus und Inspiration sind, wird die Phantasie kollektiv. Zum Beispiel preist Krishna Shiva im *Mahabharata*: „Sein *linga* steht fest und unbeweglich für alle Zeiten. Aus diesem Grund wird er *sthanu* genannt ... Weil sein *linga* immer das Gelübde der Enthaltsamkeit eingehalten hat, darum verehrt ihn die ganze Welt ... Die *rishis* (die Weisen), die Götter, die *gandharvas* (himmlische Sänger), die *apsaras* (himmlische Nymphen) beten den *linga* an, der immer gerade aufgerichtet steht."[26]

Viele Shiva-Mythen enthalten auch das Motiv des phallischen Größenwahns. So wird berichtet, daß Brahma und Vishnu, Shivas Gegenstücke in der hinduistischen Trinität, eines Tages darüber zu streiten anfingen, wer der größere Gott sei. Als sie so dastanden, jeder mit seinen Attributen prahlend, materialisierte ein brennender Phallus vor ihnen. Der Phallus war so riesig, daß weder sein Anfang noch sein Ende sichtbar war. Höchst neugierig geworden, beschlossen die beiden Götter, der Sache nachzugehen, indem der eine zu seinen Wurzeln hinabtauchte und der andere sich in die Höhe erhob. Doch wie weit sie auch forschten, weder Brahma noch Vishnu konnten das Ende des Phallus Mahadevas erreichen.

In einer zweiten Version desselben Mythos wird die Phantasie des großen Phallus ausdrücklich mit einer Wunde in Shivas Selbstgefühl in Beziehung gesetzt. „Brahma und Vishnu forderten Rudra (Shiva) auf, zu erschaffen. Er antwortete: ‚Das werde ich tun', und verschwand für tausend Jahre im Wasser. Brahma und Vishnu begannen sich Sorgen zu machen, und Vishnu sagte: ‚Es ist nicht mehr viel Zeit übrig. Du mußt dich bemühen, zu erschaffen, denn du hast die Fähigkeit dazu, und ich werde dir die weibliche Schöpfermacht geben.' Brahma erschuf dann alle Götter und alle anderen Wesen, und als Shiva wieder aus dem Wasser auftauchte, um die Schöpfung zu beginnen, sah er, daß die Welt bereits voll war. Er dachte: ‚Was soll ich tun? Die Schöpfung ist bereits von Brahma vollendet worden, und deshalb werde ich sie zerstören und meinen eigenen Samen aussäen.' Er spie eine Flamme aus dem Mund, die das ganze Universum in Flammen setzte, aber Brahma besänftigte Shiva, der seinen *linga* abbrach, indem er sagte: ‚Dieser *linga* hat keinen großen Nutzen, außer daß er Geschöpfe schaffen kann.' Er warf den *linga* auf den Boden, und dieser brach durch die Erde und wuchs bis hinab in die Hölle und hinauf in den Himmel. Vishnu und Brahma konnten weder seinen Anfang noch sein Ende finden, und sie verehrten ihn."[27] In noch einer anderen

Erzählung reichten die gemeinsamen Bemühungen aller Götter des hinduistischen Pantheons nicht aus, eines springenden brennenden *lingas* Herr zu werden, bis die Muttergöttin vorbeikam und ihn mit ihrer Vagina festhielt. Hier verkörpert der Mythos nicht nur das Motiv des phallischen Größenwahns, sondern auch den Wunsch, die verlorene Symbiose mit der Mutter wiederzugewinnen.

Das zweite Motiv, psychische Unverletzlichkeit, gewonnen durch die Identifikation mit dem immer erigierten *linga*, finden wir in zahlreichen Geschichten, in denen der Verehrer zum *moksha* gelangt, indem er mit dem *linga* verschmilzt. So hörte König Jalpa von Assam, ein treuer Verehrer des *linga*, eine Stimme aus dem Inneren des Phallus, die ihm seine Sünden vergab und die ihn schließlich in den *linga* hineinzog. Reliefartige Skulpturen an der Frontseite hinduistischer Tempel stellen oft einen Jungen dar, der einen *linga* festhält, aus dem Shiva hervorkommt, um Yama zu erschlagen, den Gott des Todes und den Boten der ultimaten narzißtischen Verletzung, der Vernichtung des Selbst.

Wir wollen uns nun der nur dem Hinduismus eigenen Konzentration auf den Symbolismus der Phallusverehrung zuwenden. Die manifest narzißtische Fixierung auf den Penis und die ihr zugrundeliegenden starken männlichen Selbstzweifel und die Ichverletzlichkeit werden sogar noch deutlicher, wenn man das Anhängsel des *linga*, die Gauripatta oder *yoni*, die vulvaähnliche Basis, der der *linga* entspringt, betrachtet. Denn trotz aller Phantasien über phallische Grandeur befindet sich selbstverständlich der Penis selbst *außerhalb* des Körpers, exponiert und Verletzungen von außen ausgesetzt, so wie das hinausstrebende Selbst immer den Übergriffen der Außenwelt ausgesetzt ist. In Situationen erhöhter Angst ist die Phantasie des großen unvergeßlichen Phallus möglicherweise kein ausreichender Damm gegen einen Angriff auf das Selbstgefühl. Das Gegenmittel gegen einen solchen Angriff ist der symbolische Rückzug des überbesetzten Penis in sich selbst, in ein inneres Organ, die Vagina, wo der Phallus (und das Ich) sicher und unverletzlich ist.

Neben der Repräsentanz der männlichen Potenz und der defensiven Phantasie des grandiosen Selbst, das in einem einzigen Phallusbild verdichtet ist, schließt der *linga*, der sich von der *yoni* erhebt, noch die unbewußte Vorstellung der Bisexualität als Mittel der narzißtischen Selbstgenügsamkeit ein. Narzißtische Bisexualität findet nicht nur in dem doppelten Symbol des *linga-yoni* ihren kulturellen Ausdruck, sondern auch in Shivas Erscheinungsform als *Hara-Gauri* oder *ardhanarishwara*, einer Gottheit, die halb Mann und halb Frau ist, einer der populärsten Gegenstände der hinduistischen Kunst, vor allem in den tantrischen Schulen. Hier ist der Gott vertikal geteilt, die eine Seite Frau, die andere Mann. Die klassischen Tänzer, die Shiva in dieser Gestalt darstellen, indem die eine Körperhälfte energische „männliche" und gleichzeitig die andere fließende „weibliche" Bewegungen ausführt, vermitteln nicht nur großartig die Vorstellung sondern auch das Gefühl von Bisexualität. Solche mythologischen Ausdrucksformen der indischen Kultur sind nicht einfach Rudimente einer grotesken Altertümlichkeit; sie sind Ausdruck starker, lebendiger Kräfte im Unbewußten des einzelnen — dunkle ambivalente Kräfte, die von den meisten von uns verdrängt werden und die nur Außenseiter mittels vollendeter Artistik oder unter intensiven geistigen Qualen „auszuspielen" wagen.

Trotz ihrer offensichtlich begrenzten Repräsentavität belegen Fälle aus der psychoanalytischen Praxis in Indien eindrucksvoll den Zusammenhang zwischen einem kulturellen Symbol - Shiva und sein *linga* - und einer bestimmten Art von Kindheitsphantasie — Bisexualität im Dienste des Narzißmus. So glaubte ein Patient, daß sich merkwürdige Veränderungen in seinem Körper abspielten, seit er mit der Tochter seines Vorgesetzten in der Baumwollmühle, wo er arbeitete, eine Liebesaffäre gehabt hatte. Der Mann war überzeugt, daß seine linke Hand weich und zart wie die seiner Freundin geworden sei und daß seine rechte Hand nun stark und muskulös wie die seines Chefs sei und daß er abwechselnd in Shiva und Shivas weibliches Gegenstück verwandelt würde. [29] In einem zweiten Fall, den T.C. Sinha berichtet hat, vermied ein unverheirateter dreißigjähriger Mann jede heterosexuelle Aktivität, weil er vor den Gefahren der Schwangerschaft und der Niederkunft eine phantastische Angst hatte. Auch die homosexuellen Aktivitäten und Phantasien, denen er sich zugewandt hatte, konnten ihm keine Sicherheit gewähren. Da er die weibliche Rolle übernahm, konnte er sich bei seinem männlichen Partner nicht sicher sein, daß der sich vor der Ejakulation zurückzog; auch Masturbation war in der weiblichen Rolle nicht befriedigend für ihn. So bildete er sich schließlich ein, er besitze einen Penis in einer Vagina, und verschaffte sich so sowohl „weibliche" Lust als auch „männliche" Kontrolle. Darüber hinaus konnte er nun nicht schwanger werden, da der Penis nicht in die Vagina hineinstieß, sondern aus ihr heraus. Diese Phantasie verschaffte ihm nicht nur die angestrebte weibliche Befriedigung, sondern er bildete sich außerdem noch ein, „die Leute können, ihm (dem Penis) Blumen und Wasser zur Verehrung zu bringen, weil sie das auch im Falle des Shiva-*linga* tun". Ein anderer, etwas älterer Patient hatte die ähnlich befriedigende Phantasie, er habe einen Penis im Anus und manchmal auch einen Penis in der Vagina. In beiden Fällen bedeutete das bisexuelle Arrangement, daß er sich ganz allein selbst beglücken konnte, ohne die Abhängigkeit, die in jedem Geschlechtsverkehr enthalten ist, oder ohne das soziale Stigma, das mit der passiven Homosexualität verbunden ist.[30]

In sublimierter Form ist der homophile Unterstrom, der in den oben dargestellten Fällen implizit oder manifest vorhanden ist, eine wichtige Tendenz bei indischen Männern. Es existiert eine größere Akzeptanz des homoerotischen Elements in den Beziehungen zwischen Männern in Indien; nicht etwa als Perversion in dem Sinne, daß es eine sexuelle Vorliebe für Männer gebe, daß sie sich nicht zu Frauen hingezogen fühlten und daß sie bei ihnen nicht genital potent wären, sondern als Vorhandensein erotischer Gefühle, Phantasien und Impulse zwischen Männern, die ansonsten in ihrer erotischen Einstellung Frauen gegenüber normal sind.

Wir sind nun eher in der Lage, das Paradoxon aufzulösen, das in der Tatsache besteht, daß Shiva, der Entsager und Erzasket, den erigierten Phallus mit all seinen erotischen Assoziationen als sein spezifisches Symbol für sich beansprucht. Viele hinduistische Texte haben diese Dualität einfach akzeptiert, ohne eine Erklärung geben zu wollen: „Der Yogi, der Siva für frei von Leidenschaften hält, ist selbst keinen Leidenschaften unterworfen. Der Yogi, der Siva für leidenschaftlich hält, wird sich sicher selbst den Leidenschaften hingeben."[31] Andere Texte bringen das etwas sadistische Argument, der erigierte Phallus sei ein Symbol der Enthaltsamkeit, da der Samen noch nicht vergossen sei und der *linga* so die konzentrierte Sexualenergie symbolisiere, die nach der hinduistischen Tradition von den Yogis in geistige Energie umgewandelt werden muß. Psychologisch hat der *linga* keine erotische Nebenbedeutung, wenn mit Erotik die Ausrichtung der Sexualität auf die Welt der „Objekte", der Wunsch nach anderen gemeint ist. Mit anderen Worten, der *linga* ist kein Symbol der Objektlibido, sondern der narzißtischen Libido, der sexuellen Investierung in sich selbst. So ist, obwohl die Sexualität das Wesentliche des Symbols ist, der *linga* gleichzeitig „enthaltsam" und „erotisch".

In Anbedracht der vorherrschenden psychosozialen Motive der indischen Kleinkindzeit und Kindheit ist es verständlich, warum das Symbol des *linga* in der Psychologie seiner Verehrer mit einer solchen emotionalen Macht verbunden ist. Der *linga* steht für das Versprechen potenter Männlichkeit und verkörpert gleichzeitig die defensiven Phantasien des grandiosen Selbst und der selbstgenügsamen Bisexualität im Dienste des Narzißmus. Er verdichtet das Vielfältige und Widersprüchliche in einem einzigen sichtbaren Bild, er ist eine Beschwörung dessen, was sich mit vielen Worten schwer oder gar nicht ausdrücken läßt.

Der revolutionäre Yogi: Die Kindheit des Swami Vivekananda

Um die spezifischen Konstellationen der indischen Innenwelt zu erkennen und zu verstehen, die die Bemühungen des einzelnen, sich an die schnellen Veränderungen der historischen Bedingungen anzupassen, unterstützen oder behindern, will ich nun in der Geschichte ins neunzehnte Jahrhundert zurückgehen und das Leben und die Arbeit des Swani Vivekananda betrachten, eines Mannes, der sowohl ein leidenschaftlicher Verfechter des traditionellen hinduistischen Weltbildes als auch ein Prophet der Veränderung im modernen westlichen Sinn war. Als introspektiver Yogi und aktivistischer Mönch, als empfindsamer Dichter und feuriger Redner, als der Religionsphilosoph, der das alte hinduistische Denken neu interpretierte, um es dem modernen Bewußtsein zugänglich zu machen, und der gleichzeitig der dynamische Organisator des Ramakrishna-Mönchsordens war, ist Vivekananda eine der faszinierendsten Gestalten in der Geschichte des modernen Indien. Einerseits ermunterte er als praktizierender Yogi und religiöser Lehrer in der alten indischen Tradition der weisen Gurus seine Landsleute, die traditionellen Ideale der Erweiterung der Innenwelt und der Vereinigung des „Ichs" mit dem „anderen" zu einer lebendigen Alltagsaktualität zu machen. Andererseits glaubte er auch fest an den Wert des notwendige soziale Veränderungen anstrebenden Handelns, er war ein überzeugter Verfechter der Förderung der wissenschaftlichen und technischen Ausbildung der Inder und der Begründer eines Mönchsordens, der nicht nur die traditionellen Gelübde des persönlichen Strebens nach *moksha* verlangte, sondern auch das neue, beispiellose Versprechen des

Dienstes an den indischen Massen, ein Versprechen, das eingelöst wurde durch weltliche Aktivitäten wie die Unterhaltung von Schulen, Waisenhäusern, Armenkliniken und Hilfsaktionen während Hungersnöten und Epidemien.

Im politischen Bereich glich Vivekananda offensichtliche kulturelle Widersprüche in einem neuen Nationalismus aus, der religiöse und politische Ideale in sich vereinte; Befreiung von der Fremdherrschaft wurde sowohl politische wie religiöse Pflicht, das Mittel zur unmittelbaren Unabhängigkeit, aber auch zur endzeitlichen Erlösung. Eine westliche Schülerin, Schwester Nivedita, beschrieb Vivekananda so:

„In seinem Bewußtsein mag das alte Licht geschienen haben, in dem man das Angesicht Gottes sehen kann, aber es schien auf all die Fragen und all die Rätsel, die den Denkern und Arbeitern der modernen Welt bekannt sind ... Ich sehe in ihm den Erben der geistigen Entdeckungen und religiösen Kämpfe unzähliger Lehrer und Heiliger der Vergangenheit Indiens und der Welt, und gleichzeitig den Pionier und den Propheten einer neuen und zukünftigen Ordnung der Entwicklung." [32]

Aus allen Berichten von Schülern, Zeitgenossen und Biographen läßt sich entnehmen, daß der Mann selbst eine ungeheure – es gibt kein anderes Wort dafür – *Gegenwart* gehabt haben muß. Wie die Berichte über alle charismatischen Führer, denen diese Qualität einer magnetischen Gegenwart zugeschrieben worden ist, betonen Vivekanandas Gegenspieler gerade diesen Aspekt seiner Persönlichkeit, wobei sie sich bewußt waren, daß dieser Aspekt für ihr eigenes Leben von höchster Bedeutung war, da man das Wesen des Charismas eines Menschen nicht definieren kann. So betonen einige Vivekanandas Lebenskraft und Vitalität, andere seine Empfindsamkeit und Gelassenheit; einige sprechen über die leuchtende Tiefe seiner Augen, andere über seine Savonarola-ähnliche furchtlose Offenheit; einige bewundern seine intellektuelle Brillanz und Macht, während andere seine Spiritualität bewundern.

Im historischen Rückblick ragt Vivekananda heraus als Führer mit gleichermaßen großem Glauben und Skeptizismus, als Katalysator des indischen Nationalbewußtseins. In psychologischer Hinsicht schuf und repräsentierte Vivekananda eine frühe Version der modernen indischen Identität. Am Ende des neunzehnten Jahrhunderts, als sich die indische Gesellschaft von ihrer ersten Vergiftung durch den Westen zu erholen und sich gegen die Beherrschung durch Großbritannien zu widersetzen begann, waren

Vivekanandas Reden und Schriften eine Triebfeder des Selbstrespekts und lieferten eine intellektuelle *Erklärung* für die im Entstehen begriffene militant nationalistische Bewegung. Wegen ihrer tiefen Verwurzelung in der indischen Tradition und wegen ihrer Auswirkungen auf die spätere Gestalt des indischen Gemeinwesens ist die Ideologie des Nationalismus des neunzehnten Jahrhunderts in psychohistorischer Hinsicht bedeutsamer als das Auseinanderfallen ihrer politischen Organisation kurz nach Vivekanandas Tod. Die Entwicklung der Ideologie des militanten Nationalismus, die religiöse Basis des Patriotismus, das Konzept der Nation als ein organischer Geist, die Wichtigkeit der Identifikation des Volkes mit der Nation und die Massenbeteiligung an ihrer Selbstdarstellung, psychologisches und kulturelles Selbstvertrauen als notwendige Voraussetzung politischen Handelns und, letztendlich, die qualifizierte Legitimität revolutionärer Gewalt: das ist Vivekanandas Vermächtnis.[33]

Nach Vivekanandas Auffassung hatte die Entwicklung einer modernen indischen Identität nur eine einzige legitime Grundlage: das traditionelle hinduistische Weltbild. Er glaubte, daß die Vergangenheit rehabilitiert, ja sogar völlig neu enteckt werden mußte, ehe sich eine moderne indische Nationalidentität entwikkeln, Gestalt annehmen und eine Macht in der Welt der Nationen werden konnte. Nach seiner triumphalen Rückkehr aus den Vereinigten Staaten im Jahre 1897 brachte er anläßlich einer Rede in Madras folgende Überzeugung mit Leidenschaft zum Ausdruck:

„Jede Nation hat wie jeder Mensch in diesem Leben ein Motiv, das das Zentrum, die Hauptnote ist, um die sich jede andere Note gruppiert, um Harmonie zu erzeugen. Wenn eine Nation versucht, ihre nationale Lebenskraft wegzuwerfen, die Richtung, die im Laufe der Jahrhunderte die eigene geworden ist, dann stirbt diese Nation ... Für die eine Nation ist politische Macht die Lebenskraft, wie etwa für England, Kunst für die andere und so weiter. Für Indien ist das religiöse Leben das Zentrum, die Schlüsselnote der gesamten Musik des nationalen Lebens. Wenn euch also der Versuch gelingt, eure Religion wegzuwerfen und statt dessen die Politik oder die Gesellschaft zum Zentrum zu machen, dann wird das Ergebnis sein, daß ihr ausgelöscht werdet. Soziale Reformen und Politik müssen aus der Lebenskraft eurer Religion heraus gepredigt werden ... Jeder Mensch muß seine eigene Wahl treffen, so auch jede Nation. Wir haben unsere Wahl schon vor Jahrhunderten getroffen."[34]

Vivekananda war leidenschaftlich davon überzeugt, daß die

Regenerierung der religiösen Lebenskraft massive Bemühungen zur Erhöhung des kulturellen Bewußtseins verlangte, so daß das hinduistische Weltbild jede Form von individuellen und sozialen Bemühen durchdringen sollte, was seinerseits wieder elementare Einschränkungen der Ökonomie und simple physische Emanzipation erforderte. Er war der Überzeugung, daß man leeren Bäuchen keine Religion predigen könne, oder wie es später Bertolt Brecht ausgedrückt hat: „Erst kommt das Fressen und dann die Moral." Die indischen Massen müßten stark werden, müßten erst Stolz und Selbstvertrauen gewinnen; die Energie, die so lange für die Kasteiung des Körpers aufgebracht wurde, werde nun dazu gebraucht, physische Kraft zu entwickeln, um den Anforderungen der modernen Zeit gewachsen zu sein:

„Es ist nicht mehr die Zeit für uns, sanft zu werden. Diese Sanftheit gehörte zu uns, bis wir wie Baumwollknäuel geworden sind. Was unser Land nun verlangt, sind Muskeln von Eisen und Nerven von Stahl und einen gewaltigen Willen, dem nichts widerstehen kann, der seine Absicht auf jede Weise erreichen kann, sogar wenn das heißen würde, auf den Grund des Ozeans hinunterzugehen und dem Tod von Angesicht zu Angesicht gegenüberzustehen. Das ist das, was wir wollen, und das kann nur erreicht werden, wenn wir das Ideal des Advaita verstehen und verwirklichen, das Ideal des Einsseins aller. Glaube, Glaube, Glaube in uns selbst! ... Nicht die Engländer, wir selbst sind verantwortlich für unsere Erniedrigung. Unsere aristokratischen Vorfahren haben die Massen des Volkes so lange unterdrückt, bis diese hilflos wurden, bis die armen Menschen angesichts dieser Pein beinahe vergessen hatten, daß sie Menschen sind. Man hat sie jahrhundertelang gezwungen, nur Holzfäller oder Wasserträger zu sein, so daß sie glauben gemacht wurden, als Sklaven geboren zu sein, geboren als Holzfäller und Wasserträger." [35]

Vivekanandas Rezept für die indische Unabhängigkeit war Aktivismus:

„Wir wollen diese Energie, diese Liebe zur Unabhängigkeit, diesen Geist des Selbstvertrauens, diese unüberwindliche Stärke, diese Geschicklichkeit im Handeln, dieses Band des gemeinsamen Wollens, diesen Durst nach Verbesserung, der sich nicht ständig nach der Vergangenheit umsieht; wir wollen, daß diese Vision bis in die unendliche Zukunft reicht; und wir wollen diesen starken Geist des Handelns (*rajas*), der durch jede Ader strömen soll, vom Kopf bis zum Fuß." [36]

In Phasen emotionaler Anspannung – und starke Gefühlsschwankungen gab es ständig in seinem Leben – machte Vivekanandas optimistische Vision des Kampfes gegen die Außenwelt einer Vorstellung Platz, die toleranter, passiver und mehr nach innen gekehrt war. Als Nachwirkung dieser emotionalen Krisen brachte er gewöhnlich die Meinung zum Ausdruck, daß die Ideen des Handelns und des Fortschritts Wahngebilde seien. Die Dinge würden nie besser, sie blieben immer so, wie sie sind. Nur Individuen könnten sich verbessern, indem sie sich innerlich veränderten. „Das Moschustier findet nach vergeblicher Suche nach der Ursache des Moschusgeruchs diese letztendlich in sich selbst."[37] Nach einer besonders schweren Krise im Alter von fünfundreißig Jahren, vier Jahre vor seinem Tod in Kalkutta, teilte Vivekananda seinen Schülern pathetisch mit, daß er sich in allem geirrt habe und daß sein Patriotismus und seine Begeisterung als nationalistischer Reformer völlig verflogen sei. Zwei Jahre später konnte er in einem Brief an einen Freund schreiben: „Und Arbeit? Was ist Arbeit? Wessen Arbeit? Für wen arbeiten? Ich bin frei. Ich bin das Kind der Mutter (der großen Göttin). Sie arbeitet. Sie plant. Warum sollte ich planen? Was soll ich planen? Die Dinge kommen und gehen, gerade so, wie Sie es will, ohne daß ich plane, trotz meines Planens. Wir sind ihre Marionetten. Sie zieht an den Fäden."[38]

Die Widersprüche eines großen Mannes sind integraler Teil seiner Größe. Wie Erikson in seiner Biographie Luthers, eines anderen *homo religiosus*, feststellt, sind innere Ausgeglichenheit, einfacher Lebensgenuß, gewöhnliche Wohlanständigkeit und konfliktfreies Erkennen von Zweck und Richtung nicht gerade das Los in hohem Maße kreativer Männer mit einem Bewußtsein ihrer historischen Bestimmung.[39] Obwohl ich die pathographische Auffassung ablehne, die Vivekananda als einen „klassischen" Manisch-Depressiven diagnostiziert, bringen uns die hagiographischen Schmeicheleien seiner direkten und indirekten Schüler Nivedita und Nikhilananda und Bewunderer wie Romain Rolland, die Vivekanandas erhöhte Neigung zu Gefühlskonflikten, seine mystischen Visionen und seine intensiven geistigen Erfahrungen als einen Ausdruck des Göttlichen, als Manifestation eines spirituellen „Suprabewußtseins" erklären, auch nicht weiter. Ich beabsichtige vielmehr, die Einsichten der psychoanalytischen Psychologie auf einige Aspekte von Vivekanandas Leben anzuwenden und aus den verwirrten Fäden der Konflikte und Widersprüchlichkeiten ein Bedeutungsmuster (nicht Kausalitätsmuster) zu weben. Ich verfolge drei Ziele: erstens will ich die Hauptmotive im Leben

Vivekanandas aufzeigen und so beweisen, daß die divergierenden Tatsachen seiner Persönlichkeit tatsächlich einen Kern psychologischer Konsistenz aufweisen; zweitens will ich in einer konkreten Lebensgeschichte einige der Motive aufspüren, die ich als charakteristisch für die indische Persönlichkeit bezeichnet habe; drittens will ich das psychologische Dilemma darstellen, das die Modernisierung Indiens im Leben eines charismatischen indischen Führers bedeutet.

Narendranath (Vivekanandas richtiger Name) – oder Naren, wie er als Junge liebevoll genannt wurde – wurde im Januar 1863 in Kalkutta als Sohn einer bengalischen Familie der oberen Mittelschicht, die der Kayastha-Gemeinschaft angehörte, geboren. Die Kayasthas, eine der höheren Kasten der hinduistischen Gesellschaft, werden in frühen Sanskrittexten als Inhaber erblicher Regierungsämter erwähnt, obwohl sich die Gemeinschaft wahrscheinlich erst ungefähr im dreizehnten Jahrhundert zu einer eigenständigen *jati* entwickelt hat. Die Kayasthas stellten in den vielen Wechselfällen der indischen Geschichte das Personal für die Bürokratie der verschiedenen Fürstentümer und erwiesen sich als anpassungsfähige Leute, die fähig und willens waren, die Gebräuche und sogar die Sprache der jeweiligen Herrscher zu übernehmen, denen sie nacheinander erfolgreich dienten – ob es sich um Muslims oder Briten handelte. So hatten sie während der Periode der muslimischen Herrschaft eifrig Persisch gelernt, und als die Briten Bengalen eroberten, waren die Kayasthas bald in der englischen Sprache bewandert. Angesichts der Art ihrer Tätigkeit und ihres Kontakts zu den Herrschenden befanden sich die Kayasthas stets in der Frontlinie der kulturellen Auseinandersetzung, die die Unterjochung eines Landes begleitet. Im achtzehnten und neunzehnten Jahrhundert waren die Kayasthas eine der ersten Hindugemeinschaften, die den neuen sozialen und ethischen Philosophien ausgesetzt waren, die aus dem Westen kamen. Zusammen mit den anderen Gruppen der traditionellen bengalischen Intelligenz, den Brahmanen und den Vaidyas, reagierten die Kayasthas intensiv auf die britische kulturelle Beeinflussung ihrer konservativen Gesellschaft, zumal eine immer größer Zahl von Menschen die inneren Konflikte erlebte, die durch die kulturelle und soziale Verwirrung ausgelöst wurden. Die erste Reaktion vieler war eine Revolte gegen die einengenden Normen der hinduistischen Tradition und das kritiklose Übernehmen alles Britischen. Dieser kulturellen Gegenströmung ausgesetzt und besonders empfänglich dafür, initiierte diese traditionelle Intelligenz die ersten Reformbewegungen der konservativen hinduistischen Sozialordnung. Tatsächlich schrieb schon im Jahre 1850 einer von Narens Onkeln Pamphlete über Themen wie die Schulbildung der indischen Frauen oder die ungleiche Verteilung von Grundbesitz und Reichtum – Themen, die Vivekananda später übernahm und „radikalisierte".

Während Narens Kindheit gegen Ende des neunzehnten Jahrhunderts befand sich der Konflikt zwischen der alten, von Brahmanen dominierten hinduistischen Orthodoxie und dem neuen, von den Engländern inspirierten Liberalismus, der von vielen Mitgliedern seiner Gemeinschaft favorisiert wurde, auf seinem Höhepunkt. Sein Bruder schreibt: „Er wurde geboren, als die hinduistische Gesellschaft auf dem Weg war, ihre Dynamik wiederzugewinnen. In seiner Kayastha-Gemeinschaft wirkte sich das schrecklich aus. Eltern und Söhne, Ehemänner und -frauen wurden getrennt, weil der Sohn entweder eine andere Religion angenommen hatte oder ein Reformer geworden war oder sich zum Studium in England aufhielt."[40] Viele der progressiveren Mitglieder der Gemeinschaft, die sich nicht mit den Briten in Indien identifiziert hatten, sahen trotzdem in dem westlichen wissenschaftlichen und rationalistischen Weltbild ein Mittel, die sozialen Institutionen Indiens vom Ballast der Tradition zu befreien. Aber nachdem einmal die Saat der Selbstkritik unter diesen empfindsamen bengalischen Intellektuellen ausgestreut war, dauerte es nicht lange, bis sich ihre unkritische Nachahmung alles Britischen in hyperkritische Ambivalenz verwandelte, die dann zu Ablehnung wurde und schließlich zu einer Wiedergeburt einer übertriebenen Verehrung der hinduistischen Tradition führte. Um Narens intellektuelle und psychologische Entwicklung völlig zu verstehen, müssen wir uns ständig der ideologischen Instabilität (die für Bengalen vielleicht chronisch ist) seiner Zeit bewußt sein, eine Instabilität, die sich besonders stark – geradezu paradigmatisch – bei den Mitgliedern seiner Gemeinschaft zeigte.

Narens Vater Vishwanath Datta war ein Anwalt, der am Calcutta High Court praktizierte. Er war westlich orientiert und „modern", ein Mann, der in der persischen und englischen Literatur wohlbewandert war, in seiner religiösen Einstellung Agnostiker und dazu ein Bonvivant, von dem man sagte, daß er die Annehmlichkeiten dieser Welt sehr wohl zu schätzen wußte. Für mich stellt er den Prototyp des modernen Inders dar, den es in die Verwaltungs- und Geschäftszentren der großen indischen Städte zieht, obwohl vor hundert Jahren diese Klasse der verwestlichten

Inder auf winzige Oasen in Kalkutta, Bombay und Madras beschränkt war. Vishwanath Datta war ein Angehöriger der neuen Kopfarbeiterklasse in Indien, aus der sich von nun an Beamte, Militär- und Polizeiführungskräfte, Ingenieure, Mediziner, Lehrer usw. rekrutierten, die Vorhut der Modernisierung.

Narens Mutter Bhuvaneshwari Devi war eine traditionelle Hindufrau. Sie war zutiefst religiös und in der puranischen Mythologie und Sagenwelt verwurzelt, und sie bezog ihre Kosmologie und ihre Wertvorstellungen aus den Idealen des *Ramayana* und des *Mahabharata*, den Urquellen der hinduistischen Kultur. Sie konnte große Abschnitte aus diesen geliebten Epen auswendig rezitieren. Bhuvaneshwari Devi verkörperte durch ihre religiöse Frömmigkeit, ihr treues Festhalten an der Tradition und ihre stille, aber effiziente Haushaltsführung in den Augen ihrer Söhne das Idealbild indischer Weiblichkeit. Diese Kombination eines verwestlichten Vaters und einer traditionell hinduistischen Mutter ist im heutigen Indien bei den höheren Kasten und der oberen Mittelschicht nicht ungewöhnlich; es ist eine verblüffende Tatsache, daß viele der indischen Führer der nationalistischen Bewegung und während der Unabhängigkeit einer solchen elterlichen Kombination entstammen.

Naren wurde in einer Großfamilie geboren, in der der Onkel seines Vaters der *pater familias* war. Neben Vishwanath, seiner Frau und seinen Kindern umfaßte die Großfamilie noch die großen Familien der beiden Söhne des Onkels (Vishwanaths Cousins).

Die Stellung von Narens Mutter in der Familie war die der Außenseiterin mit vielen Verpflichtungen den anderen Familienmitgliedern gegenüber und wenigen Rechten und Annehmlichkeiten. Sie war notwendigerweise eine pflichtbewußte und willfährige Schwiegertochter, denn ihr Mann war kein Sohn, sondern ein Neffe der Familie. Ihr Ansehen in der Familienhierarchie war minimal, und sie hatte viel unter dem strengen Regiment der Tante ihres Mannes, dem weiblichen Familienoberhaupt, zu leiden.[41] Vor Narens Geburt hatte seine Mutter einen Sohn und vier Töchter zur Welt gebracht, aber der Sohn und zwei Töchter waren als Säuglinge gestorben. Unter diesen Umständen ist es nicht schwer, sich vorzustellen, daß sie sich für ihre sechste Niederkunft einen Sohn wünschte. Es wird berichtet, daß Bhuvaneshwari Devi während ihrer Schwangerschaft wie andere fromme Hindumütter damals und heute religiöse Gelöbnisse ablegte, betete und fastete, damit sie mit einem Sohn gesegnet werde. Insbesondere betete sie zu Shiva, und es wird berichtet, daß „sie eines Abends träumte, daß diese höchste Gottheit aus ihrer Meditation erwachte und sich einverstanden erklärte, als ihr Sohn geboren zu werden. Als sie erwachte, war sie mit Freude erfüllt."[42] Wir wissen natürlich nicht, ob der Traum eine Tatsache ist oder aber eine jener ausschmückenden Legenden, die sich um die „Geburt eines Helden" ranken. Ob er nun apokryph ist oder nicht, der Traum enthüllt die fromme Einstellung der Mutter und ihre emotionale Voreingenommenheit für das Baby Naren. Sie nannte ihn zunächst Viveshwara, nach Shiva, aber die Familie änderte den Namen später in Narendranath. Für Bhuvaneshwari Devi war ihr ältester lebender Sohn ein besonderes Objekt mütterlicher Liebe und Fürsorge. In seinem späteren Leben sprach Vivekananda nur allzu selten von seinem Vater, aber häufig von der „Selbstlosigkeit und Reinheit" seiner Mutter, und er behauptete, daß seine Mutter das einzige Wesen auf der Welt sei, das er je geliebt hätte.

Narens besondere Stellung unter Bhuvaneshwari Devis vielen Kindern kommt in einer Biographie Vivekanandas zum Ausdruck, die sein jüngerer Bruder Bhupendranath verfaßt hat. Obwohl dieses Buch den Zweck verfolgt, Vivekanandas Verdienste um das moderne Indien ins rechte Licht zu setzen, enthüllen seine Remineszenzen etwas von der Rivalität und dem Neid des jüngeren Bruders gegenüber dem Liebling seiner Mutter. So macht Bhupendranath nach einem kurzen Gefängnisaufenthalt, den ihm seine revolutionären Aktivitäten gegen die Engländer eingebracht hatten und der eine große Presseresonanz gefunden hatte, seiner Mutter gegenüber die „scherzhafte" Bemerkung: „Du hast niemals irgendwelche Beachtung gefunden, weil du Vivekanandas Mutter bist, aber nun bist du in der Öffentlichkeit bekannt, weil du meine Mutter bist."[43] Bei einer anderen Gelegenheit, als Vivekanandas amerikanische Schüler darum bitten, seine Mutter treffen zu dürfen, verbietet Bhupendranath ein solches Zusammentreffen mit den ärgerlichen Worten: „Da die Hälfte deines Körpers mein Anteil ist, werde ich dich mit einer Säge in zwei Hälften schneiden, wenn dein ältester Sohn auf diesem Besuch besteht."[44]

„Wenn man der unbestrittene Liebling der Mutter gewesen ist, so behält man fürs Leben jenes Eroberergefühl, jene Zuversicht des Erfolges, welche nicht selten wirklich den Erfolg nach sich zieht",[45] hat Freud einst festgestellt. Schon als Kind hatte Naren dieses Eroberergefühl; er hielt es für selbstverständlich, daß in dem Spiel „König und Hofgesinde" ihm die Rolle des Königs gebührte, der die Rollen der Minister und Höflinge an die anderen Spielkameraden verteilte, die sein Privileg ihrerseits ohne Fragen akzeptierten und sich demütig seinen Befehlen beugten. Später beseelte dieselbe charismatische Autorität seine Führerschaft im Ramakrishna-Orden, und selbst später, als er sich in den Vereinigten Staaten von den traditionellen Idealen des Mönchtums abwandte, akzeptierten seine Mönchsbrüder selbstverständlich seine Pläne, Vorschläge und sogar seine Launen als die natürlichen Vorrechte des „Auserwählten".

Diese Überzeugung, als Träger einer höheren Bestimmung auserwählt zu sein, verließ Vivekananda nie, auch nicht in den „dunklen Nächten seiner Seele". Wie er selbst in einer scharfsichtigen Selbstanalyse schrieb:

„Es gibt zwei Arten von Menschen auf der Welt – die einen gelassen, mit starken Nerven, naturverbunden, nicht sehr reich an Phantasie, aber gut, nett, lieb usw. Für diese ist die Welt gemacht – sie allein sind dazu geboren, glücklich zu sein. Die anderen aber haben hochempfindliche Nerven, sind extrem phantasievoll, haben starke Gefühle – sie sind ständig einmal oben und dann wieder unten. Für sie gibt es kein Glück. Die erste Gruppe hat einen fast gleichbleibenden Pegel des Glücks. Die zweite pendelt ständig zwischen Ekstase und Elend. Aber nur aus ihr erwachsen Genies. Es ist ein Kern von Wahrheit in der neuen Theorie, daß Genie eine Art von Wahnsinn ist.

Aber die Menschen aus dieser Gruppe müssen darum kämpfen, wenn sie groß sein wollen – müssen die Schiffe zum Gefecht klar machen. Kein Hindernis – keine Ehe, keine Kinder, keine unangemessene Bindung dürfen von der einen Idee ablenken, für die man lebt und stirbt. Ich bin ein Mann dieser Art."[46] Narens unzerstörbarer Glaube an seine höhere Mission wurde, obwohl er eindeutig seinen Ursprung in seiner frühesten Beziehung zu seiner hingebungsvollen Mutter hatte, durch seine Familie noch verstärkt. Sein Großvater mütterlicherseits hatte nach der Geburt von Narens Vater Vishwanath der Welt entsagt und seine Verantwortung als *grihastha* niedergelegt, um das Leben eines Mönches zu führen. Viele Leute waren fest überzeugt, daß Narens verblüffende Ähnlichkeit mit diesem Großvater „beweise", daß dieser in ihm wiedergeboren worden sei, oder mit anderen Worten, daß das Kind Naren der Vater seines Vaters sei. Wenn wir hierzu noch Narens Dominanz über seine Spielkameraden hinzufügen, seine intellektuelle und rhetorische Begabung, die ihn im College allgemeines Lob und Bewunderung von den Lehrern einbrachte, und daß er im Alter von achtzehn Jahren von Ramakrishna als dessen herausragender Schüler und geistiger Erbe ausgewählt wurde, dann ist es nicht schwer zu behaupten, daß Narens Umgebung darin konspirierte – und er war unbewußt ein williger Mitkonspirant –, seine innerpsychische Konstruktion des archaischen Größenwahns ("Ich bin groß") aufrechtzuerhalten und zu verstärken. Während die „Realitätsprüfung" der meisten Kinder nach und nach ihre Beschränkungen enthüllt und sie früher oder später ihr ursprüngliches Gefühl der Besonderheit und Einzigartigkeit verlieren, bestätigten Narens Erfahrungen mit der realen Welt seine Überzeugung einer besonderen Bestimmung.

Die Überzeugung, Träger einer höheren Bestimmung zu sein, kann in einem Kind den Drang erzeugen, „groß" zu werden und somit sowohl die Erwartungen seiner Eltern als auch die Forderungen seines eigenen Selbstbildes zu erfüllen. Doch diese unbewußte Überzeugung, den Eltern und den anderen Erwachsenen der Umwelt überlegen zu sein, kann ebenso eine Quelle großer Konflikte und psychischer Spannung für ein Kind werden. Denn einmal stimmt seine phantasierte Großartigkeit nicht mit den Realitäten seiner physischen Gestalt und dem Stadium der Ich-Entwicklung überein; die Frühreife der unbewußten Wünsche und Ideale des kleinen Jungen steht in scharfem Widerspruch zu den ängstlichen Selbstzweifeln und der Verwirrung, die nur allzu leicht die noch ungefestigte Identität überwältigen können. Der Konflikt zwischen den Größenphantasien und der Wirklichkeit der Abhängigkeit von den Eltern und anderen Erwachsenen der Familie taucht in Vivekanandas frühester Erinnerung auf, einer „Deckerinnerung" im psychoanalytischen Sinne, denn sie verdichtet einen fortdauernden und umfassenden Kindkeitskonflikt in einer einzigen dramatischen Szene:

„Schon im Alter von nur zwei Jahren spielte ich mit meinem *syce* (Kutscher), daß ich ein *vairagi* (Mönch, Asket) war, der in Asche und *kaupina* ging. Und wenn ein *sadhu* betteln kam, haben sie mich von oben her überwacht, daß ich nicht zuviel weggab. Ich hatte das Gefühl, daß ich das (ein heiliger *vairagi*) war und daß ich wegen irgendeines Unheils von Shiva fortgeschickt worden war. Ganz ohne Zweifel verstärkte meine Familie dieses Gefühl, denn wenn ich unartig war, pflegten sie zu sagen: ‚Oh je, oh je, so etwas Häßliches! Doch Shiva hat uns diesen Dämon geschickt statt einer guten Seele.' Oder wenn ich sehr aufsässig war, leerten sie einen Krug Wasser über mich aus und sagten: ‚Shiva, Shiva!' Dieses Wort hält mich sogar jetzt aufrecht, wenn ich mich elend fühle. ‚Nein', sage ich zu mir selbst, ‚diesmal nicht!'"[47]

Eine solche Szene spiegelt nicht nur das tiefempfundene Gefühl von Schmerz und Demütigung eines *auserwählten" Kindes wider, das von seiner Mutter*[48] so unzeremoniell behandelt wird, sondern ebenso die schuldbewußte Angst, daß seine aufkeimende Initiative und Neugier zu einer Art von Vertreibung von der Mutter und von zu Hause führen könnte, so wie es einst von Shiva fortgeschickt worden ist. Die Erinnerungsszene belegt auch die widersprüchliche Rolle, die Narens Mutter in ihrer Beziehung gespielt hat, denn einerseits idealisierte sie ihren Sohn, und andererseits vereitelte sie seine etwas kecken Versuche, seine Unabhängigkeit und Initiative oder das, was sie „Aufsässigkeit" nannte, zu beweisen. Die innere Spannung, die durch eine Mutter ausgelöst wird, die dem tatsächlichen Verhalten ihres Sohnes mißtraut, sogar wenn sie seine Ambitionen fördert und seine Erwartungen erhöht, ist der Kern eines instabilen Selbstbegriffs und schwankenden Selbstwertgefühls eines Kindes (und somit auch, zumindest rudimentär, eines Erwachsenen).

Der Kampf um die Befreiung von der Mutter und das Eintreten für männlichen Mut und Initiative (sowohl in persönlichen Beziehungen als auch auf der kollektiven Ebene der nationalen Politik) waren sein ganzes Leben lang Motive der Innenwelt Vivekanandas, und im Erwachsenenalter war seine mütterliche Gegenspielerin Kali, die göttliche Mutter. Vivekananda war sich seines inneren Kampfes bewußt, ja, er glaubte, daß dieser Kampf einen Mann erhöhe und sich für ihn zieme: „Ja, laß die Welt kommen, laß die Höllen kommen, laß die Götter kommen, laß die Große Mutter kommen. Ich kämpfe und gebe nicht auf. Ravana wurde nach drei Geburten erlöst, indem er Gott selbst bekämpfte! Es ist ruhmreich, gegen die Große Mutter zu kämpfen."[49] Der Kampf manifestierte sich in seiner historischen Mission, den indischen Nationalismus durch eine militante Wiederbelebung der Tradition zu stärken und „dieser schrecklichen Masse konservativer Quallen"[50], dieser „Nation der Frauen"[51], wie er das Indien seiner Zeit charakterisierte, entschlossenes „männliches" Handeln und radikale soziale Veränderungen zu bringen. Und derselbe innere Kampf machte ihn in jenen regelmäßigen Phasen der „Lähmung" bewegungsunfähig, in denen er diese Ideal widerrief und seine Mission verleugnete.

Wenn die frühen Jahre eines Jungen durch eine intensive emotionale Bindung an und Identifikation mit seiner Mutter charakterisiert waren, ist der Kampf um Individualität und Potenz unvermeidlich. Die unbewußten Antriebe dieses Kampfes sind: Der Versuch der Trennung erzeugt Schuldgefühle, die nicht nur das Bild der wohlwollenden Mutter trüben, sondern auch das Bewußtsein der eigenen Einmaligkeit bedrohen, dessen ursprünglicher Garant sie war. Dann kann das Bild der „schlechten" Mutter an Bedeutung gewinnen und den Anspruch auf Größe unterdrücken. So wird die innere psychische „Arbeit" der Restitution notwendig; die bedrohliche „schlechte" Mutter muß besänftigt werden, indem das Kind auf jeden Anspruch auf Unabhängigkeit verzichtet und wieder Schutz von Putana und Agasur verlangt, jenen mütterlichen Ungeheuern, die in den verstecktesten Winkeln der Innenwelt ebenso lebendig sind wie die „gute" Bhuwaneshwari Devi. Dieses Hin- und Herschwanken zwischen einer „handelnden" erwachsenen Männlichkeit und der Abhängigkeit der Kindheit war ein ständiger Aspekt des Lebens Vivekanandas. Tatsächlich fielen die Jahre seiner größten Erfolge, Jahre, in denen sein Name in Indien jedermann vertraut wurde, mit schweren persönlichen Krisen zusammen.

Ich möchte hier ein längeres Zitat aus dem Augenzeugenbericht eines Schülers über die „kumulierende" Krise im Leben Vivekanandas bringen, nicht nur, weil es seinen persönlichen Konflikt erhellt, sondern auch, weil es eine fundamentale Konstellation in der hinduistischen Innenwelt widerspiegelt:

„Auf unmerkliche Weise schien sich im Monat August das Interesse des Swamis von Shiva auf die Große Mutter zu verlagern. Er sang ständig Lieder von Ram Prasad [ein Sänger und Dichter aus dem achtzehnten Jahrhundert, dessen Lieder der Sehnsucht nach der Mutter in Bengalen sehr populär sind], als ob er sein Bewußtsein mit dem Gedanken erfüllen wolle, daß er ein Kind sei. Er erzählte einigen von uns, daß er sich, wohin er sich auch wende, immer der Gegenwart der Mutter bewußt sei, als ob sie eine Person im Zimmer wäre. Es war immer seine Gewohnheit, von der Mutter einfach und natürlich zu sprechen und einige der älteren Gruppenmitglieder übernahmen das, so daß Phrasen wie ‚Gut, gut! Mutter weiß das am besten!' zur ständigen Denk- und Ausdrucksweise bei uns gehörten, z.B. wenn eine lange gehegte Absicht fallengelassen werden mußte.

Allmählich aber wurde seine Fixierung immer intensiver. Er beklagte sich bitter über die Krankheit des Denkens, das den Menschen auffräße, ihm keine Zeit für Schlaf und Ruhe ließe und oft so eindringlich wie eine menschliche Stimme werde. Er hatte sich immer bemüht, uns das Ideal des Erhebens über Gegensatzpaare nahezubringen, über Schmerz und Freude, über Gut und Böse – die hinduistische Methode, das Problem der Sünde zu lösen –, aber nun schien sich seine ganze Aufmerksamkeit auf das Dunkle, das Schmerzliche und das Unerforschliche zu richten ... ‚Die Verehrung des Schrecklichen' wurde nun sein ganzer Schrei. Krankheit und Schmerz trügen immer die Erinnerung daran in sich: ‚Sie ist das Organ. Sie ist der Schmerz. Und sie bringt den Schmerz, Kali, Kali, Kali!'

Sein Kopf sei übervoll mit Gedanken, sagte er eines Tages und seine Finger würden nicht ruhen, bis er sie niedergeschrieben habe. Am selben Tag, als wir von irgendeinem Ausflug zu unserem Hausboot zurückkamen, fanden wir die Manuskripte von ‚Kali, die Mutter' vor, wo er sie hervorgebracht hatte. Wie wir später erfuhren, war er in einem Fieber der Inspiration schreibend, auf den Boden gestürzt, als er sie beendet hatte, erschöpft von seiner eigenen Intensität.

Kali, die Mutter
Die Sterne sind erloschen
Wolken türmen sich über Wolken
Pulsierendes, tönendes Dunkel herrscht.
Im brüllenden, tobenden Sturm
Die Seelen einer Million Irrer
Gerade befreit aus der Anstalt
Entwurzeln Bäume
Fegen alles vom Weg.
Das Meer zieht mit in die Schlacht
Schleudert berghohe Wogen in die Höhe
Um den Himmel zu erreichen.
Der Schein gespenstigen Lichts
Enthüllt auf jeder Seite
Tausend, tausend Schatten
Des Todes, besudelt und schwarz.
Seuchen und Elend verbreitend
Im Wahnsinn tanzend vor Freude.
Komm, Mutter, komm!
Denn Schrecken ist Dein Name.
Tod ist Dein Atem.
Und jeder unsichere Schritt
Zerstört für immer eine Welt.
Deine Zeit, Du Allzerstörerin!
Komm, oh Mutter, komm!

Wer es wagt, das Leid zu lieben
Zu tanzen den Tanz der Zerstörung
Und die Gestalt des Todes zu umarmen –
Zu ihm kommt die Mutter.

In dieser Zeit hatte er sich mit seinem Boot aus unserer Nähe zurückgezogen, und nur ein junger brahmanischer Arzt, der in jenem Sommer ebenfalls in Kashmir lebte – und dessen Freundlichkeit und Verehrung ihm gegenüber grenzenlos war –, durfte wissen, wo er war, und sich um seine täglichen Bedürfnisse kümmern. Am nächsten Abend ging der Arzt wie gewöhnlich zu ihm, aber da er ihn in Gedanken versunken vorfand, kehrte er um, ohne mit ihm zu sprechen, und am nächsten Tag, dem 13. September, war er fort. Er hatte die Nachricht hinterlassen, daß man ihm nicht nach Kshir Bhowani, dem Ort der farbigen Quellen, folgen solle. [Hier befindet sich die bekannte Ruine eine Kali-Tempels.] Bis zum 6. Oktober blieb er verschwunden.

Am Nachmittag dieses Tages sahen wir, wie er den Fluß herab zu uns zurückkehrte. Er stand mit der einen Hand an den Mast seines Bootes gelehnt und hatte in der anderen Hand gelbe Blumen. Er betrat unser Hausboot – eine verklärte Gegenwart – und ging schweigend von einem zum anderen, segnete uns und setzte uns Ringelblumenkränze auf den Kopf. „Ich habe sie der Mutter geweiht", sagte er schließlich, als er dem letzten von uns den Kranz gab. Dann setzte er sich. ‚Kein *Hari Om* mehr. Alles ist nun Mutter', sagte er dann lächelnd. Wir alle saßen schweigend. Hätten wir versucht zu sprechen, so wäre es uns nicht gelungen, so dicht war die Atmosphäre, und sie enthielt etwas, das das Denken unmöglich machte.

Er öffnete wieder seine Lippen. ‚All mein Patriotismus ist verflogen. Alles ist verflogen. Nun gibt es nur noch Mutter, Mutter!'

‚Ich habe mich schwer geirrt', sagte er nach einer weiteren Pause einfach. ‚Mutter hat zu mir gesagt: Was geschieht, wenn Ungläubige meine Tempel betreten und meine Bilder schänden sollten? Was bedeutet dir das? Beschützt du mich? Oder beschütze ich Dich? *Also gibt es keinen Patriotismus. Ich bin nur ein kleines Kind.*'"[52]

Vivekananda hatte sich symbolisch den Kopf glattgeschoren. Mit fast schon unheimlicher Einsicht brachte er seine physischen Symptome (darunter schwere asthmatische Anfälle) mit seinem mentalen Konflikt in Zusammenhang; während sich seine Überzeugung zu vertiefen schien, daß er ein Kind sei, „das auf dem Schoß der Mutter saß und von ihr liebkost wurde ... kam uns unausgesprochen der Gedanke, daß ihre Küsse von Geist und Nerven als Qual empfunden werden, die jedoch mit dem Entzücken des Wiedererkennens begrüßt werden".[53]

Um Vivekanandas „Zusammentreffen" mit Kali volle Gerechtigkeit widerfahren zu lassen, müssen wir seine Krise vor dem Hintergrund der indischen Kultur sehen, in der Mutterreligionen und die Verehrung der Kali in ihren vielen Manifestationen die tiefste Schicht der hinduistischen Religiosität bilden. Ohne ins Detail gehen zu wollen, möchte ich lediglich hervorheben, daß das Wiedererkennen (und Wiedererkanntwerden) der Sicherheit gewährenden Gegenwart der Mutter zusammen mit der ambivalenten Qual, die ihre individualitätsvernichtende Umarmung auslöst, die komplementären Affekte sind, die in der Kali-Verehrung zu Tage treten und verdichtet sind. In ihren gnädi gen (*sundarmurti*) Manifestationen der Weltmutter (*jagadamba*) und Weltamme (*jagaddhatri*) erweckt Kali eine starke Sehnsucht nach dem Überfluß und der Güte mütterlicher Fürsorge, Zustimmung und Sicherheit. Gleichzeitig symbolisiert Kali in ihrer entsetzlichen (*ghorarupa*) Gestalt, als die knochenbekränzte Dame der Friedhöfe, die eine Hirnschale voll dampfenden Blutes austrinkt, die unheilvolle Dimension im Mutterbild jedes Hindus. Durch die sanktionierten Rituale ihrer Religion und den kollektiven Besitz eines Symbols, das durch generationenlange Verehrung geheiligt ist, ermöglicht Kali ihren Verehrern die machtvolle symbolische und rituelle Integration der beiden Gesichter der hinduistischen Mutterschaft, des Vertrauens und des Grauens, des angenehmen Gefühls der Fürsorge und der schrecklichen Angst, durch diese Fürsorge vernichtet zu werden.

Zur Zeit der zweiten Geburt des Hindusohnes, die mit der ödipalen Phase seiner psychosexuellen Entwicklung zusammenfällt, nimmt das grandiose kindliche Selbst gewöhnlich etwas Schaden, wenn es auf die Welt der Männer stößt. In Narens Fall wurde dieser entwicklungsmäßige Übergang durch seine Phantasie, daß er der Vater seines Vater sei oder gar der Allvater Shiva, zusätzlich kompliziert (und von den anderen Familienmitgliedern noch verstärkt). In der unbewußten Phantasie eines Jungen bedeutet die Überzeugung, sich dem Vater überlegen zu fühlen, ihn verdrängen zu können, die Macht zu besitzen, ihn zu vernichten, einen psychischen Prozeß, der mit enormen Schuldgefühlen belastet ist. Durch Idealisierung und schrittweise Identifikation mit dem Vater gelingt es den meisten Jungen, diese Schuldgefühle zu vermindern; typischerweise wird der ödipale Konflikt innerhalb der Alltagsrealitäten der Familie und Familienbeziehungen gelöst. Für ein ungewöhnliches Kind wie Naren, das von seiner Mutter angebetet wurde und intensiv an ihr hing, das fast unfreiwillig dazu bestimmt war, sein Gefühl der ursprünglichen Überlegenheit und Größe intakt zu erhalten, das früh davon überzeigt war, daß es „auserwählt" sei und eine besondere Bestimmung zu erfüllen, für ein solches Kind scheint der Weg der Idealisierung und Identifikation mit dem Vater schwierig gewesen zu sein, insbesondere da sein Vater nach dem Zeugnis des jüngeren Bruders Narens ein „schwacher" Mann gewesen ist.[54] Das heißt, Vishwanath hatte bei den Dattas einen niedrigen Status inne; er richtete sich völlig nach den Wünschen seines Onkels, dem Oberhaupt der Großfamilie. Trotz der grausamen Behandlung, die seiner Frau Bhuvaneshwari Devi widerfuhr – sie hatte lange Zeit nur einen einzigen Sari, sich zu kleiden –, hatte Vishwanath weder den Mut zu protestieren noch die Entschlossenheit, sich aus dem Familienverband zu lösen, zu dessen wirtschaftlicher Erhaltung er den Löwenanteil beitrug. Die das Wohl und Wehe seiner Frau und Kinder betreffenden Entscheidungen mehr oder minder passiv hinnehmend, suchte Vishwanath Zuflucht vor familiären Spannungen und Streitigkeiten in einem großen Freundeskreis, den er großzügig zu unterhalten pflegte. Daß er ein empfindsamer und begabter Mann war, der seinen ältesten Sohn liebte, steht außer Frage; es wird berichtet, daß, als der junge Naren nach England gehen wollte, um Jura zu studieren, ihm dies nicht gestattet wurde, weil Vishwanath es nicht ertragen konnte, von seinem Sohn getrennt zu werden. Doch Vishwanath kann kaum als Fels der Stärke bezeichnet werden, als ein Vater, den man bedingungslos idealisieren und mit dem man sich identifizieren kann und der eine Hilfe bei der sicheren Lösung aus der zu ambivalenten Konsequenzen führenden Umarmung der Mutter ist. Ich meine nicht, daß sich Naren überhaupt nicht mit seinem Vater identifizierte, aber ich glaube, daß diese Identifikation dürftig gewesen ist und innere Wachsamkeit und einen ständigen Kampf zur Aufrechterhaltung erfordert hat. Denn obwohl andere Männer in der Großfamilie zur Verfügung standen, blieben die Männlichkeit und die klare Entscheidung für sie, die normalerweise ein Junge durch die unbewußte Identifikation mit seinem Vater trifft, in Vivekanadas Leben emotional belastete Themen: Die Individuation als Mann und die Trennung von der mütterlichen Gegenwart blieben seine ungelösten Lebensaufgaben.

Wieder und wieder kommt Vivekanada als erwachsener Mann und nationalistischer Führer zurück auf das Bedürfnis der Inder (und sein eigenes?) nach Männlichkeit, in seinen Augen die allumfassende Kur für die Krankheiten des Landes und das Mittel zur politischen Entwicklung und Unabhängigkeit ist. „Wer kümmert sich um euer *bhakti* und *mukti*?" pflegte er ärgerlich Mönchsbrüdern zu antworten, die ihn wegen seiner westlichen Ideen schalten, die so anders waren als die ihres Gurus Ramakrishna. „Wer kümmert sich darum, was eure Schriften sagen? Ich will frohgemut in tausend Höllen gehen, wenn ich meine in *tamas* (Dunkelheit) befangenen Landsleute dazu bringen kann, auf ihren eigenen Füßen zu stehen und Männer zu sein, erfüllt vom Geiste des Karma Yoga."[56] Oder: „... je älter ich werde, desto mehr scheint mir alles an der Männlichkeit zu liegen. Dies ist mein neues Bekenntnis. Tu sogar Böses wie ein Mann! Sei, wenn es sein muß, böse im großen Stil!"[56] Oder: „Keine Tränen mehr, sondern steht auf euren Füßen und seid Männer! Wir wollen eine männerschaffende Religion. Wir wollen männerschaffende Theorien."[57] Oder: „Ich wünsche mir die Stärke, Männlichkeit, *kshatravirya*, die Virilität eines Kriegers ..."[58] Und: „Oh, Du Mutter des Universums, gewähre mir Männlichkeit! Oh, Du Mutter der Stärke, nimm hinweg meine Schwäche, nimm hinweg meine Unmännlichkeit, und — *mach mich zum Mann*!"[59]

Diese Männlichkeitsobsession schlug um in eine Bewunderung der Eroberer Indiens, der Muslims und der Engländer. Vivekananda verkündete oft, er wolle ein Indien mit einem muslimischen Körper und einem vedantischen Gehirn aufbauen, und behauptete, daß kein Volk so wie die Engländer wüßte, „was dem Ruhm eines Mannes dienen sollte".[60] Für die jungen indischen Männer, die die Hauptanhängerschaft Vivekanandas bildeten, war (und ist immer noch) dies ein machtvoller Ruf zur Freiheit von der konfliktträchtigen Umarmung der Großen Mutter, wobei der Appell dieser maskulinistischen Kampagne einen tiefen Unterstrom potentieller Militanz und Aggressivität in der indischen Gesellschaft berührte.

Als Kind löste Naren die frühe Version des Konflikts der „männlichen" Individuation durch den Rückzug aus der ihm umgebenden Welt, um gänzlich mit sich selbst beschäftigt zu sein (und zu bleiben). Symbolisch verdichtet sich dieser Rückzug aus der Realität in die Phantasie in einem verblüffenden Vorfall. Dem Beispiel der Mutter folgend, hatte Naren sich Bilder von Rama und Sita beschafft und sie mit Blumen geschmückt. Von nun an verehrte er rituell diese Gottheiten, die im hinduistischen

Indien das idealisierte Elternpaar sind. Im Alter von vier oder fünf Jahren entfernte er das Paar und setzte ein Bild Shivas, des selbstgenügsamen Gottes der Entsagung, an seine Stelle. Anscheinend saß Naren, der Umwelt entsagend, stundenlang „meditierend" vor diesem Bild, nur manchmal die Augen öffnend, um nachzuschauen, ob sein Haar wie das der heiligen Männer in Legenden, die jahrelang ununterbrochen meditieren, schon lang geworden und bis auf den Boden gewachsen war.

Doch innerer Druck kann nicht ewig zurückgehalten werden, wie raffiniert und „erfolgreich" die Phantasien und wie großartig das Selbstbild sein mögen. In Augenblicken der Belastung oder wann immer die Wachsamkeit des Ichs nachläßt, kann das stolze "Ich bin alles" dem verzweifelten „Ich bin nichts" weichen: Das tief im Inneren vergrabene Wissen des „aufsässigen" Jungen, daß er aus der Gegenwart der Mutter verbannt werden könnte, oder das des vermessenen Sohnes, daß er schreckliche Strafen heraufbeschwören könnte, wenn er seinen Vater in irgendeiner Weise provozieren würde, erzeugt ständigen Druck von innen. Ich glaube, daß Vivekanandas langehegte Vorahnung, ihn werde der Tod als ultimate Rache des Vatergottes für die ödipale Hybris des Sohnes in einem Shiva-Tempel ereilen, und sein Ohnmachtsanfall im Alter von vierunddreißig Jahren vor dem Eisphallus des Shiva in der Höhle von Amarnath die Angst enthüllen, die die Ansprüche des grandiosen Selbst begleitet. In Vivekanandas Erwachsenenleben waren stets Depressionszustände die Folge, wenn er nicht in der Lage war, die immer virulenten ungelösten Kindheitsängste „Wenn ich ein unabhängiger Mann werde, wird meine Mutter mich fallenlassen" und „Wenn ich größer als mein Vater bin, werde ich bestraft" zu verdrängen. Er bekämpfte die Depressionen, indem er vorübergehend in mentale Zustände flüchtete, in denen die größenwahnsinnigen Phantasien gänzlich die Oberhand gewannen. „Schwarz und dick sind die Falten des unheilvollen Schicksals", schrieb Vivekananda in einer solchen Phase, „aber ich bin sein Herr. Ich hebe meine Hand, und sie verschwinden! All das ist Unsinn und Angst. Ich bin die Angst der Ängste, der Schrecken der Schrecken. Ich bin der furchtlose Eine, einen zweiten gibt es nicht! Ich bin der Beherrscher der Bestimmung, der Auslöscher der Tatsachen."[61] Oder in einem anderen Brief:

„Der, der seine Freude nur in sich selbst findet, dessen Wünsche nur in sich selbst liegen, der hat seine Lektion gelernt. Dies ist die größte Lektion, die wir zu lernen haben durch Myriaden von Geburten und Himmeln und Höllen: Es gibt nichts außerhalb des eigenen Selbst, nach dem man suchen, nach dem man fragen und das man wünschen muß. Ich bin frei, deshalb benötige ich zu meinem Glück nichts anderes. In alle Ewigkeit allein, denn ich war frei, ich bin frei, und ich werde immer frei bleiben ... Ja, ich bin. Ich bin frei – allein. Ich bin der Eine ohne einen zweiten ... wenn mir das Universum um die Ohren fliegt, was bedeutet mir das? Ich bin der Frieden, der das Verständnis übersteigt. Nur das Verstehen erzeugt Gutes und Böses. Ich stehe darüber – ich bin der Frieden." [62]

In anderen Zeiten wurde als Reaktion auf denselben inneren Druck die Phantasie der völligen Isolation – „der Eine ohne den zweiten" – ersetzt durch das Gegenteil, durch die „regressive" Vorstellung eines dringenden Wunsches nach Vereinigung mit der Mutter. Dann verwandelte sich die einsame Herrlichkeit Shivas in die Sehnsucht des Kindes Krishna nach dem bedingungslosen Geborgensein und dem Frieden, die geliebte Söhne in der Umarmung der „guten" Mutter finden. In diesen Phasen der Verletzlichkeit benutzte Vivekananda unbewußt die heute übliche psychoanalytische Technik des Zurückverfolgens früher psychischer Erfahrungen, um die Vergangenheit auf kreative Weise gegenwärtig zu machen. Seine Briefe in diesen Zeiten erinnern an die freie Assoziation in der Psychotherapie:

„Ich treibe wieder, die helle, heiße Sonne über mir und Vegetationsmassen um mich herum; in der Hitze ist alles so still, so ruhig; und ich treibe träge in der Wärme des Flusses. Ich traue mich nicht, mit meinen Händen oder meinen Füßen einen Spritzer zu erzeugen, weil ich Angst habe, die wundervolle Stille zu zerstören, eine Stille, die einem das Gefühl vermittelt, daß es sich um eine Illusion handelt! Hinter meiner Arbeit stand Ehrgeiz, hinter meiner Liebe Persönlichkeit, hinter meiner Reinheit Angst, hinter meiner Führerschaft Machtdurst. Nun verschwindet das alles, und ich treibe. Ich komme, Mutter, ich komme an deine warme Brust, überall hintreibend, wohin Du mich mitnimmst, in die Stille, in die Fremde, ins Wunderland, ich komme, ein Zuschauer, kein Akteur mehr.

Oh, es ist so still; meine Gedanken scheinen aus weiter, weiter Ferne zu kommen und ins Innere meines Herzens zu dringen. Sie scheinen wie schwaches, entferntes Gewisper zu sein, und Frieden liegt über allen Dingen, süßer, süßer Frieden ..." [63]

Dieser Wechsel von Isolations- und Vereinigungsphantasien, mit deren Hilfe sich Vivekananda mit Konflikten auseinandersetzte, spiegelt eines der wichtigsten kulturellen Anliegen Indiens wider. In seinen relativ konfliktfreien Phasen der Initiative und politischen Führerschaft sorgte diese zugrundeliegende Polarität für die Energie und die Richtung seiner historischen Errungenschaften. Denn während die meisten Menschen durch die unnachgiebigen (und eingebildeten) Forderungen eines unzureichend integrierten grandiosen Selbst in ihren Fähigkeiten beeinträchtigt werden, kann das Ich eines begabten Menschen durch einen solchen Druck zu seiner höchsten Leistungsfähigkeit getrieben werden und objektiv herausragende Ergebnisse erzielen.[64] Bei einem charismatischen Führer wie Vivekananda darf die Bedeutung dieser Hinwendung zum Selbst in der Kindheit und das Bestreben (das wohlgemerkt mit Angst und Schuldgefühlen besetzt ist), seine höhere Bestimmung zu verwirklichen, nicht unterschätzt werden. Die Hinwendung zum Selbst verschaffte ihm einen zentralen Brennpunkt im Innern, ein inneres Publikum in der Psyche, das scharfe Mißbilligung und enthusiastischen Beifall zum Ausdruck bringen konnte, das aber Vivekananda die Fähigkeit gab, einem inneren Licht entsprechend zu handeln, unabhängig vom Urteil anderer und vom „Realismus" einer bestimmten Handlungsweise. Im Gefühl der eigenen psychischen Unverwundbarkeit, verbunden mit einem starken Willen, der den selbstgewählten Weg trotz aller Hindernisse beibehält, konnte Vivekananda, als die Zeit kam, seine Vision mit einer solchen Leidenschaft auf sein Publikum projizieren, daß große Taten und Widerstand gegen die herrschenden Verhältnisse (sowohl politisch als auch kulturell) möglich wurden. Doch dieses Aktionspotential wurde nie ganz ausgeschöpft, und Vivekanandas Vision der Verjüngung Indiens wurde niemals eine Massenbewegung. Zum einen stimmten die „Inhalte" seiner Vision letztlich nicht mit der vorherrschenden Richtung der politischen Organisationen und des antibritischen Widerstands überein; aber was noch wichtiger war, die spezifische Art seines Konflikts bracht ihn immer wieder dazu, sich der Verantwortung der ideologischen und organisatorischen Führerschaft gegen einen äußeren „Feind" zu entziehen (wenn er sie nicht geradezu ablehnte) und sich in zutiefst private Bereiche zurückzuziehen, in denen seine psychischen Energien vollauf damit beschäftigt waren, seine inneren Dämonen zu bekämpfen oder zu besänftigen.

Im Jahre 1870, im Alter von sieben Jahren, kam Naren in die Schule, wo seine außergewöhnliche Intelligenz schnell sowohl von seinen Lehrern als auch von seinen Klassenkameraden erkannt wurde. Im Gegensatz zur brütenden Launenhaftigkeit seiner frühen Kindheit war das Leitmotiv seiner sogenannten Latenzphase, die in Narens Fall bis gut in die Adoleszenz hineinreichte, grenzenlose Aktivität und unerschöpfliche Energie, besonders motorischer Art. Er gründete einen Turnverein und eine Amateurschauspielgruppe, nahm Stunden in den „männlichen" Sportarten Fechten, Rudern und Ringen, und er war der Anführer einer Bande von frechen Bengels, die auf die Bäume der Nachbarschaft kletterten und gegen die indignierten (und offensichtlich vergeblichen) Einsprüche der Baumbesitzer Früchte und Blumen stahlen. Shiva und Kali, Rama und Sita, die *vairagis* und die meditierenden heiligen Männer, deren Haare in der Erde Wurzeln schlugen, waren anscheinend „vergessen", und der träumerische mütterliche Kosmos seiner frühen Jahre scheint zeitweise verdrängt worden zu sein durch die Faszination der „Männerwelt", wenn der Junge etwa Modelle der Gaswerke und der Sodafabrik baute, die gerade in Kalkutta erstmalig errichtet wurden — genauso, wie wenn heute ein amerikanischer Junge Raumschiffmodelle baut als vorbewußten Tribut an das wichtigste technologische Symbol unserer Zeit.

Doch mit dem Eintreten der Adoleszenz wurden „vergessene" Kindheitsmotive reaktiviert und Narendras Ichkontrollen, die psychischen Errungenschaften der mittleren Kindheit, wurden durch die neuen Triebschübe dieser Stufe belastet. Wieder mußte er feststellen, daß er nicht immer den Forderungen des archaischen Größenwahns und den mit seinem Ausbruch verbundenen Angst und Schuldgefühlen gewachsen war. Immer öfter erlebte er Phasen von Hypomanie, einmal, als er im Alter von fünfzehn Jahren mit seinen Eltern in einen kleinen Ort in Madhya Pradesh reiste, fuhren sie durch eine enge Schlucht, die auf beiden Seiten von hohen Gipfeln gesäumt war, und es wird berichtet, daß Narendra „einen großen Bienenstock in einer Spalte eines gigantischen Felsens entdeckte, und plötzlich war sein Geist erfüllt mit Scheu und Verehrung für die göttliche Vorsehung. Er verlor das äußere Bewußtsein und lag lange Zeit so im Wagen."[65] Er hatte wiederholt Déjà-vu-Erlebnisse, wenn Kindheitsverdrängungen für Augenblicke gelöst wurden. Gelegentlich brach er zum großen Erstaunen seiner Collegefreunde, als ob er sich in Trance befände, in Preisgesänge zum Ruhme Gottes aus. Es war, als ob der jugendliche Narendra, den Vivekananda später rückblickend für eine Art Fanatiker hielt, gleichzeitig in mehreren Personen lebte. Er war der aktivistische Patriot, der davon überzeugt war, daß die Zukunft seines Landes von der Erlangung einer modernen Identität abhing und daß seine eigene Hauptaufgabe darin lag, diesen Prozeß zu fördern und zu beschleunigen. Zu anderen

Zeiten war er der junge Mann mit den „feurigen" Augen, der zur Ekstase neigte und einen Guru suchte. Anscheinend ging er von einem bedeutenden Religionslehrer zum anderen und fragte jeden (zu ihrer nicht geringen Bestürzung), ob er Gott je von Angesicht zu Angesicht gesehen habe. Und es gab noch anderes in dem, was wir sein „Identitätsrepertoire" nennen könnten: den asketischen jungen Mann mit einer „Leidenschaft für die Reinheit", der die Forderungen seiner sexuellen Natur zurückgewiesen hat; den Sohn, der sich weigerte, zu heiraten und eine Berufskarriere als Jurist anzustreben, wie seine Eltern das wünschten. Und die aus der Kindheit stammenden unbewußten Selbste des „Großen", des *vairagi* und des Vatersvaters stellten ihre eigenen beharrlichen Ansprüche. Kurz gesagt, Narendras Identität war mehr als die der meisten anderen Jugendlichen zersplittert; er suchte nach jemandem, der ihm ein einziges integriertes Bild von sich selbst und der Welt geben konnte, ein Bild von sich *in* der Welt, jemand, dem er seine ganze Verehrung entgegenbringen konnte und der ihn dafür zu einem Ganzen machen konnte.

Dieser „Jemand" war natürlich der bemerkenswerte Ramakrishna Paramahansa, den Millionen von Indern für einen *avatar* (die Inkarnation der Gottheit) halten, der höchste Tribut, der in Indien einem Menschen gezollt werden kann. Ramakrishnas Kampf, seinen erwählten geistlichen Erben dazu zu bringen, die Große Mutter, die die vollkommene Synthese des „guten" und „schlechten" Mutterbildes darstellt, als die fundamentale Wirklichkeit seines inneren Kosmos zu akzeptieren, und die intime, quasi therapeutische Beziehung, die sich zwischen dem geduldigen, liebevollen und mütterlichen Lehrer und seinem anmaßenden und starrköpfigen Schüler entwickelte, der sich offen über die kindliche *bhakti*-Religiosität seines Gurus lustig machte — das sind Themen, die die Grenzen der vorliegenden Abhandlung überschreiten würden. Vielleicht genügt es hier festzustellen, daß Narendra während der letzten beiden Jahre seiner sechzehnjährigen Beziehung zu Ramakrishna und nach dem Tod seines Vaters, als er einundzwanzig Jahre alt war, jeweils unter höchstem mentalen Streß stand und höchst verletzlich und beeinflußbar war. Ramakrishna füllte die Lücke aus, die in der Innenwelt seines Schülers — in der er längst zu Hause war — entstanden war und half dabei, indem er als mächtiger Mentor wirkte, die innere Bühne vorzubereiten für den Auftritt Vivekanandas, des revolutionären Mönches und eines der größten Männer, die Indien in den letzten hundert Jahren hervorgebracht hat.

Für einen großen Teil seines Lebens gelang es Vivekananda erfolgreich, sein gegensätzliches Streben nach Individualität als Mann mit seiner Sehnsucht nach der Vereinigung mit einer ultimaten göttlichen Matrix zu integrieren, indem er eine spezifische indische Form von Nationalismus propagierte, die die Phantasie seiner Landsleute gefangennahm. Indem er die Elemente einer aktiven, selbstsicheren Männlichkeit mit denen eines emotionalen und religiösen Mystizismus kombinierte, setzte Vivekananda Patriotismus mit einer Identifikation mit Mutter Indien gleich; seine machtvolle Rede rüttelte die Massen durch ihre Appelle an *ihren* Stolz und an *ihre* Tradition auf und benutzte Symbole, die *ihnen* etwas bedeuteten. Das Motiv der phallischen Grandiosität war ebenso Teil seiner Appelle wie das Hochgefühl, das die Vorstellung eines starken, reichen und fruchtbaren Mutterlandes auslöst – er versicherte ihnen, daß die schädelbehangene Kali „des schwärzesten Dunkels" in die strahlende Durga verwandelt werden könne, wenn nur ihre Söhne zu ihr und ihrem alten *dharma* zurückkehrten. Vivekananda scheiterte letztlich politisch daran, daß er nicht in der Lage war, eine religiös-emotionale Identität, die er mit einer straffen, effizienten politischen Organisation ausstattete, aufrechtzuerhalten und zu stabilisieren. Wie Pamela Daniels es ausdrückt: „Religiöse und politische Ideale waren kurzzeitig machtvoll unter dem Banner eines militanten Nationalismus vereint, aber die Allianz wurde nicht aufrechterhalten. Die Politiker gingen ihren Weg und die Mystiker den ihren."[66] Die Aufgabe, die Machtmittel zu entwickeln, mit denen nationale Ziele erreicht werden konnten, wurde Vivekanandas pragmatischeren Nachfolgern, Männern wie Gandhi, Nehru und Patel, überlassen. Ich habe oben dargelegt, daß Vivekanandas „Scheitern" in derselben psychischen Konstellation seine Wurzeln hat, die seiner Botschaft ihre Macht und Faszination verlieh – in den Rudimenten des archaischen Narzißmus der hinduistischen Kindheit. Denn in dem Maße, wie ein Individuum oder eine Bewegung Erfolg damit hat, eine ausgeprägtes Gefühl von existenzieller oder politischer Unabhängigkeit aufzubauen und die „gute" Mutter zu erhöhen, fördert gerade dieser Erfolg die *alter imago* der „schlechten" Mutter zu Tage – die der dunklen Kali, die weder Individuation noch glückliche Vereinigung erlaubt, sondern eine angstvolle, kriecherische Unterwerung verlangt. Die tief verwurzelte Ambivalenz gegenüber der Männlichkeit und ihren Repräsentanten wie Shiva und den britischen *raj*, gegenüber der „guten" Mutter und ihren Symbolen – Durga und dem mütterlichen Ramakrishna – hat einen langen Schatten auf die indische Unabhängigkeitsbewegung geworfen.

Wir wollen einhalten und die Aussagekraft dieser Skizze von Vivekanandas emotionaler Entwicklung bedenken. Inwieweit ist diese grobe Landkarte seines inneren Territoriums „wahr", und wieviel ist reine Spekulation? Dies ist eine immer wiederkehrende Frage beim psycho-biographischen Studium historischer Gestalten, da die Modifikation, Vertiefung und Revision von Anfangshypothesen auf der Basis von Reaktionen, Korrekturen und Fragen der betroffenen Personen nicht möglich sind. Trotzdem scheint mir diese grobe Karte insofern wahrscheinlich zu sein, als sie eine Reihe von (manchmal widersprüchlichen) Episoden aus Vivekanandas Lebensgeschichte verbindet und integriert, als sie mit der psychoanalytischen Theorie übereinstimmt und als sie – vor allem durch die emphathischen Reaktionen des Biographen selbst auf sein Subjekt, seine „Gegenübertragung" – den Eindruck von Wahrheit vermittelt.

6. Kapitel

Schlußfolgerungen: Kindheit und sozialer Wandel

Dieses Buch hat die entwicklungsmäßige Bedeutung des hinduistischen Kleinkind- und Kindheitsalter und ihre Folgen für die indische Identitätsbildung untersucht. Unter Zuhilfenahme von anthropologischem Material, lebensgeschichtlichen und klinischen Daten, Mythologie und Folklore hat uns die Untersuchung auf der Suche nach den psychosozialen Grundlagen unserer Innenwelt sowohl ins Schattenreich der kollektiven Phantasie als auch in die Alltagswelt der hinduistischen Sozialordnung geführt. Der Schwerpunkt lag auf der wechselseitigen Verstärkung von Psyche und Kultur, und zwar in dem Sinne, daß bestimmte psychologische Motive von der individuellen Psyche internalisiert werden, um später wieder auf die kulturellen Institutionen und sozialen Formen zurückprojiziert und so von Generation zu Generation weitergegeben zu werden. Insoweit haben wir die allgemeineren Implikationen der Innenwelt – der Kindheitsschicht des Geistes – für die Modernisierungsprozesse und die des sozialen Wandels eingegrenzt. Doch es ist entscheidend, daß wir die Relevanz der Kindheit, in Indien wie in anderen Kulturen, für die Art und Weise, wie eine Kultur auf den Druck sozialer Veränderungen reagiert, für die Spannung zwischen Erneuerung und Erhaltung bei der Suche nach Lösungen für jahrhundertealte und brandneue Fragen verstehen und betonen.

Vivekanandas Vision einer moderen indischen Identität, die ein rationales, wissenschaftliches Denken und die Ziele technologischer Modernisierung neben dem Wesentlichen des traditionellen hinduistischen Weltbildes in sich vereinigen sollte, ist ein nicht verwirklichtes Ideal geblieben. Wie wir gesehen haben, neigte er in seinen verzweifelten Momenten dazu, die „rationalen" und die „irrationalen" Elemente dieser Vision einer „modernen indischen Identität" als in unauflöslichem Widerspruch zueinander stehend zu sehen. In solchen Augenblicken fiel er zurück in den weitverbreiteten und liebgewordenen hinduistischen Glauben an die Nichtigkeit aller Veränderung und verkündete, daß keine Veränderung der äußeren sozialen und physischen Umwelt je das Leben „besser" gemacht habe, sondern daß dieses Ziel allein von der demütigen und systematischen Kultivierung der Innenwelt abhinge. In dieser Hinsicht teilte Vivekananda Freuds Skepsis in bezug auf die Idee eines sozialen Wandels, eine Skepsis, die auf der Überzeugung beruht, daß die zentrale Realität für jedes Individuum die innere ist und daß soziale, politische und wirtschaftliche Institutionen keine eigene, unabhängige Existenz besitzen, sondern kollektive Reaktionen auf oder Abwehrmechanismen gegen die Turbulenzen der Innenwelt sind.

Freud betrachtete soziale Institutionen als „Reaktionen" im Sinne von Sublimierung und Abwehr auf die Angst- und Schuldgefühle, die durch die sexuellen und aggressiven Triebe des Menschen ausgelöst werden. Er behauptete, daß Veränderungen in diesen Institutionen im Laufe der Geschichte nur „scheinbar" wären, nur die Manifestation neuer Erscheinungen des elementaren Repertoires an Sublimierungs- und Abwehrmechanismen, die aufgetreten sind, um mit der verstärkten Angst, die einem Durchbruch der beiden „unveränderlichen" Triebe folgt, fertigzuwerden. So charakterisiert Freud beispielsweise die marxistische Position als zerbrechliche, unhaltbare Illusion. Er schreibt: „Mit der Aufhebung des Privateigentums entzieht man der menschlichen Aggressionslust eines ihrer Werkzeuge, gewiß ein starkes, und gewiß nicht das stärkste. An den Unterschieden von Macht und Einfluß, welche die Aggression für ihre Absichten mißbraucht, daran hat man nichts geändert, auch an ihrem Wesen nicht. Sie ist nicht durch das Eigentum geschaffen worden ..."[1]

In der weiteren Entwicklung des psychoanalytischen Denkens ist diese starr reduktionistische Formulierung der Beziehung zwischen der individuellen Psyche und den Gesellschaftsinstitutionen ergänzt worden. Wie im ersten Kapitel festgestellt wurde, hat Freud selbst zunehmend den großen Einfluß der Gesellschaft auf die Entwicklung der individuellen Psyche eingeräumt, besonders auf die beiden Substrukturen Ich und Über-Ich. Ohne die Existenz und die lebhafte Stimme des Es zu verleugnen, sieht der Hauptstrom des psychoanalytischen Denkens heute soziale Institutionen nicht als Instanzen der kollektiven Wunscherfüllung, sondern räumt ihnen eine unabhängige Existenz und Funktion ein.

Im Generationenzyklus ergänzen oder modifizieren Veränderungen der Werte und Institutionen einer Gesellschaft, die durch die Familie übermittelt werden, unvermeidlich die Psyche eines der Gesellschaft angehörigen Individuums. Dieser psychologische

Wandel mag als Identitätsveränderung erscheinen, die in den oberflächlichen „Verhaltens"-Schichten der Persönlichkeit deutlich erkennbar sein können, in den tieferen Schichten jedoch nur noch unscharf und bruchstückhaft wahrnehmbar sind, während die tiefsten Schichten (das Fundament der Innenwelt) generationenlang relativ unbeeinflußt bleiben. Wir dürfen jedoch nicht vergessen, daß das Ich sowohl auf der individuellen als auch auf der kollektiven Ebene ständig auf soziale Veränderungen reagiert, indem es versucht, seine früheren Erfahrungen mit neuen Anforderungen in Übereinstimmung zu bringen und so die Kontinuität des Selbst und seine Integration in die Außenwelt zu gewährleisten. Mit anderen Worten, es gibt keine unüberwindlichen Hindernisse, die der Entwicklung einer modernen indischen Identität, wie sie Vivekananda vorschwebte, entgegenstehen. Die in diesem Buch dargestellte traditionelle indische Identität kann sich prinzipiell und theoretisch in einer solchen Weise fortentwickeln, daß sowohl ihre historische Kontinuität als auch ihre Integration in eine sich verändernde Umwelt gewährleistet bleiben.

Unglücklicherweise setzt dieses theoretische Modell einer evolutionären und kulturellen Identitätsentwicklung voraus, daß ihr nur so viele historische und umweltbedingte Unsicherheiten entgegenstehen, wie sie gerade noch zu bewältigen sind, das heißt, daß die Umwelt – sozial, politisch, ökonomisch und technologisch – zwar noch ungeordnet sein mag, aber sie darf das nicht bis zum Punkt des „Chaos" sein. Wenn die Veränderungen zu plötzlich eintreten oder in ihren Inhalten so revolutionär sind, daß die an das Individuum gestellten Anforderungen einen scharfen Bruch mit seiner früheren Erfahrung bedeuten, wie das in der Folge von Revolutionen, Invasionen oder Hungersnöten der Fall ist, oder wenn sie gleichzeitig zu plötzlich und diskontinuierlich sind, dann sind schwere Zerrüttungen der Anschauungen, mit denen die Menschen sich selbst und die Welt zu erfahren gelernt haben, unvermeidlich: Katastrophenartige Umstürze haben nicht die psychologische Wirkung, durch auftretende soziopolitische Probleme Identität zu entwickeln und zu konsolidieren, sie werden vielmehr als Bedrohung der Integrität des Selbst und des psychologischen Status quo empfunden. Eine solche Bedrohung hat den Zusammenbruch des Selbstwertgefühls zur Folge, was wiederum heilende und Gegenmaßnahmen notwendig macht. Einige Menschen mögen entschlossene und sogar gewaltsame Versuche unternehmen, den früheren „idyllischen" Zustand wiederherzustellen, während andere regredieren, indem sie depressiv mit Apathie, Resignation und Rückzug reagieren. In Momenten tiefer Unsicherheit und revolutionärer Unruhe werden genau dieselben Abwehrmechanismen angewandt, die das Individuum in der Auseinandersetzung mit dem Prototyp der narzißtischen Verletzung während der Kindheit angenommen und „gelernt" hat.

Der Prozeß des sozialen Wandels in Indien ist in den letzten einhundertzwanzig Jahren nur langsam vorangekommen, obwohl es Anzeichen dafür gibt, daß er sich in der letzten Zeit beschleunigt hat. Ich will nicht behaupten, daß alle Bereiche der Gesellschaft von den Umwälzungen der indischen Geschichte des neunzehnten und zwanzigsten Jahrhunderts unberührt geblieben wären. Man betrachte zum Beispiel die muslimischen Feudalklassen nach der britischen Eroberung Indiens oder die Aristokratie der unabhängigen Fürstentümer nach der Eingliederung in den neuen indischen Nationalstaat nach 1947. Die Reaktionen auf die nationalistische Bewegung und auf die „modernen" Aufgaben eines unabhängigen Staatswesens reichten von (tatsächlichen oder phantasierten) Anstrengungen um eine gewaltsame Restauration eines früheren Zustandes bis zu Verzweiflung und Resignation dieser Gruppen, die plötzliche narzißtische Verletzungen erlitten hatten, die ihr kollektives grandioses Selbst zerschmetterten.

Für die große Mehrheit des indischen Volkes ging der soziale Wandel jedoch langsam und erträglich vor sich. Die meisten Inder sind der traditionellen indischen Identität treu geblieben, in der der mütterliche Kosmos des Kleinkindalters und der frühen Kindheit die Innenwelt *ist*. Wie wir gesehen haben, sind in der lebendigen „Mythologie" dieses Kosmos die zentralen unbewußten Anliegen: gleichzeitige Sehnsucht nach und Angst vor der Vereinigung mit der mütterlichen Matrix, die Verherrlichung der dyadischen Intimität und der Kampf um Individuation, die Entwicklung sensorischer Techniken und emotionaler Sensibilität und Faszination für alles im geistigen Leben, das in der frühesten „primären" Beziehung des Individuums entstanden ist und sich daraus entwickelt hat. Das wirtschaftliche Ethos sozialer Institutionen, das einer späteren Entwicklungsstufe der Kindheit entspricht, bleibt dem religiösen Ethos untergeordnet, das der ersten Stufe des menschlichen Lebenszyklus zugeordnet ist und seine entwicklungsmäßige Entsprechung in der frühesten Beziehung des Menschen zu seiner Mutter hat. Was die meisten Inder weiterhin glauben, drückt Vivekananda in seiner theologischen Sprache so aus: „Wenn Gott als Mutter verehrt wird, nennen die Hindus eine solche Verehrung den ‚rechten Weg'; er führt zu Spiritualität, aber niemals zu materiellem Wohlstand. Wenn Gott in seinem schrecklichen Aspekt (als Vater?) verehrt wird, das heißt auf dem ‚linken Weg', dann führt das gewöhnlich zu großem materiellen Wohlstand, aber kaum zu Spiritualität, und manchmals führt es zur Degeneration und Auslöschung des Volkes, das diese Verehrung praktiziert." [2]

Als eine der „letzten Bastionen der Mutter" in einem zunehmend instrumentalisierten, technokratischen und rationalen Zeitalter ist Indien zunehmendem politischen, ökonomischen und demographischen Druck ausgesetzt, seine kulturelle Betonung der emotionalen, ästhetischen und instinkthaften Lebensqualitäten, des Primats der Primärgruppenbeziehungen und der gemeinschaftlichen Verantwortlichkeit für das individuelle Leben aufzugeben. Die sozialen Konsequenzen dieses Drucks vorherzusagen, der in noch nicht dagewesener Weise auf die Kindheitsschichten des Geistes einwirkt, würde heißen, sich als Wahrsager zu betätigen, und die folgenden Beobachtungen mögen als abschließende Entsprechung zum „persönlichen Wort" am Anfang dieses Buches angesehen werden.

Ein plötzliches Ansteigen der Intensität und des Tempos des sozialen Konflikts oder des Drucks der Außenwelt würde zweifellos für große Bereiche der indischen Gesellschaft, die die traditionelle Identität mehr oder weniger intakt gehalten haben, zu scharfen Erfahrungsbrüchen führen. Diese können als Verletzung des Selbstwertgefühls erfahren werden und können in der Tat einen „regressiven" Einsatz des gesamten in der hinduistischen Kindheit erworbenen Repertoires an psychologischen Abwehrmechanismen auslösen, da diese Brüche Anforderungen an das individuelle Denken und die Entscheidungsfreudigkeit stellen, Beachtung von Objektivität und empirischen Tatsachen verlangen und den Verlust der Wärme und des Geborgenseins zur Folge haben, die die Primärgruppen Familie und *jati* gewähren (und symbolisieren). In der Außenwelt der Gesellschaft und der Politik könnte dies in manchen Gruppen Ausbrüche gewaltsamer Aufstände aus nichtigem Anlaß auslösen, könnte dazu führen, daß Menschen mit narzißtischer Wut auf den Angriff auf das idealisierte Elternbild reagieren, das in traditionellen Normen und kulturellen Werten enthalten ist. [3] Andere könnten sich in den Alkoholismus oder Drogenmißbrauch fliehen, während noch andere Zuflucht in mythischen und okkulten Sekten suchen könnten, die in Perioden sozialer Krankheit zu florieren pflegen.

Dieser regressiven Phase würden aller Wahrscheinlichkeit nach

Versuche zur Erneuerung folgen (oder gleichzeitig stattfinden). Im politischen und sozialen Bereich gäbe es eine hektische Suche nach (und unkritische Unterwerfung unter) charismatischen Führern, ohne daß auf die politischen Inhalte ihrer Sache oder Ideologie großer Wert gelegt würde. Gleichzeitig könnten wir einerseits eine Stärkung der alten kollektiven Subidentitäten, die auf Kaste, Religion, regionale und ethnische Zugehörigkeit aufgebaut sind, als auch andererseits das Entstehen neuer Gruppen, die „moderne" totalitäre Ideologien vertreten, erwarten. Denn ähnlich wie die Großfamilie im Leben des Hindujungen zur Zeit seiner narzißtischen Krise die mütterliche Fürsorgefunktion übernimmt, können Individuen dazu getrieben werden, diesen Gruppierungen beizutreten, die vor allem versprechen, sich umfassend um ihre Mitglieder zu *kümmern.* Zumindest am Anfang wird die althergebrachte indische Toleranz Anderartigem gegenüber und die Respektierung der Gewaltlosigkeit abnehmen, denn sowohl die neuen als auch die alten Gruppen werden versuchen, absolute Wertsysteme zu entwickeln, die herrschen sollen, wo einst das idealisierte Elternbild herrschte, und elitäre oder militant expansionistische Ideologien zu verbreiten, um das verarmte grandiose Selbst ihrer Mitglieder zu bereichern. Ob diese Gruppenidentitäten elitär sind oder im Gesamtinteresse liegen, ob sie selbstsüchtig oder altruistisch, revolutionär oder reaktionär, kriminell oder humanistisch sind – all das würde höchstwahrscheinlich keine Bedeutung für ihre Fähigkeit, die Menschen anzuziehen, haben. Diese Fähigkeit würde mehr auf der Befriedigung der archaischen Bedürfnisse beruhen, die von neuen virulent geworden sind. Während zunächst die Anziehungskraft dieser Gruppen auf die Teile der Gesellschaft beschränkt bleiben mag, die anfälliger für den Druck des sozialen Wandels sind – zum Beispiel Jugendliche und die urbanisierten Klassen –, läßt sich ein immer weiter werdender Kreis der Betroffenen erwarten, wenn mehr und mehr Menschen in den Sog der Modernisierung geraten. Schon heute kann man die Popularität der Kulte von Sai Baba, Rajneesh und vielen anderen als eine Reaktion auf die zunehmenden Störungen der narzißtischen Ökonomie ansehen. Sie spiegeln keinen großen Anstieg im Streben nach „Selbsterkenntnis" wider, sondern sind eher eine Reaktion auf die Bedrohung durch eine bevorstehende Depression und die konsequenten Bemühungen um die Wiederherstellung eines verlorenen Selbstwertgefühls und „Sinnbewußtseins". Und ich würde behaupten, daß dieselbe psychologische Dynamik vielen neuen politischen Bewegungen wie Anand Marg oder Shiv Sena zugrunde liegt. Kurz, wir können eine zunehmende Destruktion des im Entstehen begriffenen Individualismus westlicher Art erwarten, wenn mehr und mehr Menschen sich in Kollektiven eingliedern, die den Verletzten, den Konfliktbeladenen und den Schiffbrüchigen Schutz versprechen.

Ein anderer mit dem Problem des sozialen Wandels in Zusammenhang stehender wichtiger psychologischer Faktor ist die Überzeugung, daß es zwei Arten von Realität gibt – die absolute und die relative, die ewige und die weltliche –, eine Überzeugung, die fest (und unbewußt) in der indischen Psyche verankert ist. Wie wir gesehen haben, wird die „ewige" Realität des mütterlichen Kosmos der Frühkindheit für höherrangig als die „weltliche" Realität der nachmütterlichen Kindheit gehalten. Ins Auge springende ökonomische und soziale Ungerechtigkeiten, die Teil der weltlichen Realität sind, haben den Status von *Tatsachen* und können niemals als so real empfunden werden wie die *moksha*-Ideale, die dem hinduistischen Lebenszyklus und besonders dem Alter *Sinn* verleihen. Soviel Interesse man auch für die Probleme der weltlichen Realität zeigen mag, die Hingabe eines Hindus an diese Welt kann niemals vollständig sein. Es ist so, als ob ein es Kernselbst gäbe, das mit wechselnder Intensität, die von der individuellen Lebensstufe abhängt, ständig der ewigen Realität und dem mütterlichen Kosmos ins Auge schaut.

Ich bin versucht, hieraus zu schließen, daß eine psychologisch revolutionäre Situation in Indien nur entstehen kann, wenn große Teile der hinduistischen Gesellschaft den Nutzen der „ewigen" Realität in Frage stellen, sich ihres Ursprungs im hinduistischen Kleinkindalter bewußt werden und entschlossen viele ihrer sozialen und kulturellen Manifestationen als Überbleibsel einer archaischen persönlichen und historischen Vergangenheit zurückweisen. Ich bin mir jedoch ebenso sehr wohl des Verlustes bewußt, der eine solche radikale Hinwendung zur Welt der Fakten bedeuten würde – nämlich die Verzweiflung des nun sinnlos gewordenen Alters, die dunkle Rückseite aller Gesellschaften, die die verifizierbare Welt der Tatsachen als das einzige *wirklich wirkliche* Weltbild akzeptiert haben. Doch ohne eine angemessene Balance zwischen den verschiedenen Arten der Realität und ohne eine Vereinigung des Materiellen und Triebhaften mit dem „Geistigen" kann die hinduistische Kultur bald hilflos einer Fülle unlösbarer Umweltprobleme gegenüberstehen. Wie viele andere Kulturen, die nur einen Teil der menschlichen Natur voll entwickelt hatten und nur einem Teil der Lebenserfahrungen Bedeutung zumaßen, kann sich auch die hinduistische Kultur in Widersprüchen und Sackgassen festfahren. Das wäre ein großer Verlust, denn die mannigfaltigen Einsichten, die aus dem Wesen der traditionellen hinduistischen Kindheit und Gesellschaft zu gewinnen sind, sind für eine ganzheitliche Betrachtungsweise des menschlichen Wesens von vitaler Bedeutung.

Anhang:

Das Kind in der indischen Tradition

Das nach Osten weisende Entbindungszimmer in der südwestlichen Ecke des Hauses ist hell und luftig. Vor zwei Tagen hat die werdende Mutter unter zeremoniellem Gepränge – Blasen der Muschelhörner, Musikbegleitung, Trommelwirbeln – diesen Raum betreten. In ihrer Begleitung waren vier ältere Frauen der Familie, alle seit vielen Jahren Mütter. Zusammen mit der übrigen Familie hatten die Frauen den Familiengeistlichen und seine Gehilfen geehrt, ehe sie sich in den für die bevorstehende Geburt rituell vorbereiteten Raum zurückzogen. Im Raum herrscht peinlichste Ordnung, die Wände sind abgewaschen, der Fußboden ist frisch gefegt. Einfache Bambusmatten sind auf dem Boden ausgebreitet, um als Betten benutzt zu werden. Neben der Matte der werdenden Mutter stehen ein Tontopf mit der heiligen *turyanti*-Pflanze, ein Krug mit Wasser, ein Zepter, ein Speer und ein Schwert – all das hilft, die bösen Geister fernzuhalten, die neugeborenen Kindern Böses tun wollen. In einer Ecke des Zimmers brennt in einem Kohlenbecken hell das *sutika* (unreine) Geburtsfeuer. Seine Flammen werden mit Reisstreu und Senfsamen genährt.

Die Frau legt sich auf ihre Matte. Als die Wehen beginnen, werden ihre Glieder mit einer Pflanzensalbe eingerieben und massiert, sie wird mit beruhigenden Worten getröstet, und mit der ruhigen Stimme der Autorität und Erfahrung werden ihr praktische Ratschläge gegeben. Draußen vollzieht der Rest der Familie die vorgeschriebenen Riten, um eine sichere Geburt zu garantieren, und ein Hilfspriester geht durchs Haus und öffnet alle Fenster und Türen und schließt alle Schlösser auf – magische Handlungen, um den Fötus aus seinen Fesseln im Leib zu lösen. Wenn das Kind zur Welt gekommen ist, schlägt eine der helfenden Frauen dicht an seinem Ohr Steine gegeneinander, während eine andere sein Gesicht abwechselnd mit kaltem und warmen Wasser bespritzt, um die Atmung zu stimulieren. Eine dritte entfernt mit einem Stück steriler Baumwolle den Mucus aus seinem Mund und Rachen. Dann bekommt das Kind *Ghee-* und *Saindhav*-Salz, damit es alles eventuell geschluckte Fruchtwasser heraushusten kann. Nun kommt der Vater herein, um sich das Kind anzuschauen. Die heiligen Texte versichern, wenn diese Handlung des Vaters, daß er seinen erstgeborenen Sohn erstmals ins Gesicht sieht, ihn von seiner ganzen Schuld den Göttern und seinen Vorfahren gegenüber freispricht. Aber für einen sensiblen Mann — und der Vater ist stolz darauf, sensibel zu sein — wäre selbst die Geburt einer Tochter nur unerheblich weniger verdienstvoll; sie zur Ehe wegzugeben bringt dem Vater spirituelle Verdienste und hebt auf erfreuliche Weise sein Konto des guten *karma*. Wenn er das Gesicht seines Kindes gesehen hat, geht der Vater hinaus und nimmt ein rituelles Bad. Danach betritt der Vater, diesmal in Begleitung der Priester und der Familienältesten, erneut das Entbindungszimmer, um die Geburtszeremonien abzuhalten. Der Raum ist ziemlich voll geworden.

Der erste Ritus hat den Zweck, die geistige Entwicklung des Kindes anzuregen. Ein Priester hält eine Tasse mit Butter und Honig hoch, und der Vater taucht abwechselnd einen goldenen Löffel und den Ringfinger seiner rechten Hand in die Mischung und berührt dann damit den Mund des Kindes. Während der Vater das wohlklingende Gayatri-*mantra* mit seinem Gebet um das Wachstum von Begabung und Geist rezitiert, schreit das Kind voller Inbrunst, ungeachtet der vergeblichen Versuche der Frauen, es zu so etwas wie zeremonieller Ernsthaftigkeit zu bringen. Die Aufregung mißachtend, beugt sich der Vater zu seinem Sohn nieder und flüstert ihm seinen Geheimnamen ins Ohr (der nur den Eltern bekannt sein wird). Souffliert vom Priester, rezitiert er stockend versifizierte Beispiele von Unsterblichkeit — die Unsterblichkeit des Meeres, des Nektars, des heiligen Feuers, der alten Weisen —, um so das Leben des Kindes zu verlängern. Seine Bemühungen werden von den Priestern ergänzt, die um das Kind herumstehen und kraftvoll rhythmisch atmen — langgezogene Atemzüge sollen den Lebensatem des Kindes beschleunigen und verlängern. Die Geburtsriten nehmen ihren Fortgang, indem der Vater auf den Boden niederkniet und mit gefalteten Händen der Stelle auf dem Boden ein Dankgebet spricht, auf dem die Geburt stattgefunden hat. Dann wendet er sich an die Mutter und rezitiert, der Anleitung des Priesters folgend, einen Vers, in dem er der Mutter dafür dankt und sie preist, daß sie ihm einen starken Sohn geboren hat. Dann wird das Kind gewaschen und zeremoniell der Mutter übergeben.

Damit sind die Geburtsrituale noch nicht vorüber. Bevor die Männer das Entbindungszimmer verlassen, stellt der Vater einen Krug mit Wasser neben das Kopfkissen und spricht: „Oh Wasser, du wachst mit den Göttern. Wie du mit den Göttern wachst, so wache auch über diese unsere Mutter, die niedergekommen ist, und über ihr Kind." Nun verlassen die Männer das Zimmer, und der Vater nimmt das Geburtsfeuer mit, das er außerhalb des Zimmers aufstellen und zweimal am Tag zeremoniell versorgen wird, bis die Mutter das Kindbett verläßt und wieder in die Familie zurückkehrt. Je nach dem Befinden der Mutter und den astrologischen Konstellationen kann das am zehnten, zwölften, fünfzehnten oder erst zweiunddreißigsten Tag nach der Geburt geschehen und ist Anlaß für ein weiteres Ritual. Für den Augenblick zumindest wird es nun relativ ruhig im Entbindungszimmer. Die Frauen beschäftigen sich mit verschiedenen Aufgaben, und die Mutter sinkt in einen erschöpften Schlaf, ihr Baby an die Brust gedrückt. Draußen werden die Geräusche des großen Festes, an dem Familienmitglieder, Freunde und die Gemeinschaftsältesten teilnehmen, allmählich deutlicher und lauter. [1]

Wenn das Geburtsritual das Baby in die Familie und die Gemeinschaft eingeführt hat, stehen wir am Ausgangspunkt dieser Untersuchung: Was sind die traditionellen Vorstellungen vom Wesen der Kinder und der Kindheit in Indien, die das Verhalten der mit der Pflege des Kindes betrauten Personen bestimmen und ihren Umgang mit dem neuen menschlichen Wesen in ihrer Mitte beeinflussen? Läßt sich eine *kulturelle Vorstellung* vom Kind identifizieren, die uns dabei hilft, unsere eigene Haltung dem Kind gegenüber verständlich zu machen? Um diese Frage zu beantworten, habe ich die verschiedenen Blickwinkel, unter denen Kinder gesehen werden und wie sie sich in vielen Bereichen der indischen kulturellen Tradition ausdrücken und widerspiegeln, genauer untersucht. In den Büchern des Gesetzes, besonders in den *Gesetzen des Manu*, gibt es Passagen, die sich mit Kindern beschäftigen, und in den drei wichtigsten Texten der traditionellen indischen Medizin, dem *Ayurveda*, werden Pflege und Erziehung von Kleinkindern und Kindern behandelt. Es gibt Hinweise auf Kinder und Kindheit im *Ramayana* und *Mahabharata*, obwohl ich mich nur auf das letztere konzentriert habe. Und natürlich gibt es Kindheitsbeschreibungen in der antiken und mittelalterlichen Literatur, obwohl ich mich in diesem Essay auf die Dichtungen von Surdas und Tulsidas beschränkt habe, die die Kindheit von Krishna und Rama beschreiben. Die Haupt-*samska*-

ras der Kindheit tragen ebenfalls zur Bildung eines indischen Bewußtseins und Begriffs von der Kindheit bei. Diese *samskaras* setzen der Kindheit zeitliche und verhaltensmäßige Grenzen und definieren die Kindheitsstufen. Zusätzlich gibt ihr symbolischer Gehalt und der der sie begleitenden traditionellen Volkslieder einen Hinweis auf die Hauptcharakteristika einer bestimmten Kindheitsstufe.[2] Vielleicht muß ich noch am Anfang erwähnen, daß große Teile der indischen Kindheitstradition sich ausschließlich mit Jungen beschäftigen und die Kindheit von Mädchen ignorieren, ja sie ihnen absprechen.

Das Kind im Gesetz

Im antiken indischen Recht – und hier beziehe ich mich speziell auf *Die Gesetze des Manu* – steht das Kind sehr nahe dem Boden einer sozialen Pyramide, an deren Spitze der Familienvater steht, der zu einer der zweimal geborenen Kasten gehört. Am Boden der Pyramide befindet sich das Kind in bunter Gesellschaft: Personen, die den niedrigsten Kasten angehören, und jene, die ihre Kastenzugehörigkeit verloren haben, weil sie verbotenen Berufen nachgehen, Geistesschwache und Geisteskranke, Sklaven und Lohndiener, Komödianten und Landstreicher, Alte und Kranke, neuvermählte Frauen und Schwangere.[3] Der niedrige soziale Status des Kindes geht auch aus Manus Trauervorschriften hervor: je jünger der Verstorbene, desto kürzer die Trauerzeit, und die ansonsten höchst komplizierten Begräbniszeremonien sind im Falle des Todes eines Kindes nur unbedeutend.[4]

Eine genaue Überprüfung der Vorschriften Manus enthüllt eine scharfe Trennungslinie, die durch die soziale Pyramide geht, eine Linie, die die niedrigen Ränge in zwei klar differenzierte Gruppen trennt. Gegen die eine dieser Gruppen, zu der die Kastenlosen und die niedrigsten Kasten, die Verletzer der brahmanischen Sozialethik und die Verleugner des brahmanischen politischen Lebensstils gehören, nimmt Manu beständig eine autoritäre und strafandrohende Haltung ein. Kinder jedoch gehören zur zweiten Gruppe – die aus Frauen, Alten, Kranken und Schwachen besteht –, die den Schutz der Gesellschaft und ihre Nachsicht beanspruchen darf. So muß der Hausherr sogar, bevor er geladene Gäste bedient (und Gäste sind in Indien, wie wir wissen, fast den Göttern gleich), erst schwangere Frauen, Kranke und Kinder speisen. [5] Wie ein Mann nicht mit gelehrten Männern, Priestern und Lehrern streiten soll, ist es ihm auch verboten, mit Alten, Kranken und Kindern grob zu reden. [6] Obwohl dem König das Recht zusteht, Vergeltung an denen zu üben, die seine Autorität in Frage stellen oder seine Person beleidigen, muß er Kindern (und ebenso den Alten und Kranken), die sich der Majestätsbeleidigung schuldig gemacht haben, verzeihen. Obwohl die Verschmutzung der königlichen Straßen mit Strafen und Geldbußen geahndet wird, sind Kinder ausdrücklich ausgenommen; sie sollen lediglich getadelt werden und dazu angehalten werden, den von ihnen erzeugten Schmutz wieder zu beseitigen. [7]

Die schützende Nachsicht, die dem Kind entgegengebracht wird, zeigt sich dort am deutlichsten, wo es am mesiten darauf ankommt (zumindest für das Kind) – nämlich in Manus Anweisungen über Strafen für das Kind. Kinder (und Frauen) dürfen nur mit einem Seil oder einem am Ende gespaltenen Bambusstock geschlagen werden. Wie man sich vielleicht von den Scheinkämpfen der Zirkusclowns erinnert, machen die gespaltenen Bambusstäbe zwar einen gewaltigen Lärm, doch sind nicht allzu schmerzhaft. Außerdem darf selbst diese Strafe nur dem Rücken appliziert werden, und niemals dürfen „edle Teile" betroffen sein, das heißt Kopf und Brust. [8] Für Leute, die in bezug auf Kindererziehung einen progressiven Standpunkt einnehmen, läßt sich das Schlagen von Kindern wohl kaum als „schützende Nachsicht" bezeichen. Doch das Ausmaß dieser Nachsicht wird frappant deutlich, wenn wir Manus *Gesetze* mit den Gesetzestexten anderer antiker Gesellschaften vergleichen. So läßt sich an Hand von Gesetzesvorschriften und –kommentaren des alten Roms nachweisen, daß brutale Formen der Kindesmißhandlung üblich waren, was nur die aufgeklärteren Kaiser einzudämmen versuchten; [9] erst im Jahre 374 n. Chr. wurde in Rom Kindesmord zum Kapitalverbrechen erklärt. [10]

Kurz gesagt, obwohl nach modernen Maßstäben Manus *Gesetze* als Fundgrube von Ungleichheiten, die die Unterdrückung der Armen und Schwachen sanktioniert, verdammt worden sind, ist ihre Haltung gegenüber Kindern – schützende Fürsorge – wenigstens unter der Voraussetzung der patriarchalischen Gesellschaft, die diese Gesetze hervorgebracht hat, untadelig.

Die Behandlung von Kindern stellt einen der acht Zweige des traditionellen ayurvedischen Systems der indischen Medizin dar. Ich zögere, diesen Zweig der Medizin (im *Ashtangahridya* als *Balanga* und in der *Caraka* und *Susrata Samhitas* als *Kumarbhrutya* bezeichnet) mit der modernen Pädiatrie gleichzusetzen, und zwar in erster Linie, weil nach Auffassung des indischen Systems die Kindesentwicklung nicht mit der Geburt beginnt, sondern mit der Empfängnis. Beobachtungen und Spekulationen, die die Entwicklung des Fötus betreffen, machen einen großen Teil der ayurvedischen Literatur über das Kind aus. Die pränatale Phase wird für die physische und geistige Entwicklung des Menschen für genauso wichtig (wenn nicht wichtiger) gehalten wie die eigentliche Kindheitsphase. Dieses Interesse für die psychologische Entwicklung des Fötus unterscheidet das *Balanga* von der modernen Embryologie. Natürlich hat das hinduistische Weltbild eine wichtige Rolle bei der Definition des Rahmens und des Inhalts der indischen medizinischen Spezialisierung gespielt – wie zweifellos westliche Vorstellungen vom Ursprung des Lebens und der Natur des Menschen die Ausbildung moderner Kinderärzte geformt haben.

Da man annimmt, daß das Leben mit der Empfängnis beginnt, ist in der indischen Tradition die Geburt ein verhältnismäßig spätes Ereignis, das das Ende der ersten Stufe des Lebenszyklus markiert und nicht ihren Anfang. Nach der metaphysischen Lehre von Wiedergeburt und Seelenwanderung, die auch von den antiken indischen Medizinern vertreten wurde, geht die Seele im Augenblick der Befruchtung in ihrer „subtilen Gestalt" (die den Geist einschließt) des vorhergehenden Lebens in das befruchtete Ei ein. Die Qualitäten des Spermas, das Ei, das *rasa* ("organischer Lebenssaft" oder „Drüsensekret") und die „subtile Gestalt" der Seele – das heißt, ihre psychische Konstellation aus der vorhergehenden Inkarnation – sind die Determinanten des strukturellen und funktionellen Wachstums des Embryos. [11]

Als Anfang der kritischen Phase für die psychologische Entwicklung des Individuums wird der dritte Schwangerschaftsmonat (nach dem *Susruta Samhita* der vierte) angenommen, wenn der latente „Geist" des Fötus „aktiviert" oder „bewußt"(*chetan*) wird. In diesem Stadium des *dauhridaya* (wörtlich „zweiherzig" – ein Herz gehört dem Fötus, das andere der Mutter) bilden das ungeborene Kind und die Mutter psychologisch eine Einheit, in der sie sich gegenseitig beinflussen. Die Gefühle und Affekte des Fötus – ein Erbe seiner vorherigen Geburt – werden durch die Drüsenkanäle (*dhamanis*) auf die Mutter übertragen. Für das zukünftige Wohlergehen des Individuums ist es unbedingt erforderlich – in diesem Punkt sind alle Texte einer Meinung –, daß die Wünsche und Gelüste der schwangeren Frau vollständig erfüllt werden müssen und die Einheit von werdender Mutter und Fötus respektiert werden muß. Denn diese Wünsche der Mutter, behauptet das Ayurveda, sind die geistigen Sehnsüchte des Fötus, wenn auch durch das Prisma des Körpers und der Psyche der Mutter entstellt. Natürlich ist bei der Erfüllung dieser Wünsche höchste Sorgfalt angebracht, daß man ihr nichts tut oder gibt, was ihr oder dem ungeborenen Kind schaden könnte. Wenn aber die Begierde der Schwangeren unerträglich wird, ist es besser – so weit gehen die Texte in ihrer Nachsicht –, ihr das gewünschte Objekt zu geben, auch wenn es schädlich für ihre Gesundheit ist. Man muß dann entsprechende Gegenmaßnahmen ergreifen, um den unheilvollen Einfluß des Objektes zu neutralisieren.[12] Außerdem enthalten nach der ayurvedischen Tradition die Wünsche der schwangeren Frau im *dauhridaya* den Schlüssel zu den psychologischen Anlagen und zum Charakter des ungeborenen Kindes.

Für jemanden, der die menschliche Entwicklung studiert, ist all dies höchst faszinierend, zumal das Ayurveda mit einigem Recht beansprucht, eine Wissenschaft rationaler Therapeutik zu sein, die auf den gesammelten Erfahrungen einer großen Zahl von antiken Ärzten basiert. Unglücklicherweise kann dieser Anspruch auf empirische Validität nicht immer erfüllt werden. Unsere Gutgläubigkeit wird auf eine harte Probe gestellt und die empirische Wahrscheinlichkeit bestimmter Beobachtungen zur Kindesentwicklung wird zweifelhaft, wenn wir die vorhergesagten Verhaltensweisen des ungeborenen Kindes lesen – Vorhersagen, die auf den Wünschen seiner Mutter während einer bestimmten Phase der Schwangerschaft beruhen. So bedeutet zum Beispiel der Wunsch der Mutter, einen König sehen zu wollen, daß ihr Sohn reich und berühmt wird; ihr Wunsch nach schönen Kleidern und Putz zeigt, daß ihr Sohn eine ästhetische Natur haben wird; wenn sie eine Einsiedelei besuchen will, heißt das, daß ihr Kind sehr selbstbeherrscht sein wird, und so weiter. Es gibt eine lange Liste von Charakteristika, die angeblich mit den kulinarischen Gelüsten der werdenden Mutter korrelieren – aus jedem Essenswunsch läßt sich schließen, daß das ungeborene Individuum die Charakteristika aufweisen wird, die dem betreffenden Tier oder Vogel zugeschrieben werden. Zum Beispiel bedeutet der Wunsch der werdenden Mutter, Rindfleisch essen zu wollen, daß ihr Kind zu einem starken und robusten Erwachsenen heranwachsen wird, gelüstet es sie nach Rebhuhn, so sagt das ein scheues und ängstliches Wesen voraus, und so weiter. Ebenso gibt es Listen, die die verschiedenen mütterlichen Aktivitäten und ihren Einfluß auf den Fötus katalogisieren; viele der Punkte auf diesen Listen haben kaum eine oder überhaupt keine mögliche Grundlage in der Empirie.

Die angenommene Beziehung zwischen den Gefühlen und dem Verhalten der werdenden Mutter und denen ihres Nachwuchses scheint den Omen, Weissagungen, Prophezeiungen und Zukunftsdeutungen des magischen Bereichs des Denkens näherzustehen. Diese Mischung aus einerseits genuin medizinischem Wissen, das auf Beobachtung und Praxis beruht, und andererseits Spekulationen und Auffassungen, die dem magisch-religiösen Bereich entstammen, ist nicht nur charakteristisch für die ayurvedische Literatur über das Kind, sondern ist ein Aspekt des Ayurveda insgesamt.[13] Jedoch liegt es nicht in meiner Absicht, den wissenschaftlichen Wert der ayurvedischen Beobachtungen über die Kindesentwicklung zu bestimmen. Statt dessen will ich auf zwei wichtige ayurvedische Auffassungen hinweisen, die das indische *Bild* des Kindes beeinflussen.

Die erste ist, daß das Kind als Subjekt der Beobachtung oder Behandlung nicht isoliert gesehen werden kann, sondern als Teil einer größeren Matrix verstanden werden muß, in der die Mutter-Kind-Einheit, typisiert im *dauhridaya*-Stadium der Schwangerschaft, am wichtigsten ist. Maßnahmen, die das Wachstum des Kindes fördern oder Schmerzen lindern sollen, müssen sich also an diese „Einheit" richten, dessen Zentrum sich erst allmählich von der Mutter zum Kind verschiebt. So werden zum Beispiel noch am Ende des ersten Jahres nach der Geburt des Kindes, wenn es noch gestillt wird, viele seiner Krankheiten als von der „Schädlichkeit" der Muttermilch herrührend diagnostiziert. Die therapeutischen Maßnahmen einschließlich der Verabreichung von Arzneimitteln um diese „Schädlichkeit zu beseitigen, richten sich auf die Mutter. Was auch immer der medizinische Sinn solcher Praktiken sein mag, ihr symbolischer und psychologischer Grund ist unmißverständlich; sie betonen die Symbiose von Mutter und Kind und drücken die Überzeugung aus, daß während der fötalen Periode und einige Zeit nach der Geburt die Beseitigung der mütterlichen Spannungen und Krankheiten der Schlüssel für das Wohlbefinden des Kindes ist.[14]

Die zweite zentrale Auffassung der „indischen Kindesentwicklung" ist der Glaube, daß die grundlegenden Konturen der Persönlichkeit bereits *in utero* ausgebildet werden. Im Gegensatz zu der westlichen post-freudianischen Betonung der frühen Kindheit als die entscheidende Phase der psychologischen Entwicklung, wird diese Phase in der hinduistischen Tradition verhältnismäßig vernachlässigt zugunsten der embryonalen Phase, insbesondere der *dauhridaya*-Periode. Es ist jedoch nicht richtig, daß die indische Medizintradition über die Kindheit ansonsten wenig zu sagen habe. Tatsächlich enthalten die ayurvedischen Texte detaillierte und ausführliche Anweisungen zur Versorgung kleiner Kinder. Diese weitreichenden Instruktionen — die sich mit so verschiedenen Themen beschäftigen wie zu welchem Zeitpunkt ein Kind ermutigt werden sollte, sich aufzusetzen, oder wie die Spezifizierung von Spielzeug nach den Kriterien Farbe, Größe, Form und Material — enthüllen große Anteilnahme an der Phase des Kleinkindalters und der frühen Kindheit. Die Stimmen der antiken Ärzte klingen trotz der archaischen Sprache, mit der sie uns erreichen, seltsam modern und eindeutig spokianisch, wenn sie die Beziehung zwischen Erziehungspraktiken und Persönlichkeitsentwicklung betonen. Sie erklären uns, daß die Praxis, Kinder durch schreckliche Drohungenen mit Geistern, Kobolden und wilden Tieren zum Essen zu bringen oder ihnen das Weinen abzugewöhnen, vermieden werden muß, da sie eine sehr schädliche Wirkung hat.[15] Weiter sagen sie, daß ein Kind nie plötzlich geweckt, noch in die Luft geworfen werden sollte. Es sollte nicht verwirrt werden, und es sollte, koste es was es wolle, sich immer wohlfühlen, denn das ist entscheidend für seine psychologische Entwicklung und sein zukünftiges Wohlergehen.[16]

Insgesamt gesehen ist die ayurvedische Theorie der optimalen Kindesentwicklung eine interessante Mischung von Aberglauben und Vernunft, von Geheimwissenschaft und Moderne. In ihrer durchweg zutiefst humanen Einstellung dem Kind gegenüber ist die antike indische Medizin jedoch untadelig. Einfühlsam und mit Sympathie für die Kleinen versucht das Ayurveda, die Fähigkeit der erwachsenen Fürsorgepersonen, die Bedürfnisse und Gefühle des Kindes zu verstehen, zu entwickeln, — Bedürfnisse, die man leicht übersehen kann, da sie mit schwacher Stimme und unverständlichen Worten artikuliert werden.

Von den gut dreihundertfünfzig Hinweisen auf Kinder im *Mahabharata* sind viele bloße Geburtsberichte mit allenfalls einer zusätzlichen Bemerkung, die die physischen und geistigen Qualitäten des Kindes hervorhebt. Im späteren Teil des Epos, vom *Drona Parva* an, werden „Kinder" zunehmend im Zusammenhang der Trauer der Eltern über das Sterben ihrer Söhne im großen Krieg erwähnt. In diesen Beschreibungen jedoch spielt das Kind als Kind an sich keine Rolle – die Erinnerungen an seine Spiele und Fröhlichkeit dienen nur dazu, die Trauer der Eltern über den Verlust eines erwachsenen Sohnes zu verdeutlichen. Arjunas und Subhadras wahnsinnige Klagen über Abhimanyus Tod, Yudhistiras Leid, wenn Ghatotkacha getötet wird, Dhritarashtras schmerzliche Erinnerungen an die Kindheit seiner Söhne und viele andere Trauerfälle besagen mehr über die indische Vorstellung vom Tode und sind eher dazu gedacht, den Überlebenden zu helfen, den Tod ihrer Kinder mit Gleichmut zu ertragen, als daß sie uns einen Einblick in die Kindheit derer geben sollen, die in der Schlacht erschlagen wurden.

Wenn es ansonsten im *Mahabharata* ein wichtiges kindbezogenen Motiv gibt, dann ist es die Bedeutung der Geburt des Sohnes und das starke Sehnen danach. Eine Reihe von Mythen und didaktischen Passagen betonen wiederholt, daß die Zeugung eines Sohnes eine der höchsten Pflichten eines Mannes und der einzige Weg ist, seine Schuld gegenüber seinen Vorfahren abzutragen.[17] Wie etwa in der Geschichte Jaratkurus.

Der berühmte Asket Jaratkuru, der große geistige Macht besaß, die er durch sein langjähriges Asketentum gewonnen hatte, wanderte in der Welt umher und kam eines Tages an eine tiefe Grube. In dieser Grube befanden sich die Geister seiner Vorfahren, die *pitris*. Die Füße mit einem einzigen Seil zusammengebunden, hingen sie kopfunter an einem Ast eines Baumes, und das Seil wurde allmählich von einer großen Ratte durchgenagt. Es war offensichtlich, daß die *pitris* in die tiefe Dunkelheit der Grube stürzen würden. Durch ihren bedauernswerten Zustand gerührt, fragte Jaratkuru, ob er sie irgendwie von ihrem Schicksal erretten könne, und erklärte seine Bereitschaft, dies sogar dann zu tun, wenn er dadurch aller seiner Belohnungen verlustig gehen sollte, auf die er sich durch sein großes Asketentum ein Anrecht erworben hatte. „Verehrungswürdiger *brahmacharin*", antworteten die *pitris*, „du willst uns erlösen! ... Oh Kind, ob Asketentum, ob Opfer oder alle anderen heiligen Handlungen, alles ist nichtig. Nichts davon kann einem Sohn gleichgesetzt werden. Oh Kind, nachdem du dies alles gesehen hast, sprich mit jenem Jaratkuru, der Reichtümer des Asketentums angesammelt hat ... Sage ihm alles, was ihn dazu bringen könnte, eine Frau zu nehmen und Kinder zu zeugen." [18]

Ebenso sieht der Weise Agastya, dem es nicht gelungen war, Kinder in die Welt zu setzen, seine *pitris* in einer ähnlich bedrängten Situation. [19] Einem anderen Asketen, Mandapala, wird unmißverständlich mitgeteilt, daß ihm trotz seiner großen asketischen Bemühungen bestimmte himmlische Regionen für immer verschlossen bleiben werden, weil sie nur von jenen erreicht werden können, die Kinder gehabt haben. „Deshalb zeuge Kinder!" wird Mandapala belehrt. „Dann wirst du mannigfaltige Gefilde der Glückseligkeit betreten." [20]

Im *Mahabharata* werden Söhne nicht nur als ein Mittel zur Erfüllung einer heiligen *Pflicht* betrachtet, die, obwohl einsichtig und verdienstvoll, immer den Beigeschmack religiöser Notwendigkeit und sozialer Last hat, sondern sie werden auch als Quelle gefühlsmäßiger und sinnlicher Genugtuung dargestellt. Man höre Shakuntala, der Dushyanta darum bittet, seinen Sohn anzuerkennen: „Welches Glück ist größer als das des Vaters, wenn sein Sohn auf ihn zuläuft und – obwohl er über und über mit Schmutz bedeckt sein mag – ihn umarmt? Sogar Ameisen tragen ihre Eier, ohne sie zu zerstören, warum also solltest du nicht, tugendhaft wie du bist, dein eigenes Kind tragen? Die Berührung sanfter Sandelpaste, einer Frau oder des kühlen Wassers ist nicht so angenehm, wie die, wenn man seinen kleinen Sohn in den Armen hält. Wie ein Brahmane der höchste aller Zweibeiner, die Kuh die höchste aller Vierbeiner und ein Beschützer der höchste aller Höhergestellten ist, so ist der Sohn das höchste aller Dinge, die angenehm zu berühren sind. Laß also dieses hübsche Kind dich in einer Umarmung berühren. Es gibt nichts auf der Welt, das angenehmer ist als die Umarmung des eigenen Sohnes." [21]

Im Gegensatz zu der freudevollen Feier der Geburt von Söhnen finden Mädchen im allgemeinen eine stillere, wenn nicht gänzlich kalte Aufnahme. Das religiöse Verdienst, das mit der Geburt einer Tochter gewonnen werden kann, ist minimal; ihr Eintritt in die Welt ist für die Eltern mit bösen Vorzeichen verbunden. So lamentiert Indras Wagenlenker Matali, der Vater der schönen Gunakeshi: „Ach, die Geburt einer Tochter in den Familien derer, die wohlgesittet und hochgeboren sind und die einen guten Ruf und Charakterstärke besitzen, hat immer böse Folgen. Töchter, die in respektablen Familien geboren werden, bedrohen stets die Ehre dieser Familien, der mütterlichen und väterlichen Familien und der Familien, in die sie bei ihrer Hochzeit aufgenommen werden." [22] Und König Drupada, der sich aus sehr guten persönlichen Gründen die Geburt eines Sohnes wünscht, geht geradezu lächerlich weit darin, das Geschlecht seiner ihm schließlich geborenen Tochter zu verleugnen, indem er, nachdem er Shiva vergeblich darum gebeten hat, das Geschlecht der Tochter zu ändern, ihre wahre Identität geheimhält und an ihr die Riten vornimmt, die für ein männliches Kind vorgeschrieben sind. [23]

Wir stellten fest, daß die über das Epos verstreuten zufälligen Bemerkungen über Kinder es uns nicht erlauben, ein einheitliches Bild des Kindes zu entwerfen. In den wenigen Passagen, wo eine asketische Grundhaltung vorherrscht, ist die Einstellung zum Kind wegen seiner starken Assoziation mit dem Zeugungsakt die unverhohlenen Abscheus. „Die Folge des starken Verlangens, das Männer für Frauen empfinden, ist, daß sie Nachwuchs in die Welt setzen, der dem (Wirken des) Lebenssamens entspringt. Wie jemand seinen Körper von jenem Ungeziefer befreit, das sich dort eingenistet hat, aber in diesem Sinne nicht Teil seiner Selbst ist, genauso sollte man sich von dem Ungeziefer befreien, das Kinder genannt wird, die, obwohl sie als einem zugehörig angesehen werden, in Wirklichkeit einem nicht zugehörig sind. Wie dem Schweiß (und anderem Schmutz) entspringen dem Samen, beeinflußt durch Handlungen des früheren Lebens oder dem Lauf der Natur, Lebewesen. Deshalb sollte jemand, der von Weisheit erfüllt ist, keine Verantwortung für sie empfinden." [24] Ich habe jedoch oben angedeutet, daß eine so lebensverneinende und -feindliche Einstellung Kindern gegenüber im *Mahabharata* die Ausnahme ist. Die meisten Verweise auf Kinder in dem Text sind positiv, voller Akzeptanz und freudiger Großherzigkeit, voller Fürsorglichkeit und Anteilnahme für die nächste Generation. In einigen Passagen wird das Kind geradezu als ein Wesen „ohne Begierden und Abneigungen" idealisiert, das somit Gott näher sei. [25] Und in anderen Passagen, wo Bhakti-Auffassungen vorwiegen, gehört es zu den Attributen Gottes, daß er ein Kind *ist*. „Gruß dir, der du die Gestalt der aufgehenden Sonne hast, der du die Gestalt eines Kindes hast, der du der Beschützer der Wächter (Krishnas Kuhhirten) bist, die alle Kindsgestalt haben." [26]

In bezug auf das bekannte Problem, ob Vererbung oder Umwelteinflüsse einen größeren Einfluß auf die Persönlichkeit des Kindes haben, neigt das *Mahabharata* eindeutig der Vererbung zu. Wir müssen uns daran erinnern, daß Vererbung für das *Mahabharata* wie für die sonstige indische Tradition nicht einfach eine Sache der Biologie ist. Neben dem „Samen" des Vaters gibt die *karmische* Kombination des früheren Lebens dem Kind bestimmte Dispositionen mit, die in ihrer Gesamtheit für das individuelle Verhalten von entscheidender Bedeutung sind. Deshalb hält das *Mahabharata* den Einfluß der „Erziehung" während der frühen Kindheitsjahre für vernachlässigbar, wenn man ihn mit dem Einfluß der „Natur" vergleicht, den eine sozusagen metaphysische Biologie ausübt.

Im Gegensatz zum Ajurveda, das der Rolle, die das „Ei" der Mutter spielt, eine gewisse Beachtung schenkt, ist das *Mahabharata* patriarchalisch anmaßend, indem es nur dem väterlichen „Samen" bei der Persönlichkeitsbildung eines Sohnes Legitimität zuspricht. Es gibt viele Passagen in diesem Text, die den gleichen Refrain haben: nämlich daß der Vater selbst als der Sohn geboren wurde und daß er, indem er seinen Samen in den Körper der Frau brachte, sich selbst dorthin gebracht hat.[27] Erziehungspraktiken und Umwelt können in den frühen Jahren die grundlegende Natur des Kindes nicht verändern, da sie eine starke „biologische" Prägung besitzt. Diese Auffassung wird besonders deutlich in der Geschichte von Matanga, der von einem Shudra gezeugt worden war, aber bei seiner Geburt von einem Brahmanen adoptiert wurde. Der Brahmane zog Matanga unter strenger Einhaltung aller Kindheitsriten, die für einen Brahmanen vorgeschrieben sind, als eigenen Sohn auf. Eines Tages wurde Matanga von seinem Vater gebeten, schnell einige nötige Zutaten für ein Opfer zu besorgen. Matanga machte sich auf einem Karren, der von einem jungen Esel gezogen wurde, auf den Weg, aber anstatt den Befehlen des Lenkers zu gehorchen, schlug der Esel die Richtung zu seiner Mutter ein. Ärgerlich begann Matanga, das Tier mit einem Stock auf die Nase zu schlagen. Als die Eselmutter die Spuren der Gewaltanwendung auf der Nase ihres Sprößlings bemerkte, sagte sie: „Kind, sei nicht traurig wegen dieser Behandlung! Es ist ein *chandala*, der dich getrieben hat ... Er beweist lediglich seine Herkunft, wenn er sich so aufführt. Das Wesen seines Erzeugers verbietet es ihm, Gefühle wie Mitleid und Güte zu entwickeln, die für einen Brahmanen natürlich sind."[28]

Wir können also feststellen, daß das *Mahabharata* unser

Verständnis der beiden Hauptmotive der traditionellen indischen Anschauung über die Kindheit, denen wir in der antiken Justiz und Medizin bereits begegnet sind, verfeinert und vertieft. Erstens gibt es eine starke Sehnsucht der Eltern nach Kindern, und die Kindererziehung ist charakterisiert von liebevoller Nachsicht. Diese „Kinderzentriertheit" ist jedoch, wie das *Mahabharata* deutlich macht, auf Jungen beschränkt; dem Entwicklungsschicksal von Mädchen gegenüber ist die indische Tradition indifferent, wenn nicht gar offen feindlich eingestellt. Zweitens tendiert die indische Tradition zu einer Ideologie, die den Einfluß von Umwelt und Erziehung für die Entwicklung des Kindes abwertet und statt dessen die deterministische Auffassung einer mystischen Heridität vertritt. Während im Ayurveda diese mystische Heridität noch unscharf und aus vielen Faktoren zusammengesetzt ist, ist sie im *Mahabharata* reduziert auf die *karmas* der früheren Leben und auf die durch seinen „Samen" übertragenen Attribute des Vaters (und besonders seiner Kaste).

Das Kind in der Literatur

In der klassischen Sanskrit-Literatur figurieren Kinder selten als Individuen eigenen Rechts, die Aktivitäten, Reaktionen und Gefühle unabhängig von den allmächtigen Eltern entwickeln. Das Kind erscheint gewöhnlich als Wunsch – das heißt, im Kontext der Sehnsucht eines Paares oder, noch häufiger eines Vaters nach Nachwuchs – oder als Erfüllung dieses Wunsches – das heißt, in Beschreibungen des elterlichen Glücks, wenn ein Kind geboren ist, und in lyrischen Schilderungen der elterlichen Liebe (gewöhnlich der des Vaters zu seinem Sohn). So beschreibt, um zwei wohlbekannte Beispiele zu nennen, Bhavabhuti die Liebe Ramas zu Lava und Kusha, und Banabhatta besingt die Liebe Prabhakarvardhans zu seinem Sohn Harsha.[29] Der größte aller Sanskrit-Dichter, Kalidasa, folgt ebenfalls diesem Muster und weicht gleichzeitig von ihm ab. Auch er beschreibt die väterlichen Gefühle für sein Kind auf lyrische Weise, zum Beispiele in seiner Darstellung der Gefühle Dushyantas für seinen Sohn Sarvadamana oder der Liebe Dilips zu Raghu im *Raghuvamsha*. Hier ist Dilips Reaktion auf Raghus Geburt:

„Augenblicklich ging er hinein (als er die Neuigkeit hörte), und wie der Lotus bewegungslos wird, wenn der Wind abflaut, so starrte er mit ebenso stillen Augen auf das Gesicht seines Sohnes. Wie die Gezeiten über den Ozean kommen, wenn er den Mond sieht, so war der König (Dilip) glücklich in einem Maße, daß er dieses Glück nicht in seinem Herzen bewahren konnte." [30]

Außerdem jedoch stellt Kalidasa empfindsam und einfühlsam die Liebe des Weisen Kanova zu seiner *Tochter* dar.

Die klassische Sanskrit-Literatur ist nicht in demselben Sinne lebendige Tradition wie das klassische Recht und die traditionelle Medizin. Ihr Einfluß ist eher indirekt und ist schwer festzunageln. Für eine Darstellung von Kindern und Kindheit in der indischen Literatur müssen wir uns den Klassikern der Regionalsprachen zuwenden. Hier will ich mich jedoch auf einen einzigen literarischen Strom beschränken, nämlich auf die mit der Bhakti-Bewegung in Zusammenhang stehende mittelalterliche Hindi-Literatur, und mich insbesondere mit den Gedichten und Liedern Surdas' und Tulsidas' beschäftigen. Meine Gründe, warum ich Bhakti-inspirierte Literatur auswähle (neben ihrer Zugänglichkeit), sind nicht schwer zu verstehen. Erstens handelt es sich dabei um die mächtigste überlebende literarische Tradition im hindisprachigen Gürtel Nord- und Mittelindiens. Durch die anhaltende Popularität ihrer Lieder und Gedichte hat sie das Bewußtsein des Volkes in einem Ausmaß geprägt, wie das bei kaum irgendeiner Literatur der Fall ist. Zweitens sind diese Literatur im allgemeinen und die Gedichte Surdas' im besonderen unter allen literarischen Traditionen der Welt (soweit wir das wissen) darin einmalig, daß Kinder und Kindheit – Krishnas Kindheit bei Surdas und Ramas Kindheit bei Tulsidas – eher ins Zentrum des poetischen Bewußtseins und der Kreativität gestellt sind als an ihre Peripherie. Immerhin hat Surdas mehr als fünfhundert Verse allein über Krishnas Kindheit geschrieben! [31] Abgesehen von ihrer religösen Bedeutung, sind diese Verse eine unerschöpfliche Quelle für die hinduistische Ideale der Kindheit und für den Entwurf einer kulturell akzeptierten Kindheitsutopie.

Ein Begriff wie „Kindheitsutopie" legt nahe, daß ich das literarische Material über das Kind etwas anders behandeln will als ähnliches Material aus den juristischen und medizinischen Texten. Während es auf den Gebieten des Rechts und der Medizin mein Bemühen war, das verstreute Textmaterial über das Kind zu einem geschlossenen und kohärenten Gebilde zusammenzufassen, will ich hier bei der Literatur – und das betone ich ausdrücklich – einen eigenen Standpunkt hinzufügen. Hierbei handelt es sich zugegebenermaßen um einen psychologischen Standpunkt. Er beruht auf der Annahme, daß die poetischen Darstellungen der Frühkindheit und Kindheit Krishnas und Ramas auch gewisse Wünsche enthalten, die sich sowohl auf die Kindheitsperiode *beziehen* als auch ihr *entstammen*. Diese Wünsche, die oft nicht bewußt sind, konstituieren die Kindheitsphantasie, die nicht ausschließlich geistes Eigentum des Dichters/Schöpfers ist, sondern, indem sie vom Publikum über Jahrhunderte weitgehend geteilt wurde, den Status einer indischen Kindheitsutopie erlangt hat. Bevor wir die Hauptmotive dieser Kindheitsutopie betrachten, wollen wir ihre Entstehung und Stellung in der Bhakti-Literatur genauer untersuchen.

Die religiöse Dichtung der Bhakti – die Annäherung an das Göttliche durch Frömmigkeit – besteht im wesentlichen aus zwei Typen. Bei dem einen Typus setzt sich der Dichter (und durch ihn der Verehrer) zur Gottheit in eine Beziehung wie das Kind zu den Eltern; er sucht nach Vergebung für Verfehlungen und versucht, eine elterliche Reaktion der Fürsorglichkeit zu erwecken. Dies ist natürlich ein allgemeines Motiv aller religiöser Literaturen der Welt, obwohl sich die indische Bhakti-Dichtung von der frommen Literatur anderer Gesellschaften dadurch unterscheidet, daß sie das Göttliche eher in einer mütterlichen als in einer väterlichen Matrix faßt. Ich will zwei kurze Beispiele geben; das erste Gedicht stammt von Kabir (fünfzehntes Jahrhundert):

Mutter, ich bin dein Kind,
warum vergibst du mir nicht meine Mängel?
An vielen Tagen verhält sich das Kind ungezogen,
Doch das sind nicht die Tage an die sich die Mutter erinnert.
Es zaust ihre Haare und schlägt sie,
Doch ihre Liebe wird nicht geringer.
Kabir sagt, das ist selbstverständlich.
Das Leid des Kindes ist der Schmerz der Mutter.[32]

Das zweite wurde verfaßt von dem bengalischen religiösen Dichter Ramprasad (siebzehntes Jahrhundert):
Oh Mutter, meine Wünsche gehen nicht in Erfüllung,
Meine Hoffnungen werden enttäuscht,
Doch mein Leben neigt sehr schnell dem Ende zu.
Laß mich dich, Mutter, zum letzten Mal anrufen:
Komm, und nimm mich in deine Arme.
Niemand in dieser Welt liebt,
Diese Welt weiß nicht zu lieben,

Mein Herz sehnt sich, oh Mutter, dorthin zu gehen,
Wo über allem Liebe herrscht.[33]

Beide Lieder spiegeln ein weit verbreitetes und vielleicht universelles Muster spiritueller Sehnsucht nach der Aufhebung des Getrenntseins von der Gottheit wider. Die Atrribute des Kindes (Verehrers), die in dieser Dichtung hervorgehoben werden, sind seine Sehnsucht nach unendlicher und bedingungsloser Liebe, sein Wunsch nach vergebendem Akzeptieren der eigenen Unzulänglichkeiten und seine Suche nach dem verständnisvollen Angesicht des Fürsorgenden.

Die Einmaligkeit der Bhakti-Dichtung liegt jedoch mehr in ihrer zweiten Erscheinungsform, in der wir eine überraschende Umkehrung finden. Hier verhält sich der Dichter (Verehrer) dem Gott gegenüber wie eine Mutter, der Gott ist das Kind. Die Verehrung des Gottes findet wie in Surdas Gedicht über Krishna mittels der Metapher der Verehrung des Kindes statt. Die Aspekte, die bewundernd als göttliche Attribute dargestellt werden, sind, wie Kinsley gezeigt hat, die Freiheit und Spontaneität des Kindes, seine Einfachheit, sein Charme und seine Freude an sich selbst.[34]

Auf dem Hof singt Krishna,
Fröhlich tanzt er auf seinen kleinen Füßen.
Die Arme in die Luft werfend, ruft er die weißen und
die schwarzen Kühe.
Manchmal ruft er nach Nandbaba, manchmal läuft er ins
Haus und wieder hinaus.
Als er sein Spiegelbild sieht, möchte er ihm zu essen geben.
Im verborgenen beobachtet Yashoda das Spiel, das sie so glücklich macht.

Und Tulsidas singt:

Eigensinnig will er (Rama) den Mond haben.
Er sieht seinen Schatten und ist erschrocken.
In die Hände klatschend, tanzt er.
Wenn sie sein kindliches Spiel sehen, fließen alle Mutterherzen
vor Glück über.
Wenn er verärgert ist, wird er widerspenstig.
Und er bleibt verstockt, bis er das bekommt, was er will.
Tulsidas sagt, die Söhne des Königs von Ayodhya leben

Im Tempel seines Herzens.[36]

In einer erwachsenenzentrierten Welt, die Abstraktionen, Klugheit und Vernunft überbewertet, ist es erfrischend, in der Bhakti-Dichtung so kindgemäße Tugenden wie Intensität und Lebhaftigkeit, Fähigkeit zu Freud und Leid, aufbrausender Zorn und ebenso schnelle Bereitschaft zum Vergessen und Vergeben verherrlicht zu finden. In der indischen Kindutopie werden diese Qualitäten nicht als „kindisch" und als möglichst wegzusozialisierende Unarten angesehen, sondern als wertvolle Eigenschaften menschlicher Wesen jeden Alters, denn sie sind ein Ausdruck des Göttlichen.

Das zweite Motiv in der Kindheitsutopie der Bhakti-Dichtung ist das selbstvergessene Spielen von Mutter und Kind. In Gedicht auf Gedicht sehen wir Yashoda und Krishna, Kausalya und Rama spielerisch miteinander beschäftigt. Sie haben ihre Umgebung vergessen, leben in einer „Augenblickswelt innerhalb der normalen Welt, die für andere Handlungen bestimmt ist".[37] In dieser Welt existiert für die Mutter nichts als das Kind; der kleinste Ausdruck seiner Existenz. Yashoda zum Besispiel ist so voller Freude, als sie Krishnas Milchzähne sieht, so von ihrer Liebe zu ihm hingerissen, daß sie das Gefühl für den eigenen Körper verliert. In diesen Szenen der Mutter-Kind-Beziehung finden die Bhakti-Dichter ihre ureigenste Ausdrucksform.

Surdas schreibt:

Oh Nandas kleiner Krishna, laß das Butterfaß stehen,
Sagt wieder und wieder Yashoda, Nandas Königin.
Geh beiseite, mein Leben, mein Reichtum, ich gebe dir die Butter.
Mein kostbarster Schatz, sei nicht störrisch.
Er (Krishna), über den alle Lebewesen nachsinnen,
Wird von Yashoda geküßt und auf die Schultern gehoben.[38]

Und ähnlich Tulsidas:

Königin Kansalya mit dem schönen Rama auf dem Schoß ziert das Bett.
Ihre Augen haben sich in *chakors* verwandelt und
scheinen auf Ramas Gesicht wie der Mond.
Manchmal legt sie sich zurück und gibt ihm die Brust.
Manchmal drückt sie ihn an das Herz.

Sie singt Lieder über seine Spiele und ist erfüllt
vom Nektar der Liebe.
Über den Wolken schauen Brahma, Shiva, Weise und
Götter voller Wohlwollen zu.
Tulsidas sagt, niemand war je so gesegnet wie
Kausalya. [39]

Analog zur Mutter-Kind-Beziehung oder besser als ihre Ausweitung gibt es noch ein drittes Motiv in der Bhakti-Literatur, in dem das Kind das Zentrum eines Kreises von bewundernden Erwachsenen ist. Wenn die Mutter im Vordergrund steht, dann besteht der Hintergrund aus Erwachsenen der Gemeinschaft – die *gopis* von Gokul, die Bürger von Ayodhya. Dieses spezielle Motiv enthüllt das Primärbedürfnis des Kindes, Zentrum der Welt zu sein und nicht verloren in ihren Außenbereichen zu vegetieren, in den Augen der Erwachsenen ein Leuchten zu erzeugen und nicht mit Desinteresse betrachtet zu werden.

In der mittelalterlichen Bhakti-Literatur ist das Kind also wahrhaftig ein höheres Wesen. Aufzuwachsen im Zentrum der menschlichen Welt, eingebunden in die Beziehung zur Mutter, bewundert für seine Spontaneität und Lust an sich selbst, das scheint die Vorstellung der Dichter vom „Geburtsrecht" des Kindes zu sein – das Utopia der indischen Kindheit.

Die Kindheitsstufen in der indischen Tradition

Die Einteilung des menschlichen Lebenszyklus in eine Reihe von Stufen, wobei jede Stufe ihre spezifischen „Aufgaben" hat und die Notwendigkeit besteht, diese Stufen der Reihe nach zu durchleben, ist ein anerkannter Teil des traditionellen indischen Denkens. Das beste Beispiel dafür ist das wohlbekannte Schema des *ashramadharma*, [40] das sich jedoch in erster Linie auf die Jugend und das Erwachsenenalter konzentriert und den Stufen der Kindheit jede formale Bedeutung abspricht. Um zu verstehen, wie die indische Tradition diese Stufen gesehen hat, müssen wir uns dem Ayurveda und der rituellen Literatur, die die Kindheits-*samskaras* beschreibt – den ausdrucksvollen und symbolischen Handlungen, einschließlich Riten und Zeremonien, die für das Kind abgehalten werden und die seinen Übergang von einer Stufe zur anderen markieren. Ich sollte vielleicht nebenbei bemerken, daß die Auffassung, daß sich das Kind in einer Reihe von Stufen entwickelt, die verschiedene Arten von Fürsorge verlangen – eine Auffassung, die von manchen Historiographen der westlichen Kindheit als „modern" angesehen wird –, immer Teil des indischen Volksbewußtseins gewesen ist. Das drückt sich aus in Sprichwörtern wie: „Behandele einen Sohn in den ersten Jahren wie einen König, wie einen Sklaven in den nächsten zehn Jahren und danach wie einen Freund!"

Der Beitrag des Ayurveda zum indischen Bild der Kindheitsstufen liegt in seiner *formalen* Festsetzung verschiedener Phasen der Kindheit und der Zuschreibung eines „angemessenen" Alters für jede Periode. In Übereinstimmung mit dem Glauben, daß das Leben mit der Empfängnis und nicht mit der Geburt beginnt, beschreibt des Ayurveda fünf solcher Kindheitsphasen: 1) *Garbha*, die fötale Phase; 2) *Ksheerda* (0–6 Monate), wenn das Kind ausschließlich von Milch lebt; 3) *Ksheerannada* (6 Monate–2 Jahre), die Phase der frühen Kindheit, in der das Abstillen stattfindet; 4) *Bala* (2–5 Jahre) und 5) *Kumara* (5–16 Jahre).[41] Wie wir sehen werden, wird diese Einteilung der Kindheit von der rituellen Literatur bestätigt, insofern die größeren Kindheitsrituale zu Zeitpunkten stattfinden, die den Übergang von einer Phase zur anderen markieren.

Wenn man sich Zeitpunkt und Inhalt der verschiedenen Kindheits-*samskaras* genauer ansieht, dann wird deutlich, daß eines der Hauptanliegen dieser Rituale die allmähliche Eingliederung des Kindes in die Gesellschaft ist, wobei die *samskaras* sozusagen das Taktmaß des Prozesses vorgeben, der das Kind aus der rsprünglichen Mutter-Kind-Symbiose herausführt und zu einem vollwertigen Mitglied seiner Gemeinschaft macht. Psychologisch versuchen die *samskaras* durch ihre periodische rituelle Versicherung von Familiarität und Gegenseitigkeit den regressiven kindlichen Sehnsüchten und Primärängsten des Verlassenseins und der Trennung entgegenzuwirken, die unausweichlich beim Übergang von einer Lebensstufe zur anderen aktiviert werden. Indem die Übergangspunkte einer sich erweiternden Kindheitswelt feierlich markiert werden und das Kind in den Mittelpunkt von Riten gestellt wird, die die intensive Teilnahme der gesamten Familie verlangen, erhöhen die *samskaras* sowohl das Zugehörigkeitsgefühl als auch das Bewußtsein der persönlichen Eigenart, daß heißt, sie stärken das aufkeimende Identitätsgefühl des Kindes.[42] Wir wollen nun die wichtigsten *samskaras*, die die kritischen Punkte der sozialen Entwicklung markieren, genau betrachten.

Einen Monat nach der Geburt verlassen Mutter und Kind anläßlich des Namensgebungsritus *namakarana* die Abgeschlossenheit des Entbindungszimmers und begeben sich in das Getümmel der erwartungsvollen Familie, wenn die Mutter das Kind für die Namensgebungszeremonie feierlich in den Schoß des Vaters legt.[43] Aus der Familie hinaus in die weitere Welt bewegen sich Mutter und Kind nach drei oder vier Monaten bei der Begehung des *nishkramana*, wenn das Kind erstmals nach draußen kommt oder „die Sonne schaut" und „den Mond schaut", wie die Texte poetisch die rituelle Einführung des Kindes in die Welt und den Kosmos beschreiben. Zwischen dem sechsten und neunten Lebensmonat findet der wichtige Ritus des *annaprasana* statt, bei dem das Kind erstmals feste Nahrung bekommt und der so den Anfang der Entwöhnung und ihre psychologische Entsprechung markiert: den Prozeß der Individuation und der Trennung von seiner Mutter.

Wenn diese Riten einen Hinweis geben, dann wird der Individuationsprozeß nach drei Jahren für abgeschlossen gehalten. Im Alter von drei Jahren wird mit den wichtigen *chudakarana*-Riten (Tonsurierung) die „psychologische Geburt" des Kindes begangen. Das Kind wird im allgemeinen zum Tempel einer Muttergöttin (in manchen Regionen an das Ufer eines Flusses) gebracht, seine Babyhaare werden abrasiert und der Göttin geopfert. Dann werden ihm neue Kleider angezogen, die Miniaturnachbildungen der Kleider sind, die von den Erwachsenen seiner Gemeinschaft getragen werden. Der Kern vieler Rituale, die mit dem *chudakarana* verbunden sind, ist der Symbolismus von Tod und Wiedergeburt – in unseren Begriffen der Tod der Mutter-Kind-Symbiose und die Geburt des Kindes als eigenständiges Individuum. So bringen zum Beispiel in der Bhojpuri-Region in Nordindien die Frauen der Familie das Kind, bevor ihm die Haare geschnitten und es neu eingekleidet wird, an den Ganges und überqueren mit ihm zeremoniell den Strom in einem Boot.[44] Außerdem sind die Volkslieder, die aus Anlaß des *mundan* (wie dieses *samskara* in Nordindien heißt) gesungen werden, die *sohras*, die Lieder, die auch bei der Geburt ertönen. Die volkstümliche Tradition glaubt, daß das Kind erst nach seiner Tonsurierung für den Prozeß der Disziplinierung und für die Sozialisierungsbemühungen der Familie bereit ist.

Dem *vidyarambha*-Ritus zwischen dem fünften und siebten Lebensjahr, wenn man annimmt, daß das Kind alt genug ist, lesen und schreiben zu lernen, folgt der wichtigte *upanayana*-Ritus. *Upanayana* markiert den Höhepunkt und das großartige Ende der Kindheit. Er wird traditionell in einem Alter von (je nach Kaste verschieden) acht bis zwölf Jahren begangen und leitet die „soziale Geburt" des Kindes in die größere Gemeinschaft ein. Wie es in einem Text heißt: „Bis ein Junge acht Jahre alt ist, ist er wie ein Neugeborener und er läßt nur die Kaste erkennen, in die er geboren ist. Solange seine *upanayama*-Zeremonie nicht vollzogen ist, kann er durch Erlaubtes und Verbotenes keine Schuld auf sich laden."[45] Der Initiationsritus ist kompliziert, wobei die einleitenden Zeremonien den Zweck haben, die Tatsache der Trennung von der Familie und den endgültigen Bruch mit der Mutter zu verdeutlichen. Traditionell wird der Junge mit einer gelblichen Paste eingeschmiert und muß die ganze Nacht in einem stockdunklen Raum in völligem Schweigen verbringen – eine Remineszenz an den embryonalen Zustand –, bevor er am anderen Morgen herauskommt, um eine der bewegendsten und schmerzlichsten Zeremonien dieses *samskara* zu begehen, ein gemeinsames Mahl mit der Mutter – es ist das letzte Mal, daß Mutter und Sohn je miteinander essen werden. Obwohl das *upanayana* als Initiationsritus viele Rituale enthält, die einen hoffnungsvollen Anfang symbolisieren, markiert es also aber auch das bedauerte Ende der familiären und familialen Welt – der Welt der Kindheit.

Die Frage in welchem Ausmaß diese traditionelle Vorstellung von den Kindheitsstufen Teil des modernen Bewußtseins geblieben ist, läßt sich kaum sicher beantworten. Wir wissen, daß die meisten Kindheits-*samskaras*, vor allem die der Geburt, Tonsurierung und Initiation, im Falle von Jungen, die den oberen und mittleren Kasten angehören, in derselben Reihenfolge und in etwa dem Alter, wie oben dargestellt, begangen werden.[45]

Tatsächlich aber verdeckt die verallgemeinernde Bezeichnung „Kind" bei der Behandlung der Kindheitsstufen in der indischen Tradition zwei Auslassungen: Mädchen und Kinder der unteren Kasten sind weitgehend von dieser Tradition ausgeschlossen, wie auch Frauen und die unteren Kasten ausgeschlossen sind von den Vorschriften und Anweisungen der hinduistischen Tradition. Um nur ein Beispiel zu nennen: Die *sohras* – die rituellen Freudenlieder, die in den hindisprachigen Regionen bei der Geburt eines Kindes gesungen werden – werden fast nie für neugeborene Töchter gesungen. Im Gegenteil, viele *sohras* drücken die Erleichterung der Mutter aus, daß es keine Tochter ist und daß sich ihre schlimmsten Befürchtungen nicht bewahrheitet haben: „Wie ein *turiyan*-Blatt bei einem Windstoß zittert, so zittert mein Herz bei dem Gedanken, daß ich eine Tochter zur Welt gebracht haben könnte."[47] Unter dem Vorbehalt, daß sich „Kind" in erster Linie auf einen Jungen bezieht, der einer höheren Kaste angehört, und daß die Altersangaben, die jeder Kindheitsstufe zugeordnet sind, nur angenähert oder, genauer gesagt, die „üblichen" sind, läßt sich das hinduistische Schema der sozialen Entwicklung des Kindes wie in der untenstehenden Tabelle darstellen.

Die Stufen der Kindheit: Das hinduistische Schema der sozialen Entwicklung

Kindheitsperiode	Stufe	Wichtigste Beziehungsart	Ritus, der den Übergang zur nächsten Stufe markiert
I. Garbha	1. Fötus	symbiotisch (*dauhridya*)	*Jatakarma*
II. Ksheerda	2. frühes Kleinkindalter (0-1 Monat)	dyadische Intimität	*Namakarana*
	3. mittleres Kleinkindalter (1-3/4 Monat)	Dyade in der Familie	*Nishkramana*
	4. spätes Kleinkindalter (3/4-6/9 Monate)	Dyade in der Welt	*Annaprasana*
III. Ksheerannada	5. frühe Kindheit (6/9 Monate- 2/3 Jahre)	dyadische Auflösung (psychologische Geburt)	*Chudakarana*
IV. Bala	6. mittlere Kindheit (2/3-5/7 Jahre)	familiär	*Vidyarambha*
V. Kumara	7. späte Kindheit (5/7 Jahre - 8/12 Jahre)	familiäre Ablösung (soziale Geburt)	*Upanayana*

Abb. 4

Traditionen der Kindheit: Indien und der Westen

Wenn man den schicksalhaften Einfluß der Kindheitstraditionen einer Gesellschaft auf das Leben der Kinder — und der Erwachsenen — bedenkt, ist das Durchleuchten dieser historisch gewachsenen Deprivations- und Kompensationsmuster, die dem Kinde geboten werden, eine wichtige Aufgabe. Zur angemessenen Bewältigung dieser Aufgabe gehört es sicher auch, daß die indische

Kindheitstradition mit denen anderer Gesellschaften verglichen und in Beziehung gesetzt wird. Eine solche vergleichende Perspektive kann auch, außer daß sie bestimmte Elemente der eigenen Tadition ins rechte Licht rückt, insofern therapeutisch sein, als sie uns die Bandbreite des menschlichen Fürsorgeverhaltens zeigt, die zwischen dem notwendigen Minimum, das Kind physisch und emotional am Leben zu erhalten, und dem ängstlichen Maximum liegt, jenseits dessen die Entwicklung des Kindes erstickt wird. Ein solcher systematischer Vergleich mit anderen Traditionen kann hier nicht versucht werden, besonders weil für die meisten Gesellschaften (einschließlich der indischen) die Geschichte der Kindheit erst noch geschrieben werden muß. Deshalb will ich mich zum Abschluß damit zufriedengeben, einige Eindrücke des Gegensatzes zwischen der indischen und der westlichen Traditionen festzuhalten.

Für einen Inder ist der verblüffendste Aspekt der neueren westlichen Kindheitswissenschaft, daß sie einen ständigen ideologischen Konflikt zwischen einer ablehnenden und einer akzeptierenden Haltung dem Kind gegenüber beschreibt.[49] Einige westliche Wissenschaftler haben eine Bewegung in diesem Konflikt festgestellt, eine stetige Entwicklung, die die westliche Einstellung zum Kind zunehmend humaner und fürsorglicher macht.[50]

Im westlichem Altertum bis vielleicht ins dreizehnte Jahrhundert war die Einstellung der Erwachsenen Kindern gegenüber von einer Ideologie beherrscht, die wenig Verständis für die Bedürfnisse der Kinder aufbrachte. Diese Ideologie betrachtete Kinder als Plage und unerwünschte Last und duldete gedankenlos sowohl, daß sie von den Eltern brutal mißhandelt wurden, als auch solche Phänomene wie Kindsmord und den Verkauf und das Aussetzen von Kindern.[51] Es läßt sich jedoch auch belegen, daß es eine allmähliche Entwicklung in der westlichen Einstellung zum Kind gegeben hat. Von der früheren äußeren Unterdrückung, die die schlimmsten physischen Quälereien und den weitverbreiteten sexuellen Mißbrauch von Kindern gestattete, verschob sich im sechzehnten und siebzehnten Jahrhundert der Schwerpunkt der Ideologie eindeutig in Richtung einer *inneren* Unterdrückung, in der die Erziehung und Disziplinierung des Kindes betont wurde. Ein hervorragender amerikanischer Familienforscher beschreibt diese Haltung dem Kind gegenüber im kolonialen Amerika zum Beispiel wie folgt: „Und was war im kolonialen Amerika mit den Kindern? Es gibt aus dieser Zeit verschiedene Bücher und Aufsätze über das korrekte Verhalten von Kindern, die zumindest darüber einen Eindruck vermitteln, was von ihnen erwartet wurde. Ein zentrales Thema dieser Schriften — besonders, aber nicht ausschließlich der der Puritaner — ist die Notwendigkeit, dem Kind buchstäblich vom Lebensbeginn an die strengste Disziplin aufzuerlegen. Hier ist die Anweisung von Reverend John Robinson, einem führenden Prediger unter den Pilgern, die er kurz vor der Abreise gegeben hat: ‚Natürlich gibt es bei allen Kindern ... eine Verstocktheit und Renitenz des Geistes, die aus natürlichem Stolz erwächst und zu allererst gebrochen und niedergeschlagen werden müssen, so daß die Grundlagen ihrer Erziehung Demut und Fügsamkeit sind, auf denen andere Tugenden im Laufe der Zeit aufgebaut werden können.' Die Schlüsselbegriffe sind „gebrochen" und „niedergeschlagen". Man nahm an, daß das Kind mit einem angeborenen verdorbenen und selbstsüchtigen Wesen auf die Welt kam, und dies bildete *das* Hauptproblem für die Eltern."[52]

Von den Bestrebungen der Eltern, den Willen des Kindes zu unterwerfen, entwickelte sich die westliche Ideologie der Kindererziehung weiter in die Richtung, dem Kind einen größeren Freiraum einzuräumen, als im neunzehnten und zwanzigsten Jahrhundert das Wissen über die Verletzlichkeit und die Bedürfnisse der Kinder erfreulich zunahm. Diese Entwicklung in Richtung einer fürsorglichen Haltung geht unvermindert weiter. Die Flut der neueren Bücher über die Rechte des Kindes, der Einfluß von arbeitenden Müttern auf die Entwicklung der Kinder, das „Jahr des Kindes", das von den Vereinten Nationen ausgerufen wurde, sind Ausdruck dieses Fortschritts, moderne Manifestationen einer alten Bewegung, die eine Kindheitsphilosophie entwickeln will, die das Kind und seine Bedürfnisse zum Mittelpunkt des Erziehungsprozesses macht.

Der Konflikt zwischen einer ablehnenden und einer fürsorglichen Haltung dem Kind gegenüber, der in der westlichen Tradition so ausgeprägt ist und der sie vielleicht mit ihrem evolutionären Impetus ausstattet, ist einfach nicht Bestandteil der indischen Tradition. Wie wir in diesem Essay gesehen haben, ist der aus Textquellen abgeleitete Beweis überwältigend, daß in der indischen Tradition das Kind ideologisch als wertvolles und willkommenes Wesen betrachtet wird und daß von den Erwachsenen erwartet wird, daß sie ihm vollen Schutz, Liebe und Nachsicht entgegenbringen. Man beachte zum Beispiel die Widerspiegelung dieser Ideologie im Sprachgebrauch, in dem die Auffassung, daß das Kind autonom und selbstbestimmend ist, viel stärker zum Ausdruck kommt, als im Englischen oder Deutschen. Auf Hindi zum

Beispiel heißt das, was Erwachsene für Kinder tun, *palna posna* – schützen-versorgen; sie werden nicht „aufgezogen", „großgezogen". Das Modell der *Sozialisation* (das die heutige westliche Kinderfürsorge beherrscht) ist mit seinen Implikationen, das Kind lernen zu lassen, ihm bei der Anpassung an die sozialen Normen zu helfen und „seine Triebe zu kanalisieren", ein logischer folgender Schritt in einer historischen Entwicklung, in der früher das Modell galt, den Willen des Kindes zu disziplinieren und zu beherrschen. Ein solches Modell ist in seiner generellen Ausrichtung und Perspektive der indischen Tradition, die keine solche Altlast der Ablehnung des Kindes zu überwinden hatte, notwendigerweise fremd. Tatsächlich gibt es, wie wir bei der Behandlung des Kindheitsutopia, das sich in den Bhakti-Liedern und -Gedichten widerspiegelt, erfahren haben, in der indischen Kindheitstradition eine bestimmte Strömung, die gerade die Qualitäten des Kindes hochschätzt, die *nicht* „sozialisiert" wurden. In dieser Tradition ist es das Kind, das als einem vollkommenen göttlichen Zustand am nächsten angesehen wird, und es ist der Erwachsene, der die Art der Welterfahrung des Kindes lernen muß. Hier wird die angemessene Form des Umgangs von Erwachsenen und Kindern nicht als Sozialisation verstanden, sondern als *Wechselwirkung.* Dieser indischen Tradition entsprechend betont die Wechselwirkung als Form des Erwachsenenwerdens die *Erwachsenen-Kind-Einheit*, das *von einander* Lernen und die Freude aufeinander. Sie unterscheidet sich also deutlich vom Sozialisationsmodell, das sich ausschließlich auf das Kind und seine Entwicklung in Richtung Erwachsenseins konzentriert.

Bevor wir uns in selbstbeweihräuchernden Ruhmredereien verlieren, müssen wir auch auf den schwersten Mangel der indischen Tradition hinweisen – ihre relative Ablehnung von Mädchen. Mit „Ablehnung" will ich nicht sagen, daß die Texte, die wir behandelt haben, eine besonders große Feindseligkeit oder dramatische und offensichtliche Gewaltakte gegen Mädchen erkennen lassen. Sogar in den Mythen im *Mahabharata*, die von der Aussetzung von Kindern handeln, ist es so, daß Menakas Aussetzung ihrer neugeborenen Töchter Pramadvara und Shakuntala ausgeglichen wird dadurch, daß Kunti ihren Sohn Karna aussetzt. Es liegt eher an der übertriebenen Hervorhebung der Söhne und am fröhlichen Lärm, der durch die Geburt von Söhnen ausgelöst wird, daß die stille Ablehnung weiblicher Kinder so deutlich hervortritt und sie so gravierende Konsequenzen für die Frauen und die indische Gesellschaft hatte.[53] Mit „gravierenden Konsequenzen" spiele ich wieder nicht auf das Versäumnis der indischen Tradition an, ein ideologisches Bollwerk gegen die Tötung von Mädchen zu errichten, die es zu bestimmten Zeiten der Geschichte in bestimmten Kasten gegeben hat. Kindesmord aus reiner Gewalttätigkeit ist wahrscheinlich immer auf der ganzen Welt die Ausnahme gewesen. Ablehnung oder, im günstigeren Fall, Ambivalenz Mädchen gegenüber funktionierte immer (und tut es immer noch) auf subtilere und heimtückischere Weise. Sie spiegelt sich in Statistiken wider, die eine höhere Säuglingssterblichkeit bei weiblichen Kindern zeigen, und ist verantwortlich für den zerstörten Geist zahlloser Frauen, über die es keine Statistiken, sondern nur Volkslieder gibt. Ohne die Beseitigung dieser Ambivalenz dem weiblichen Kind gegenüber, ohne einen ideologischen Wandel, der *allen* Kindern den Schutz und die Fürsorge der Gesellschaft garantiert, bleibt die indische Kindheitstradition trotz aller glänzenden „Errungenschaften" zutiefst verkrüppelt.

Anmerkungen

1. Kapitel

1) Anna Freud, The Concept of Developmental Lines, in: The Psychoanalytic Study of the Child, Bd. 18, New York 1963, S. 245-265. Vgl. auch: Lawrence Kohlberg, R. B. Kramer, Continuities and Discontinuities in Childhood and Adult Moral Development, in: Human Development, 12, 1969, S. 93-120.
2) Erik H. Erikson, Identity: Youth and Crisis, New York 1968
3) Vgl. Heinz Kohut, Introspection, Empathy and Psychoanalysis, in: Journal of American Psychoanalytic Association, 7, 1959, S. 459-483.
4) Eine kompetente Darstellung der psychoanalytischen Sichtweise der Beziehung zwischen dem Menschen und seiner Kultur geben Heinz Hartmann, Ernst Kris und Rud. M. Loewenstein, Some Psychoanalytic Comments on Culture and Personality, in: G. B. Wilbur und W. Muensterberger (Hrg.), Psychoanalysis and Culture, New York 1951, S. 3-31; vgl. auch Sidney Axelrad, Comments on Anthropology and the Study of Complex Cultures, in: W. Muensterberger (Hrg.), Man and his Culture, London 1969, S. 273-293.
5) In bezug auf frühere Diskussionen über die Funktionen des Mythos vgl. Sigmund Freud, Totem und Tabu, G.W, Bd. IX, und Otto Rank, Das Inzest-Motiv, Leipzig/Wien 1912. Ein noch früherer, nichtpsychoanalytischer Autor mit einer im wesentlichen gleichen Sichtweise der Mythen ist Kierkegaard; vgl. Sören Kierkegaard, Der Begriff Angst, Hamburg 1960, S. 44. Für spätere, ichpsychologische Schriften zum Thema vgl. Jacob A. Arlow, Ego Psychology and the Study of Mythology, in: Journal of American Psychoanalytic Association, 9, 1961, S. 371-393.; Max M. Stern, Ego Psychochology, Myth and Rite, in: W. Muensterberger u.a. (Hrg.), The Psychoanalytic Study of Society, Bd. 3, New

York 1964, S. 71–93; Harry A. Slochower, Psychoanalytical Distinction between Myth and Mythopoesis, in: Journal of American Psychoanalytic Association, 18, 1970, S. 150–164.
6) Wolfgang Loch, Determinanten des Ichs. Beiträge David Rapaports zur psychoanalytischen Ich-Theorie, in: Psyche, 25, 1971, S. 395. Vgl. auch Paul Parin, W. Morgenthaler, Ego and Orality in the Analysis of West Africans, in: W. Muensterberger u.a. (Hrg.), The Psychoanalytic Study of Society, Bd. 3, S. 197; Paul Parin u.a., Die Weißen denken zuviel, Zürich 1963.
7) J. W. McCrindle, Ancient India as Described by Megasthenes and Arrian (2., durchges. Aufl.), Calcutta 1960, S. 100.
8) Zitiert nach Aubrey Lewis, Chairman's Opening Remarks, in: A. V. S. De Rueck, R. Porter (Hrg.), Transcultural Psychiatry, London, 1965, S. 1.
9) Dieser Standpunkt wird von David G. Mandelbaum geteilt, der in ähnlichem Zusammenhang sagt: „Keine Verallgemeinerung kann bewiesen, widerlegt oder modifiziert werden, wenn sie nicht formuliert ist." Vgl. Society in India, Bd. 1, Berkeley/Los Angeles 1970, S. 8.
10) Alfred L. Kroeber and Clyde Kluckhohn fanden im Englischen 160 Definitionen! Vgl. Papers Peabody Museum, 47, 1952, S. 181.
11) Eine zusammenfassende Diskussion des kulturellen Hintergrundes der Persönlichkeit findet sich bei Theodore Lidz, The Person: His Development throughout the Life Cycle, New York/London 1968, S. 10–16.
12) George Devereaux, Normal and Abnormal: The Key Concepts of Ethnopsychiatry, in: W. Muensterberger (Hrg.), Man and his Culture, S. 113–136.
13) In einem seiner Briefe an Fliess (1897).
14) Die erwähnenswerten Ausnahmen sind die Schriften von H. Marcuse, Eros and Civilization, Boston 1955, und Norman Brown, Life against Death, London 1959.
15) In Heinz Hartmanns bekannter Formulierung: „seine im Durchschnittsfall anzunehmende Umgebung". Vgl. Ego Psychology and the Problem of Adaptation, New York 1958, S. 23.
16) E. H. Erikson, Identity: Youth and Crisis, S. 47.
17) S. Freud, Neue Folge der Vorlesungen zur Einführung in die Psychoanalyse, GW Bd. XV, S. 73 f.
18) Eine ausgezeichnete Zusammenfassung der ichpsychologischen Sichtweise der Beziehung zwischen Individuum und Gesellschaft von frühester Kindheit an findet sich bei David Rapaport, Collected Papers of David Rapaport (Hrg.: Merton M. Gill), New York

1967, S. 596-624. Vgl. auch Fred I. Weinstein, Gerald Platt, Psychoanalytic Sociology, Baltimore/London 1973.
19) Pandurang V. Kane, History of Dharmasastra, Bd. 2 (Teil 1), Poona 1933, S. 188.
20) Jawaharlal Nehru, The Discovery of India, Calcutta 1946, S. 30.
21) Ebd., S. 38f.

2. Kapitel

1) Mit Gemeinschaftsunterbewußtsein meine ich nicht Jungs kollektives Unbewußtes, sondern ich benutze den Begriff in Eriksons Sinn als die gemeinschaftsorientierte Dimension der Identität.
2) Erik Erikson, Gandhis Wahrheit, Frankfurt 1971, S. 34
3) *Brihadaranyaka Upanishad*, 4.3.21. In dieser speziellen Upanishad wird die Anzahl der Stufen mit drei angegeben, und das Wesen der Befreiung (*moksha*) soll sich auf der dritten und letzten Stufe enthüllen. Die Lehre von den vier Stufen, die in der Samkhya-Psychologie allgemein übliche Zahl, wird in der *Mandukya* und anderen Upanishaden vertreten.
4) A. Kazin (Hrg.), The Portable Blake, New York 1946, S. 486.
5) S. Freud, Das Unbehagen in der Kultur, GW Bd. XIV, S. 430 f.
6) Roland Fischer, The Cartography of Ecstatic and Meditative States, in: Science, 174, 1971, S. 897-904.
7) Arthur Osborne, Ramana Maharishi and the Path of Self-knowledge, London 1970, S. 45.
8) Ebd., S. 46.
9) H. Hartmann, Essays in Ego Psychology, New York 1964, S. 127.
10) E. H. Erikson, Identity: Youth and Crisis, S. 220-224.
11) Swami Vivekananda, The Yogas and Other Works, (Hrg.: S. Nikhilananda), New York 1953, S. 593.
12) S. Freud, Neue Folge der Vorlesungen zur Einführung in die Psychoanalyse, GW Bd. XV, S. 80.
13) Vivekananda, a.a.O., S. 608 f.
14) Bernard Apfelbaum, On Ego Psychology: A Critique of the Structural Approach to Psychoanalytic Theory, in: International Journal of Psychoanalysis, 47, 1966, S. 451-475.
15) S. Freud, Abriß der Psychoanalyse, GW Bd. XVII, S. 70.
16) S. Freud, Das Unbehagen in der Kultur, GW Bd. XIV, S. 500.
17) Vgl. Lewis Thomas, The Lives of a Cell, New York 1974, ins-

besondere S. 24.

18) *Siva Purana*, 10. 187, zitiert in: Wendy O'Flaherty, Asceticism and Eroticism in the Mythology of Siva, London 1973, S. 173.

19) *Anandabhairaya* of Prema-Dasa, zitiert in: O'Flaherty, a.a.O., S. 113.

20) Swami Narayanananda, The Mysteries of Man, Mind and Mind-Functions (2. durchges. Aufl.), Rishikesh 1967, S. 664.

21) Vivekananda, a.a.O., S. 629. Vielleicht sollte ich betonen, daβ das Unbewuβte stets eine zentrale Rolle in der hinduistischen psychologischen Theorie gespielt hat. Es ist eine merkwürdige Tatsache, daβ trotz der anwachsenden Literatur in westlichen Sprachen zu diesem Thema die Einsichten und Entdeckungen der indischen Tiefenpsychologie im Westen weder wahrgenommen noch gewürdigt worden sind. Eine eingeschränkte Behandlung dieses Themas, wie zum Beispiel in H. F. Ellenberger, The Discovery of the Unconscious: The History and Evolution of Dynamic Psychiatry, New York 1970, ist eher die Regel als die Ausnahme.

22) Ebd., S. 609. Vgl. auch Swami Sivananda, Mind: Its Mysteries and Control, Sivanandanagar, U.P. 1974, S. 242 f.

23) *Amitayur-dhyana-sutra*, übers. von F. Takakusu, in: M. Müller (Hrg.), Sacred Books of the East, Bd. 49, Oxford 1910, S. 161 ff. Obwohl dieses Zitat aus einem Text der Mahayana-Buddhisten stammt, sind die Anweisungen für die samayama-Stufe des Yoga exakt dieselben; tatsächlich benutzt Vivekananda (a.a.O.) fast dieselben Metaphern.

24) Margaret S. Mahler, On Human Symbiosis and the Vicissitudes of Individuation, New York 1969

25) Medard Boss, A Psychiatrist Discovers India, Calcutta 1966, S. 165 f.

26) Sarvepalli Radhakrishnan, Foreword, in: Osborne, a.a.O., S. xif.

27) Vivekananda, a.a.O., S. 210.

28) Für eine detaillierte Diskussion der psychoanalytischen Sichtweise der Realität vgl. Roy Schaeffer, The Psychoanalytic Vision of Reality, in: International Journal of Psychoanalysis, 51, 1970, S. 279-297.

29) Vgl. Richard Lannoy, The Speaking Tree, London 1971, S. 47-56.

30) a.a.O., S. 76 f.

31) Erna M. Hoch, A Pattern of Neurosis in India, in: American

Journal of Psychoanalysis, 20, 1966, S. 17. Die klassische hinduistische Auffassung gibt Swami Sivananda wie folgt wieder: „Der Körper mit seinen Organen ist nichts anderes als der Geist. Der physische Körper ist die äußere Manifestation des Geistes ... Was immer der Geist besitzt, wird im physischen Körper erzeugt. Und Abneigung oder Bitterkeit gegen eine andere Person beeinflußt augenblicklich den Körper und erzeugt irgendeine Krankheit im Körper. Starke Leidenschaft, Haß, langanhaltende bittere Eifersucht, zerfressende Angst und Jähzorn zerstören tatsächlich Körperzellen und verursachen Herz-, Leber-, Nieren-, Milz- und Magenkrankheiten ... Wenn der Geist erregt ist, ist auch der Körper erregt. Wenn der Körper und der Geist erregt sind, fließt das Prana in die falsche Richtung. Statt den ganzen Körper gleichmäßig zu durchdringen, vibriert es in einem unsteten Rhythmus. Dann wird die Nahrung nicht richtig verdaut. Krankheiten entstehen. Wenn die auslösende Ursache beseitigt ist, verschwinden alle Krankheiten." Vgl. Sivananda, a.a.O., S. 31 u. 34.

32) Vgl. D. W. Winnicott, Playing and Reality, London 1971, S. 19.

33) Ramana Maharishi beschreibt diese Erfahrung wie folgt: „Ich saß allein in einem Zimmer im ersten Stock des Hauses meines Onkels ... plötzlich überfiel mich gewaltige Todesangst ... Der Schock der Todesangst trieb meinen Geist nach innen, und ich sagte im Geiste zu mir selbst, ohne tatsächlich Worte zu formulieren: 'Nun ist der Tod gekommen; was bedeutet das? Was ist das Sterben? Dieser Körper stirbt.' Ich lag da mit steif ausgestreckten Gliedern, als ob der *rigor mortis* eingesetzt hätte." Vgl. Osborne, a.a.O., S. 18. Ramakrishnas Beschreibung ist noch intensiver: „Eines Tages erfaßte mich ein gewaltiger Schrecken. Mein Herz fühlte sich an, als ob es ausgewrungen wurde wie ein nasser Lappen. Die Schmerzen brachten mich fast um. Plötzlich sah ich das große Schwert, das im Schrank hing. Ich beschloß, ein Ende zu machen. Ich stürzte vorwärts wie ein Verrückter, um es zu ergreifen, aber da zeigte sich mir plötzlich die Gesegnete Mutter. Alle Gebäude des Bereiches, der Tempel und alles andere verschwand, und statt dessen sah ich einen Ozean des Bewußtseins ohne Grenzen, unendlich und herrlich. So weit meine Augen reichten, sah ich glänzende Wellen, die sich erhoben und sich mit schreckenerregendem Brüllen über mich stürzten, bereit, mich zu ertränken. Ich konnte nicht länger atmen. Im Tosen der Wellen gefangen, glaubte ich, tot zu sein." Vgl. The Gospel of Ramakrishna (übers. von S. Nikhilananda), New York 1942, S. 14.

34) Zitiert in: Kane, a.a.O., Bd. 1 (Teil 3), S. 3.
35) *Bhagavada Gita* III. 35.
36) Zitiert nach: Pandarinath N. Prabhu, Hindu Social Organisation, Bombay 1954, S. 73.
37) Nivedita, The Master as I Saw Him, Calcutta 1910, S. 118.
38) Vgl. in diesem Kontext Gerald Platt, Fred I. Weinstein, The Wish to be Free, Berkeley/Los Angeles 1970
39) Vgl. Sudhir Kakar, The Human Life Cycle: The Traditional Hindu View and the Psychology of Erik Erikson, in: Psychology in East and West, 28, 1968, S. 127–136.
40) Oscar Lewis, Village Life in Northern India, New York 1968, S. 25.
41) O. Spengler, Der Untergang des Abendlandes, München 1920
42) *Dhammapada*, I.1.
43) *Vaisesikasutra*, I.38.
44) Spengler, a.a.O.

3. Kapitel

1) Ich übernehme Simmels Begriff „Dyade" für die Mutter-Kind-Beziehung, weil kein anderes Wort so treffend die Komplementarität und Interdependenz zweier Entitäten vermittelt.
2) S. Freud, Abriß der Psychoanalyse, GW Bd. XVII, S. 115. Für einen umfassenden historischen Bericht über Freuds Schriften zur Mutter-Kind-Beziehung vgl. John Bowlby, The Nature of the Child's Tie to his Mother, in: International Journal of Psychoanalysis, 39, 1958, S. 350–373.
3) Die Literatur über die früheste menschliche Beziehung hat in den letzten Jahren stark zugenommen; ein vollständiges Quellenverzeichnis würde viele Seiten füllen. Die wichtigsten psychoanalytischen Schriften, auf die sich diese Zusammenfassung stützt, sind: René A. Spitz, The First Year of Life, New York 1965; D. W. Winnicott, The Family and Individual Development, London 1952; Erik H. Erikson, Childhood and Society, New York 1950; Edith Jacobson, The Self and the Object World, New York 1964, insbesondere Teil 1; Margaret S. Mahler, On Human Symbiosis and the Vicissitudes of Individuation, New York 1969; L. B. Murphy, Some Aspects of the First Relationship, in: International Journal of Psychoanalysis, 45, 1964, S. 31–43; J. Bowlby, Attachment, New York 1969. Selbstverständlich kann keine psy-

choanalytische Studie über die Mutterschaft (wie sehr sie auch der jeweiligen kulturellen Eigenart verpflichtet sein mag) vollständig sein, wenn sie sich nicht auch bezieht auf H. Deutsch, The Psychology of Women, Bd. 2 (Mutterschaft), New York 1945.
4) Spitz, a.a.O., S. 96.
5) Eine Darstellung dieser Sichtweise findet sich bei Bowlby, Attachment, S. 265–296.
6) Spitz, a.a.O., S. 95.
7) Vgl. 2. Kapitel: Lebensaufgabe und Lebenszyklus.
8) Für eine psychoanalytische Betrachtung einiger dieser Fragen vgl. z.B. Grete L. Bibring u.a., A Study of the Psychological Processes in Pregnancy and of the Earliest Mother-Child Relationship, in: The Psychoanalytic Study of the Child, Bd. 16, New York 1961, S. 9–72; H. A. Moss, Sex, Age and State as Determinants of Mother-Infant Interaction, in: Merrill-Palmer Quarterly, 13, 1967, S. 19–36.
9) Obwohl der patrilineare und patrilokale Familientypus in ganz Indien vorherrschend ist, gibt es einige matrilineare Kasten und Gemeinschaften, vor allem in Südindien, wo Frauen relativ mehr Freiheit genießen. Zu den Ähnlichkeiten und Unterschieden in der Verwandtschaftsorganisation verschiedener Regionen Indiens vgl. Irawati Karve, Kinship Organization in India, 3. Aufl., Bombay 1968.
Meine Bemerkungen sollen sich nur auf die patriarchalische Kultur beziehen, in der es, durch unbewußte Notwendigkeit bedingt, die *mater* ist, die eine primäre symbolische Bedeutung hat, oder, wie die Jungianer es ausdrücken würden, in der die Mutter das primäre Konstitutiens der männlichen *anima* ist. Das Problem der Frauengestalten in den Mythen einer patriarchalischen Gesellschaft besteht in der Tatsache, daß diese *animae* nicht allein männliche Projektionen sind, sondern daß sie auch einige Aspekte der weiblichen Psychologie in diesen Kulturen repräsentieren. Der Grund für diese Verflechtung der *anima*-Bilder mit der weiblichen Psychologie liegt darin, daß die Mädchen sehr früh in ihrer Kindheit lernen, die patriarchalischen Weiblichkeitsvorstellungen, die von den Männern ihrer Umgebung gehegt werden, genau zu rezipieren und sich ihnen anzupassen. Vgl. in diesem Zusammenhang Marie Louise von Franz, The Feminine in Fairy Tales, Zürich 1972.
10) Die anthropologischen Berichte, die im Zusammenhang mit diesem Problemkomplex stehen, sind: T. N. Madan, Family and Kinship: A Study of the Pandits of Rural Kashmir, Bombay 1965;

Leigh Minturn, John T. Hitchcock, The Rajputs of Khalapur, India, in: B. B. Whiting (Hrg.), Six Cultures: Studies of Childrearing, New York 1963, S. 301–361; L. Minturn, W. W. Lambert, Mothers of Six Cultures, New York 1964; Oscar Lewis, Village Life in Northern India, New York 1958; S. C. Dube, Indian Village, New York 1967; M. N. Srinivas, Marriage and Family in Mysore, Bombay 1942; Edward B. Harper, Spirit Possession and Social Structure, in: B. Ratnam (Hrg.), Anthropology on the March, Madras, S. 165–197; Aileen D. Ross, The Hindu Family in its Urban Setting, Toronto 1961. Zwei andere nützliche, im wesentlichen beschreibende Studien, die auf intensiven Interviews mit Frauen basieren, die die progressiven, gebildeten Teile der indischen Gesellschaft repräsentieren, sind: Margaret Cormack, The Hindu Woman, Bombay 1961; Promilla Kapur, Love, Marriage and Sex, Delhi 1973. Ältere impressionistische, aber subtile Studien über indische Frauen sind Mary F. Billington, Woman in India (18–?), New Delhi 1973; Frieda M. Das, Purdah, the Status of Indian Women, New York 1932.

11) Die Kindersterblichkeitsrate betrug 1969 für Mädchen 148,1, im Vergleich dazu für Jungen 132,3; die Lebenserwartung betrug zwischen 1961 und 1971 für Frauen 45,6, für Männer 47,1 Jahre; die Anzahl der im Erziehungssystem registrierten Mädchen betrug 1970–1971 18,4 Prozent im Vergleich zu 39,3 Prozent bei Jungen. Vgl. die diesbezüglichen Statistiken in: Indian Council of Social Science Research, Status of Women in India: A Synopsis of the Report of the National Committee on the Status of Women (1971–1974), New Delhi 1975, S. 140–175.

12) *Atharvaveda*, VI.2.3, zitiert nach R. M. Das, Women in Manu and His Seven Commentators, Varanisi 1962, S. 43. Vgl. auch Atharvaveda, VIII.6.25, VI.9.10, III, 23.3, für Gebete mit ähnlichem Tenor.

13) A. A. MacDonell, Vedic Religion, S. 165, zitiert in R. M. Das, a.a.O., S. 43.

14) Vgl. z.B. Minturn und Hitchcock, a.a.O., S. 307f.; Madan, a.a.O., S. 77; Dube, a.a.O., S. 148 f; Cormack, a.a.O., S. 11.

Vgl. auch William J. Goode, World Revolution and Family Patterns, New York 1963, S. 235 f; D. G. Mandelbaum, Society in India, Bd. 1, Berkeley 1970, S. 120. Nach der Geburt auftretende Depressionen beispielsweise werden weit häufiger bei Müttern beobachtet, die eine Tochter zur Welt gebracht haben, als bei solchen, die einen Sohn geboren haben. Vgl. M. R. Gaitonde, Cross-Cultural Study of the Psychiatric Syndromes in Out-Patient

Clinics in Bombay, India and Topeka, Kansas, in: International Journal of Social Psychiatry, 4, 1958, S. 103.
15) Lewis, a.a.O., S. 195.
16) Karve, a.a.O., S. 206.
17) Vgl. Das, a.a.O., S. 44. Ein geläufiges bengalisches Sprichwort drückt diesen Gedanken etwas drastischer aus: „Sogar wenn der Sohn pinkelt, bringt das Geld; laß die Tochter zur Hölle gehen!"
18) Sudhir Kakar, Aggression in Indian Society: An Analysis of Folk Tales, in: Indian Journal of Psychology, 49 (2), 1974, S. 124.
19) Ebd., S. 125 f.
20) Cormack, a.a.O., S. 75–78.
21) Karve, a.a.O., S. 210.
22) Vgl. Ross, a.a.O., S. 150 f; Dube, a.a.O., S. 148 f; Srinivas, a.a.O., S. 173; Whiting, a.a.O., S. 303; Harper, a.a.O., S. 171 f; Madan, a.a.O., S. 77; Cormack, a.a.O., S. 9. Volkslieder aus ganz Indien bezeugen diese enge Mutter-Tochter-Bindung. Vgl. z.B. die Lieder Nr. 4, 5, 6, 7, 8 und 9 in: Karve, a.a.O., S. 205.
23) Karve, a.a.O., S. 205.
24) „In ihrer Beziehung zum eigenen Kind wiederholt die Frau ihre eigene Mutter-Kind-Geschichte", wie Helene Deutsch es ausdrückt. Vgl. The Psychology of Women, Bd. 1, a.a.O., S. 205. Vgl. auch Nancy Chodorow, Family Structure and Feminine Personality, in: M. Rosaldo, L. Lamphere (Hrg.), Woman, Culture and Society, Stanford 1975, S. 52 f.
25) So sind in vielen Balladen im Gegensatz zu den Frauen, die als tolerant, aufopferungsvoll und gläubig dargestellt werden, die Männer schwach, furchtsam und ungläubig. Vgl. Sankar Sen Gupta, A Study of Women of Bengal, Calcutta 1970, S. 107.
26) Srinivas, a.a.O., S. 195.
27) Zum Beispiel wird in der *Dasa Puttal Brata* der bengalischen Mädchen gewünscht: „Ich werde einen Gatten wie Rama haben; ich werde *sati* wie Sita sein; ich werde einen *devara* (jüngeren Schwager) wie Lakshman haben. Ich werde einen Schwiegervater wie Dasharatha haben; ich werde eine Schwiegermutter wie Konsalya haben; ich werde Söhne haben, wie Kunti sie hatte; ich werde eine Köchin wie Draupadi sein; ich werde mächtig sein wie Durga; ich werde die Last tragen, wie die Erde es tut; ich werde wie Sasthi sein, deren Kinder den Tod nicht kennen. Vgl. Akshay Kumar Kayal, Women in Folk-Sayings of West Bengal, in:

Sen Gupta, a.a.O., S. xxii.
28) Das, a.a.O., S. 49.
29) Ebd., S. 72.
30) Jerome S. Bruner, Myths and Identity, in: Daedalus, Frühjahr 1959, S. 357. In einer Untersuchung, die in der nordindischen Provinz Uttar Pradesh durchgeführt wurde, wurden 500 Jungen und 360 Mädchen im Alter von 9 bis 22 Jahren aufgefordert, aus einer Liste mit 24 Namen von Göttern und Göttinnen und Helden und Heldinnen der Geschichte die ideale Frau zu bezeichnen. Für die überwältigende Mehrheit der Testpersonen war Sita die ideale Frau: Es gab keinen Unterschied nach Alter oder Geschlecht. Vgl. P. Pratap, The Development of Ego Ideal in Indian Children, unveröff. Diss., Banaras Hindu University 1960.
31) Ramayana von Valmiki, (übers. H. P. Shastri) Bd. 1 (*Ayodhyakanda*), London 1962, S. 233.
32) Philip Slater, The Glory of Hera, Boston, 1966, S. xi.
33) In diesem Zusammenhang vgl. auch J. A. Arlow, Ego Psychology and the Study of Mythology, in: Journal of American Psychoanalytic Association, 9, 1961, S. 375.
34) *Mahabharata* (übers. P. C. Roy), Calcutta o.J., Bd. 3, S. 634.
35) Ebd., S. 633. Der Savitri-Mythos ist auch ein schlagender Beleg für Ernest Jones' These, daß die bewußte Phantasie, zusammen zu sterben, die unbewußte Bedeutung des Wunsches nach Kindern hat. Vgl. E. Jones, On „Dying Together" with Special Reference to Heinrich von Kleist's Suicide und an Unusual Case of Dying Together, in: Essays on Applied Psychoanalysis, London 1951, S. 9–21.
36) Ebd., S. 488.
37) Ebd., S. 506 f.
38) *Siva Purana*, 2.2.5.1–68, 6.1–62. Die Übersetzung stammt aus W. O'Flaherty, Ascetism and Eroticism in the Mythology of Siva, London 1973, S. 64 f. Eine Durchsicht der hinduistischen Gesetzestexte enthüllt, daß unsere antiken Gesetzgeber – Manu, Kantilya, Kullika, Medhatithi – sich obsessiv um die Keuschheit von jungen, unverheirateten Mädchen kümmerten. Die Strafen für alle vorstellbaren Keuschheitsverletzungen sind mit liebevoller Detailgenauigkeit festgelegt, untergliedert nach der Kastenzugehörigkeit der Handelnden, ihrem Geschlecht (ob der Verführer ein Mann oder eine Frau ist), dem Ausmaß der Bereitwilligkeit usw. So werden z. B. einem Mann, der eine Jungfrau gewaltsam mit seinen Fingern „befleckt", die Finger amputiert, und er muß eine Strafe

von 500 *panas* bezahlen. Wenn der Mann zur selben Kaste gehört wie das Mädchen, wird die Geldstrafe herabgesetzt. Wenn die Finger mit Einwilligung des Mädchens eingeführt wurden, werden sie nicht amputiert, und die Geldstrafe wird auf 200 *panas* vermindert. Wenn die Initiative von dem Mädchen ausging, ist die Strafe noch geringer oder entfällt ganz. Statt dessen wird das Aufsichtspersonal des Mädchens bestraft, weil anzunehmen ist, daß es nicht gut genug aufgepaßt hat. Ähnliche Geldstrafen gibt es im Falle einer älteren Frau, die ein junges Mädchen verführt, auch jeweils nach Kastenzugehörigkeit und Schwere des „Vergehens". Vgl. Das, a.a.O., S. 63–70.

39) Rangila Bhasur go tumi keno deyor haila na.
Tumi jodi haita re deyor khaita batar pan
(aar) ranga rasa kaitam katha juraito paran.
Sen Gupta, a.a.O., S. 94.

40) Nach der Volkszählung von 1961 war das Durchschnittsalter 15,8 Jahre. Eine Diskussion des Themas vgl. K. P. Singh, Women's Age at Marriage, in: Sociological Bulletin, 23 (2), 1974, S. 236–244. Vgl. auch William J. Goode, a.a.O., S. 232–236.

41) Vgl. Ross, a.a.O., S. 151.

42) Lewis, a.a.O., S. 161; vgl. auch Karve, a.a.O., S. 137, als Beleg für die weitverbreitete Existenz dieser Sitte.

43) Hier ein Beispiel aus Bengalen (frei übersetzt):
Oh Kaffu [ein Vogel], du stammst von der Seite meiner Mutter.
Sprich, oh sprich im Garten meiner Eltern.
Meine Mutter wird dich hören;
Sie wird meinen Bruder schicken, um mich zu holen.
Oh, was für traurige Tage sind nun gekommen!
Ich möchte hier heraus,
Ich möchte zurück in mein Vaterhaus.
Sen Gupta, a.a.O., S. 149.

44) Die Folklore hebt besonders die *sas* (Schwiegermutter) und die *nanad* (Schwägerin) als die natürlichen Feindinnen der jungen Braut hervor. Vgl. Karve, a.a.O., S. 130. Hier einige Zeilen aus bengalischen Liedern, in denen die Misere der Braut (und ihr Ärger) beschrieben wird: „Meine Schwägerin ist nichts als ein giftiger Dorn, ihre giftigen Stiche verursachen mir viel Schmerz." „Wenn meine Schwiegermutter am Morgen stirbt, werde ich am Nachmittag nach dem Essen, wenn ich Zeit dazu finde, sie beweinen." In Nordindien singt die Braut:
„Oh mein Freund! Das Haus meiner Schwiegereltern ist ein schrecklicher Ort.

Meine Schwiegermutter ist eine harte Frau,
die ständig miβlaunig herumstolziert",
und so weiter. Es gibt auch viele Lieder, die über die Gleichgültigkeit des Ehemannes klagen. Vgl. z. B. die Lieder Nr. 39, 40, 41 Vgl. in Karve, a.a.O., S. 209f. Das Vorhandensein von verborgener Feindseligkeit gegen den neuen Ehemann kann auch aus den Ergebnissen eines thematischen Apperzeptionstests (TAT) geschlossen werden, der mit 40 Schulmädchen in Südindien durchgeführt wurde, denen das Bild einer Todesszene gezeigt wurde, in der in der Mitte eines Raumes sich eine unidentifizierbare bedeckte Gestalt und daneben ein Arzt, der einer jungen Frau kondoliert, befand. In den von den Mädchen geschriebenen Geschichten „sah" bei weitem die gröβte Zahl (45 Prozent) die bedeckte Gestalt als den Körper eines toten Ehemannes. Vgl. D. Narain, Growing up in India, in: Family Process, 3, 1964, S. 132 f.

45) *The Laws of Manu* (Übers. G. Buhler) in: M. Müller (Hrg.), Sacred Books of the East, Bd. 25, Oxford 1886, S. 196.

46) Ebd., S. 197.

47) Madhav S. Gore, The Husband-Wife and Mother-Son Relationship, in: Sociological Bulletin, 11, 1961, S. 91-102. Vgl. auch Ross, a.a.O., S. 147, als Beleg für die Existenz einer ähnlichen Beziehung in verstädterten Familien.

48) The Laws of Manu, a.a.O., S. 85. Ähnliche Gefühle werden im *Mahabharata* ausgedrückt.

49) Vgl. z.B. Mandelbaum, a.a.O., S. 88 und Lewis, a.a.O., S. 195.

50) Geeta Majumdar, Folk Tales of Bengal, New Delhi 1911, S. 17.

51) *The Laws of Manu*, a.a.O., S. 344.

52) Ebd., S. 56.

53) *Mahabharata* (Übs. P.C. Roy), Bd. 1 *(Adi-parva)*, S. 177 f.

54) *Brahmavaivarta*, 3.2.19-24, in: O'Flaherty, a.a.O., S. 225.

55) *The Laws of Manu*, a.a.O., S. 354. Normalerweise ist der Sohn für die Durchführung dieser Riten verantwortlich. Wenn ein Paar keinen Sohn hat, kann sie vom Sohn der Tochter übernommen werden.

56) Die hinduistische Einstellung ähnelt Malinowskis Charakterisierung der Melanesianer: „Die Frau zeigt stets eine leidenschaftliche Sehnsucht nach ihrem Kind, und die umgebende Gesellschaft unterstützt ihre Gefühle, fördert und idealisiert sie durch Sitten und Gebräuche." Vgl. B. Malinowski, Sex and Repression in Savage Society, New York 1927, S. 21.

57) Helene Deutsch, The Psychology of Women, Bd. 2, Kap. 2

58) Wenn nicht ausdrücklich anders angegeben, beschäftigen sich die folgenden Ausführungen ausschließlich mit dem männlichen Kind, wobei im Falle von Töchtern das Muster etwas anders ist.
59) Anthropologische Darstellungen, die die verbreitete Existenz dieses Verhaltensmusters in ganz Indien bestätigen, vgl. G. M. Carstairs, The Twice Born, London 1957, S. 63 f; S. C. Dube, Indian Village, S. 148 f; Dhiendra N. Narain, Growing up in India, in: Family Process, 3, 1964, 134–137; John W. Elder, Industrialization in Hindu Society: A Case Study in Social Change, unveröff. Diss., Harvard University 1959, S. 242.
60) Gardner Murphy, In the Minds of Men, New York 1953, S. 56.
61) Vgl. Adrian C. Mayer, Caste and Kinship in Central India, London 1970; Ross, a.a.O.; Gore, a.a.O.; D. Narain, Interpersonal Relationships in the Hindu Family, in: R. Hill and R. Konig (Hrg.), Families in East and West, Paris, S. 454–480.
62) Jawaharlal Nehru, Toward Freedom, Boston 1961, S. 22.
63) Paramhansa Yogananda, Autobiography of a Yogi, Los Angeles 1972, S. 4.
64) S. Freud, Vorlesungen zur Einführung in die Psychoanalyse, GW Bd. XI, S. 422.
65) W. J. Wilkins, Hindu Mythology (1882), Delhi 1972, S. 107–112 und 238–247.
66) E. H. Erikson, Ontogeny of Ritualization, in: R. M. Loewenstein u.a. (Hrg.), Psychoanalysis – A General Psychology: Essays in Honor of Heinz Hartmann, New York 1966, S. 604.
67) *Vaivarta Purana*, zitiert nach: Wilkins, a.a.O., S. 244.
68) J. Bowlby, Separation: Anxiety and Anger, London 1973.
69) Ebd., S. 314.
70) *Satpatha Brahmana*, zitiert nach: Wilkins, a.a.O., S. 286.
71) J. Hitchcock, Pregnancy and Childbirth, zitiert nach: D. Narain, Growing up in India, a.a.O., S. 139.
72) William S. Taylor, Basic Personality in Orthodox Hindu Culture Patterns, in: Journal of Abnormal Psychology, 43, 1948, S. 11. Vgl. auch P. Spratt, Hindu Culture and Personality, Bombay 1966, S. 181–186.
73) Vgl. Bowlby, Separation, S. 359 und W. D. Winnicott, The Capacity to be Alone, in: International Journal of Psychoanalysis, 39, 1958, S. 416–420. Ein ähnlicher Standpunkt wird auch von den intellektuellen Vertretern der sogenannten „Gegenkultur" in den Vereinigten Staaten vertreten. So ist Philip Slater der Auffasung, daß die gegenwärtige Sozialordnung in Amerika drei fundamentale Bedürfnisse des Menschen unbefriedigt läßt: „Den

Wunsch nach *Gemeinschaft* – den Wunsch, in Vertrauen und brüderlicher Kooperation mit den anderen Menschen zu leben. Den Wunsch nach *Engagement* – den Wunsch, mit den sozialen und interpersonellen Problemen in direkten Kontakt zu kommen. Den Wunsch nach *Abhängigkeit* – den Wunsch, die Verantwortung für die Kontrolle der eigenen Triebe und die Richtung des eigenen Lebens mit anderen zu teilen." Vgl. The Pursuit of Loneliness: American Culture at the Breaking Point, Boston 1970, S. 5.

74) S. Freud, Vorlesungen zur Einführung in die Psychoanalyse, GW Bd. XI, und: Hemmung, Symptom und Angst, GW Bd. XIV

75) Vgl. Bowlby, Attachment.

76) Erich Neumann, The Great Mother: An Analysis of the Archetype, 2. Aufl., Princeton 1963, S. 147–203

77) Slater, The Glory of Hera, S. 68. Slaters brillante Analyse der Mutter-Sohn-Konstellation im alten Griechenland zeigt einige Parallelen, wenn auch nicht völlige Identität mit der Situation im modernen Indien und war eine reiche Quelle für Vergleichsmaterial.

78) *Kalika Purana*, 47, 114–119, paraphrasiert von O'Flaherty, a.a.O., S. 190

79) Matsya Purana, 155, 1–34.

80) William N. Stephens hat in einem interkulturellen Vergleich der Familie nachgewiesen, daß diese Tabus mit den Anzeichen von sexueller Erregung positiv korrelieren. Vgl. The Family in Cross-Cultural Perspective, New York 1963, S. 80 ff.

81) *The Laws of Manu*, a.a.O., S. 135.

82) *Aitareya Brahmana*, 1.6.1–6; vgl. O'Flaherty, a.a.O., S. 275.

83) Dube, a.a.O., S. 190–197.

84) Karen Horney, The Dread of Woman, in: International Journal of Psychoanalysis, 13, 1932, S. 349–353.

85) *Brahma Purana*, 81.1–5; paraphrasiert von O'Flaherty, a.a.O., S. 204.

86) Thirty Minor Upanishads (Übers. K. N. Aiyar), zitiert nach: Spratt, a.a.O., S. 118.

87) *Mahabharata*, Bd. 2 *(Vanaparva)*, S. 102–105.

88) *Padma Purana*, 5.26.91–125; O'Flaherty, a.a.O., S. 280.

89) *Ramayana von Valmiki*, Bd. 1 (*Aranyakanda*), 18: 15–16. In der psychoanalytischen Literatur war es Wilhelm Stekel, der auf die Beziehung zwischen der Nase und den weiblichen Genitalien hinwies, wobei sich einige seiner Schlüsse auf die frühen Arbeiten von Wilhelm Fliess bezogen. Vgl. Wilhelm Fliess, Die Bezie-

hungen zwischen Nase und weiblichen Geschlechtsorganen in ihrer biologischen Bedeutung, Wien 1897; vgl. Stekel, Conditions of Nervous Anxiety and their Treatment, London 1923, S. 49.

90) Spratt, a.a.O., S. 254.

91) Ebd., S. 252–257.

92) Ich vermute, daß dies überzeugend durch klinisches Material bestätigt werden wird, wenn erst solches in ausreichender Menge und Qualität vorliegt. Inzwischen können wir nicht außer acht lassen, daß Jungen eines bestimmten Alters gern „Frau spielen". Die Fallgeschichte eines kleinen Jungen, der sich einen Bindfaden um seine Vorhaut band und seinen Penis so fest in das Skrotum hineinzog, daß dieser von den Falten des Skrotums bedeckt war und seine Genitalien auf diese Weise eine bemerkenswerte Ähnlichkeit mit weiblichen Genitalien bekamen, ist eine extreme Manifestation dieser Identifikation. Vgl. G. Bose, The Genesis and Adjustment of the Oedipal Wish, in: Samiksa, 3, 1949, S. 231. Dieses Verhalten erinnert an die allgemein akzeptierte (und bewunderte) Fähigkeit der Hatha-Yogis, den Penis und die Testikel unter das Schambein zurückzuziehen, so daß ihr Körper wie der einer Frau aussieht.

93) Die zweite Variante des Ganesha-Mythos, in der Sani nach langem Zögern das Baby Genesha anschaut (und ihn dadurch um seinen Kopf bringt), erinnert an die Fälle von skrotophilen Frauen, deren zwanghaftes Nichtanschauen und Anschauen von männlichen Genitalien ein pervertierter Ausdruck ihres Kastrationswunsches ist.

94) *Mahabharata*, Bd. 10 (*Anusasnaparva*), S. 35–38.

95) Spratt, a.a.O., S. 193 und S. 237.

96) Warner Muensterberger, Psyche and Environment, Psychoanalytic Quarterly, 38, 1969, S. 204.

97) Zu Freuds Unterscheidung zwischen Primär- und Sekundärprozessen vgl. Formulierungen über die zwei Prinzipien des psychischen Geschehens, GW Bd. VIII.

98) Dies ist natürlich eine impressionistische Verallgemeinerung, die auf persönlichen und beruflichen Erfahrungen in Indien und in westlichen Gesellschaften beruht. Empirische Untersuchungen, die indische und westliche Kinder vergleichen, sind selten. Eine ältere Untersuchung, die den Eindruck stützt, daß die primären Denkprozesse in der indischen Kindheit weit über das Kleinkindalter hinaus andauern, ist zu fnden bei J. C. Hoyland, An Investigation Regarding the Psychology of Indian Adolescence, Jubbulpore 1921. In einer Untersuchung, die auf Antworten von

Studenten auf Rohrschach-Testkarten beruht, kommt Asthana zu dem Schluß, daß Phantasie und Vorstellungskraft die gesamte Testgruppe charakterisieren. Vgl. Hari S. Asthana, Some Aspects of Personality Structuring in Indian (Hindu) Social Organization, in: Journal of Social Psychology, 44, 1956, S. 155-163.
99) Pinchas Noy, A Revision of the Psychoanalytic Theory of the Primary Process, in: International Journal of Psychoanalysis, 50, 1969, S. 155-178.
100) Ebd., S. 176 f.
101) Vgl. E. H. Erikson, Identity: Youth and Crisis, S. 174 für eine Diskussion des Begriffs von der negativen Identität.
102) Henry Whitehead, The Village Gods of South India, Calcutta 1921, S. 18.
103) *Mahabharata*, Bd. 4 (*Virataparva*), S. 12.
104) Milton Singer, The Radha-Krishna Bhajans of Madras City, in: M. Singer (Hrg.), Krishna: Myths, Rites, and Attitudes, Honolulu 1966, S. 130.
105) Swami Saradananda, Sri Ramakrishna, The Great Mother, Madras, S. 238.

4. Kapitel

1) Für die soziologische Diskussion der indischen Familie beziehe ich mich auf William J. Goode, World Revolution and Family Patterns, New York 1963; Aileen D. Ross, The Hindu Family in its Urban Setting, Toronto 1962; und insbesondere auf David G. Mandelbaums wissenschaftliche und feinfühlige Arbeit Society in India, Berkeley 1970, Bd. 1, Teil 2.
2) Für die Calcutta-Studie vgl. Jyotirmoee Sarma, The Nuclearization of Joint Family Households in West Bengal, in: Man in India, 44, 1964, S. 193-206; für die Gujarat-Studien: I. P. Desai, Some Aspects of Family in Mahuva, New York 1964, S. 69; K. M. Kapadia, Rural Family Patterns, in: Sociological Bulletin, 5, 1956, S. 111-126; für die Madhya Pradesh-Studie vgl. Edwin D. Driver, Differential Fertility in Central India, Princeton 1963; für Bombay: Murray A. Straus, Dorothea Winkelmann, Social Class, Fertility and Authority in Nuclear and Joint Households in Bombay, in: Journal of Asian and African Studies, 9, 1969, S. 61-74.

3) Vgl. 3. Kapitel, Die Lebensstufe der Heirat.
4) Dies bezieht sich auf William Goodes These: „Die meisten Menschen leben einen Teil ihres Lebens in einem gemeinsamen Haushalt, aber zu jedem bestimmten Zeitpunkt sind die meisten Haushalte keine Gemeinschaftshaushalte.", A.a.O., S. 244.
5) Morris M. Lewis, Language, Thought and Personality in Infancy and Childhood, New York 1964, S. 33.
6) Louis Dumont, Homo Hierarchicus: Essai sur le Système des Castes, Paris 1966.
7) Henry Orenstein, Gaon: Conflict and Cohesion in an Indian Village, zitiert nach: Mandelbaum, a.a.O., S. 40.
8) *The Laws of Manu* (Übers. G. Buhler) Oxford 1886, S. 145.
9) Sudhir Kakar, The Theme of Authority in Social Relations in India, in: Journal of Social Psychology, 84, 1971, S. 93-101.
10) Ebd., S. 100.
11) Erik H. Erikson, Identity: Youth and Crisis, New York 1968, S. 23.
12) Vgl. z.B. Brij B. Sethi, V. R. Thakore, S. C. Gupta, Changing Patterns of Culture and Psychiatry in India, in: American Journal of Psychotherapy, 19, 1965, S. 445-454.
13) Die Begriffe „Kaste" und „Kastensystem" werden oft undifferenziert für zwei verschiedene Dinge benutzt. Einmal wurde mit „Kaste" die *varna* gemeint, die sozusagen die Kaste als Archetyp ist, die Breitwand für die tradionelle Vorstellung von Kastenidentität und Kastenstatus. Ein anderesmal bedeutete „Kaste" nicht nur *jati*, sondern war eine Umschreibung für Verwandtschaftsbeziehungen und *jati*-Gruppierungen. Wir können erst seit kurzem die verschiedenen Kulturgruppen der indischen sozialordnung genauer differenzieren. Das verdanken wir der mühsamen anthropologischen und soziologischen Forschungsarbeit sowohl indischer als auch ausländischer Wissenschaftler. Vgl. z.B. M. N. Srinivas, Caste in Modern India, Bombay 1962; André Béteille, Castes: Old and New, Bombay 1969; Dumont, a.a.O.
14) Mandelbaum, a.a.O., S. 14.
15) Nehru, Toward Freedom, Boston 1958, S. 353.
16) Persönliche Mitteilung eines Verwandten aus seiner Erinnerung an seine Kindheit und Jugend.
17) Shashi K. Pande, The Mystique of „Western" Psychotherapy: An Eastern Interpretation, in: Journal of Nervous and Mental Disease, 46, 1968, S. 425-432.
18) Lois Murphy u. a., The Widening World of Childhood, New York 1967.

19) S. C. Dube, Indian Village, New York 1967, S. 149. Für eine ähnliche Diskussion der Auswirkungen der „zweiten Geburt" auf die Persönlichkeitsentwicklung in Indien vgl. K. V. Rajan, A Psychological Evaluation of Certain Trends in Indian Culture, in: Indian Journal of Psychology, 32, 1957, S. 127. In verschiedenen Teilen Indiens gesammeltes anthropologisches Material belegt die *Tatsache* dieser Trennung des Sohnes von der Mutter und der Verbanung des Jungen in den Wohnbereich der Männer; vgl. L. Minturn, J. T. Hitchcock, The Rajputs of Khalapur, in: B. B. Whiting (Hrg.), Six Cultures: Studies of Child-rearing, New York 1963, S. 347-350; C. V. Wiser, W. H. Wiser, Behind Mud Walls, New York 1932, S. 10. Vgl. auch H. S. Asthana, Some Aspects of Personality Structuring in Indian (Hindu) Social Organization, in: Journal of Social Psychology, 44, 1956, S. 104.
20) Heinz Kohut, The Analysis of the Self, New York 1971. Die Tatsache, daß die Begriffe „narzißtisch" und „Narzißmus" in der psychoanalytischen Literatur in vielen verschiedenen Zusammenhängen benutzt worden sind, hat zu einer ziemlichen Verwirrung geführt. Klinisch wurde der Narzißmus als sexuelle Perversion bezeichnet; genetisch als Entwicklungstufe; vom Standpunkt der Objektbeziehungen aus als eine spezifische Art der Objektwahl und der Beziehung zur Umgebung; und in der psychoanalytischen Ichpsychologie als Aspekt des Selbstwertgefühls. In Übereinstimmung mit einem großen Teil der modernen Literatur zu dem Thema benutze ich den Begriff „Narzißmus" hier als die Konzentration des geistigen Interesses auf das Selbst und die entsprechenden Konflikte, die aus Problemen mit der Selbstwertregulierung entstehen. Zur psychologischen Diskussion des Narzißmus vgl. W. G. Joffe, Joseph Sandler, Some Conceptual Problems Involved in the Consideration of Disorders of Narcissism, in: Journal of Child Psychotherapy, 2, 1967, S. 56-66; Sydney E. Pulver, Narcissism: Concept and Metapsychological Conception, in: Journal of American Psychoanalytic Association, 18, 1970, S. 319-341.
21) Kohut, a.a.O., S. 25.
22) Vgl. E. H. Erikson, Young Man Luther, New York 1958, S. 123f; Erich Fromm, The Crisis of Psychoanalysis, London 1971, S. 106-134.
23) So bemerkt Mandelbaum, a.a.O., S. 60, daß „Beziehungen zwischen Vater und Sohn als formell und distanziert angesehen werden und es auch oft sind", während Mayer, a.a.O., S. 218, schreibt: „In den meisten Haushalten wird dem idealen Muster genügend genau gefolgt, ohne daß körperliche Disziplinierung

vonnöten wäre. Dieses ideale Muster beruht auf der Distanz zwischen dem Vater und seinem Sohn." Vgl. auch Ross, a.a.O., S. 100.

24) Paramhansa Yogananda, Autobiography of a Yogi, Los Angeles 1972, S. 268. Für einen im wesentlichen ähnlichen Bericht von der Beziehung eines jungen Mannes zu seinem Vater im modernen Indien vgl. Sudhir Kakar, Kamla Chowdhry, Conflict and Choice: Indian Youth in a Changing Society, Bombay 1971, S. 27 f.

25) Mohandas K. Gandhi, The Story of My Experiments with Truth, Boston 1957, S. 27 f.

26) Zitiert nach: D. Narain, Growing up in India, in: Family Process, 3, 1964, S. 149 f.

27) Vgl. Sudhir Kakar, Neuroses in India: An Overview and Some Observations, in: Indian Journal of Psychology, 50 (2), 1975, S. 172-179.

28) In seiner Analyse von 166 Volkserzählungen aus sieben indischen Provinzen wurde festgestellt, daß im Vergleich zu 42 Erzählungen aus sogenannten vorschriftlichen Gesellschaften der Vater-Sohn-Konflikt in Indien eine geringe Intensität hat. Die höchsten Frequenzen dieses Konflikts wurden bei den Rajputs von Gugarat und Rajasthan gefunden. Vgl. Sudhir Kakar, Aggression in Indian Society: An Analysis of Folk Tales, a.a.O., S. 124 f.

29) Otto Fenichel, The Psychoanalytic Theory of Neurosis, London 1971, S. 89.

30) Vgl. Harold Lincke, Das Über-Ich – eine gefährliche Krankheit?, in: Psyche, 24, 1970, S. 375-402.

31) O'Flaherty, a.a.O., S. 96-99.

32) Yogananda, a.a.O., S. 107.

33) Ebd., S. 123.

5. Kapitel

1) Eine Beschreibung des Wesens Krishnas vgl. David R. Kinsley, The Sword and the Flute: Kali and Krishna, Berkeley 1975, Kap. 1 und 2; Eine Darstellung der frühen und mittelalterlichen Formen des Krishna-Kultes vgl. S. C. Mukherji, A Study of Vaisnavism in Ancient and Medieval Bengal, Calcutta 1966; vgl. auch Nicol Macnicol, Indian Theism (2. Aufl.), Delhi 1968.

2) *Bhagavata Purana* (eigene Übersetzung), XI.14.23-24. Eine interessante Parallele ist, daß das „Geschenk der Tränen" im

mittelalterlichen Katholizismus auch ein besonderes Zeichen der Heiligkeit war.

3) McKim Marriot, The Feast of Love, in: M. Singer (Hrg.), Krishna: Myths, Rites, and Attitudes, Honolulu 1966, S. 202.

4) Ebd., S. 203 f.

5) Ebd., S. 210 f.

6) Ebd., S. 204.

7) Das *Govinda-lilamrita* ist in diesem Punkt unmißverständlich: „Krishna tanzte. Er machte eine Pause und bewunderte die Mädchen. Er küßte einige auf die Wange und auf den Mund, betrachtete andere mit Begierde und tätschelte noch anderen die Brüste, wobei er Spuren seiner Fingernägel auf diesen zurückließ. Während dieses *rasa*-Spiels hatte er Geschlechtsverkehr mit Radha und anderen Mädchen und hatte so Verkehr mit sich selbst." Zitiert nach Kinsley, a.a.O., S. 53.

8) *Bhagavata Purana*, XI.14.20.

9) Ebd., VII.9.10.

10) Thomas J. Hopkins, The Social Teachings of the *Bhagavata Purana*, in: M. Singer (Hrg.), Krishna: Myths, Rites, and Attitudes, S. 22.

11) J. A. Arlow, Ego Psychology and the Study of Mythology, in: Journal of American Psychoanalytic Association, 9, 1961, S. 379.

12) Otto Rank, The Myth of the Birth of the Hero, New York 1952.

13) Ich verdanke Philip Slaters Analyse des Herakles-Mythos die Aufklärung einiger Parallelen in Krishna-Legenden. Vgl. Slater, The Glory of Hera, Boston 1966, Kap. 12.

14) Vgl. in diesem Zusammenhang Melanie Klein, Bemerkungen über einige schizoide Mechanismen, in: Das Seelenleben des Kleinkindes, Hamburg 1972, S. 101-125.

15) Die Standardwerke zur Double-bind-Theorie der Schizophrenie sind: Gregory Bateson u.a., Towards a Theory of Schizophrenia, in: Behavioral Science, 1, 1956, S. 251-264; T. Lidz u.a., Schizophrenia and the Family, New York 1966. Für eine ausführliche Erörterung des oral-narzißtischen Konfliktes, von dem hier die Rede ist, vgl. J. N. Rosen, Direct Analysis, New York 1953

16) Henry A. Bunker, Mother-Murder in Myth and Legend, in: Psychoanalytic Qarterly, 13, 1944, S. 198-207.

17) Kanhaiyalal M. Munshi, Krishnavatara, Bd. 1, Bombay 1967, S. 65-67.

18) „Homerischer Hymnus an Apollo" zitiert nach: Slater, a.a.O., S. 139. Schlangenmythen gibt es in den Mythologien der meisten Gesellschaften in großer Zahl. Die symbolische Spannbreite dieser

Mythen und die vielen verschiedenen Ebenen, auf denen diese Symbole interpretiert werden können, sind beispielhaft für die Möglichkeiten und die Grenzen der psychologischen Analyse von Mythen. Zur Diskussion des Symbolismus in Schlangenmythen vgl. Joseph Campbell, The Hero With a Thousand Faces, New York 1956; Joseph Fonterose, Python: A Study of Delphic Myth and its Origins, Berkeley 1959; R. F. Fortune, The Symbolism of the Serpent, in: International Journal of Psychoanalysis, 7, 1926, S. 237–243.

19) *Bhagavata Purana*, X.8.26–31.

20) Zitiert nach Kingsley, a.a.O., S. 47.

21) Ebd., S. 50.

22) Für eine ausführliche Beschreibung des rituellen Lebens der Shiva-Anhänger vgl. W. McCormack, On Lingayat Culture, in: A. K. Ramanujan, Speaking of Shiva, London 1973, S. 175–187. Die geschichtliche Enwicklung des Shaivismus und der Lehren seiner verschiedenen Sekten vgl. B. Bhattacharya, Saivism and the Phallic World, 2 Bde., New Delhi 1975; vgl. auch Macnicol, a.a.O., S. 160–179.

23) Thorkil Vanggaard, Phallos, London 1972, S. 56.

24) Vgl. Annie Reich, Pathological Forms of Self-Esteem Regulation, in: The Psychoanalytic Study of the Child, 15, 1960, S. 215–232.

25) Sandor Ferenczi, Thalassa: A Theory of Genitality, in: Psychoanalytic Quarterly, New York 1938, S. 16.

26) *Mahabharata*, Bd. 11 (*Anusasanaparva*), Übers. von R. C. Roy, Calcutta o.J., S. 386.

27) *Siva Purana*, 49, 35–36, in: W. O'Flaherty, Ascetism and Eroticism in the Mythology of Siva, London 1973, S. 130 f.

28) Vgl. P. Spratt, Hindu Culture and Personality, Bombay 1966, S. 338. Spratt (337 f.) berichtet auch eine Legende, die von den Skulpturen eines Madurai-Tempels dargestellt wird, in der ein Paar vor die Alternative gestellt wird, entweder einen Sohn mit einem schlechten Charakter zu bekommen, der sie überleben würde, oder aber einen Sohn mit einem guten Charakter, der jedoch vor ihnen sterben würde und somit nicht in der Lage sein würde, die unbedingt erforderlichen Begräbnisriten für sie abzuhalten. Das Paar wählte einen tugendhaften Sohn. Als der Todesgott kam und ihn holen wollte, hielt er sich so verbissen am Penis seines Vaters fest, daß Yama machtlos war und dem Jungen erlaubt wurde weiterzuleben.

29) Vgl. N. N. Chatterji, Notes on Disturbances of Ego in Schi-

zophrenia, in: Samiksa, 7, 1953, S. 49. In einem andern Beitrag, Oedipus Conflict and Defence of the Ego, in: Samiksa, 8, 1954, S. 125-132, berichtet Chatterji über den Fall eines Patienten, der unter dem Eindruck einer phantasierten Bedrohung, vom Vater anal penetriert und dadurch in eine Frau verwandelt zu werden, sich vorstellt, daß er beide Eltern auffrißt und dadurch *ardhnarishwara* wird und sexuelle Leistungsfähigkeit gewinnt.

30) T. C. Sinha, Some Psychoanalytical Observations on the Siva Linga, in: Samiksa, 3, 1949, S. 39-41.

31) *Yogasastra*, zitiert nach: O'Flaherty, a.a.O., S. 8.

32) Sister Nivedita, The Master as I Saw Him, Calcutta 1910, S. 118.

33) Vgl. in diesem Zusammenhang Pamela Daniels, Militant Nationalism in Bengal: A Study in the Shaping of Nations, unveröff. Magisterarbeit, Harvard University 1963

34) Swami Vivekananda, The Yogas and Other Works, (Hrg.: S. Nikhilananda, New York 1953, S. 118.

35) Ebd., S. 119.

36) Swami Vivekananda, The Complete Works of Swami Vivekananda, Bd. 4, Almora 1923, S. 337.

37) Brief an Mary Hale in: Swami Vivekananda, The Yogas and Other Works, S. 92.

38) Ebd., S. 157 f.

39) Erik H. Erikson, Young Man Luther, New York 1958, S. 34.

40) Bhupendra Nath Datta, Swami Vivekananda: Patriot—Prophet, Calcutta 1954, S. 147. Wegen der Einzelheiten aus Vivekanandas Kindheit und Jugend habe ich die Darstellungen der beiden maßgeblichen Berichte miteinander verglichen: Sailendra Nath Dhar, A Comprehensive Biography of Swami Vivekananda, Bd. 1, Madras 1975; und die offizielle Biographie, The Life of Vivekananda, by his Eastern and Western Disciples, Almora 1974.

41) Ebd. Vgl. auch Dhar, a.a.O., S. 114.

42) Swami Vivekananda, The Yogas and Other Works, S. 1.

43) Datta, a.a.O., S. 114.

44) Ebd., S. 115.

45) Ernest Jones, Das Leben und Werk von Sigmund Freud, Bd. 1, Bern 1982, S 22.

46) Brief an Mary Hale, in: Swami Vivekananda, The Yogas and Other Works, S. 165.

47) Nivedita, a.a.O., S. 249.

48) Swami Vivekananda, The Yogas and Other Works, S. 2. Da sich indische Mütter viel länger um die Kleinkinder kümmern als das

von Vivekananda für seine Kindheitserinnerungen angegebene Alter (sogar wenn Teile der späteren Kindheit in diese Erinnerung eingedrungen sind), ist es entwicklungsmäßig wahrscheinlich und vernünftig anzunehmen, daß Vivekananda mit „Familie" in Wahrheit seine Mutter meint.

49) Brief an Mrs. Ole Bull, in: Swami Vivekananda, The Yogas and Other Works, S. 945; vgl. auch Nivedita, a.a.O., S. 206 f.

50) Brief an Mary Hale, in: Swami Vivekananda, The Yogas and Other Works, S. 916.

51) Swami Vivekananda, Lectures from Colombo to Almora, Almora 1933, S. 223.

52) Nivedita, a.a.O., S. 162-168.

53) Ebd., S. 170.

54) Datta, a.a.O., S. 97, 102 und 105.

55) Swami Vivekananda, The Yogas and Other Works, S. 128 (Hervorh. im Original)

56) Ebd., S. 151.

57) Ebd., S. 102.

58) Swami Vivekananda, Complete Works, Bd. 3, S. 224.

59) Ebd., Bd. 4, S. 143.

60) Nivedita, a.a.O., S. 297.

61) Brief an Nivedita, in: Swami Vivekananda, The Yogas and Other Works, S. 951.

62) Brief an Mary Hale, in: Swami Vivekananda, The Yogas and Other Works, S. 950.

63) Brief an Miss Macleod, in: Swami Vivekananda, The Yogas and Other Works, S. 951.

64) Vgl. H. Kohut, The Analysis of the Self, New York 1971, S. 108 f.

65) Swami Vivekananda, The Yogas and Other Works, S. 5.

66) Daniels, a.a.O., S. 27.

6. Kapitel

1) S. Freud, Das Unbehagen in der Kultur, GW Bd. XIV, S. 473. Vgl. auch Freuds Marxismuskritik in: Neue Folge der Vorlesung zur Einführung in die Psychoanalyse, GW Bd. XV, S. 191 ff.

2) Swami Vivekananda, The Yogas and Other Works, (Hrg.: S. Nikhilananda), New York 1953, S. 525.

3) Eine Diskussion des Begriffs der narzißtischen Wut vgl. H.

Kohut, Narzißmus und narzißtische Wut, in: Psyche, 27, 1973, S. 513-554.

Anhang

1) Ich wäre sehr überrascht, wenn das *jatakarma*, das hinduistische Geburtsritual, jemals genau so stattgefunden hätte, wie ich es hier beschrieben habe. Ich habe den Verlauf der Geburt und des Rituals rekonstruiert nach den Texten der ayurvedischen Medizin, die in den *Grihyasutras*, den alten Texten, die Vorschriften für die verschiedenen *samskaras* enthalten, gegeben werden – dem bindenden Netz von Zeremonien, Sakramenten und Riten, die den Hindu vom Moment seiner Empfängnis im Mutterleib bis zur Stunde seines Todes und in den Begräbnisszenen noch über den Tod hinaus begleiten. In der tatsächlichen Praxis werden natürlich viele der vorgeschriebenen *samskaras*, einschließlich der Geburtsriten, je nach Region, Kaste oder historischen Bedingungen gekürzt und verknappt, mit anderen vermischt oder gänzlich weggelassen.

2) Abgesehen von den Volksliedern, gehört dieses Material im wesentlichen der literarischen Tradition der höheren Kasten an. Doch wie Kosambi in einem anderen Zusammenhang nachgewiesen hat, ähneln solche Traditionen im großen und ganzen denen der niederen Kasten, und ihr bisheriges und zukünftiges Überleben in großen Teilen der Gesellschaft ist einer der typischen Aspekte der indischen Kultur. Vgl. D. D. Kosambi, The Culture and Civilization of Ancient India in Historical Outline, New Delhi 1970, S. 16.

3) Vgl. George Bühler (Übers.), *The Laws of Manu*, in: F. Max Müller (Hrg.), The Sacred Books of the East, Bd. XXV, Oxford 1886, III, S. 114; VIII, S. 66-71; IX, S. 283.

4) Ebd., V, S. 67-71.

5) Ebd., III, S. 114.

6) Ebd., IV, S. 179.

7) Ebd., IV, S. 282 f.

8) Ebd., VIII, S. 299 f; IX, S. 230.

9) Vgl. Jerome Carcopino, Daily Life in Ancient Rome, New Haven 1940, Kapitel IV über „Marriage, Woman and the Family".

10) Richard B. Lyman Jr., Barbarism and Religion: Late Roman and Early Medieval Childhood, in: L. de Mause (Hrg.), The History of

Childhood, New York 1975, S. 84.
11) Caraka Samhita, mit einer Hindi-Übersetzung von Jaideva Vidyalankar, Delhi 1975, Sarira 2: 33-36.
12) Caraka, Sarira 4: 15-19.
13) Vgl. Debiprasad Chattopadhya, Science and Society in Ancient India, Calcutta 1977, der diese Tatsache betont.
14) Der ayurvedische Standpunkt deckt sich mit dem der modernen Psychoanalyse, die der Auffassung ist, daß man in der frühen Lebensphase das Kleinkind sehen muß „nicht als ein Individuum, sondern nur als Teil einer Fürsorgeeinheit, aus der es sich langsam als Individuum herausdifferenziert, wobei der mütterliche Partner als Katalysator und lebender Puffer wirkt": Margaret Mahler, On Human Symbiosis and the Vicissitudes of Individuation, New York 1968, S. 229.
15) *Caraka*, Sarira 8: 96.
16) *Susruta*, Sarira 10: 38.
17) Vgl. z.B. *Mahabharata* (Übers. M. N. Dutta), 12 Bde., Calcutta o.J., Bd. 1, S. 107-180; Bd. 2, S. 217; Bd. 11, S. 4, 55, 87.
18) Ebd., Bd. 1 (*Adi Parva*), S. 107 f.
19) Ebd., Bd. 2, (*Sabha Parva*). S. 217.
20) Ebd., Bd. 1 (*Adi Parva*), S. 510.
21) Ebd., S. 177 f.
22) Ebd., 4, (*Udyog Parva*), S. 210.
23) Ebd., S. 374 f.
24) Ebd., Bd. 9 (*Santi Parva*), S. 105.
25) Ebd., S. 136.
26) Ebd., S. 349.
27) Vgl. z.B. Bd. 1 (*Adi Parva*), S. 177; Bd. 9 (*Santi Parva*), S. 267 und 269.
28) Ebd., Bd. 10 (*Anusasana Parva*), S. 155.
29) Bhavabhuti, Uttara Rama-Charita, 6:13 und 6:22, Banabhatta, Harshacarita, 5:99.
30) Kalidasa, Raghuvamsha: 3:45-46.
31) Srinivas Sharma, Adhunik Hindi Kavya Vatsalya Rasa, zitiert in Chandrabhan Rawat, Sur Sahitya, S. 229 (eigene Übersetzung)
32) Rawat, Sur Sahitya, S. 229 (eigene Übersetzung)
33) Jadunath Sinha (Hrg.), Ramaprosad's Devotional Songs, Calcutta 1966, S. 7.
34) David R. Kinsley, The Sword and the Flute: Kali and Krishna, Dark Visions of the Terrible and the Sublime in Hindu Mythology, Berkeley 1975, S. 12-19.

35) Surdas, Sursagarsar (Hrg. D. Verma), Allahabad 1972, S. 59 (eigene Übersetzung)
36) Goswami Tulsidas, Kavitavali (Hrg.: R. P. Tripathi), Allahabad o.J., S. 3 (eigene Übersetzung)
37) Dies ist Huizingas Formulierung, um das menschliche Spiel zu beschreiben; zitiert in: Erik H. Erikson, Toys and Reasons, New York 1977, S. 43.
38) Surdas, S. 57.
39) Tulsidas, Gitavali (ins Hindi übers. von V. N. Prasad), Gorakhpur o.J., S. 30–40 (eigene Übersetzung)
40) Für einen Vergleich des *ashramadharma* mit einem modernen Schema psychosozialer Entwicklung vgl. mein The Human Life Cycle. Traditional Hindu View and the Psychology of Erik Erikson, in: Philosophy in East and West, 18 (3), 1968
41) V. B. Athavale, Balaveda, Bombay 1977, S. 1.
42) Eine Diskussion der Psychologie von Ritualen und Ritualisierung vgl. Erik H. Erikson, Ontogeny of Ritualization in Man, in: R. M. Loewenstein u.a. (Hrg.), Psychoanalysis – A General Psychology, New York 1966, S. 601–606.
43) Der Inhalt der *samskaras* ist ausführlich beschrieben worden in: Raj B. Pandey, Hindu Samskaras, Delhi 1969
44) Vgl. R. Sankrantyan, D. K. Upadhyaya (Hrg.), Hindi Sahitya ka Vrihat Itihas, Kashi, Bd. 16 (Teil 3), 19, S. 111.
45) P. V. Kane, History of Dharmasastra, Poona 1933, Bd. 2 (Teil 1), S. 180.
46) In einer Studie über das Heranwachsen in 700 Familien im Stadtbereich von Poona berichtet uns Champa Aphale, daß das *namakarana* allgemein gefeiert wurde, außer in einigen Familien, wenn es sich um Mädchen handelte; das *nishkramana* blieb den Kindern höherer und mittlerer Kasten vorbehalten; das *annaprasana* wurde in niederen Kasten nicht begangen und das *chudakarana* (*caula munda* in der Umgangssprache) wurde überall gefeiert, außer für Mädchen der höheren Kasten. Die Mädchen wurden auch vom Ritus des *upanayana* ausgeschlossen, der auch für Jungen der niederen Kasten nicht zelebriert wird. Vgl. Champa Aphale, Growing Up in an Urban Complex, New Delhi 1979, S. 53–56.
47) Hindi Sahitya ka Vrihat Itihas, S. 16.
48) In der Literatur über die *samskaras* ist das Alter, zu dem ein bestimmtes *samskara* durchgeführt werden sollte, nicht so sehr genau festgelegt, sondern bewegt sich in einem flexiblen, manchmal sehr weiten Rahmen. Chronologische Flexibilität jedoch

ist charakteristisch für alle Stufenmodelle der Entwicklung" – Freuds Phasen der psychosexuellen Entwicklung, Piagets Stufen der kognitiven Entwicklung und so weiter. Wie es auch diese Schemata tun, gibt uns die hinduistische rituelle Literatur das frühestmögliche Alter für einen bestimmten Übergang an, das spätestmögliche und manchmal das optimale Alter.

49) Vgl. in diesem Zusammenhang die verschiedenen Beiträge in: The History of Childhood, und vor allem de Mauses zusammenfassendem Essay: The Evolution of Childhood, S. 1–73.

50) de Mause unterscheidet folgende Modelle der Kindererziehung: 1. kindsmöderische (von der Antike bis ins 4. Jh. n. Chr.); 2. aussetzende (4. – 13. Jh.); 3. ambivalente (13.–17. Jh.); 4. aufdringliche (18. Jh.); sozialisierende (19. – Mitte 20. Jh.); 6. helfende (beginnt Mitte 20. Jh.). Vgl. de Mause, The Evolution of Childhood, S. 51–54

51) Zum Beispiel war, wie William Langer gezeigt hat, (im Gegensatz zu der populären Ansicht, daß dieser nur im Osten praktiziert worden wäre) Kindesmord an ehelichen wie unehelichen Kindern eine regelmäßgie Praxis im westlichen Altertum, vgl. William L. Langer, Infanticide: A Historical Survey, in: History of Childhood Quarterly, 1 (3), S. 353–365. So wurde in der Tat festgestellt, daß das Töten ehelicher Kinder in Europa während des Mittelalters nur sehr langsam abnahm und daß uneheliche Kinder bis ins 19. Jahrhundert hinein üblicherweise weiterhin getötet wurden. Vgl. de Mause, Evolution of Childhood, S. 25.

52) John Demos, The American Family in Past Time, in: American Scholar, 43 (3), 1974, S. 427.

53) Ich habe einige dieser psychologischen Konsequenzen im 3. Kapitel erörtert.

Bibliographie

Amitayur-dhyana-sutra, Übers. F. Takakusu, in: M. Müller (Hrg.), Sacred Books of the East, Bd. 49, Oxford 1910
Anant, S. S., Child Training and Caste Personality, in: Race Quarterly, 8, 1967, S. 385–394.
Apfelbaum, B., On Ego Psychology: A Critique of the Structural Approach to Psychoanalytic Theory, in: International Journal of Psychoanalysis, 47, 1966, S. 451–475.
Arlow, J. A., Ego Psychology and the Study of Mythology, in: Journal of American Psychoanal. Association, 9, 1961, S. 371–393.
Asthana, H. S., Some Aspects of Personality Structuring in Indian (Hindu) Social Organization, in: Journal of Social Psychology, 4, 1956, S. 155–163.
Axelrad, S., Comments on Anthropology and the Study of Complex Cultures, in: W. Muensterberger (Hrg.), Man and his Culture, London 1969, S. 273–293.
Bahadur, K. P., Folk Tales of Uttar Pradesh, New Delhi 1972
Bateson, G. u.a., Towards a Theory of Schizophrenia, in: Behavioral Science, 1, 1965, S. 251–264.
Béteille, A., Castes: Old and New, Bombay 1969
Bhagavad Gita
Bhagavata Purana
Bhandari, L. C., Some Aspects of Psychoanalytic Therapy in India, in: J. Masserman, J. Moreno (Hrg.), Progress in Psychotherapy, New York 1960, S. 218–220.
Bhasin, V., Aspects of Dependence-Independence Training in Joint Family, unveröff. Diss., University of Lucknow, 1959
Bhattacharya, B., Saivism and the Phallic World, 2 Bde., New Delhi 1975.
Bibring, G. u.a., A Study of the Psychological Processes in Pregnancy and of the Earliest Mother-Child-Relationship, in: The Psychoanalytic Study of the Child, 16, 1961, S. 9–72.
Billington, M. F., Women in India, New Delhi 1973
Blake, W., The Portable Blake (Hg.: A. Kazin), New York 1946
Bose, M., A Psychiatrist Discovers India, Calcutta 1966
Bossand, J. und Boll, E., The Large Family Structure in Indian (Hindu) Social Organization, in: J. of Social Psychology 44, 1956
Bowlby, J., The Nature of the Child's Tie to his Mother, in: International Journal of Psychoanalysis, 39, 1958, S. 350–373.
Bowlby, J., Attachment, New York 1969
Bowlby, J., Separation: Anxiety and Anger, London 1973

Brahmavaivarta Purana
Brihadaranyaka Upanishad
Brown, N., Life Against Death, London 1959
Bruner, J. S., Myths and Identity, in: Daedalus, Frühjahr 1959
Bunker, H. A., Mother-Murder in Myth and Legend, in: Psychoanalytic Quarterly, 13, 1944, S. 198-207.
Campbell, J., The Hero with a Thousand Faces, New York 1956
Carstairs, G. M., The Twice-Born, London 1957
Chatterji, N. N., Nature of Disturbances of Ego in Schizophrenia, in: Samiksa, 7, 1953, S. 39-52.
Chatterji, N. N., Oedipus Conflict and Defence of the Ego, in: *Samiksa, 8*, 1954, S. 125-132.
Chaudhry, B. R., Folk Tales of Rajasthan, New Delhi 1972
Cohn, B. S., India: The Social Anthropology of a Civilization, Englewood Cliffs 1971
Cormack, M., The Hindu Woman, Bombay 1961
Cremerius, J., Das Es und das Ich Freuds — und ein Schöpfungsmythos der alten Inder, in: Zeitschrift für psychosomatische Medizin, 4, 1957/58, S. 211-213.
Daly, C. D., Hindu-Mythologie und Kastrations-Komplex, in: Imago, 13, 1927, S. 145-198.
Daly, C. D., The Mother-Complex in Literature, in: Samiksa, 1, 1947, S. 157-170.
Daniels, P., Militant Nationalism in Bengal: A Study in the Shaping of Nations, unveröff. Magisterarbeit, Harvard University 1963
Das, F. M., Purdah, the Status of Indian Women, New York 1932
Das, R. M., Women in Manu and His Seven Commentators, Varanasi 1962
Desai, I. P., Some Aspects of Family in Mahuva, New York 1964
Deutsch, H., The Psychology of Women, 2 Bde., New York 1945
Devereaux, G., Normal and Abnormal: The Key Concepts of Ethnopsychiatry, in: W. Muensterberger (Hrg.), Man and his Culture, London, S. 113-136.
Dhammapada
Driver, E. D., Differential Fertility in Central India, Princeton 1963
Dube, S. C., Indian Village, New York 1967
Dumont, L., Homo Hierarchicus: Essai sur le système des castes, Paris 1966
Erikson, E. H., Childhood and Society, New York 1950
Erikson, E. H., Young Man Luther, New York 1958

Erikson, E. H., Ontogeny of Ritualization, in: R. M. Loewenstein u.a. (Hrg.), Psychoanalysis – A General Psychology, New York 1966
Erikson, E. H., Identity: Youth and Crisis, New York 1968
Erikson, E. H., Gandhis Wahrheit, Frankfurt/M. 1971
Fenichel, O., The Psychoanalytic Theory of Neurosis, London 1971
Ferenczi, S., Thalassa: A Theory of Genitality, in: Psychoanalytic Quarterly, New York 1938
Fonterose, J., Python: A Study of Delphic Myth and its Origins, Berkeley 1969
Fortune, R. F., The Symbolism of the Serpent, in: International Journal of Psychoanalysis, 7, 1926, S. 237–243.
Franz, M. L. von, The Feminine in Fairy Tales, Zürich 1964
Freud, A., The Concept of Developmental Lines, in: The Psychoanalytic Study of the Child, 18, 1963, S. 245–265.
Freud, A., Comments on Aggression, in: International Journal of Psychoanalysis, 53, 1972, S. 163–171.
Freud, S., Formulierungen über die zwei Prinzipien des psychischen Geschehens (1911), GW Bd. VIII
Freud, S., Totem und Tabu (1912), GW Bd. IX
Freud, S., Vorlesungen zur Einführung in die Psychoanalyse (1916–17), GW Bd. XI
Freud, S., Hemmung, Symptom und Angst (1926), GW Bd. XIV
Freud, S., Das Unbehagen in der Kultur (1930), GW Bd. XIV
Freud, S., Neue Folge der Vorlesungen zur Einführung in die Psychoanalyse (1933), GW Bd. XV
Freud, S., Abriß der Psychoanalyse (1940), GW. Bd. XVII
Fromm, E., The Crisis of Psychoanalysis, London 1971
Gaitonde, M. R., Cross-Cultural Study of the Psychiatric Syndromes in Out-Patient Clinics in Bombay, India and Topeka, Kansas, in: International Journal of Social Psychiatry, 4, 1958, S. 98–104.
Gandhi, M. K., My Experiments with Truth, Boston 1957
Goode, W. J., World Revolution and Family Patterns, New York 1963
Gore, M. S., The Husband-Wife and Mother-Son Relationship, in: Sociological Bulletin, 11, 1961, 91–102.
Gore, M. S., Urbanization and Family Change, Bombay 1942
Gospel of Sri Ramakrishna (Übers. v. S. Nikhilananda), New York 1942
Gupta, N. N., Influence of Hindu Culture and Social Customs on Psychosomatic Disease in India, in: Psychosomatic Medicine, 18,

1956, S. 506–510.
Hammett, R. S., The Conceptual Psychology of the Ancient Hindu, in: Psychoanalytic Review, 16, 1929, S. 291–311.
Hartmann, H., Ego Psychology and the Problem of Adaptation, New York 1958
Hartmann, H., Essays in Ego Psychology, New York 1964
Hartmann, H. u.a., Some Psychoanalytic Comments on Culture and Personality, in: G. B. Wilbur, W. Muensterberger (Hrg.), Psychoanalysis and Culture, New York 1951, S. 3–31.
Hoch, E. M., A Pattern of Neurosis in India, in: American Journal of Psychoanalysis, 20, 1966, S. 8–25.
Horney, K., The Dread of Women, in: International Journal of Psychoanalysis, 13, 1932, S. 349–353.
Hoyland, J. C, An Investigation Regarding the Psychology of Indian Adolescents, Jubbulpore 1921
Hsu, F. (Hrg.), Psychological Anthropology, Homewood, Ill., 1961
Indian Council of Social Science Research, Status of Women in India: A Synopsis of the Report of the National Committee on the Status of Women in India (1971–4), New Delhi 1975
Ishwaran, K., Shivpur: A South Indian Village, London 1968
Jacobson, E., The Self and the Object World, New York 1964
Jackson, S. W., Aspects of Culture in Psychoanalytic Theory and Practice, in: Journal of the American Psychoanalytic Association, 16, 1968, S. 661–670.
James, W., The Varieties of Religious Experience (1902), New York 1961
Joffe, W. G. und Sandler, J., Some Conceptual Problems involved in the Consideration of Disorders of Narcissism, in: Journal of Child Psychotherapy, 2, 1967, S. 56–66.
Jones, E., Essays on Applied Psychoanalysis, London 1951
Jones, E., Das Leben und Werk von Sigmund Freud, Bd. 1, Bern 1982
Kakar, S., The Human Life Cycle: The Traditional Hindu View and the Psychology of Erik Erikson, in: Philosophy East and West, 28, 1968, S. 127–136.
Kakar, S., The Theme of Authority in Social Relations in India, in: Journal of Social Psychology, 84, 1971, S. 93–101.
Kakar, S., Aggression in Indian Society: An Analysis of Folk Tales, in: Indian Journal of Psychology, 49 (2), 1974, S. 119–126.
Kakar, S., Neuroses in India: An Overview and Some Observations, in: Indian Journal of Psychology, 50 (2), 1975, S. 172–179.

Kakar, S. und Chowdhry, K., Conflict and Choice: Indian Youth in a Changing Society, Bombay 1971
Kalika Purana
Kane, P. V., History of Dharmasastra, 5 Bde., Poona 1933–58
Kapadia, K. M., Rural Family Patterns, in: Sociological Bulletin, 5, 1956, S. 111–126.
Karve, I., Kinship Organization in India (3. Aufl.), Bombay 1968
Kennedy, B. C., Rural-Urban Contrasts in Parent-Child Relations in India, in: Indian Journal of Social Work, 15, 1954, S. 162–174.
Kelman, H., Psychoanalytic Thought and Eastern Wisdom, in: J. H. Masserman (Hrg.), Psychoanalysis and Human Values, Bd. 3, New York 1960, S. 124–132.
Khan, I. A., A Comparative Study of the Attitudes of Adolescent Students and their Elders towards Authority and Discipline, Diss., Aligarh Muslim University 1961
Kierkegaard, S., Der Begriff Angst, Hamburg 1960
Kinsley, D. R., The Sword and the Flute, Berkeley 1975
Kohlberg, L. und Kramer, R. B., Continuities and Discontinuities in Childhood and Adult Moral Development, in: Human Development, 12, 1969, S. 93–120.
Kohut, H., Introspection, Empathy and Psychoanalysis, in: Journal of American Psychoanalytic Association, 7, 1959, S. 459–485.
Kohut, H., The Analysis of the Self, New York 1971
Kohut, H., Narzißmus und narzißtische Wut, in: Psyche, 27, 1973, S. 513–554.
Kolenda, P. M., Regional Differences in Indian Family Structure, in: R. I. Crane (Hrg.), Regions and Regionalism in South Asian Studies, Duke University Program in Comparative Studies in Southern Asia, Monograph Nr., 1967, S. 147–226.
Klein, M., Das Seelenleben des Kleinkindes, Hamburg 1972
Lannoy, R., The Speaking Tree, London 1971
The Laws of Manu (Übers. G. Buhler), in: M. Müller, Sacred Books of the East, Bd. 25, Oxford 1886
Lewis, M. M., Language, Thought and Personality In Infancy and Childhood, New York 1964
Lewis, O., Village Life in Northern India, New York 1958
Lidz, T., The Person: His Development Throughout the Life Cycle, New York 1968
Lidz, T. u.a., Schizophrenia and the Family, New York 1966
Lincke, H., Das Über-Ich – eine gefährliche Krankheit?, in: Psyche, 24, 1970, S. 375–402.

Loch, W., Determinanten des Ichs. Beiträge David Rapaports zur psychoanalytischen Ich-Theorie, in: Psyche, 25, 1971
Macnicol, N., Indian Theism, 2. Aufl., Bombay 1965
Mahabharata (Übers. von P. C. Roy), 12 Bde., Calcutta o.J.
Mahler, M. S., On Human Symbiosis and the Vicissitudes of Individuation, New York 1969
Majumdar, G., Folk Tales of Bengal, New Delhi 1971
Malinowski, B., Sex and Repression in Savage Society, New York 1927
Mandelbaum, D. G., Society in India, 2 Bde., Berkeley 1970
Manduka Upanishad
Marcuse, H., Eros and Civilization, Boston 1955
Marriot, M. (Hrg.), Village India, Bombay 1955
Mayer, A. C., Caste and Kinship in Central India, London 1970
Matsya Purana
McCormack, W., On Lingayat Culture, in: A. K. Ramanujan, Speaking of Siva, London 1973, S. 175-187.
McCrindle, J. W., Ancient India as Described by Megasthenes and Arrian, Calcutta 1960
Minturn, L. und Hitchcock, J. T., The Rajputs of Khalapur, India, in: B. B. Whiting (Hrg.), Six Cultures: Studies of Childrearing, New York 1963
Minturn, L. und Lambert, W. W., Mothers of Six Cultures, New York 1964
Mitchell, J. D., The Sanskrit Drama Shakuntala, in: American Imago, 14, 1957, S. 389-405.
Mohanty, S., Folk Tales of Orissa, New Delhi 1970
Moss, H. A., Sex, Age and State as Determinants of Mother-Infant Interaction, in: Merrill-Palmer Quarterly, 13, 1967, S. 19-36.
Muensterberger, W., Psyche and Environment, in: Psychoanalytic Quarterly, 38, 1969, S. 191-216.
Mukherjee, S. C., A Study of Vaisnavism in Ancient and Medieval Bengal, Calcutta 1966
Murphy, G., In the Minds of Men, New York 1953
Murphy, L. B., Some Aspects of the First Relationship, in: International Journal of Psychoanalysis, 45, 1964, S. 31-43.
Murphy, L. B. u.a., The Widening World of Childhood, New York 1967
Munshi, K. M., Krishnavarata, Bd. 1, Bombay 1967
Narain, D., Interpersonal Relationships in the Hindu Family, in: *R. Hill, R. Koenigs* (Hrg.), Families in East and West, Paris 1964, S. 454-480.

Narain, D., Growing up in India, in: Family Process, 3, 1964, S. 127–154.
Narayanananda, S., The Mysteries of Man, Mind and Mind-Functions, Rishikesh 1965
Nehru, Jawaharlal, The Discovery of India, Calcutta 1946
Nehru, Jawaharlal, Toward Freedom, Boston 1961
Neumann, E., The Great Mother: An Analysis of the Archetype, Princeton 1963
Nivedita, The Master as I saw Him, Calcutta 1910
Noy, P., A Revision of the Psychoanalytic Theory of the Primary Process, in: International Journal of Psychoanalysis, 50, 1969, S. 155–178.
O'Flaherty, W., Ascetism and Eroticism in the Mythology of Siva, London 1973
Orenstein, H., Gaon: Conflict and Cohesion in an Indian Village, Princeton 1965
Osborne, A., Ramana Maharishi and the Path of Self-knowledge, London 1970
Padma Purana
Pande, S. K., The Mystique of „Western" Psychotherapy: an Eastern Interpretation, in: Journal of Nervous and Mental Diseases, 46, 1968, S. 425–432.
Parin, P., Morgenthaler, W., Ego and Orality in the Analysis of West Africans, in: The Psychoanalytic Study of Society, Bd. 3, New York 1964
Parin, P. u.a., Die Weißen denken zuviel, Zürich 1972
Platt, G. und Weinstein, F. I., The Wish to be Free, Berkeley 1970
Yogananda, Autobiography of a Yogi, Los Angeles 1972
Patel, R., Understanding the Culture through Mythological Stories, in: American Journal of Psychoanalysis, 20, 1960, S. 83–85.
Prabhu, P. N., Hindu Social Organization, Bombay 1954
Pratap, P., The Development of Ego Ideal in Indian Children, Diss., Benares Hindu University 1960
Pulver, S. E., Narcissism: Concept and Metapsychological Conception, in: Journal of American Psychoanalytic Association, 18, 1970, S. 319–341.
Rajan, K. V., A Psychological Evaluation of Certain Trends in Indian Culture, in: Indian Journal of Psychology, 32, 1957
Ramayana of Valmiki, H. P. Shastri, London 1962
Rank, O., Das Inzest-Motiv, Leipzig/Wien 1912

Rank, O., The Myth of the Birth of the Hero, New York 1952
Rapaport, D., Collected Papers of David Rapaport (Hrg.: M. M. Gill), New York 1967
Reich, A., Pathological Forms of Self-Esteem Regulation, in: The Psychoanalytic Study of the Child, 15, 1960, 215–232.
Rolland, R., Prophets of the New India, London 1930
Rosen, J. N., Direct Analysis, New York 1953
Ross, A. D., The Hindu Family in its Urban Setting, Toronto 1962
Rueck, A. V. S. und Porter, R. (Hrg.), Transcultural Psychiatry, London 1965
Salin, C. N., Identity, Culture and Psychosexual Development, in: American Imago, 24, 1967, S. 181–247.
Saradananda, Sri Ramakrishna, The Great Master, Madras o.J.
Sarma, J., The Nuclearization of Joint Family Households in West Bengal, in: Man in India, 44, 1964, S. 193–206.
Sastry, N. S. N., Symbolism in Hindu Gods, in: Indian Journal of Psychology, 19, 1949, S. 190–193.
Schaeffer, R., The Psychoanalytic Vision of Reality, in: International Journal of Psychoanalysis, 51, 1970, S. 279–297.
Sen Gupta, S., A Study of Women of Bengal, Calcutta 1970
Seethalakshmi, K. A., Folk Tales of Tamil Nadu, New Delhi 1969
Sheorey, I., Folk Tales of Maharashtra, New Delhi 1973
Sethi, B. B. und Nathawat, S. S., Neurotic and Depressive Patterns in India, in: Transcultural Psychiatric Research Review, 9, 1972, S. 133–135.
Sethi, B. B., Thakore, V. R. und Gupta, S. C., Changing Patterns of Culture and Psychiatry in India, in: American Journal of Psychotherapy, 19, 1965, S. 46–54.
Singer, M. (Hrg.), Myths, Rites, and Attitudes, Honolulu 1966
Singh, K. P., Women's Age at Marriage, in: Sociological Bulletin, 23 (2), 1974, S. 236–244.
Sinha, T. C., Some Psychoanalytical Observations on the Siva Linga, in: Samiksa, 3, 1949, S. 37–42.
Siva Purana
Sivananda, S., Mind: Its Mysteries and Control, Shivanandanagar 1974
Slater, P., The Glory of Hera, Boston 1966
Slater, P., The Pursuit of Loneliness: American Culture at the Breaking Point, Boston 1970
Slochower, H. A., Psychoanalytical Distinction between Myth and Mythopoesis, in: Journal of American Psychoanalytic Association, 18, 1970, S. 150–164.

Spengler, O., Der Untergang des Abendlandes, München 1920
Spitz, R., The First Year of Life, New York 1965
Spratt, P., Hindu Culture and Personality, Bombay 1966
Srinivas, M. N., Marriage and Family in Mysore, Bombay 1942
Stekel, W., Conditions of Nervous Anxiety and their Treatment, London 1923
Stephens, W., The Oedipus Complex, Glencoe, Ill., 1962
Stephens, W., The Family in Cross-Cultural Perspective, New York 1963
Stern, M., Ego Psychology, Myth and Rite, in: The Psychoanalytic Study of Society, 3, 1964, S. 71–93.
Strauss, M. A. und Winkelmann, D., Social Class, Fertility and Authority in Nuclear and Joint Family Households, in Bombay, in: Journal of Asian and African Studies, 9, 1969, S. 61–74.
Taylor, W. S., Basic Personality in Orthodox Hindu Culture Patterns, in: Journal of Abnormal Psychology, 43, 1948, S. 3–12.
Taylor, W. S., Behavioural Disorders and the Breakdown of the Orthodox Hindu Family System, in: Indian Journal of Social Work, 4, 1943, S. 163–170.
Thomas, L., The Lives of a Cell. New York 1974
Vangaard, T., Phallos, London 1972
Vaisesikasutra
Vivekananda, The Yogas and Other Works (Hrg.: S. Nikhilananda), New York 1953
Vivekananda, Collected Works of Swami Vivekananda, 8 Bde., Calcutta 1970
Weinstein, F. I. und Platt, G., Psychoanalytic Sociology, Baltimore 1973
Whitehead, H., The Village Gods of South India, Calcutta 1921
Wilkins, W. J., Hindu Mythology, Delhi 1972
Winnicott, D. W., The Capacity to be Alone, in: International Journal of Psychoanalysis, 39, 1958, S. 416–420.
Winnicott, D. W., The Family and Individual Development, London 1952
Winnicott, D. W., Playing and Reality, London 1971
Wiser, C. V. und Wiser, W. H., Behind Mud Walls, London